ŒUVRES

DE

J. F. COOPER

IMPRIMERIE DE H. FOURNIER ET Cᵉ, 14 RUE DE SEINE.

J. F. COOPER

traduit

par Defauconpret

PRÉCAUTION

Paris,
PICARD & CHARLES GOSSELIN
Éditeurs
1830

OEUVRES

DE

J. F. COOPER

TRADUITES

PAR

A. J. B. DEFAUCONPRET

TOME PREMIER

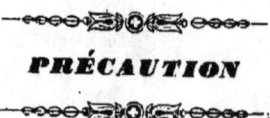

PRÉCAUTION

PARIS
FURNE ET Cᵉ, CHARLES GOSSELIN
ÉDITEURS

M DCCC XXXIX

PRÉCAUTION,

ou

LE CHOIX D'UN MARI.

CHAPITRE PREMIER.

> On s'assemble en famille autour du foyer hospitalier.
> Cowper.

— Je voudrais bien savoir si nous aurons bientôt un voisin au Doyenné[1], dit Clara Moseley en regardant par une croisée d'où l'on découvrait dans le lointain la maison dont elle parlait et en s'adressant à la petite société rassemblée dans le salon de son père.

— Cela ne tardera pas, répondit son frère; sir William vient de la louer pour deux ans à M. Jarvis, qui doit en prendre possession cette semaine.

— Et quel est ce M. Jarvis qui va devenir notre voisin? demanda sir Edward Moseley à son fils.

— On dit, mon père, que c'est un honnête marchand qui s'est retiré des affaires avec une grande fortune. Comme vous, il a un seul fils, officier dans l'armée, et de plus deux filles qu'on dit

---

[1]. Ce mot est employé ici dans le sens de *résidence* du doyen.

charmantes; voilà tout ce que j'ai pu savoir sur sa famille. Quant à ses ancêtres, ajouta-t-il en baissant la voix et en regardant la seconde de ses sœurs, j'en suis désolé, ma chère Jane, mais on ne les connaît pas, et jusqu'à présent toutes mes recherches ont été inutiles.

— J'espère, Monsieur, que ce n'est pas pour moi que vous avez pris la peine de vous en informer? répondit Jane un peu piquée.

— Pardonnez-moi, ma chère, et, pour vous faire plaisir, je vais prendre de nouveau les informations les plus exactes, répondit son frère en plaisantant; je sais qu'un soupirant roturier perdrait ses peines auprès de vous, et je sens combien il est cruel pour de jeunes personnes de ne pas entrevoir la moindre apparence de mariage. Pour Clara, elle est bien tranquille à présent, et Francis...

Il fut interrompu par Emilie, la plus jeune de ses sœurs, qui lui mit la main sur la bouche en lui disant à l'oreille : — Vous oubliez, John, tous les renseignements qu'a pris un certain jeune homme sur une belle inconnue qu'il avait rencontrée à Bath, et toutes les démarches qu'il a faites pour connaître sa famille, son pays et mille autres détails qui ne l'intéressent pas moins. John rougit à son tour, et baisant avec affection la main qui le forçait au silence, il réussit bientôt, par son enjouement et sa bonne humeur, à faire oublier à Jane le petit mouvement de dépit qu'elle avait éprouvé.

— Je suis bien charmée, dit lady Moseley, que sir William ait trouvé un locataire, car tant qu'il ne se décidera pas à venir habiter lui-même le Doyenné, rien ne peut nous être plus agréable que d'avoir pour voisins des personnes de mérite et d'un commerce agréable.

— Et M. Jarvis, à ce qu'il paraît, a le mérite d'avoir beaucoup d'argent? dit en souriant Mrs[1] Wilson, sœur de sir Edward.

— Mais, Madame, permettez-moi de vous faire observer, dit le docteur Yves (c'était le ministre de la paroisse), que l'argent est une très-bonne chose en soi, et qu'il nous met à même de faire de bonnes œuvres.

— Telle que celle de payer la dîme, n'est-ce pas, docteur? s'écria M. Haughton, riche propriétaire du voisinage, d'un exté-

---

[1]. **Mrs.** *Mistress.* C'est une abréviation en usage chez les Américains.

rieur simple, mais d'un excellent cœur, et que l'amitié la plus cordiale unissait au ministre.

— Oui, reprit celui-ci; il nous sert à payer la dîme et à aider les autres à la payer. Notre cher baronnet en sait quelque chose, lui qui, dernièrement encore, fit remise au vieux Gregson de la moitié de son fermage, pour lui permettre...

— Mais, ma chère, dit sir Edward à sa femme en l'interrompant, nos amis ne doivent pas mourir de faim parce que nous allons avoir un nouveau voisin, et voilà plus de cinq minutes que William est venu nous avertir que le dîner est servi.

Lady Moseley présenta sa main au ministre, et la compagnie passa dans la salle à manger.

La société rassemblée autour de la table hospitalière du baronnet se composait, outre les personnes dont nous avons déjà parlé, de Mrs Haughton, excellente femme sans prétentions; de sa fille, jeune personne qui ne se faisait remarquer que par sa douceur, et de la femme et du fils du ministre. Ce dernier venait d'entrer dans les ordres.

Il régnait entre ces vrais amis ce parfait accord, conséquence naturelle de la même manière de voir sur tous les points essentiels, entre personnes qui se connaissent depuis longtemps, qui s'estiment, qui s'aiment, et qui montrent une indulgence réciproque pour les petits défauts inséparables de la fragilité humaine. En se quittant à l'heure ordinaire, on convint de se réunir la semaine suivante au presbytère, et le docteur Yves, en faisant ses adieux à lady Moseley, lui dit qu'il se proposait d'aller faire au premier jour une visite à la famille Jarvis, et qu'il tâcherait de les décider à être de la partie projetée.

Sir Edward Moseley descendait de l'une des plus anciennes familles d'Angleterre, et à la mort de son père il avait hérité de domaines considérables qui le rangeaient parmi les plus riches propriétaires du comté.

Mais de tout temps, on avait eu pour règle invariable dans sa famille de ne jamais détourner un seul pouce de terre de l'héritage du fils aîné, et son père, ne voulant pas y déroger, avait été obligé, pour subvenir aux folles dépenses de son épouse, de lever des sommes considérables sur son patrimoine, tandis que les intérêts énormes qu'il lui fallut payer avaient mis le plus grand désordre dans ses affaires. Sir Edward, à la mort de son père, prit la sage résolution de se retirer du monde ; il loua sa maison de ville, et alla habiter avec sa famille un château où ses ancêtres avaient fait autrefois leur résidence, et qui était à environ cent milles de la capitale. Là il espérait, par une économie sage et bien entendue, non-seulement affranchir de toutes dettes les biens qui devaient passer à son fils, mais préparer même dès à présent la dot de ses trois filles, afin de pouvoir les établir aussitôt qu'il se présenterait un parti convenable. Dix-sept ans lui avaient suffi pour exécuter ce plan dans toute son étendue, et il venait d'annoncer à ses filles enchantées que l'hiver suivant ils retourneraient habiter leur maison dans Saint-James-Square. La nature n'avait pas destiné sir Edward aux grandes actions ; la prudente résolution qu'il avait prise pour rétablir sa fortune était la mesure exacte de la force de son caractère ; car si elle eût demandé un peu plus de vigueur et d'énergie, cette tâche eût été au-dessus de ses forces, et le baronnet aurait pu lutter encore longtemps et sans succès contre les embarras que lui avait préparés la folle prodigalité de son père.

Le baronnet était tendrement attaché à sa femme, qui avait un grand nombre d'excellentes qualités ; attentive, prévenante pour tout ce qui l'entourait, aimant ses enfants avec une égale tendresse, sa bonté et son indulgence la faisaient adorer de sa famille. Cependant lady Moseley avait aussi ses faibles ; mais comme ils prenaient leur source dans l'amour maternel, personne n'avait le courage de les juger avec sévérité. L'amour seul avait formé son union avec sir Edward ; longtemps les riches parents de ce dernier s'étaient refusés à ses vœux ; enfin sa constance l'avait emporté, et l'opposition inconséquente et prolongée de leur famille ne produisit d'autre effet sur eux que de leur inspirer la ferme résolution, non seulement de ne point exercer leur autorité pour marier leurs enfants, mais même de ne point chercher à influencer leur choix dans une affaire si importante. Chez le baronnet, cette résolution était inébranlable, et il suivait uniformément le système qu'il s'était tracé. Sa femme n'y était pas moins fidèle, quoique parfois elle fût combattue par le désir d'assurer à ses filles de riches partis. Lady Moseley avait plus de religion que de piété ; elle était charitable plutôt par penchant que par principes ; ses intentions étaient pures, mais son jugement, obscurci par des préjugés, ne lui permettait pas toujours d'être conséquente avec elle-même. Cependant il était difficile de la connaître sans l'aimer, et elle remplissait, sinon avec discernement, du moins avec zèle, ses devoirs de mère de famille.

La sœur de sir Edward avait été mariée fort jeune à un militaire que ses devoirs retenaient bien souvent éloigné d'elle, et dont l'absence la laissait en proie à toutes les inquiétudes que peut inspirer l'amour le plus tendre; elle ne parvenait à les tromper un moment qu'en cherchant à répandre le bonheur autour d'elle, et en se livrant à la bienfaisance la plus active. Ses craintes n'étaient que trop fondées : son mari fut tué dans un combat; la veuve désolée se retira du monde, et ne trouva de consolation qu'au sein de la religion, qui seule pouvait lui offrir encore quelque perspective de bonheur dans l'avenir. Ses principes étaient austères; rien n'aurait pu les faire fléchir, et ils étaient peu en harmonie avec ceux du monde. Tendrement attachée à son frère et à ses enfants, Mrs Wilson, qui n'avait jamais eu le bonheur d'être mère, avait cédé à leurs instances pour venir faire partie de la famille; et quoique le général Wilson lui eût laissé un douaire magnifique, elle abandonna sa maison et consacra tous ses soins à former le cœur et l'esprit de la plus jeune de ses nièces. Lady Moseley lui avait entièrement confié l'éducation de cette enfant, et l'on pensait généralement qu'Emilie hériterait de toute la fortune de sa tante.

Lady Moseley avait été, dans sa jeunesse, célèbre pour sa beauté. Tous ses enfants lui ressemblaient, mais plus particulièrement encore la jeune Emilie. Cependant, malgré la grande ressemblance qui existait entre les trois sœurs, non-seulement au physique, mais même au moral, il y avait dans leur caractère des nuances assez sensibles et assez distinctes pour faire présager qu'elles auraient des destinées bien différentes.

Depuis plusieurs années il existait, entre les familles de Moseley-Hall et du presbytère, une étroite intimité fondée sur l'estime et sur l'ancienneté de leur connaissance. Le docteur Yves était un homme du plus grand mérite et d'une profonde piété; il possédait, outre les revenus de sa cure, une fortune indépendante que lui avait apportée sa femme, fille unique d'un officier très-distingué dans la marine. Ces respectables époux s'unissaient pour faire le plus de bien qu'ils pouvaient à tout ce qui les entourait. Ils n'avaient qu'un enfant, le jeune Francis, qui promettait d'égaler son père dans les qualités qui faisaient chérir le docteur de ses amis, et qui le rendaient presque l'idole de ses paroissiens.

Il existait entre Francis Yves et Clara Moseley un attachement qui s'était formé dès leurs plus jeunes années. Francis avait été si longtemps le compagnon des jeux de son enfance, si longtemps il avait épousé toutes ses petites querelles et partagé ses innocents plaisirs, sans que le moindre nuage eût altéré leur amitié, qu'en quittant le collége pour étudier la théologie avec son père, il sentit que personne ne pourrait le rendre aussi heureux que la douce, la tendre, la modeste Clara. Leur passion mutuelle, si on peut donner ce nom à un sentiment si doux, avait reçu la sanction de leurs parents, et ils n'attendaient que la nomination de Francis à quelque bénéfice pour célébrer leur union.

Sir Edward avait tenu strictement la promesse qu'il s'était faite à lui-même, et il avait vécu dans une retraite absolue, à l'exception de quelques visites qu'il allait rendre à un vieil oncle de sa femme, qui avait manifesté l'intention de donner tous ses biens aux enfants de sa nièce, et qui, de son côté, venait souvent passer quelques semaines à Moseley-Hall. M. Benfield était un vieux garçon, et quoiqu'il eût parfois des manières un peu brusques, ses visites étaient toujours le signal de la gaieté, et son arrivée était une fête pour toute la maison. Par un faible bien pardonnable dans un vieillard, il donnait une préférence exclusive aux anciens usages, et il ne se trouvait jamais plus heureux que lorsqu'il pouvait habiter les lieux témoins de ses premières années. Quand on le connaissait bien, on lui pardonnait aisément quelques bizarreries de caractère pour admirer cette philanthropie sans bornes qui respirait dans toutes ses actions, quoiqu'il la manifestât souvent d'une manière originale et qui lui était particulière.

La maladie de la belle-mère de Mrs Wilson l'avait appelée à Bath l'hiver précédent, et elle y avait été accompagnée par son neveu et par sa nièce favorite. Pendant leur séjour dans cette ville, John et Emilie prirent plaisir à faire de longues promenades pour en connaître les environs, et ce fut pendant une de ces excursions qu'ils eurent occasion de rendre service à une jeune dame d'une grande beauté, qui paraissait d'une santé languissante. Elle venait de se trouver mal au moment où ils la rencontrèrent; ils la prirent dans leur voiture et la reconduisirent à une ferme où elle demeurait. Sa beauté, son air de souffrance, ses manières si différentes de celles des bonnes gens qui l'entouraient, tout s'unit pour inspirer le plus vif intérêt au frère et à la sœur. Le lendemain ils allèrent savoir des nouvelles de la belle inconnue, et continuèrent à la voir un moment chaque jour, pendant le peu de temps qu'ils restèrent à Bath.

John mit tout en usage pour savoir qui elle était ; mais ce fut en vain ; tout ce qu'il put apprendre, c'est que sa vie était sans tache. Depuis qu'elle habitait les environs de Bath, elle n'avait point reçu d'autres visites que celles qu'il lui avait faites avec sa sœur, et ils avaient jugé à son accent qu'elle n'était point Anglaise. C'est à cette petite aventure qu'Emilie avait fait allusion en s'efforçant d'arrêter les mauvaises plaisanteries qu'il faisait à ses sœurs, plaisanteries que John, emporté par sa vivacité, poussait souvent trop loin, en dépit de son cœur.

CHAPITRE II.

> Le monde se subdivise en cercles plus ou moins étroits qui s'appellent encore *le monde*.
> Swift.

Le lendemain du jour où avait eu lieu la conversation que nous venons de rapporter, Mrs Wilson, ses nièces et son neveu profitèrent de la beauté du temps pour pousser leur promenade jusqu'au presbytère, où ils avaient l'habitude de faire de fréquentes visites. Ils venaient de traverser le petit village de B***, lorsqu'une belle voiture de voyage à quatre chevaux passa près d'eux et prit la route qui conduisait au Doyenné.

— Sur mon âme ! s'écria John, ce sont nos nouveaux voisins, les Jarvis ! Oui, oui, le vieux marchand doit être celui qui est tellement blotti dans le fond de la voiture que je l'avais pris d'abord pour une pile de cartons. Cette figure fardée et surmontée d'un si grand nombre de plumes doit être celle de la vieille dame... de Mrs Jarvis, veux-je dire ; les deux autres sont sans doute les belles miss Jarvis.

—Vous vous pressez bien de prononcer sur leur beauté, John, s'écria Jane; attendez que vous les ayez vues, avant de compromettre ainsi votre goût.

— Oh! répliqua John, j'en ai assez vu pour... Il fut interrompu par le bruit d'un tilbury des plus élégants, que suivaient deux domestiques à cheval. Dans cet endroit la route se divisait en plusieurs branches. Le tilbury s'arrêta, et, au moment où John et ses sœurs passaient auprès, un jeune homme en descendit et vint à leur rencontre. Du premier coup d'œil il reconnut le rang des personnes auxquelles il allait s'adresser, et les saluant d'un air gracieux, après leur avoir fait des excuses d'interrompre leur promenade, il les pria de vouloir bien lui indiquer la route qui conduisait au Doyenné.—Celle à droite, Monsieur, répondit John en lui rendant son salut.

— Demandez-leur, colonel, lui cria son ami, qui était resté dans le tilbury, et qui tenait les rênes, si la voiture qui vient de passer a pris cette route.

Le colonel, dont toutes les manières annonçaient un homme du meilleur ton, jeta un regard de reproche sur son compagnon, pour se plaindre du ton leste et peu convenable qu'il avait pris, et fit la question qu'il désirait. Après avoir reçu une réponse affirmative, il s'inclina de nouveau et allait remonter en voiture lorsqu'un des chiens d'arrêt qui suivaient le tilbury sauta sur Jane, et salit sa robe avec ses pattes pleines de boue.

— Ici, Didon, s'écria le colonel en se hâtant de rappeler le chien; et, après avoir fait à Jane les excuses les plus polies, il rejoignit son compagnon en recommandant à un de ses domestiques de prendre garde à Didon. L'air et les manières de ce jeune homme étaient fort distingués; il eût été facile de reconnaître qu'il était militaire, quand même son compagnon, plus jeune, mais moins aimable, ne l'eût pas appelé colonel. Le colonel paraissait avoir trente ans, et ses beaux traits et sa tournure élégante étaient également remarquables, tandis que son ami, plus jeune de quelques années, était loin de lui ressembler.

— Je voudrais bien savoir quels sont ces messieurs, dit Jane au moment où la route, formant un coude, les dérobait à leurs regards.

— Ce qu'ils sont, répondit son frère; parbleu! ce sont les Jarvis: ne les avez-vous pas entendus demander le chemin du Doyenné?

— Celui qui tenait les guides peut être un Jarvis; pour celui-là je vous l'abandonne : mais quant au jeune homme qui nous a parlé, c'est une autre affaire; vous savez, John, qu'on l'a appelé colonel.

— Eh bien, oui! c'est cela même, dit John d'un air railleur, le colonel Jarvis; c'est sans doute l'alderman. Ces messieurs sont ordinairement colonels des volontaires de la Cité.

— Fi! Monsieur, dit Clara avec un sourire; au lieu de plaisanter, vous feriez mieux de chercher avec nous quels peuvent être ces étrangers.

— Très-volontiers, ma chère sœur; voyons, cherchons ensemble. Commençons par le colonel. Quel est votre avis, Jane?

— Que puis-je vous dire, John? Ce qui est certain, c'est que, quel qu'il soit, le tilbury lui appartient, quoiqu'il ne le conduise pas lui-même, et c'est un gentilhomme autant par la naissance que par l'éducation.

— Peste, Jane, quelle assurance! Qui donc, je vous prie, vous a si bien mise au fait? Mais ce sont encore de vos conjectures, et voilà tout.

— Non, Monsieur, ce ne sont pas des conjectures, je suis certaine de ce que je dis.

Mrs Wilson et les sœurs de Jane, qui jusque-là avaient pris peu d'intérêt à ce dialogue, la regardèrent avec quelque surprise; John le remarqua.

— Bah! s'écria-t-il, elle n'en sait pas plus que nous!

— Si fait, Monsieur.

— Voyons, ajouta son frère, dites-nous alors ce que vous savez.

— Eh bien donc! les armes qui étaient peintes sur les deux voitures étaient différentes.

John ne put s'empêcher de rire. — C'est une bonne raison sans doute pour présumer que le tilbury appartient au colonel, et qu'il n'est point de la famille des Jarvis. Mais sa noblesse? l'avez-vous découverte à ses manières et à sa démarche?

Jane rougit un peu. — L'écusson peint sur le tilbury avait six quartiers, répondit-elle. Emilie partit d'un éclat de rire, John continua ses plaisanteries, et bientôt ils arrivèrent au presbytère.

Ils causaient depuis quelque temps avec le ministre et son épouse, lorsque Francis revint de sa promenade du matin, et leur dit que les Jarvis étaient arrivés; il avait été témoin d'un accident arrivé à un tilbury dans lequel se trouvaient le capitaine Jarvis, et un de ses amis, le colonel Egerton. En tournant près de la porte du Doyenné la voiture avait versé, et le colonel s'était blessé au talon; mais on espérait que cette blessure n'aurait pas de suites, et que le colonel en serait quitte pour garder la chambre pendant quelques jours.

Après les exclamations qui suivent d'ordinaire de semblables récits, Jane se hasarda à demander à Francis quel était ce colonel Egerton. — J'ai appris de l'un des domestiques, lui répondit-il, que c'est un neveu de sir Edgar Egerton, un colonel à la demi-solde ou en congé, ou quelque chose de semblable.

— Comment a-t-il supporté cet accident, monsieur Francis? demanda Mrs Wilson.

— En homme de cœur, en gentilhomme, reprit le jeune prêtre en souriant; et quel est le preux discourtois qui à sa place ne se réjouirait pas d'un accident auquel il doit le tendre intérêt que lui témoignent les miss Jarvis?

— Quel bonheur que vous vous soyez trouvés tous à portée de les secourir! dit Clara d'un ton de compassion.

— Les jeunes personnes sont-elles jolies? demanda Jane avec un certain embarras.

— Mais, oui, je le crois. Je vous avouerai que j'ai fait peu d'attention à leurs figures; je n'étais occupé que du colonel, qui paraissait souffrir véritablement.

— C'est une raison de plus, dit le docteur Yves, pour que je leur rende ma visite au premier jour; mon empressement paraîtra excusable... J'irai les voir demain.

— Le docteur Yves n'a pas besoin d'excuses pour se présenter chez ses paroissiens, dit Mrs Wilson.

— Il porte si loin la délicatessse! s'écria Mrs Yves avec un sourire de bonté, et prenant part pour la première fois à la conversation.

Il fut alors convenu que le ministre irait d'abord faire sa visite officielle, seul comme il se le proposait, et qu'ensuite les dames verraient ce qu'elles devraient faire d'après la manière dont il aurait été reçu.

Après être restées une heure chez leurs amis, Mrs Wilson et Clara se retirèrent, et Francis les reconduisit à Moseley-Hall.

Le lendemain le docteur annonça que les Jarvis étaient installés dans leur nouvelle demeure, et que le colonel allait beaucoup mieux ; les miss Jarvis étaient aux petits soins avec lui, et ne lui laissaient pas même le temps de former un désir. Le malade était en pleine convalescence ; il n'y avait donc aucune indiscrétion à faire la visite qu'on avait projetée.

M. Jarvis reçut ses hôtes avec la franchise d'un bon cœur ; il ne connaissait pas tous les usages du grand monde, mais il avait cette espèce de rondeur qui supplée souvent à l'éducation. Sa femme, au contraire, n'eût pas voulu enfreindre la règle la plus minutieuse de l'étiquette, et son ton formait un contraste plaisant avec les airs qu'elle se donnait. Les miss Jarvis étaient assez jolies ; mais elles n'avaient point cette aisance, ces manières gracieuses qu'on acquiert dans le monde ; elles semblaient toujours éprouver une sorte de gêne et de contrainte.

Le colonel Egerton reposait sur un sopha, la jambe étendue sur une chaise, et entourée de linges et de compresses. Malgré son état de souffrance, c'était encore le moins embarrassé de la compagnie ; et, après avoir prié les dames d'excuser son déshabillé, il parut oublier son accident pour être tout entier à la conversation.

— Mon fils le capitaine, dit Mrs Jarvis en appuyant d'un air de satisfaction sur le dernier mot, est allé avec ses chiens reconnaître un peu le pays ; car il n'aime que la chasse, et il n'est jamais si heureux que lorsqu'il peut courir les champs le fusil sur l'épaule. En vérité, Mylady, les jeunes gens d'aujourd'hui semblent croire qu'ils soient seuls au monde. J'avais prévenu Henry que vous auriez la bonté de venir ce matin avec ces demoiselles, mais bah ! il est parti comme si M. Jarvis n'avait pas le moyen d'acheter un rôti, et qu'il nous fallût attendre après ses cailles et ses faisans.

— Ses cailles et ses faisans ! s'écria John d'un air consterné ; le capitaine Jarvis tire-t-il sur des cailles et des faisans à cette époque de l'année ?

— Mrs Jarvis, Monsieur, dit le colonel Egerton avec un léger sourire, est plus au fait des égards que tout vrai gentilhomme doit aux dames, que des règles de la chasse. Ce n'est pas, je crois, avec un fusil, Madame, c'est armé d'une ligne que mon ami le capitaine s'est mis en campagne.

— Ligne ou fusil, qu'importe ? s'écria Mrs Jarvis. Il n'est jamais là quand on a besoin de lui ; et ne pouvons-nous pas acheter du poisson aussi bien que du gibier? Je voudrais bien que pour ces sortes de choses il vous prit pour modèle, colonel.

Le colonel Egerton se mit à rire de bon cœur, et miss Jarvis dit, en jetant de son côté un regard d'admiration, que lorsque Henry aurait été au service aussi longtemps que son noble ami, il connaîtrait sans doute aussi bien les usages de la bonne société.

— Oui, s'écria sa mère, parlez-moi de l'armée pour former un jeune homme. Comme le service vous l'a bientôt façonné! Et se tournant vers Mrs Wilson : — Votre mari était, je crois, au service, Madame? ajouta-t-elle.

— J'espère, miss Jarvis, que nous aurons bientôt le plaisir de vous voir à Moseley-Hall, dit vivement Emilie, pour épargner à sa tante la douloureuse nécessité de répondre. Miss Jarvis promit de ne point tarder à lui rendre sa visite. La conversation devint générale, et roula sur le temps, sur la campagne, sur les agréments du voisinage et autres sujets non moins intéressants.

— Eh bien! John, s'écria Jane d'un air de triomphe dès qu'ils furent dans leur voiture, rirez-vous encore tant de ma science héraldique, comme vous l'appelez? Avais-je tort cette fois-ci?

— Ma petite sœur Jenny a-t-elle jamais tort? reprit son frère en badinant. C'était le nom qu'il lui donnait lorsqu'il voulait la provoquer, et commencer avec elle ce qu'il appelait une petite guerre; mais miss Wilson mit fin à la dispute en faisant une remarque à lady Moseley; et le respect que les deux combattants avaient pour elle les engagea à déposer à l'instant les armes.

Jane Moseley avait reçu de la nature le plus heureux caractère; et si son jugement eût été mûri par l'éducation, elle n'eût rien laissé à désirer; mais malheureusement sir Edward croyait avoir tout fait en donnant des maîtres à ses filles. Si leurs leçons n'obtenaient pas tout le succès désirable, ce n'était pas sa faute, et il avait rempli son devoir. Son système d'économie ne s'était étendu à rien de ce qui concernait ses enfants, et l'argent avait été prodigué pour leur éducation. Seulement elle n'avait pas toujours reçu la direction la plus désirable. Sentant que, par son rang et par sa naissance, sa famille avait droit de rivaliser de splendeur avec les maisons plus opulentes qui l'entouraient, Jane, qui avait été élevée pendant l'éclipse momentanée de la fortune de sir Edward, avait cherché à consoler son amour-propre, qui se trouvait blessé, en consultant les titres où se trouvait constatée la noblesse de ses ancêtres ; elle était sans cesse occupée à étudier l'arbre généalogique de sa maison, et cette étude réitérée lui avait fait contracter une sorte d'orgueil héréditaire.

Clara avait aussi ses faibles ; mais ils frappaient moins que ceux de Jane parce qu'elle avait l'imagination moins ardente. Le tendre attachement qui l'unissait à Francis Yves, l'admiration que lui inspirait un caractère à l'abri du plus léger reproche, avaient, presque à son insu, éclairé son goût, formé son jugement ; sa conduite, ses opinions, étaient ce qu'elles devaient être ; elles avaient la vertu pour mobile ; mais le plus souvent il lui eût été impossible d'en rendre compte ; elle cédait à une sorte d'instinct, et c'était pour elle que l'habitude était véritablement devenue une seconde nature.

CHAPITRE III.

Allons, Mrs. Malaprop, occupons-nous du voisin.
B. SHERIDAN.

Le jour fixé pour l'une des visites régulières de M. Benfield était arrivé, et John partit dans la chaise de poste du baronnet, avec Emilie, qui était la favorite du bon vieillard, pour aller à sa rencontre jusqu'à la ville de F***, à environ vingt milles de distance, et le ramener de là au château ; car M. Benfield avait signifié plus d'une fois que ses chevaux ne pouvaient le conduire plus loin ; il voulait que tous les soirs ils allassent regagner leur écurie ordinaire, la seule où il lui semblait qu'ils pussent trouver ces soins attentifs, auxquels leur âge et leurs services leur donnaient des droits. La journée était magnifique, et le frère et la sœur éprouvaient une véritable jouissance à l'idée de revoir bientôt leur respectable parent, dont l'absence avait été prolongée par une attaque de goutte.

— Dites-moi un peu, Emilie, dit John après s'être placé dans la voiture à côté de sa sœur, dites-moi franchement comment vous trouvez les Jarvis ; et le beau colonel ?

— Comment je les trouve, John? Mais, franchement, ni bien ni mal, puisqu'il faut vous le dire.

— Eh bien! alors, ma chère sœur, il y a sympathie dans nos sentiments, comme dirait Jane.

— John!

— Emilie!

— Je n'aime pas à vous entendre parler avec aussi peu d'égards de notre sœur, d'une sœur que, j'en suis sûre, vous aimez aussi tendrement que moi.

— J'avoue ma faute, dit John, en lui prenant la main avec affection, et je tâcherai de n'y plus retomber; mais pour en revenir à ce colonel Egerton, c'est bien certainement un gentilhomme, autant par l'éducation que par la naissance, comme Jane...

Emilie l'interrompit en souriant, et lui mettant le doigt sur la bouche pour lui rappeler sa promesse. John se soumit de bonne grâce sans faire de nouveau allusion à sa sœur.

— Oui, dit Emilie, ses manières sont nobles et gracieuses, si c'est là ce que vous voulez dire. Quant à sa famille, nous ne la connaissons point.

— Oh! j'ai jeté un coup d'œil dans l'almanach des familles nobles de Jane, et je vois qu'il y est porté comme neveu et héritier de sir Edgar.

— Il y a en lui quelque chose qui ne me plaît point, dit Emilie d'un air réfléchi: il est trop à son aise...; et cet abandon apparent est chez lui une étude; ce n'est point la nature. Je crains toujours que ces sortes de gens ne me tournent en ridicule aussitôt que je suis absente, tandis qu'ils m'accablent en face de leurs flatteries musquées. Si j'osais prononcer, je dirais qu'il lui manque ce qui peut donner du prix aux autres qualités.

— Et quoi donc?

— La franchise.

— En effet, j'ai déjà eu un échantillon de celle du colonel, dit John avec un sourire. Vous savez bien ce capitaine Jarvis qui était sorti pour aller tuer des cailles et des faisans...?

— Vous oubliez, mon frère, que le colonel a expliqué que c'était une méprise.

— Sans doute, mais par malheur j'ai rencontré le capitaine qui revenait le fusil sur l'épaule, et suivi d'une meute de chiens.

— Voilà donc ce beau colonel! dit Emilie en souriant; le masque tombe dès que la vérité est connue.

— Et Jane qui vantait son bon cœur d'avoir su pallier ainsi ce que, disait-elle, ma remarque avait d'inconvenant!

Une fois sur le chapitre de sa sœur, John avait un malin plaisir à s'étendre un peu sur ses faibles. Emilie, pour lui témoigner son mécontentement, garda le silence; John demanda de nouveau pardon, promit de nouveau de se corriger; et, pendant le reste du voyage, il ne s'oublia plus que deux ou trois fois de la même manière.

Ils arrivèrent à F*** deux heures avant que la lourde voiture de leur oncle fût entrée dans la cour de l'auberge, et ils eurent tout le temps de faire rafraîchir leurs chevaux pour le retour.

M. Benfield était un vieux garçon de quatre-vingts ans; mais il avait encore la force et l'activité d'un homme de soixante. Il était fortement attaché aux modes et aux usages de sa jeunesse; il avait siégé pendant une session au parlement, et avait été dans son temps un des élégans du jour. Un désappointement qu'il avait éprouvé dans une affaire de cœur lui avait fait prendre le monde en aversion; et depuis cinquante ans environ il vivait dans une profonde retraite à environ quarante milles de Moseley-Hall. Il était grand et très-maigre, se tenait fort droit pour son âge, et dans sa mise, dans ses voitures, dans ses domestiques, enfin, tout ce qui l'entourait, il conservait fidèlement, autant que les circonstances pouvaient le permettre, les modes de sa jeunesse.

Telle est en peu de mots l'esquisse du portrait de M. Benfield, qui, un chapeau à trois cornes à la main, une perruque à bourse sur la tête et une épée au côté, s'appuya sur le bras que lui offrait John Moseley pour l'aider à descendre de sa voiture.

— Ainsi donc, Monsieur, dit le vieillard s'arrêtant tout court, lorsqu'il eut mis pied à terre, et regardant John en face, ainsi donc vous avez fait vingt milles pour venir à la rencontre d'un vieux cynique tel que moi; c'est fort bien, Monsieur; mais je croyais vous avoir dit d'emmener Emmy avec vous.

John lui montra la fenêtre où sa sœur s'était placée, épiant avec soin les mouvements de son oncle. Le vieillard, en l'apercevant, lui sourit avec bonté, et il se dirigea vers l'auberge en se parlant à lui-même.

— Oui, la voilà! c'est bien elle. Je me rappelle à présent que dans ma jeunesse, j'allai avec le vieux lord Gosford, mon parent, au-devant de sa sœur, lady Juliana, au moment où elle venait de sortir pour la première fois de pension (c'était la dame dont l'infidélité lui avait fait abandonner le monde), et c'était aussi une beauté... ma foi, quand j'y pense, tout le portrait d'Emmy... Seulement elle était plus grande...; et elle avait des yeux noirs...; et des cheveux noirs aussi...; et elle n'était pas aussi blanche qu'Emmy...; et elle était un peu plus grasse...; et elle avait la taille un peu voûtée... oh! bien peu... C'est étonnant comme elles se ressemblent. Ne trouvez-vous pas, mon neveu? dit-il à John en s'arrêtant à la porte de la chambre; et le pauvre John, qui dans cette description ne pouvait trouver une ressemblance qui n'existait que dans les affections du vieillard, répondit en balbutiant : —Oui, mon oncle; mais vous savez qu'elles étaient parentes; et cela explique la ressemblance.

— C'est vrai, mon garçon, c'est vrai, lui dit son oncle charmé de trouver une raison pour une chose qu'il désirait et qui flattait son faible, car il trouvait des ressemblances partout, et il avait dit une fois à Emilie qu'elle lui rappelait sa femme de charge, qui était aussi vieille que lui, et qui n'avait plus une dent dans la bouche.

A la vue de sa nièce, M. Benfield, qui, comme presque tous ceux qui sentent vivement, affectait généralement un air de brusquerie et d'indifférence, ne put cacher son émotion; et, la serrant dans ses bras, il l'embrassa tendrement, tandis qu'une larme brillait dans ses yeux; puis, un peu confus de sa faiblesse, il la repoussa avec douceur en s'écriant : — Allons, allons, Emmy, ne m'étranglez point, mon enfant, ne m'étranglez point; laissez-moi couler en paix le peu de jours qui me restent encore à vivre. — Ainsi donc, ajouta-t-il en s'asseyant dans un fauteuil que sa nièce lui avait avancé; ainsi donc, Anne m'écrit que sir William Harris a loué le Doyenné.

— Oui, mon oncle, répondit John.

— Je vous serais obligé, jeune homme, dit M. Benfield d'un ton sec, de ne point m'interrompre lorsque je parle à une dame... Je vous prie d'y faire attention, Monsieur. Je disais donc que sir William a loué le Doyenné à un marchand de Londres, un certain M. Jarvis. Or, j'ai connu autrefois trois personnes de ce nom; l'un était un cocher de fiacre qui me conduisait souvent à la

Chambre lorsque j'étais membre du parlement de ce royaume ; l'autre était valet de chambre de lord Gosford ; le troisième est bien, je crois, celui qui est devenu votre voisin. Si c'est la personne que je veux dire, Emmy, il ressemble... parbleu ! il ressemble au vieux Peter, mon intendant.

John manqua d'éclater ; car le vieux Peter était aussi sec et aussi maigre que M. Benfield, tandis que le marchand avait une rotondité tout à fait remarquable ; et, ne pouvant plus se contenir, il sortit de la chambre. Emilie répondit en souriant à la comparaison : — Vous le verrez demain, mon cher oncle, et vous pourrez alors juger par vous-même de la ressemblance.

M. Benfield avait confié vingt mille livres sterling à un agent d'affaires, avec l'ordre formel de placer aussitôt cette somme en rentes sur l'Etat ; mais, malgré cette injonction, l'agent avait trouvé moyen de différer quelque temps ; bref, il avait fait faillite, et quelques jours auparavant il avait remis la somme et une plus considérable encore à M. Jarvis, pour acquitter ce qu'il appelait une dette d'honneur. C'était pour tirer à clair cette transaction que M. Jarvis avait fait une visite à M. Benfield, et lui avait restitué la somme qui lui appartenait. Ce trait de loyauté, la haute estime qu'il avait pour MM. Wilson, et son affection sans bornes pour Emilie, étaient du petit nombre des motifs qui l'empêchaient encore de croire à l'entière corruption de la race humaine.

Les chevaux étant prêts, M. Benfield se plaça dans la voiture entre son neveu et sa nièce, et ils prirent tranquillement le chemin de Moseley-Hall. M. Benfield fut très-silencieux pendant la route. Cependant, en passant devant un beau château qui était à environ dix milles du terme de leur voyage, il dit à Emilie :

— Lord Bolton vient-il souvent vous voir, mon enfant ?

— Bien rarement, mon oncle ; ses occupations le retiennent presque toujours à Londres, au palais de Saint-James, et il a aussi des propriétés en Irlande, qu'il va visiter.

— J'ai connu son père ; il était allié à la famille de mon ami lord Gosford. Vous ne devez plus guère vous souvenir de lui, sans doute ?

John se mordit les lèvres pour ne pas rire à la seule idée que sa sœur pût conserver quelque souvenir d'un homme qui était mort depuis quarante ans. — Son oncle continua :

— Il votait toujours avec moi au parlement; c'était un parfait honnête homme, un homme qui avait beaucoup de l'air de Peter Johnson, mon intendant; mais on dit que son fils aime les revenant-bons du ministère. — Ma foi, quant à moi, il n'y a jamais eu qu'un ministre à mon goût, c'était William Pitt. Pour l'Ecossais dont ils firent un marquis, je n'ai jamais pu le souffrir; je votais toujours contre lui.

— A tort ou à raison, mon oncle? demanda John avec un sourire malicieux.

— Non, Monsieur, à raison, mais jamais à tort. Lord Gosford votait aussi toujours contre lui; et croyez-vous, jeune drôle, que le comte de Gosford et moi nous puissions jamais avoir tort? Non, Monsieur, de mon temps les hommes étaient tout autres qu'aujourd'hui; nous n'avions jamais tort, Monsieur; nous aimions notre pays, et nous ne pouvions nous tromper.

— Mais lord Bute, mon oncle?

— Lord Bute, Monsieur, s'écria le vieillard avec une grande chaleur, lord Bute était ministre, Monsieur;... il était ministre; oui, Monsieur, ministre; et il était payé pour ce qu'il faisait.

— Mais lord Chatam n'était-il pas ministre aussi?

Or rien ne piquait le vieillard comme d'entendre appeler William Pitt par son titre de lord. Ne voulant pas néanmoins paraître se relâcher de ce qu'il regardait comme ses opinions politiques, il s'écria d'un ton péremptoire : — Oui, Monsieur, William Pitt était ministre; mais... mais, Monsieur..., mais c'était notre ministre, Monsieur.

Emilie, contrariée de voir son oncle s'agiter à un tel point pour une discussion aussi futile, jeta un regard de reproche sur son frère, et dit avec timidité :

— Son administration fut, je crois, bien glorieuse, mon oncle?

— Glorieuse! mon Emmy, ah! sans doute, dit le vieillard adouci par le son de sa voix et par le souvenir de ses jeunes années : nous battîmes les Français partout,... en Amérique, en Allemagne; nous prîmes (et il comptait sur ses doigts), nous prîmes Québec; oui, lord Gosford y perdit un cousin, et nous prîmes tout le Canada, et nous brûlâmes leurs flottes. Dans la bataille entre Hawe et Conflans, il périt un jeune homme qui était fort attaché à lady Juliana; la pauvre enfant! comme elle le regretta après sa mort, elle qui ne pouvait le souffrir pendant sa vie! Ah! c'est qu'elle avait un cœur si tendre! — car M. Benfield, comme beaucoup d'autres, continuait à admirer dans sa maîtresse des qualités qu'elle n'avait jamais eues, et dont il s'était plu à la douer, quoiqu'il eût été la victime de sa froide coquetterie. C'est une sorte de compromis que nous faisons avec notre conscience pour sauver notre amour-propre, en nous créant des beautés qui justifient notre folie à nos propres yeux, et ces illusions nous font conserver les apparences de l'amour, lors même que l'espérance ne lui sert plus d'aliment, et que l'admiration n'est plus en quelque sorte que factice.

A leur arrivée à Moseley-Hall, ils trouvèrent toute la famille qui était descendue dans la cour afin de recevoir un parent pour lequel ils avaient tous autant d'affection que de respect. Dans la soirée, le baronnet reçut une invitation du docteur Yves qui le priait de venir dîner le lendemain avec sa famille au presbytère.

CHAPITRE IV.

> Du talent! des vertus! non, non, un protecteur, et vous aurez la place. Nous parlerons pour vous à mylord.   Miss EDGEWORTH.

— Soyez le bien venu, sir Edward, dit le docteur Yves en prenant la main du baronnet; je craignais que quelque douleur rhumatismale ne nous privât du plaisir de vous voir, et ne m'empêchât de vous présenter les nouveaux habitants du Doyenné, qui dînent avec nous aujourd'hui, et qui seront très-flattés de faire la connaissance de sir Edward Moseley.

— Je vous remercie, mon cher docteur, répondit le baronnet; non-seulement je suis venu, mais j'ai même décidé M. Benfield à nous accompagner. Le voici qui vient, ajouta-t-il, s'appuyant sur le bras d'Émilie, et murmurant contre la calèche moderne de Mrs Wilson, dans laquelle il a gagné, dit-il, un rhume pour plus de six mois.

Le docteur Yves reçut cette visite inattendue avec la bienveillance qui lui était naturelle, et il sourit intérieurement en songeant à la réunion bizarre qui allait se trouver chez lui lorsque les Jarvis seraient arrivés. Dans ce moment même leur voiture s'arrêta à la porte. Le docteur les ayant présentés au baronnet et à sa famille, miss Jarvis fit des excuses assez joliment tournées de la part du colonel, qui ne se trouvait pas encore assez bien pour sortir, mais dont la politesse n'avait pas voulu permettre qu'ils restassent à cause de lui. Pendant ce temps, M. Benfield avait mis ses lunettes avec beaucoup de sang-froid, et, s'avançant d'un air délibéré vers l'endroit où le marchand s'était assis, il l'examina de la tête aux pieds avec la plus grande attention; puis il ôta ses lunettes, les essuya soigneusement, et se dit à lui-même en les remettant dans sa poche : — Non, non, ce n'est ni Jack, le cocher de fiacre, ni le valet de chambre de lord Gosford; mais, ajouta-t-il en lui tendant cordialement la main, c'est bien l'homme à qui je dois mes vingt mille livres sterling.

M. Jarvis, à qui une sorte de honte avait fait garder le silence pendant cet examen, répondit alors avec joie aux avances du vieillard, qui s'assit à côté de lui; et sa femme, dont les regards avaient pétillé d'indignation au commencement du soliloque, voyant que, de manière ou d'autre, la fin du discours, loin d'humilier son mari, lui faisait au contraire une sorte d'honneur, se tourna d'un air de complaisance du côté de Mrs Yves, pour la prier d'excuser l'absence de son fils : — Je ne puis deviner, Madame, où il est fourré; il fait toujours attendre après lui; puis se tournant vers Jane : — Ces militaires, ajouta-t-elle, prennent l'habitude de se gêner si peu, que je dis souvent à Henry qu'il ne devrait jamais quitter le camp.

— Vous devriez dire la caserne, ma chère, s'écria effrontément son mari; car de sa vie il n'a été dans un camp. Cette observation resta sans réponse; mais il était évident qu'elle déplaisait souverainement à la mère et à ses filles, qui n'étaient pas peu jalouses des lauriers du seul héros que leur race eût jamais produit. L'arrivée du capitaine lui-même changea la conversation, et l'on vint à parler des agréments de leur résidence actuelle.

— De grâce, Madame, dit le capitaine, qui s'était assis familièrement auprès de la famille du baronnet, pourquoi donc appelle-t-on notre maison le Doyenné? Je crains d'être pris pour un enfant de l'Eglise, lorsque j'inviterai mes amis à venir chez mon père au Doyenné.

— Et vous pouvez ajouter en même temps, Monsieur, si bon vous semble, dit sèchement M. Jarvis, qu'il est habité par un vieillard qui a fait des sermons toute sa vie, sans plus de fruit, je le crains bien, que la plupart des prédicateurs, ses confrères.

— Vous excepterez du moins notre digne hôte, Monsieur, dit Mrs Wilson en regardant le docteur Yves ; et voyant que sa sœur était blessée d'une familiarité à laquelle elle n'était point accoutumée, elle répondit à la question. Le père de sir William Harris avait le titre de doyen ; et quoique la maison fût sa propriété particulière, les habitants avaient coutume de l'appeler le Doyenné, et ce nom lui est resté depuis lors.

— N'est-ce pas une drôle de vie que mène là sir William, dit miss Jarvis, d'aller de ville en ville pour prendre les eaux, et de louer tous les ans sa maison comme il le fait?

— Sir William s'occupe uniquement du bonheur de sa fille, dit le docteur Yves d'un ton grave, et depuis qu'il a hérité de son titre, il a, je crois, dans un comté voisin, une nouvelle résidence qu'il habite ordinairement.

— Connaissez-vous miss Harris? ajouta la jeune personne en s'adressant à Clara, et sans attendre sa réponse : — c'est une merveilleuse beauté, je vous assure ; tous les hommes meurent d'amour pour ses beaux yeux.

— Ou pour sa fortune, reprit sa sœur en secouant dédaigneusement la tête ; quant à moi, je n'ai jamais pu rien voir de si attrayant dans sa personne, quoiqu'elle fasse beaucoup parler d'elle à Bath et à Brighton.

— Vous la connaissez donc? dit Clara avec douceur.

— Mais... oui..., comme on se connaît dans le monde, répondit miss Jarvis en hésitant, tandis que ses joues se couvraient d'une vive rougeur.

— Que voulez-vous dire, Sarah? — comme on se connaît dans le monde? s'écria son père en éclatant de rire ; lui avez-vous jamais parlé? Vous êtes-vous jamais trouvée dans le même salon qu'elle? à moins que ce ne soit au bal ou au concert?

La mortification de miss Sarah était évidente ; heureusement l'annonce que le dîner était servi vint mettre fin à son embarras.

Mrs Wilson ne laissait jamais échapper l'occasion de placer une leçon de morale lorsque quelque incident de la vie journalière pouvait y donner lieu. — Ne vous exposez jamais, ma chère enfant, à une mortification semblable, dit-elle à Emilie, en faisant des commentaires sur des personnes que vous ne connaissez point; c'est s'exposer à de grandes erreurs. Si ces personnes se trouvent être placées au-dessus de vous dans la sphère de la vie, et que vos propos leur soient répétés, ils n'exciteront que leur mépris, tandis que ceux à qui ils sont adressés ne les attribueront qu'à une basse jalousie.

Le marchand fit trop honneur au dîner du ministre pour songer à renouer une conversation aussi désagréable; et comme John Moseley et Francis Yves étaient placés près de ses filles, et que ces jeunes gens étaient fort aimables, elles oublièrent bientôt ce qu'elles appelaient entre elles la rudesse de leur père, pour ne faire attention qu'à leurs voisins.

— Eh bien! monsieur Francis, quand donc commencerez-vous à prêcher? demanda M. Haughton; je brûle de vous voir monter dans cette chaire où j'ai eu le bonheur d'entendre si souvent votre respectable père. Je ne doute pas que votre doctrine ne soit orthodoxe; autrement vous seriez, je crois, le seul membre de la congrégation que notre cher ministre n'eût pas converti.

A ce compliment le docteur inclina seulement la tête, et il répondit pour son fils que, le dimanche suivant, ils auraient le plaisir d'entendre Francis, qui lui avait promis de le remplacer ce jour-là.

— Et aurons-nous bientôt un bénéfice? ajouta M. Haughton en servant un superbe plum-pudding. John Moseley sourit en regardant Clara; celle-ci baissa les yeux en rougissant, et le ministre, se tournant du côté de sir Edward, dit d'un air d'intérêt:
— Sir Edward, la cure de Bolton est vacante, et je désirerais vivement l'obtenir pour mon fils. Elle est à la nomination du comte, qui, je le crains bien, n'en disposera que sur de puissantes recommandations.

Clara, les yeux toujours baissés, semblait ne voir que son assiette; cependant, de dessous sa longue paupière, un timide regard se dirigeait vers son père pendant qu'il répondait:
— Je suis vraiment au désespoir, mon digne ami, de n'avoir point assez de crédit auprès de lord Bolton, pour pouvoir faire une démarche directe; mais il est si rarement ici que je le connais à peine. Et le bon baronnet était vraiment peiné de ne pouvoir obliger le fils de son ami.

— Qui est-ce donc qui nous arrive ici ? s'écria le capitaine Jarvis en regardant par une fenêtre qui donnait sur la cour d'entrée ; l'apothicaire et son garçon qui descend de voiture ?

Un domestique vint annoncer que deux étrangers demandaient à parler à son maître. Malgré le titre burlesque dont le capitaine les avait gratifiés, le baronnet, qui aimait à voir tout le monde aussi heureux que lui-même, dit à son hôte : — Faites-les monter, docteur, faites-les monter ; il faut qu'ils goûtent de cette excellente pâtisserie, et nous jugerons s'ils sont connaisseurs.

Le reste de la compagnie joignit ses instances à celles du baronnet, et le docteur Yves donna ordre de faire monter les deux étrangers.

La porte s'ouvrit, et l'on vit entrer un vieillard qui paraissait avoir soixante ans environ, et qui s'appuyait sur le bras d'un jeune homme de vingt-cinq. Il y avait entre eux assez de ressemblance pour qu'au premier coup d'œil l'observateur le plus indifférent pût prononcer que c'étaient le père et le fils ; mais l'air souffrant du premier, son extrême maigreur, sa démarche chancelante, contrastaient avec l'air de santé et de vigueur du jeune homme, qui soutenait son respectable père avec une attention si touchante, que la plupart des convives ne purent le voir sans intérêt. Le docteur et son épouse se levèrent spontanément de leurs siéges et restèrent un instant immobiles, comme s'ils éprouvaient un sentiment de surprise à laquelle se mêlait une profonde douleur. Le docteur se remit bientôt, et prenant la main que lui présentait le vieillard, il la serra dans les siennes, et parut vouloir parler ; mais ses efforts furent inutiles. Ses larmes se pressaient sur ses paupières, tandis qu'il considérait ce front sillonné par de longues souffrances, ce teint pâle et livide ; et sa femme, ne pouvant plus longtemps maîtriser son émotion, se jeta sur une chaise, et donna un libre cours à ses sanglots.

Le docteur ouvrit la porte d'une pièce voisine, et tenant toujours le vieillard par la main, il parut l'inviter à le suivre. Sa femme, après le premier élan de sa douleur, reprit toute son énergie, et, surveillant avec une tendre sollicitude les pas tremblants de l'étranger, elle l'accompagna avec son fils. Arrivés à la porte, les deux inconnus se retournèrent, et ils saluèrent la société d'une manière si noble et en même temps si gracieuse, que tous les convives, sans en excepter M. Benfield, se levèrent involontairement pour leur rendre leur salut.

Dès qu'ils furent sortis, la porte se referma sur eux, et les convives restèrent debout autour de la table, muets de surprise et en même temps affectés de la scène dont ils venaient d'être les témoins. Pas un mot n'avait été dit, et le ministre les avait quittés sans leur faire aucune excuse, ni leur donner la moindre explication. Cependant Francis revint bientôt, et quelques minutes après il fut suivi par sa mère, qui, après avoir prié ses hôtes de l'excuser si elle les avait quittés si brusquement, fit tourner la conversation sur l'événement qui pour elle était d'une grande importance, l'intention de son fils de prêcher le dimanche suivant.

Les Moseley avaient trop l'usage du monde pour se permettre aucune question, et les Jarvis ne l'osèrent point. Sir Edward se retira de très-bonne heure; le reste de la société suivit son exemple.

— Ma foi, il faut en convenir, s'écria Mrs Jarvis dès qu'elle fut montée dans sa voiture, voilà une conduite bien étrange, et voilà une singulière manière de recevoir son monde! Que signifiaient toutes ces larmes et tous ces sanglots? Et ces étrangers, qui sont-ils?

— Pas grand'chose, maman, très-probablement, dit sa fille aînée en jetant un regard dédaigneux sur une chaise de poste d'une grande simplicité, arrêtée à la porte du docteur.

— C'était à faire pitié! dit miss Sarah en haussant les épaules. Son père portait les yeux de l'une à l'autre à mesure qu'elles parlaient, et chaque fois il prenait une grande prise de tabac: c'était sa ressource ordinaire pour éviter une querelle de famille. Cependant la curiosité des dames était excitée plus vivement qu'elles ne voulaient en convenir, et dès que Mrs Jarvis fut rentrée chez elle, elle donna ordre à sa femme de chambre d'aller au presbytère le soir même présenter ses compliments à Mrs Yves, et de s'informer si l'on n'aurait point trouvé un voile de dentelle qu'elle croyait y avoir laissé.

— A propos, Betty, puisque vous y serez, informez-vous des domestiques... vous entendez bien, des domestiques... je ne voudrais pour rien au monde causer le moindre embarras à Mrs Yves... si M... M... Eh bien! quel est donc son nom?... Mon Dieu, ne voilà-t-il pas que je l'ai oublié? Vous demanderez aussi son nom, Betty... le nom de l'étranger qui vient d'arriver au presbytère, et, comme cela peut faire quelque différence dans nos arrangements, informez-vous s'il restera longtemps..... et puis.... vous savez bien, tous ces petits renseignements qui peuvent être utiles au besoin.

Betty partit, et en moins d'une heure elle était de retour. Elle prit un air d'importance pour débiter ses nouvelles ; les miss Jarvis se trouvaient auprès de leur mère, et elle commença ainsi sa relation :—D'après vos ordres, Madame, j'ai couru tout d'une haleine jusqu'au presbytère, où William a bien voulu m'accompagner. Arrivée à la porte, je frappai, et l'on nous fit entrer dans la salle où les domestiques étaient rassemblés. Je délivrai mon message ; mais pas plus de voile que... Eh! mon Dieu! Madame, le voilà sur le dos de votre fauteuil!

—C'est bon, Betty, c'est bon ; ne songeons plus au voile, dit sa maîtresse impatiente ; avez-vous appris quelque chose?

— Pendant qu'ils cherchaient le voile, j'ai demandé tout bas à l'une des servantes quels étaient ces messieurs qui venaient d'arriver. Mais, le croiriez-vous, Madame? (ici Betty prit un air de mystère) personne ne les connaît. Ce qui est sûr, Madame, c'est que le ministre et son fils sont toujours auprès du vieillard, lui faisant des lectures de piété, et lui récitant des prières, et...

— Et quoi, Betty?

— Ma foi, Madame, ce doit être un bien grand pécheur pour avoir besoin de tant de prières, lorsqu'il va mourir.

— Mourir! s'écrièrent les trois dames ; n'y a-t-il donc plus d'espoir?

—Oh! mon Dieu, non, Madame ; ils disent tous qu'il va rendre l'âme... ; mais toutes ces prières m'ont l'air suspectes à moi ; on dirait un criminel. Pour un honnête homme on ne ferait pas tant de façons.

— Non, sans doute, dit la mère.

— Non, sans doute, répétèrent les deux filles, et elles se retirèrent chacune dans leur chambre, pour se livrer à leurs conjectures.

CHAPITRE V.

> L'heure de la prière vous invite au temple : que la voix pure du prêtre trouve un écho dans votre cœur ; qu'elle en chasse toute pensée mauvaise. Dieu peut vous appeler de son sanctuaire céleste, s'il vous trouve prête à paraître devant lui.
>
> KIRKE WHITE.

Il y a dans la saison du printemps quelque chose de particulier qui dispose l'âme aux sentiments religieux. Nos facultés, nos affections sont comme engourdies pendant l'hiver ; mais le souffle bienfaisant des brises de mai vient bientôt nous ranimer, et nos désirs, nos espérances se réveillent avec la nature, qui sort de son long assoupissement. C'est alors que l'âme, pénétrée de la bonté de son créateur, aime à franchir l'espace pour se reposer auprès de lui. L'œil aime à parcourir ces immenses tapis de verdure qui se déploient jusqu'à l'horizon, et se fixent sur les nuages qui roulent majestueusement dans la plaine azurée ; il perd de vue la terre pour contempler notre dernière demeure.

Ce fut par un de ces beaux jours que les habitants de B*** se rendirent en foule à leur église, attirés par l'espoir d'entendre prêcher pour la première fois le fils de leur pasteur. Il n'était pas une famille un peu considérée qui ne se fût fait un devoir d'assister à ce premier essai ; aussi les Jarvis ne manquèrent-ils pas de s'y trouver, et la voiture de sir Edward Moseley et de sa sœur s'arrêta l'une des premières à la porte de l'église.

Tous les membres de cette famille s'intéressaient vivement au succès du jeune prêtre ; mais connaissant toute l'étendue de ses talents naturels, perfectionnés encore par l'éducation, et toute la ferveur de sa piété, ils éprouvaient plutôt de l'impatience que de la crainte. Il y avait cependant parmi eux un jeune cœur qui palpitait d'une émotion qu'il lui devint presque impossible de maîtriser lorsqu'ils s'approchèrent du sanctuaire. Ce cœur franc et naïf appartenait depuis longtemps au jeune Francis, et à ses élans impétueux on eût dit qu'il brûlait d'aller retrouver son maître.

L'entrée d'une congrégation dans une église peut fournir dans tous les temps à un observateur attentif un sujet de remarques curieuses et instructives. On aurait peine à le croire, et cependant l'âme se révèle tout entière dans une circonstance qui se renouvelle trop souvent pour paraître mériter de fixer l'attention. Il semble qu'en approchant l'autel du Dieu de vérité, le fond de nos cœurs se manifeste jusque dans le moindre mouvement extérieur, et que les consciences se montrent à découvert. Nous avouons sans doute que ces observations peuvent paraître un peu profanes, dans un moment où des pensées plus sérieuses doivent seules nous occuper; mais qu'il nous soit permis de jeter un coup d'œil rapide sur quelques-uns des personnages de notre histoire, à mesure qu'ils entrent dans l'église de B***.

La figure du baron exprimait à la fois le calme et la noblesse d'une âme en paix avec elle-même, comme avec tout le genre humain; sa démarche était ferme et assurée. Dès qu'il fut entré dans le banc qui lui était réservé, il se mit à genoux, et ses regards, que jusqu'alors il avait tenus baissés, se dirigèrent sur l'autel avec une expression de bienveillance et de respect qui indiquait que chez lui le contact du monde n'avait jamais pu éteindre le sentiment d'une solide piété.

Lady Moseley suivit son mari d'un pas non moins assuré; il y avait de la grâce, de la décence, dans son maintien, sans que cependant il parût étudié. Un voile lui couvrait la figure, mais à la manière dont elle s'agenouilla à côté de sir Edward, il était facile de voir que tout en se rappelant son Créateur, elle ne s'était pas entièrement oubliée elle-même.

La démarche de Mrs Wilson était plus posée que celle de sa sœur. Ses yeux fixés devant elle semblaient contempler cette éternité dont elle approchait. Sa figure, naturellement pensive, conservait la même expression, quoiqu'on pût y voir des traces d'une humilité plus profonde. Sa prière fut longue, et lorsqu'elle se releva, son corps seul semblait être de ce monde; son âme était absorbée dans des contemplations sublimes bien au-delà des limites de cette sphère matérielle.

Jane avait pris place à côté de sa mère. Clara, ordinairement si calme et si tranquille, changeait à chaque instant de couleur, et ses yeux distraits se dirigeaient de temps en temps sur la chaire, comme dans l'espoir d'y rencontrer déjà celui qu'elle brûlait d'entendre. Emilie s'était glissée auprès de sa tante, et, dans son maintien modeste, dans ses regards brillants d'innocence et d'amour, on reconnaissait l'élève de Mrs Wilson.

En voyant M. Jarvis se rendre d'un air posé et réfléchi au banc de sir William Harris, on aurait pu le prendre pour un autre sir Edward Moseley; mais le calme avec lequel il écarta les pans de son habit avant de s'asseoir, lorsqu'on aurait cru qu'il allait se mettre à genoux, la prise de tabac qu'il prit tranquillement en jetant les yeux autour de lui pour examiner l'édifice, n'eussent pas tardé à détromper et à convaincre que ce qui avait paru d'abord du recueillement, n'était que la supputation de quelque intérêt commercial, et que sa présence était un sacrifice qu'il faisait à l'usage; sacrifice rendu plus facile par l'épaisseur des coussins sur lesquels il était assis, et par l'agrément de pouvoir du moins dans un banc étendre commodément ses jambes.

Sa femme et ses filles avaient fait une toilette brillante, propre à faire ressortir les charmes de leurs personnes; et, avant de s'asseoir, elles examinèrent longtemps les places qui leur avaient été préparés, pour aviser aux moyens de chiffonner le moins possible leur superbe parure.

Enfin le ministre, accompagné de son fils, sortit de la sacristie. Il y avait tant de dignité dans la manière dont ce respectable ecclésiastique remplissait les fonctions de son ministère, que son aspect seul frappait de respect ceux qui assistaient aux saints offices, et les disposait à écouter avec recueillement la parole divine. Un silence imposant régnait dans l'église, lorsque le banc réservé pour la famille du ministre s'ouvrit tout à coup, et les deux étrangers qui étaient arrivés la veille au presbytère vinrent y prendre place. Tous les yeux se tournèrent vers le vieillard affaibli qui semblait avoir déjà un pied dans la tombe, et n'être retenu encore sur les limites de cette vie que par la tendresse vigilante de son fils. Refermant avec précipitation la porte de son banc, Mrs Yves se cacha la figure dans son mouchoir; et le service divin était commencé depuis longtemps, avant qu'elle eût pu se décider à la relever. La voix du ministre était tremblante, et trahissait une émotion qui ne lui était pas ordinaire ; ce que ses paroissiens attribuèrent à la tendre sollicitude d'un père qui est au moment de voir son fils unique montrer s'il est digne de recueillir la plus noble partie de son héritage; mais, dans le fond, ce trouble provenait d'une autre cause plus puissante encore.

Après les prières accoutumées, le jeune Francis monta dans la chaire. Il garda un moment le silence, jeta un regard inquiet sur le banc de sa mère, et enfin commença son sermon. Il avait pris pour sujet la nécessité de placer toute notre confiance dans la grâce divine pour notre bonheur en cette vie comme dans l'autre. Après avoir éloquemment démontré la nécessité de cette confiance, comme étant seule capable de nous prémunir contre les maux de l'humanité, il se mit à peindre l'espoir, la résignation, la félicité qui accompagnent une mort chrétienne.

Bientôt le jeune prêtre, s'échauffant à mesure qu'il entrait plus avant dans son sujet, s'abandonna à tout son enthousiasme; son regard plein de feu donnait un nouvel intérêt à ses paroles; et, dans un moment où toute la congrégation attentive était captivée par son éloquence entraînante, un soupir convulsif et prolongé attira tout à coup tous les yeux sur le banc du ministre. Le jeune étranger, frappé de stupeur, pâle comme la mort, était debout, tenant dans ses bras le corps inanimé de son père, qui à l'instant même venait de tomber mort à ses côtés.

L'église n'offrit plus alors qu'une sorte de tumulte. On arracha le jeune homme à un spectacle aussi déchirant, et le ministre l'entraîna presque sans connaissance hors de l'église.

La congrégation se dispersa en silence; on se forma en petits groupes pour s'entretenir de l'événement terrible dont ils venaient d'être les témoins. Personne ne connaissait le défunt; on savait seulement que c'était l'ami du ministre, et on transporta son corps au presbytère.

Le jeune homme était évidemment son fils; mais les renseignements n'allaient pas plus loin. Ils étaient venus dans une chaise de poste, et sans être accompagnés d'un seul domestique.

Leur arrivée au presbytère fut décrite par les Jarvis avec quelques embellissements qui ajoutèrent encore à l'intérêt, sans cependant que personne, pour pénétrer ce mystère, osât faire au docteur Yves des questions qui auraient pu l'affliger.

La dépouille mortelle du vieillard fut placée sur un char funèbre qui partit du village à la fin de la semaine, sous l'escorte de Francis Yves et du fils inconsolable.

Le docteur et sa femme prirent le grand deuil, et le jour du départ de Francis, Clara reçut un billet de son amant, qui lui apprenait que son absence durerait probablement un mois, mais qui, du reste, ne jetait aucun jour sur ce mystère.

Cependant on lut quelques jours après, sur les journaux de Londres, ce peu de mots, qui semblaient ne pouvoir se rapporter qu'à l'ami du docteur Yves :

« Est mort subitement à B***, le 10 du courant, George Denbigh, écuyer, à l'âge de soixante-trois ans. »

CHAPITRE VI.

> L'âge d'aimer n'est pas celui de l'expérience. Que l'œil de la mère préside au choix de la fille. Ce n'est pas le plus aimable qui aime le mieux. PRIOR.

La visite faite par les Moseley aux Jarvis leur avait été rendue; et le lendemain même du jour où le paragraphe relatif à la mort de George Denbigh parut dans les journaux, toute la famille des Jarvis fut invitée à dîner à Moseley-Hall.

Le colonel Egerton, dont le pied était complètement guéri, avait été compris dans l'invitation. Quoiqu'il n'eût vu encore M. Benfield qu'une ou deux fois, il semblait régner entre eux une sorte d'antipathie qui augmentait plutôt qu'elle ne diminuait, et qui se manifestait de la part du vieillard par un air froid et composé qu'il prenait dès qu'il apercevait le colonel, tandis que celui-ci se bornait seulement à éviter, mais sans affectation, de se placer à côté de lui.

Sir Edward et lady Moseley, au contraire, trouvaient le colonel fort aimable, et cherchaient toutes les occasions de lui montrer l'impression favorable qu'il avait faite sur leur esprit. Lady Moseley, en particulier, qui s'était assurée, à sa grande satisfaction, que c'était bien l'héritier du titre et très-probablement de la fortune de son oncle sir Edgar Egerton, se sentait très-disposée à entretenir une connaissance qu'elle trouvait agréable, et qui pouvait même devenir utile.

Quant au capitaine Jarvis, dont la familiarité grossière lui déplaisait souverainement, elle ne le supportait que pour ne pas manquer à la politesse, et ne pas troubler l'harmonie qui régnait entre les deux familles ; autrement le capitaine aurait dès le premier jour reçu son congé.

Elle ne pouvait s'empêcher d'être surprise qu'un homme qui avait aussi bon ton que le colonel pût trouver quelque plaisir dans la société de ce grossier personnage, ou même dans celle des dames de sa famille, dont les manières n'étaient guère plus distinguées. Alors elle disait que peut-être il avait vu Emilie à Bath ou Jane quelque autre part; et que c'était pour se rapprocher d'elles qu'il s'était prévalu de la connaissance du jeune Jarvis pour se faire inviter à venir passer quelque temps dans sa famille.

Lady Moseley n'avait jamais connu la vanité pour elle-même ; mais elle était mère, et tout son orgueil s'était concentré sur ses filles ; elle était fière de leurs qualités aimables, de leur heureux naturel. Un peu de vanité n'est-il pas excusable dans une mère, lorsqu'elle a pour objet ses enfants?

Le colonel n'avait jamais été ni plus aimable, ni plus insinuant, et Mrs Wilson se reprocha plus d'une fois le plaisir qu'elle éprouvait à écouter des propos futiles auxquels il savait donner de l'intérêt, ou, ce qui était pis encore, des principes erronés soutenus avec une éloquence séduisante. Mais sa vigilance n'en devint que plus active; car l'amour qu'elle portait à Emilie était cause qu'elle redoublait de prudence, lorsque le hasard, ou un enchaînement quelconque de circonstances, leur faisait former de nouvelles liaisons.

Emilie approchait de l'âge où une jeune personne songe à faire ce choix qui est irrévocable et qui fixe sa destinée, et l'étude que sa tante faisait du caractère des hommes qui s'introduisaient dans leur société était approfondie, on aurait pu même dire minutieuse. Lady Moseley désirait aussi le bonheur de sa fille, mais un examen aussi sérieux lui eût paru impossible ; elle n'en sentait pas d'ailleurs la nécessité, tandis que Mrs Wilson, cédant à la conviction qu'une longue expérience lui avait donnée, se sentait le courage et la patience de remplir jusqu'au bout ce qu'elle regardait comme son devoir.

— Eh bien ! milady, demanda Mrs Jarvis d'un air auquel elle voulait donner de l'importance, pendant que la compagnie réunie dans le salon attendait qu'on vînt annoncer que le dîner était servi, avez-vous découvert quelque chose sur ce M. Denbigh qui est mort subitement dans l'église ?

— Je ne vois pas, Madame, ce qu'il y avait à découvrir, répondit lady Moseley.

— C'est qu'à Londres, lady Moseley, dit le colonel Egerton, tous les détails de cet événement tragique auraient été rapportés dans les journaux ; et c'est sans doute de cette manière que Mrs Jarvis entend que vous auriez pu apprendre quelque chose.

— Oh! oui, s'écria Mrs Jarvis, le colonel a raison ; et le colonel avait toujours raison avec cette dame. Le colonel avait trop d'usage pour renouer une conversation qui semblait déplaire ; mais le capitaine, que rien n'intimidait, s'écria en se renversant sur sa chaise : — Parbleu ! ce ne doit pas être grand'chose que ce Denbigh. — Denbigh ! je n'ai jamais entendu parler de ça.

— C'est, je crois, le nom de famille du duc de Derwent, dit sir Edward d'un ton un peu sec.

— A coup sûr, le vieux bon homme ni son fils n'avaient pas trop l'air de ducs, ni même d'officiers, reprit Mrs Jarvis aux yeux de laquelle un officier était un grand personnage, depuis que son fils portait des épaulettes.

— Lorsque j'étais au parlement, dit M. Benfield, un général Denbigh y siégeait aussi, et il était toujours du même avis que lord Gosford et moi. Il était toujours près de son ami, sir Peter Howell, l'amiral qui prit l'escadre française sous le glorieux ministère de William Pitt, et qui prit aussi une île de concert avec ce même général Denbigh ; l'amiral était un vieux routier, plein d'honneur et de courage, aussi brave que mon Hector. Hector était son chien.

— Miséricorde ! dit John à l'oreille de sa sœur, celui dont parle notre oncle doit devenir bientôt votre grand-père.

Clara sourit et se permit de dire : — Sir Peter était le père de Mrs Yves, mon oncle.

— Vraiment ! s'écria le vieillard d'un air de surprise ; je l'ignorais absolument, et je puis dire qu'ils se ressemblent.

— Pensez-y bien, mon oncle, dit John avec une gravité imperturbable, ne trouvez-vous pas à Francis un air de famille avec lui?

— Mais, mon cher oncle, interrompit vivement Emilie, le général Denbigh et l'amiral Howell étaient-ils parents?

— Non pas que je sache, chère Emmy ; sir Frédéric Denbigh

ne ressemblait pas du tout à l'amiral ; il avait plutôt dans la physionomie quelque chose qui me rappelle Monsieur, ajouta-t-il après avoir regardé autour de lui, et en saluant le colonel Egerton.

— Je n'ai cependant pas l'honneur d'être son parent, dit le colonel en se retirant derrière la chaise de Jane.

Mrs Wilson tâcha de rendre la conversation plus générale ; mais ce que venait de dire M. Benfield lui faisait présumer qu'il existait entre les descendants des deux vieux militaires une affinité qu'ils ignoraient peut-être eux-mêmes, mais qui expliquait l'intérêt qu'ils prenaient les uns aux autres.

Au moment de se mettre à table, le colonel trouva moyen de se placer auprès d'Emilie, et miss Jarvis se hâta de venir s'asseoir de l'autre côté. Il parla du grand monde, des eaux à la mode, des romans, des spectacles; et voyant qu'Emilie, toujours réservée, ne voulait ou ne savait pas entretenir la conversation sur aucun de ces sujets, il essaya de l'attaquer par un autre côté. Il connaissait tous nos poëtes, et les remarques qu'il fit sur quelques-uns de leurs ouvrages parurent intéresser un moment Emilie ; sa physionomie s'anima, mais ce fut comme un éclair passager, et pendant qu'il continuait à lui citer les passages qu'il admirait le plus, sa figure avait repris l'expression d'une indifférence si complète, qu'il finit par se persuader que c'était une belle statue à laquelle il manquait une âme.

Après une tirade véhémente, dans laquelle il avait cherché à déployer toutes les grâces de son esprit, il s'aperçut que Jane avait les yeux fixés sur lui avec une expression particulière, et aussitôt il changea de batterie.

Le colonel trouva dans Jane une élève beaucoup plus docile. Les vers étaient sa passion, et bientôt il s'engagea entre eux une discussion animée sur le talent de leurs poëtes favoris. Empressé de la reprendre, le colonel quitta la table de bonne heure pour aller rejoindre les dames qui étaient passées dans le salon, et John saisit un prétexte pour l'accompagner.

Les demoiselles s'étaient rangées en cercle autour d'une fenêtre, et Emilie elle-même se réjouit au fond du cœur de les voir arriver, car elle était fort embarrassée, ainsi que ses sœurs, pour entretenir la conversation avec des dames dont les goûts et les opinions n'avaient aucun rapport avec les leurs.

— Vous disiez, miss Moseley, dit le colonel du ton le plus

aimable en s'approchant d'elles, que, selon vous, Campbell était le plus harmonieux de nos poëtes ? Vous ne refuserez pas sans doute de faire une exception en faveur de Moore.

Jane rougit en répondant avec un peu d'embarras : — Moore est assurément un de nos poëtes les plus distingués.

— A-t-il fait beaucoup de vers ? demanda innocemment Emilie.

— Pas la moitié de ce qu'il aurait dû, s'écria miss Jarvis ; c'est si beau tout ce qu'il a écrit ! Ah ! je lirais ses poëmes toute la journée.

Jane ne dit plus un mot ; mais le soir, lorsqu'elle fut seule avec Clara, elle prit un volume des poésies de Moore, et le jeta au feu. Sa sœur lui demanda naturellement l'explication de cette conduite.

— Ah ! s'écria Jane, je ne puis souffrir ce livre depuis que cette miss Jarvis en parle avec tant d'intérêt. Je crois en vérité que ma tante Wilson a raison de ne pas souffrir qu'Emilie fasse de pareilles lectures. Jane avait souvent lu avec autant d'avidité que de plaisir ces poésies séduisantes et voluptueuses ; mais l'approbation de miss Jarvis, d'une personne dont les manières étaient aussi libres et aussi cavalières, les lui avaient fait prendre en horreur.

Cependant le colonel Egerton avait aussitôt changé de discours, et se mit à parler de ses campagnes en Espagne. Il avait le talent de donner de l'intérêt à tous ses récits, qu'ils parussent ou non vraisemblables ; et comme il ne contrariait jamais personne, qu'il cédait toujours de bonne grâce, et surtout s'il avait une dame pour adversaire, sa conversation plaisait infiniment, et on lui trouvait d'autant plus d'esprit qu'il savait faire ressortir celui des autres.

Un pareil homme, ayant pour auxiliaires les dehors les plus séduisants et le ton le plus aimable, était une société bien dangereuse pour une jeune personne ; Mrs Wilson le savait ; et comme son séjour devait se prolonger pendant un ou deux mois, elle résolut de sonder le cœur de sa nièce, et de savoir ce qu'elle pensait de ses nouvelles connaissances.

Pendant que le colonel racontait ses prouesses, John avait eu quelque envie de lier conversation avec miss Jarvis, et il allait lui parler avec extase des poésies licencieuses de Little, lui demander si elle n'en admirait pas aussi les mélodies, lorsque les grands yeux bleus d'Emilie se fixèrent sur lui avec une expression particulière de tendresse; malgré son amour pour les sarcasmes, il renonça aussitôt à son projet, par respect pour l'innocence de ses sœurs, et se tournant du côté d'Egerton, il lui adressa plusieurs questions sur les Espagnols et sur leurs usages.

— Vous êtes-vous jamais trouvé avec lord Pendennys en Espagne, colonel? demanda Mrs Wilson d'un air d'intérêt.

— Non, Madame, jamais. Nous ne servions pas dans le même corps d'armée. Connaissez-vous le comte, Madame?

— Non pas personnellement, Monsieur, mais de réputation.

— Sa réputation comme militaire est aussi grande que méritée. J'ai entendu dire que nous n'avons pas d'officier plus intrépide.

Mrs Wilson ne répondit rien; elle paraissait triste et pensive. Emilie avait quitté le groupe rassemblé auprès de la fenêtre pour accourir auprès de sa tante. Elle s'efforça de détourner le cours de ses réflexions et de la ramener à des idées plus agréables. Le colonel, qui cherchait toujours à plaire, se joignit à elle, et ils parvinrent à réussir.

M. Jarvis se retira de bonne heure avec sa famille, et son hôte le suivit. Mrs Wilson, toujours vigilante, profita de quelques instants où elle se trouva seule avec sa nièce pour pressentir son opinion sur les nouveaux hôtes qu'ils avaient reçus ce jour-là.

— Comment trouvez-vous nos nouveaux amis, Emilie? lui demanda-t-elle en souriant.

— Mais assez étranges, s'il faut parler franchement.

— Je ne suis pas fâchée, ma chère, que vous ayez eu occasion d'observer de près les manières de Mrs Jarvis et de ses filles; leur exemple n'est pas dangereux; je ne crains pas que vous soyez jamais tentée d'imiter leur ton ni leur langage; quant aux hommes, c'est tout autre chose, ils sont des héros en comparaison.

— Oui, des héros dans leur genre.

— Auquel donnez-vous la préférence, au capitaine ou au colonel?

— La préférence? ma tante, répéta Emilie d'un air étonné; c'est un mot bien fort, appliqué à l'un ou à l'autre de ces messieurs; mais je crois que je préférerais encore le capitaine : il ne se cache pas, lui; il ne s'impose pas la moindre contrainte; il a des défauts, sans doute, mais ils sont palpables, il n'en fait pas mystère, et peut-être avec le temps pourra-t-il s'en corriger, tandis que le colonel...

— Eh bien! le colonel?

— Il s'admire à un tel point, il paraît si content de sa personne, que je crois bien que ce serait prendre une peine inutile que de tenter de le réformer.

— Vous croyez donc qu'il a besoin de réforme?

— S'il en a besoin! s'écria Emilie en jetant sur sa tante un regard où se peignait de plus en plus la surprise. Vous n'étiez donc pas là lorsqu'il nous parlait de ces poëmes, et qu'il nous en citait des passages que j'aurais bien voulu ne pas entendre? Dieu! quelles maximes et quels principes! N'a-t-il pas raconté à Jane l'histoire d'une jeune personne qui avait abandonné son père pour son amant? et ne semblait-il pas l'approuver encore, au lieu de condamner son manque de piété filiale? Ah! j'en suis bien sûre, si vous l'aviez entendu, il ne vous plairait pas tant.

— A merveille, ma chère Emilie; je ne voulais que connaître vos sentiments, et je suis charmée de voir que vous soyez aussi raisonnable. Oui, vous avez bien raison, le colonel semble oublier qu'il y ait quelque chose qu'on appelle morale et principes au monde, ou plutôt ses principes se bornent à un seul, celui de plaire. Voilà son unique but : pourvu qu'il y parvienne, tous les chemins lui paraissent bons.

En disant ces mots, Mrs Wilson embrassa tendrement sa nièce, et se retira dans sa chambre avec la douce assurance qu'elle n'avait point semé sur un terrain stérile, et que, grâce aux sages leçons de vertu qu'elle avait données à sa nièce dès sa plus tendre enfance, Emilie sortirait toujours triomphante des épreuves auxquelles est mise à chaque instant la fragilité de son sexe.

CHAPITRE VII.

> Les ruses de l'amour sont vieilles comme le monde, et elles trompent toujours, parce qu'elles n'attaquent que les jeunes cœurs. GAY.

Un mois s'écoula dans les amusements ordinaires de la campagne, et pendant ce temps lady Moseley et Jane manifestèrent l'une et l'autre le désir d'entretenir leurs relations avec les Jarvis. Emilie en fut surprise; elle avait toujours vu sa mère fuir avec une antipathie prononcée la société des personnes sans éducation, qui souvent faisaient subir à sa délicatesse des assauts qui lui étaient insupportables. Mais ce qu'elle concevait le moins, c'était la conduite de Jane, qui, dès le premier jour, avait déclaré qu'elle ne pouvait souffrir leurs manières grossières. Eh bien! c'était Jane au contraire qui, à présent, les recherchait la première, et qui même quittait la société de ses sœurs pour celle de miss Jarvis, surtout si le colonel Egerton était auprès d'elle. L'innocence d'Emilie l'empêchait de découvrir les motifs qui pouvaient avoir causé un changement aussi extraordinaire; mais elle en gémissait et redoublait de tendresse pour celle qui semblait ne plus l'aimer autant.

Pendant quelques jours, le colonel avait paru balancer sur laquelle des jeunes amies il ferait tomber son choix; mais son irrésolution ne fut que passagère, et bientôt Jane obtint évidemment la préférence. En présence des Jarvis il s'observait davantage, faisait une cour moins assidue; ses attentions se répartissaient plus également sur toutes les jeunes personnes de la société. D'ailleurs il n'avait pas seul le privilége de paraître aimable; John, sans s'en douter, faisait aussi des conquêtes; il devait être baronnet, et c'était déjà une recommandation aux yeux des miss Jarvis.

John, par charité, avait pris en main la direction des parties de chasse du capitaine; presque tous les matins ils faisaient ensemble des excursions dans la plaine, et depuis ce moment le colonel était devenu tout à coup chasseur intrépide. Les dames les accompagnaient souvent, et le rendez-vous général était à Moseley-Hall.

Un matin que tout était préparé pour une promenade à cheval, au moment où la troupe joyeuse allait partir, Francis Yves arriva dans le cabriolet de son père, et retarda un instant le départ. Francis était adoré de toute la famille Moseley, et il fut reçu à bras ouverts. Il apprit que l'intention des jeunes gens était de faire une halte au presbytère, au milieu de leur excursion champêtre: il dit que, loin de les retenir, il leur demandait la permission de les accompagner. Puis, jetant un regard expressif sur la mère de Clara, il pria sa bien-aimée d'accepter une place à côté de lui; celle-ci regarda sa mère, et lisant son consentement dans ses yeux, elle monta en rougissant dans la voiture, et toute la troupe se mit en marche.

John, qui avait un excellent cœur, et qui aimait sincèrement Clara et Francis, persuadé que les deux amants avaient des nouvelles importantes à se communiquer, et qu'ils seraient bien aises d'être à l'abri des importuns, se mit à piquer des deux, et appelant le capitaine Jarvis et sa sœur, il sembla les défier à la course. Ceux-ci faisaient les plus grands efforts pour le suivre. — Allons, courage! capitaine, courage! s'écria John, et en retournant la tête il s'aperçut qu'ils avaient laissé le cabriolet bien loin derrière eux, et que Jane et le colonel Egerton ne les suivaient aussi qu'à une assez grande distance. — Parbleu! mon cher, vous n'avez point votre pareil; je n'ai jamais vu de cavalier de votre force, si ce n'est pourtant votre aimable sœur; et l'intrépide Amazone, encouragée par ce compliment, mit son cheval au galop, comme pour montrer qu'elle le méritait, et disparut bientôt suivie de son frère.

— Modérons-nous à présent, Emilie, dit John en se rapprochant d'elle; mon manége a réussi, et je n'ai pas envie de crever mon cheval pour leur bon plaisir Savez-vous que nous allons être bientôt de noce?

Emilie le regarda d'un air d'étonnement.

— Oui, ajouta-t-il, Francis vient enfin d'obtenir un bénéfice; je l'ai lu dans ses yeux au premier abord. Il avait un air de mystère, et en même temps de ravissement. Je suis sûr qu'il a déjà calculé plus de douze fois le produit de la dîme.

John ne se trompait pas dans ses conjectures. Le comte de Bolton lui avait donné la cure de sa paroisse sans qu'il l'eût sollicitée; et dans ce moment même Francis pressait la timide Clara de fixer le jour où elle récompenserait enfin sa constance et son amour. Clara, trop peu coquette pour se faire prier, lui promit d'être à lui aussitôt après son installation, qui devait avoir lieu la semaine suivante. Ce point important une fois réglé, les amants se mirent à former mille projets délicieux, mille petits arrangements par lesquels la jeunesse aime tant à combler le vide de l'avenir.

— Docteur, dit John, qui, arrivé le premier au presbytère, attendait sur la porte, avec M. Yves, l'arrivée du cabriolet, savez-vous que votre fils pousse la prudence à l'excès? Voyez comme il va au pas, comme il ménage son cheval ! Ah ! vous voilà donc enfin, dit-il l'instant d'après en les aidant à descendre ; puis posant ses lèvres sur les joues brûlantes de sa sœur, il lui dit à l'oreille d'un air d'importance : — Vous n'avez besoin de me rien dire, ma chère, je sais tout, et je vous donne mon consentement.

Mrs Yves accourut pour serrer dans ses bras sa future belle-fille ; et à l'air de satisfaction qui régnait dans ses yeux, au regard de bienveillance que le bon ministre jeta sur elle, Clara vit bien que son mariage était décidé.

Le colonel Egerton félicita Francis sur sa nomination à la cure de Bolton avec une chaleur et un empressement qui paraissaient sincères ; et dans ce moment, Emilie trouva pour la première fois qu'il était aussi aimable qu'on le disait généralement. Les dames firent aussi chacune leur compliment, et John poussa le bras du capitaine comme pour lui dire de ne pas rester en arrière.

— Parbleu ! Monsieur, s'écria le capitaine, il faut convenir que vous avez du bonheur d'obtenir une si belle cure avec aussi peu de peine ; quant à moi, je vous en félicite de tout mon cœur. On dit que la dîme sera bonne, et tant mieux ! Tout ce que je vous souhaite, c'est qu'elle devienne encore meilleure.

Francis le remercia en souriant, et bientôt John donna le signal du départ.

Dès qu'ils furent de retour et que le baronnet eut appris l'état des choses, il promit à Francis de ne pas retarder plus longtemps son bonheur, et il fixa lui-même le mariage à la semaine suivante.

Après le dîner, lady Moseley, se trouvant seule au salon avec sa sœur et ses filles, se mit à parler des apprêts de la cérémonie et des invitations qu'il fallait faire. Elle avait aussi son faible ; c'était d'aimer à briller dans l'occasion, et elle voulait que le mariage de sa fille fît du bruit dans les environs. Elle commençait à peine à développer les plans magnifiques qu'elle méditait, lorsque Clara l'interrompit en lui disant : — Ah ! de grâce, ma chère maman, permettez que notre union se célèbre sans pompe ; c'est le désir de M. Yves, c'est aussi le mien, et souffrez qu'aussitôt après la cérémonie nous allions prendre tranquillement possession de notre modeste presbytère.

Sa mère essaya de faire quelques objections ; mais Clara l'embrassa tendrement, la supplia, presque les larmes aux yeux, de ne pas lui refuser la dernière grâce qu'elle lui demandait, et lady Moseley sacrifia son amour pour l'apparat à sa tendresse pour sa fille.

Clara, ivre de joie, l'embrassa de nouveau, et, accompagnée d'Emilie, elle quitta l'appartement.

Jane s'était levée pour les suivre; mais, apercevant par la fenêtre le tilbury du colonel Egerton, elle reprit sa place et attendit son arrivée avec impatience. — Il était envoyé, dit-il, par Mrs Jarvis pour prier miss Jane de lui faire l'amitié de venir passer une partie de la soirée avec ses filles. Elles avaient quelques projets en tête, pour lesquels elle leur était absolument indispensable.

Mrs Wilson regarda gravement sa sœur, qui exprimait son consentement au colonel par un doux sourire; et sa fille, qui l'instant d'auparavant avait oublié qu'il existât au monde d'autre personne que Clara, courut chercher son châle et son chapeau, afin, disait-elle, de ne pas faire attendre trop longtemps le colonel.

Lady Moseley la suivit des yeux par la fenêtre, jusqu'à ce qu'elle l'eût vue prendre place dans le tilbury, et elle revint ensuite s'asseoir auprès de sa sœur d'un air de contentement et de satisfaction.

Pendant quelque temps les deux sœurs gardèrent le silence, chacune leur ouvrage à la main, car elles n'avaient ni l'une ni l'autre assez de déférence pour la mode pour rougir de travailler elles-mêmes. Elles semblaient livrées toutes deux à leurs réflexions, lorsque enfin Mrs Wilson lui demanda tout à coup :

— Quel est donc ce colonel Egerton?

Lady Moseley la regarda de l'air du plus grand étonnement, et il lui fallut quelques minutes avant qu'elle pût répondre : — Mais sans doute, le neveu et l'héritier de sir Edgard Egerton, ma sœur. Ces paroles furent prononcées d'un ton positif, comme s'il n'y avait plus rien à dire. Mrs Wilson n'en continua pas moins :

— Ne croyez-vous point qu'il fasse la cour à Jane?

Le plaisir étincela dans les yeux brillants de lady Moseley, et elle répondit :

— Le croyez-vous, ma sœur?

— Oui, sans doute, et pardonnez-moi si je vous parle avec franchise, mais il me semble que vous avez eu tort de permettre à Jane de l'accompagner sans vous.

— Et pourquoi donc, Charlotte? Quand le colonel Egerton se donne la peine de venir chercher ma fille de la part d'une amie, n'y aurait-il pas une sorte de grossièreté à le refuser? ne serait-ce pas montrer une méfiance coupable, lorsqu'il a pour elle des attentions si distinguées?

— Le refus d'une demande inconvenante est une offense très-vénielle, selon moi, reprit Mrs Wilson avec un sourire. Comme vous le dites, ma sœur, les attentions du colonel deviennent de jour en jour plus marquées. Je veux croire que ses vues sont honorables; mais il me semble qu'il n'est pas moins important de s'assurer s'il est digne d'être l'époux de Jane, que de savoir s'il songe sérieusement à le devenir.

— Et que pouvons-nous désirer de plus que ce que nous savons déjà? vous connaissez son rang, sa fortune, nous sommes à même d'apprécier son caractère; et d'ailleurs cette étude regarde particulièrement Jane : c'est elle qui doit vivre avec lui; c'est à elle de voir s'il lui convient sous ce rapport.

— Je ne lui conteste point sa fortune; mais je me plains que nous lui supposions les qualités les plus essentielles, sans avoir la certitude qu'il les possède. Ses principes, ses habitudes, son caractère même, nous sont-ils bien connus? Je dis *nous*, car vous savez, ma sœur, que vos enfants me sont aussi chers que s'ils étaient les miens.

— J'en suis persuadée, dit lady Moseley; mais je vous le répète, ces choses-là regardent Jane : si elle est contente, je n'ai pas le droit de me plaindre. Je ne chercherai jamais à exercer la moindre influence sur les affections de mes enfants.

— Si vous disiez que vous ne les contraindrez jamais, je serais de votre avis; mais influencer ou plutôt diriger les affections de son enfant, et surtout de sa fille, c'est un devoir aussi impérieux que de détourner d'elle tous les malheurs qui peuvent la menacer.

— J'ai rarement vu cette entremise des parents produire de bons effets.

— Vous avez raison; car, pour être utile, il faut qu'elle ne se voie pas, à moins de circonstances extraordinaires. Excusez-moi, ma sœur, mais j'ai remarqué plus d'une fois que les parents donnent presque toujours dans les extrêmes, se faisant un système ou de choisir eux-mêmes pour leurs enfants, ou d'abandonner tout à fait ce choix à leur vanité flattée et à leur inexpérience.

— Eh bien! si vous étiez à ma place, que feriez-vous donc

pour détruire l'influence que j'avoue que le colonel gagne tous les jours sur l'esprit de ma fille?

— Je ne vous cacherai pas que le caractère de Jane rend cette tâche plus difficile. Elle donne tellement carrière à son imagination, qu'elle est plus qu'une autre accessible à la flatterie. L'homme qui saura la flatter adroitement est sûr d'obtenir son estime. Elle ne manquera pas de lui prêter les qualités les plus brillantes ; elle ne les verra plus qu'à travers le prisme le plus flatteur, et son cœur se sera donné sans retour avant que l'illusion soit détruite.

— Mais enfin que feriez-vous? dit lady Moseley, qui ne se sentait pas convaincue.

— Peut-être est-il déjà un peu tard pour prévenir le mal ; mais du moins je ne négligerais rien pour l'arrêter dès son principe. Je redoublerais de vigilance et d'attention ; je chercherais à tracer à ma fille des règles de conduite dont elle reconnût la justice, dont elle pût faire aisément l'application ; je m'efforcerais de rendre insensiblement les relations moins fréquentes, pour prévenir l'intimité qui pourrait en résulter ; et surtout, ajouta-t-elle avec un sourire, tandis qu'elle se levait pour se retirer, je me garderais bien de leur fournir moi-même l'occasion de se trouver ensemble ; et je ne voudrais pas, au risque de paraître impolie, exposer moi-même ma fille au danger, et compromettre ainsi son bonheur.

CHAPITRE VIII.

> On parle de la noce, on s'occupe des parures, mais que d'événements rendent encore ce jour incertain !
> PHILIPS.

FRANCIS, qui pressait les ouvriers avec toute l'ardeur d'un amant, eut bientôt fait à son presbytère les réparations indispensables. Le revenu du bénéfice était honnête, sir Edward donnait à sa fille vingt mille livres sterling ; le sort des jeunes amants était donc assuré, et ils devaient envisager l'avenir avec les chances de bonheur que peuvent donner l'aisance, le contentement et une affection mutuelle.

Le jour fixé pour leur union approchait ; Jane et Emilie devaient remplir le rôle important de premières filles de noce; la mère voulut aussi qu'il y eût deux garçons de noce pour que tout fût régulier. John devait être naturellement le premier; il ne s'agissait plus que de choisir le second, et John reçut carte blanche pour faire ce choix comme il l'entendrait.

Il avait d'abord eu l'intention de s'adresser à M. Benfield; mais, toutes réflexions faites, il se décida à écrire à lord Chatterton, son parent, qui résidait à Londres.

Celui-ci s'empressa de répondre, et, après avoir exprimé ses regrets de ce qu'un accident qui lui était survenu l'empêchait de se rendre à une invitation aussi agréable, il ajoutait que l'intention de sa mère et de ses deux sœurs était d'aller les féliciter elles-mêmes aussitôt que sa santé lui permettrait de les accompagner. On s'y était pris si tard, que cette réponse n'arriva que la veille du jour fixé pour la noce, et au moment même où ils s'attendaient à voir arriver leur noble parent en personne.

— Là! s'écria Jane d'un air de triomphe; je vous avais dit que c'était une folie d'écrire à Londres, lorsque nous avions si peu de temps devant nous. Qu'allons-nous faire à présent? Vous aviez bien besoin, John, d'aller chercher si loin....

— Ce que nous avions sous la main, n'est-ce pas, Jane? Allons, je vais voir si je pourrai vous satisfaire; et en disant ces mots il prit son chapeau pour sortir.

— Où allez-vous, mon fils? demanda le baronnet, qui entrait au même moment.

— Au Doyenné, Monsieur, voir si je pourrai décider le capitaine Jarvis à remplir demain les nobles fonctions de garçon de noce. Chatterton a fait une chute de cheval, et il m'écrit qu'il lui sera impossible de venir.

— John!

— Eh bien! chère Jane?

— Je vous déclare que si je dois avoir le capitaine Jarvis pour cavalier, je prie Clara de ne point compter sur moi. Je ne veux avoir aucun rapport avec un pareil homme.

— Jane a raison, mon fils, dit lady Moseley d'un ton grave; vos plaisanteries sont déplacées dans un pareil moment. Le colonel Egerton convient beaucoup mieux sous tous les rapports, et je désire que vous alliez voir vous-même le colonel pour l'inviter de notre part.

— Les désirs de ma mère sont des ordres pour moi, dit John en lui baisant la main; et il courut remplir la mission dont il était chargé.

Le colonel accepta avec empressement; il était trop heureux de pouvoir rendre ce léger service à un homme qu'il estimait autant que M. Francis Yves.

Le mariage se célébra sans pompe, ainsi que Clara l'avait désiré. Le docteur Yves unit lui-même les deux amants en présence de sa femme et de la famille de Clara; le colonel était le seul étranger qui fût présent à la cérémonie. Au sortir de l'église, Francis fit monter la mariée dans une voiture simple, mais commode, qui lui appartenait, et qui les conduisit à leur nouvelle résidence, au milieu des souhaits de ses paroissiens et des prières de leurs parents pour leur bonheur.

Le baronnet invita le colonel à venir dîner au château; et malgré les injonctions réitérées de Mrs Jarvis et de ses filles, qui lui avaient bien recommandé de venir leur raconter sur-le-champ la toilette de la mariée et mille autres circonstances aussi intéressantes, le colonel accepta l'invitation.

Dès qu'Emilie était rentrée, elle avait couru se renfermer dans sa chambre, et lorsqu'elle parut au dîner, la pâleur de ses joues et la rougeur de ses yeux prouvaient assez que le départ d'une sœur, lors même que le motif en est agréable, est un événement toujours douloureux pour ceux qui se sont fait une si douce habitude de la voir.

La journée se passa d'une manière assez triste pour une famille qui semblait devoir être au comble de la joie, et dont presque tous les membres se sentaient au fond du cœur plus disposés à pleurer qu'à se divertir. Jane et le colonel furent presque les seuls qui parlèrent pendant le dîner; John lui-même n'avait pas sa gaieté ordinaire, et sa tante le vit jeter tristement les yeux sur la chaise vide qu'un domestique avait mise par habitude à la place que Clara avait coutume d'occuper.

— Ce bœuf n'est pas tendre, Saunders, dit le baronnet à son cuisinier, ou mon appétit n'est pas aussi bon qu'à l'ordinaire. Allons, colonel, un verre de vin de Sherry.

Le verre de vin fut vidé, les plats se succédèrent sur la table, mais le baronnet ne retrouva pas son appétit.

— Combien Clara sera charmée de nous recevoir tous après-demain! dit Mrs Wilson; ces nouvelles maîtresses de maison ont tant de plaisir à montrer tous leurs petits arrangements à leurs amis.

Lady Moseley sourit à travers ses larmes, et elle dit en se tournant vers son mari : — Nous partirons de bonne heure, n'est-ce pas, mon ami? afin de voir en détail avant le dîner les réparations que Francis a faites au presbytère. Le baronnet exprima son consentement par un signe de tête; mais il avait le cœur trop plein pour pouvoir parler; et, priant le colonel d'excuser son absence, sous prétexte qu'il avait quelques ordres à donner, il quitta la table.

Jamais les attentions du colonel Egerton pour la mère et la fille n'avaient été plus délicates. Il parla de Clara comme si le rôle qu'il avait été appelé à remplir dans la cérémonie lui donnât le droit de prendre un intérêt plus direct à son bonheur; avec John il fut rempli de prévenances et d'affabilité, et Mrs Wilson fut obligée d'avouer elle-même qu'il avait un talent prodigieux pour se rendre agréable, et qu'il était bien difficile de lui résister.

Le baronnet venait de quitter la salle, lorsque le bruit d'une voiture attira les convives à la fenêtre. Jane reconnut la première les armes et la livrée, et s'écria : — Ce sont les Chatterton, ma mère!

— Les Chatterton! répéta John, et il sortit aussitôt pour aller les recevoir.

Le père de sir Edward avait épousé une Chatterton, la sœur du grand-père du lord actuel. Sir Edgar avait toujours vécu dans la meilleure intelligence avec son cousin, le père du jeune lord, quoique leurs goûts fussent aussi opposés que leurs habitudes.

Ce seigneur avait un emploi important à la cour, et il menait un train qui n'était pas en proportion avec sa fortune; non-seulement ses appointements, qui étaient considérables, y passaient chaque année, mais il mangeait encore le revenu de ses biens, qu'heureusement du moins il ne pouvait pas aliéner. Il était mort il y avait deux ans sans avoir fait aucune économie, et il avait laissé sa veuve sans douaire et ses filles sans dot.

Le jeune lord son fils hérita de ses propriétés; l'argent n'était pas son idole, il aimait sa mère, et son premier soin fut de lui assurer pour toute sa vie une pension de deux mille livres sterling. Il s'occupa ensuite de ses sœurs, et fit des placements considérables en leur nom. Pour subvenir à ces dépenses, il lui fallut faire de grandes économies, et il avait même voulu suivre l'exemple de sir Edward Moseley, et quitter sa maison de ville pour aller vivre, du moins pendant quelque temps, à la campagne; mais sa mère avait poussé un cri d'horreur à cette proposition.

— Comment! Chatterton, quitter Londres au moment où le séjour peut en être le plus utile? Et au regard qu'elle jetait sur ses filles, il était aisé de voir qu'en disant ces mots elle songeait à leur établissement. Le jeune lord, encore novice dans ces sortes d'affaires, crut simplement qu'elle voulait parler de l'emploi de son père qu'il sollicitait, et qu'il lui serait bien plus difficile encore d'obtenir du fond d'une province. Il se rendit donc aux désirs de sa mère, fit de nouvelles démarches; mais jusqu'alors elles avaient été sans succès; et comme il se présentait plusieurs candidats qui avaient des droits égaux ou du moins un nombre égal de protecteurs, l'emploi restait vacant jusqu'à ce qu'un nouveau protecteur plus puissant que les autres fit pencher la balance en faveur de son protégé.

Mrs Wilson ne mettait pas plus de soin à examiner les jeunes gens qui paraissaient faire la cour à sa nièce, que lady Chatterton n'en mettait à épier tous ceux qui approchaient de ses filles. La tâche de la première était bien plus difficile, puisque sa surveillance s'étendait jusque sur le caractère et les principes de l'amant supposé, tandis que l'autre se bornait à supputer le revenu probable dont il jouissait. Que le jeune homme lui eût présenté ses titres de rente, et qu'elle eût vu cinq chiffres au total, c'était tout ce qu'il lui fallait; et la douairière l'eût admis sur-le-champ sans plus ample informé.

Elle savait que la dot des enfants de sir Edward présenterait ce bienheureux total. John était de plus fort aimable; Grace, sa seconde fille, était charmante, et rien n'était plus favorable qu'une noce pour le développement d'une passion.

Il ne lui fut pas difficile d'engager son fils à partir sans délai. Chatterton était toujours prêt à faire ce qui lui était agréable, et c'était toujours avec plaisir qu'il allait à Moseley-Hall; il se laissa persuader qu'il ne souffrait plus de sa chute, et la famille se mit en route la veille du jour fixé pour la noce, persuadée qu'elle arriverait à temps, sinon pour la cérémonie, du moins pour les fêtes qui suivraient sans doute la célébration du mariage.

Il y avait peu de ressemblance au moral comme au physique entre le jeune lord et l'héritier du baronnet. Chatterton avait une figure efféminée, sa peau était d'une blancheur parfaite, son teint d'une fraicheur qui aurait pu faire envie à plus d'une petite maîtresse, et il avait toute la timidité, toute la défiance d'une demoiselle. Quoique d'un caractère différent, les deux jeunes gens n'en étaient pas moins unis. Leur amitié avait commencé à l'école, où ils s'étaient trouvés en même temps; elle s'était cimentée au collége, et depuis lors jamais elle ne s'était démentie. Quand ils étaient ensemble, ils semblaient se conformer au caractère l'un de l'autre. Avec son ami, John était moins vif, moins bouillant qu'à l'ordinaire; Chatterton auprès de John était plus hardi, plus animé; mais ce que Chatterton aimait le plus en lui, c'était le frère d'Émilie, pour laquelle il avait toujours eu l'affection la plus sincère. S'il faisait quelque rêve brillant de bonheur pour l'avenir, toujours l'image d'Émilie venait l'embellir, et il n'avait pas une pensée à laquelle ne se rattachât le souvenir de celle qu'il adorait.

L'arrivée de cette famille fit une diversion agréable à la tristesse des Moseley, et elle fut reçue avec cette douce bienveillance qui était naturelle au baronnet, et avec cet empressement distingué qui caractérisait si éminemment les manières de son épouse.

Catherine et Grace Chatterton étaient toutes deux jolies; mais la plus jeune ressemblait davantage à son frère. La même ressemblance existait au moral; c'était la même timidité, la même douceur de caractère, et Grace était la favorite d'Émilie Moseley.

Aucun de ces sentiments forcés et romanesques qui caractérisent souvent l'amitié des jeunes personnes ne se glissait dans les relations des deux amies. Si Émilie avait eu des conseils ou des consolations à demander, elle aimait trop ses sœurs pour chercher une confidente hors de sa famille; mais elle trouvait dans Grace Chatterton un caractère et des goûts analogues aux siens; aussi, dès le premier moment, l'avait-elle distinguée de la foule des jeunes personnes qu'elle rencontrait dans la société, et c'était toujours avec un nouveau plaisir qu'elle la voyait venir chez sa mère.

— Je regrette infiniment, Madame, dit la douairière en entrant dans le salon, que l'accident arrivé à Chatterton nous ait privés du plaisir d'assister au mariage de notre chère enfant; mais nous avons voulu du moins être des premiers à vous offrir nos félicitations, et nous nous sommes mis en route aussitôt que le médecin eut déclaré que mon fils pouvait le faire sans danger.

— C'est une attention dont je vous suis très-reconnaissante, répondit lady Moseley, et il n'est personne dont la visite puisse m'être plus agréable. Nous avons eu le bonheur de trouver un ami qui a bien voulu remplacer votre fils et accompagner les mariés à l'autel. — Lady Chatterton, permettez-moi de vous présenter notre ami, le colonel Egerton; et elle ajouta à voix basse et d'un air d'importance : l'héritier de sir Edgar.

Le colonel s'inclina respectueusement; la douairière, qui aux premiers mots l'avait salué légèrement, lui fit alors la révérence la plus gracieuse; et en même temps elle jeta un coup d'œil sur ses filles, comme pour leur recommander de se tenir droites et de déployer tous leurs charmes.

CHAPITRE IX.

> La beauté aime à voir un guerrier soupirer à ses genoux. Le siècle a les goûts militaires: voyez nos jeunes filles rougir au mot de colonel.
> PETER PINDAR.

Le lendemain matin, Emilie et Grace, au lieu d'accompagner John et le colonel dans leur promenade ordinaire, prirent le chemin du presbytère, suivies de Mrs Wilson et de lord Chatterton. Emilie était impatiente de voir le docteur Yves et son épouse, pour savoir des nouvelles de sa chère Clara. Francis avait promis de passer chez son père dans la matinée; elle espérait l'y retrouver encore pour lui parler de sa sœur, dont il lui semblait qu'elle était déjà séparée depuis des siècles. Dès qu'elle approcha de la maison, son impatience lui fit doubler le pas, et elle devança Mrs Wilson qui ne pouvait aller aussi vite, et lord Chatterton et sa sœur qui causaient avec elle. Elle entra dans le parloir sans avoir rencontré personne. Son teint était animé par la rapidité de sa course; la chaleur lui avait fait ôter son chapeau de paille qu'elle jeta sur une chaise, et ses cheveux retombaient en désordre sur ses épaules. Un monsieur tout en noir était au fond de la chambre, le dos tourné vers la porte, les yeux fixés sur un livre qu'il tenait à la main. Elle ne douta pas un instant que ce ne fût Francis.

— Eh bien! mon frère, comment se trouve cette chère Clara? s'écria-t-elle en lui frappant légèrement sur l'épaule. Le monsieur se retourna et offrit à ses regards surpris les traits bien connus du jeune homme dont le père était mort si subitement à l'église.

— Mille pardons, Monsieur, je croyais... en vérité... je croyais... que M. Francis Yves... Et la pauvre enfant était tout interdite.

— Votre frère n'est pas encore ici, miss Moseley, reprit l'étranger avec un sourire plein de bienveillance; permettez-moi d'aller avertir Mrs Yves de votre arrivée. Et il sortit après l'avoir saluée respectueusement.

Émilie, rassurée par ses manières affables, et plus encore par l'allusion délicate qu'il avait faite aux nouveaux liens qui l'unissaient à Francis, et qui expliquaient la familiarité qu'elle s'était permise, s'empressa de réparer le désordre de sa coiffure; et elle avait repris son assurance lorsque sa tante la rejoignit. Elle lui racontait en riant sa méprise, au moment où Mrs Yves entra dans la salle.

Cette bonne et digne dame connaissait Chatterton et sa sœur, et elle les aimait aussi tendrement. Elle fut charmée de les voir, et, après avoir reproché au jeune pair de les avoir forcés à recourir à un étranger, elle se tourna en souriant du côté d'Émilie.

— Eh bien! lui dit-elle, vous avez trouvé le parloir occupé, à ce que j'apprends?

— Oui, dit Emilie en rougissant, je suppose que M. Denbigh vous a parlé de ma distraction?

— Il m'a parlé de l'intérêt si tendre qui vous faisait venir dès aujourd'hui savoir des nouvelles de Clara; mais il ne m'a rien dit de plus.

Un domestique entra dans le moment pour lui dire que Francis désirait la voir; et Mrs Yves pria ses hôtes de l'excuser. A la porte elle rencontra M. Denbigh qui se rangea pour la laisser passer, en lui disant : — Votre fils vient d'arriver, Madame. Et d'un air respectueux, mais sans embarras, il vint prendre la place qu'elle avait laissée vacante auprès de ses amis.

C'était la première fois que Mrs Wilson et Émilie se trouvaient avec lui; et cependant on n'eût pas dit qu'il leur était étranger.

Le malheur qui lui était arrivé le leur avait fait connaître, et avait excité leur intérêt. Denbigh prit part à la conversation, et il s'exprimait avec une candeur et une franchise qui commandaient la confiance. Aussi, en moins d'un quart d'heure régnait-il autant d'intimité dans la petite société réunie chez le docteur que si elle se fût connue depuis bien des années.

Le docteur Yves et son fils ne tardèrent pas à venir les joindre. Francis dit que Clara attendait le lendemain avec une impatience délicieuse, et qu'elle désirait vivement qu'Emilie vînt passer quelques jours avec elle dans sa nouvelle demeure. Mrs Wilson le promit au nom de sa nièce : — Nos amis, ajouta-t-elle en se tournant vers Grace, voudront bien l'excuser si elle les quitte pour aller tenir compagnie à sa sœur. Son absence, je l'espère, ne sera pas de longue durée ; et Clara a besoin de la société d'Emilie dans un pareil moment.

— J'espère bien, dit Grace avec douceur, qu'Émilie ne fera pas de cérémonies avec nous. Nous serions désolées de l'empêcher de témoigner son attachement à sa sœur, et ce serait mal nous connaître que de supposer que nous puissions nous offenser de la voir partir pour aller remplir un devoir si doux.

— A merveille, Mesdames, s'écria le docteur avec gaieté ; voilà comme on doit être, et l'amitié la plus durable est celle qui sait s'imposer aussi de généreux sacrifices.

— Le départ d'une jeune femme de la maison paternelle pour aller habiter celle de son mari est un événement qui cause toujours une vive émotion, dit Denbigh à Francis ; et la conversation changea de sujet.

Il était trois heures sonnées lorsque la voiture de Mrs Wilson, qui devait venir les prendre, arriva au presbytère, et personne ne s'était aperçu que le temps se fût si vite écoulé. Le ministre était retourné dîner à Bolton avec son fils. Mrs Yves était restée avec ses hôtes, et Denbigh continua à prendre vivement part à un entretien qui semblait devoir ne lui offrir que peu d'intérêt, puisqu'il roulait en grande partie sur des personnes qu'il ne connaissait pas. Mrs Wilson crut remarquer que parfois il régnait une sorte d'embarras et de contrainte entre Mrs Yves et lui ; elle l'attribua naturellement au souvenir de la perte récente qu'il avait faite. Peu d'instants après on vint lui annoncer l'arrivée de sa voiture, et elle termina sa visite.

— Ce M. Denbigh me plaît fort, dit lord Chatterton lorsqu'ils furent dans la voiture; il a un extérieur si agréable!...

— Oui, Milord, et le fond répond à l'extérieur, à en juger du moins par le peu que nous avons vu de lui, reprit Mrs Wilson.

— Qui est-il, Madame?

— Mais je suppose que c'est quelque parent de Mrs Yves; c'est sans doute à cause de lui qu'elle n'a pas été à Bolton, comme elle l'avait projeté, et que son mari est parti seul. Il me semble pourtant que M. Denbigh aurait pu les accompagner; je suis étonné qu'il n'en ait pas été question.

— J'ai entendu M. Denbigh dire à Francis, répondit Emilie, qu'il craignait que sa visite ne fût indiscrète, et qu'il voulait laisser à la mariée le temps de se reconnaître. Il pria Mrs Yves de ne pas rester pour lui; mais elle répondit que ses occupations la retenaient au presbytère.

La voiture était alors arrivée à l'endroit où venaient aboutir les deux routes qui conduisaient à Bolton-Castle et à Moseley-Hall; Mrs Wilson désira s'arrêter pour avoir des nouvelles d'un homme âgé qui résidait sur les terres du vieux comte, à qui elle avait souvent fait du bien, et qui venait d'éprouver une perte considérable pour lui. En traversant à gué une petite rivière qui séparait sa ferme du marché où il allait vendre ses denrées, il la trouva tellement enflée par les pluies abondantes qui étaient tombées pendant la nuit, qu'après avoir fait de vains efforts pour sauver sa petite cargaison, il eut beaucoup de peine à regagner le bord, après avoir vu son cheval, sa charrette et le produit de son petit enclos emportés par le courant. Mrs Wilson avait entendu raconter le malheur arrivé à ce pauvre homme, et désirait s'en assurer elle-même pour venir à son secours; mais, au lieu de le trouver plongé dans la douleur, elle arriva dans sa chaumière au moment où le vieux Humphreys, au comble de la joie, montrait à ses petits-enfants enchantés une charrette neuve attelée d'un bon cheval. Dès qu'il aperçut son ancienne bienfaitrice, il courut au-devant d'elle, la salua respectueusement, et à sa demande lui raconta tous les détails de son désastre.

— Et d'où vous viennent cette charrette et ce cheval, Humphreys? lui demanda Mrs Wilson dès qu'il eut fini son récit.

— Oh! Madame, quand je vis que j'avais perdu tout ce que je possédais au monde, et qu'il ne me restait plus de ressources, je courus au château pour exposer à l'intendant ma triste situation. M. Martin conta à lord Pendennys le malheur qui m'était arrivé ; et c'est lui qui vient de m'envoyer cette charrette, ce beau cheval, et vingt guinées d'or par-dessus le marché. Ah ! Madame, que le ciel le bénisse à jamais !

— Cela est bien généreux de la part de Sa Seigneurie, dit Mrs Wilson d'un air pensif. Je ne savais pas que lord Pendennys fût au château.

— Il est parti, Madame ; les domestiques me dirent qu'il était venu pour rendre visite au comte, qui était parti pour l'Irlande depuis plusieurs jours, et que, ne l'ayant pas trouvé, il avait continué sa route vers Londres, sans vouloir même s'arrêter une seule nuit. Ah ! Madame, ajouta le vieillard qui se tenait debout, appuyé sur son bâton, et son chapeau à la main, c'est le père, c'est le consolateur des malheureux. Ses domestiques disent qu'il donne tous les ans des milliers de livres sterling aux pauvres. Quel bonheur que sa grande fortune lui permette ainsi de faire le bien ! car il est riche… plus riche que monsieur le comte lui-même. Ah ! pour moi, je le bénirai jusqu'au dernier jour de ma vie !

Mrs Wilson dit à Humphreys qu'elle était charmée de voir que toutes ses pertes fussent si heureusement réparées, et elle referma sa bourse qui s'était ouverte au souvenir des malheurs du vieillard ; car il n'entrait pas dans son système de charité de chercher à rivaliser de bienfaisance avec qui que ce fût, et de faire parade des secours qu'elle n'accordait jamais qu'à la véritable indigence.

— Sa Seigneurie est magnifique dans ses bienfaits, dit Emilie en sortant de la chaumière.

— Ne pensez-vous pas qu'il y ait de la prodigalité à donner tant à des gens qu'on connaît si peu ? demanda Chatterton.

— Lord Pendennys est très-riche, répondit Mrs Wilson ; de plus ce vieillard a un fils (c'est le père des enfants que nous avons vus dans sa cabane) qui est soldat dans le régiment dont le comte est colonel, et cette circonstance explique assez sa libéralité. La veuve soupira en se rappelant que le même sentiment avait dirigé sa charité sur le vieil Humphreys.

— Avez-vous jamais vu le comte, ma tante ? demanda Emilie.

— Jamais, ma chère ; c'est une satisfaction qui m'a été refusée jusqu'à présent ; mais j'ai reçu bien des lettres qui n'étaient remplies que de son éloge, et je suis bien contrariée de n'avoir pas su qu'il était au château de lord Bolton, son parent. Mais, ajouta-t-elle en regardant sa nièce d'un air pensif, j'espère que nous le rencontrerons à Londres cet hiver. Comme elle finissait de parler, un nuage de tristesse se répandit sur ses traits, et tous les efforts d'Emilie pendant le reste de la promenade furent impuissants pour le dissiper.

Le général Wilson avait été officier de cavalerie, et commandé le même régiment dont lord Pendennys était maintenant colonel.

Pendant une escarmouche, le général, entouré de tous les côtés, avait été délivré par la valeur du jeune comte, qui servait alors sous ses ordres, et qui, suivi de quelques braves que son exemple électrisait, parvint, au péril de sa vie, à sauver son général. Depuis ce jour, l'amitié la plus tendre unit ce dernier à son libérateur, et dans sa correspondance avec sa femme il ne cessait de lui parler des excellentes qualités du comte, de sa bravoure, et de son humanité pour le soldat. Lorsque le général trouva la mort sur le champ de bataille, il en reçut de prompts mais d'inutiles secours, et il rendit le dernier soupir entre les bras de son jeune ami.

Le comte s'acquitta du pénible devoir d'annoncer à Mrs Wilson la perte qu'elle avait faite; et sa lettre peignait si bien la tendresse et le respect qu'il avait pour l'époux qu'elle pleurait, que dès ce jour elle sentit pour lui une sorte d'affection sympathique.

Malgré toute sa raison, l'intérêt que lui inspirait le jeune comte et le bien qu'elle en entendait dire tous les jours lui faisaient naître souvent l'idée romanesque qu'il verrait sa chère Emilie, qu'il l'aimerait, et qu'elle aurait la consolation de former cette union.

Tous les renseignements qu'elle avait pris sur ses principes et son caractère avaient outrepassé ses espérances; mais le service ou ses affaires personnelles n'avaient point encore permis au comte de rendre visite à la veuve de son ancien ami, et celle-ci attendait avec impatience que ce que John appelait en plaisantant leur campagne d'hiver lui fournît l'occasion si désirée de voir l'homme à qui elle devait tant, et dont l'image était associée aux plus chers quoique aux plus douloureux souvenirs de sa vie.

Le colonel Egerton, qui venait alors très-familièrement au château, arriva à l'heure du dîner, à la satisfaction de la douairière, qui avait appris, par les informations qu'elle avait employé toute la matinée à recueillir, que la somme totale des revenus de l'héritier de sir Edgar présenterait le nombre de chiffres indispensables pour un mari.

Après le dîner, lorsqu'on fut réuni dans le salon, la douairière tâcha d'amener le colonel à faire avec sa fille aînée une partie d'échecs, jeu qu'elle avait fait apprendre à Catherine, comme celui qui lui paraissait le plus propre à retenir longtemps un jeune homme sans permettre à son attention d'être détournée par les charmes qu'on voit souvent errer dans un salon, « cherchant quelqu'un qu'ils puissent dévorer. »

C'était aussi un jeu très-propre à favoriser le développement d'un beau bras et d'une jolie main; mais les facultés inventives de lady Chatterton s'épuisèrent longtemps sans succès pour trouver le moyen d'y montrer aussi le pied, et elle connaissait trop l'effet de la concentration des forces pour permettre qu'un seul auxiliaire ne se signalât pas sur le champ de bataille. Après avoir étudié elle-même dans sa glace les attitudes les plus gracieuses, elle entreprit d'apprendre à Catherine la tenue ingénieuse qu'elle avait trouvée; et à force d'études réitérées et soutenues, cette dernière exécuta, à la satisfaction de son institutrice, la manœuvre habile qui consistait à avancer son petit pied de côté, de manière à ce que son adversaire ne pût détourner les yeux du beau bras qui s'arrondissait pour exécuter des évolutions plus ou moins savantes, sans rencontrer un objet encore plus séduisant, et qu'il tombât ainsi de Charybde en Scylla.

John Moseley fut le premier sur lequel la douairière résolut d'essayer l'effet de cette nouvelle batterie, et après avoir mis les parties en présence, elle s'éloigna à une petite distance pour en épier le résultat.

— Echec au roi, miss Chatterton, dit John au commencement de la partie. Catherine avança doucement son joli pied.

— Echec au roi, monsieur Moseley, dit-elle à son tour, tandis que les yeux de John erraient de la main au pied, et du pied à la main.

— Est-il possible! dit John d'un air distrait et préoccupé. En relevant la tête il rencontra les yeux de la douairière fixés sur lui d'un air de triomphe.

— Oh! oh! se dit-il en lui-même, vous êtes là, mère Chatterton? Et se levant froidement il s'éloigna, sans que rien fût capable de l'engager dans une seconde partie.

— Je ne suis pas de force, miss Chatterton, répondit-il aux instances de la mère et de la fille ; avant d'avoir eu le temps de me reconnaître, j'étais déjà échec et mat; vous êtes un adversaire dangereux.

La douairière voulut entreprendre une attaque plus couverte, par le moyen de Grace, mais de ce côté la défaite eût été plus sûre encore, puisque ses propres troupes se révoltaient contre leur général, et lady Chatterton fut obligée pour le moment d'accorder une trêve à un antagoniste sur lequel elle n'avait obtenu aucun avantage.

Le colonel entra dans la lice avec toute l'indifférence que peuvent inspirer la présomption et la fatuité.

La partie fut commencée avec un égal talent dans les deux joueurs. Mais aucune émotion, aucune distraction ne se manifesta chez le colonel; la main et le pied de Catherine jouaient cependant aussi leur rôle dans la perfection; mais Egerton ne perdait rien de sa force, il avait des réponses pour toutes les questions de Jane, et des sourires pour toutes les petites agaceries de son adversaire; enfin Catherine ne se tenait plus que sur la défensive, lorsque Egerton, trouvant probablement la partie trop longue, fit une faute volontaire et la perdit; et la douairière vit trop bien qu'il n'y avait rien à faire avec le colonel.

CHAPITRE X.

> J'entends déjà le bruit des roues de leur char. A cette course rapide, jugez de leur impatience. Les voilà : donnez le signal de la fête.
>
> BEN JOHNSON.

LES premières voitures qui s'arrêtèrent devant la porte du presbytère de Bolton le lendemain furent celles de Mrs. Wilson et du baronnet.

— Merci, merci, mon cher beau-frère, cria Emilie à Francis, qui, pour seconder son impatience, ouvrait lui-même la portière de la voiture ; et l'instant d'après elle était dans les bras de Clara. Les deux sœurs se tinrent étroitement embrassées pendant quelques minutes ; enfin Emilie leva ses yeux humides de pleurs, et la première personne qu'elle aperçut fut Denbigh, qui se tenait discrètement à l'écart pour ne point gêner les doux épanchements d'une amitié qui se fût contrainte devant un tiers.

Jane et sa tante, suivies de miss Chatterton, entrèrent alors, et Clara reçut successivement les félicitations de ses amis.

Pendant ce temps les personnes de la seconde voiture étaient descendues ; c'étaient le baronnet et son épouse, M. Benfield et lady Chatterton. Clara courut à la porte pour les recevoir, la figure rayonnante de joie et son bras passé sous celui d'Emilie.

— Je vous félicite, Mrs Francis... Lady Moseley oublia le compliment qu'elle avait préparé, et fondant en larmes, elle la pressa tendrement sur son sein.

— Clara, ma chère enfant ! lui dit le baronnet en s'essuyant les yeux et en l'embrassant à son tour. Puis, serrant la main de Francis, il entra dans le salon.

— Mais, en vérité, vous êtes fort bien logée, dit la douairière après avoir embrassé sa cousine ; un jardin, des serres chaudes... tout cela est à merveille, et sir Edward dit que la cure rapporte cinq cents livres sterling.

— Eh bien ! mon enfant, il vous revient un baiser, n'est-ce pas ? dit M. Benfield en montant lentement les marches du vestibule. C'est l'ancien usage, et j'y tiens. On ne s'embrasse plus guère aujourd'hui, mais autrefois !... Je me rappelle qu'au mariage de mon ami, lord Gosford, en l'an 58, toutes les demoiselles, toutes, jusqu'aux bonnes et aux femmes de chambre, furent embrassées chacune à leur tour. Lady Juliana était toute jeune alors...... tout au plus quinze ans...... ce fut là que je l'embrassai pour la première fois. Allons, venez m'embrasser, mon enfant. Et il continua en se dirigeant vers la salle : — Le mariage était alors une affaire très-sérieuse ; c'était une grande privauté que de voir seulement la main d'une dame, et plus d'une fois... Eh ! qui est là ? dit-il en s'arrêtant tout court, et en regardant fixe Denbigh, qui dans ce moment s'approchait d'eux.

— C'est M. Denbigh, Monsieur, dit Clara ; et elle ajouta en se tournant vers Denbigh : — Je vous présente mon oncle, M. Benfield.

— Avez-vous connu, Monsieur, un gentilhomme du même nom que vous, qui siégea au parlement en l'an 60? demanda M. Benfield. Il examina le jeune homme des pieds à la tête, et il ajouta :
— Vous ne lui ressemblez pas infiniment.
— Cette connaissance daterait d'un peu loin pour moi, dit Denbigh avec un sourire, et il offrit respectueusement de prendre la place de Clara, qui lui donnait le bras d'un côté, tandis que de l'autre M. Benfield s'appuyait sur Emilie. Le bon vieillard avait une aversion particulière pour les étrangers, et Emilie tremblait qu'il ne prît mal cette politesse, et qu'il n'y répondît un peu rudement ; mais, après avoir considéré de nouveau Denbigh pendant quelques minutes, il prit le bras qu'il lui offrait, et répondit :
— C'est vrai, c'est vrai, vous avez raison, il y a près de soixante ans, et vous ne sauriez vous en souvenir. Ah! monsieur Denbigh, les temps sont bien changés depuis ma jeunesse! Tel pauvre diable qui se faisait une fête de monter sur un chétif bidet se fait traîner maintenant dans sa voiture. Telle paysanne qui allait nu-pieds veut avoir maintenant une chaussure élégante. Le luxe se glisse partout, Monsieur ; la corruption règne partout ; le ministère achète les députés ; les députés achètent le ministère,... tout s'achète, tout est à vendre. Autrefois, Monsieur, dans le parlement dont je faisais partie, nous formions un noyau de membres incorruptibles, de gens que rien n'était capable d'ébranler dans leur devoir. Lord Gosford en était, le général Denbigh en était aussi, quoique je ne puisse dire que je fusse toujours de son avis. Etait-il votre parent, Monsieur?
— C'était mon grand-père, reprit Denbigh en souriant. Le vieillard aurait pu continuer à parler encore pendant une heure, que Denbigh ne l'eût pas interrompu. Ce n'était pas qu'il prêtât une attention bien grande à la conversation ; mais M. Benfield s'était arrêté pour causer plus à son aise, et son jeune interlocuteur se trouvait en face d'Emilie, dont il admirait tour à tour l'embarras modeste et la gaieté malicieuse, à mesure que son oncle avançait dans sa harangue. Malheureusement tout a une fin dans ce monde, la félicité comme la misère, et M. Benfield avait cessé de parler, que Denbigh l'écoutait encore, les yeux fixés sur celle qui lui donnait le bras.
Les Haughton, les Jarvis, et quelques autres de leurs connais-

sances intimes arrivèrent alors, et le presbytère offrit la scène la plus animée. John était le seul qui fût absent. Il s'était chargé d'amener Grace Chatterton dans son phaéton, et il n'était pas encore arrivé. On commençait à manifester quelque inquiétude, lorsqu'il entra dans la cour au grand trot, et en frisant la borne avec l'adresse du cocher le plus exercé.

Lady Chatterton, qui était sérieusement inquiète, allait prier son fils d'aller à leur recherche, lorsqu'enfin elle aperçut sa fille. Ses craintes s'évanouirent à l'instant; ce retard lui parut même du plus heureux indice; elle ne pouvait l'expliquer qu'en supposant à John le désir de rester plus longtemps seul avec sa fille. Elle courut au-devant d'eux de l'air le plus enjoué.

— C'est fort bien, monsieur Moseley, lui cria-t-elle, vous me ramenez donc enfin ma fille? Je commençais à croire que vous aviez pris avec elle la route de l'Ecosse.

— C'est un chemin, lady Chatterton, que votre fille ne voudrait prendre ni avec moi ni avec un autre, ou je la connais mal, répondit John avec froideur. — Clara, ma chère sœur, comment cela va-t-il? Et il embrassa tendrement la mariée.

— Mais pourquoi donc arrivez-vous si tard, Moseley? lui demanda sa mère.

— L'un des chevaux était rétif, il a brisé son harnais, et j'ai été obligé de m'arrêter dans le village pour le faire raccommoder.

— Et comment Grace s'est-elle conduite? demanda Emilie en riant.

— Mille fois mieux que vous ne l'auriez fait à sa place, petite sœur.

Emilie n'avait pas une grande confiance dans les talents de son frère pour conduire son phaéton, et ses alarmes étaient continuelles lorsqu'elle s'y trouvait avec lui. La pauvre Grace, au contraire, naturellement timide, et craignant de faire une injure à celui qui tenait les rênes, était parvenue à maîtriser sa frayeur, et, quoique tremblant un peu intérieurement, elle était restée immobile, et silencieuse. Pendant le trajet, John avait admiré de nouveau sa beauté, ses grâces ingénues; il se sentait entraîné vers elle par un charme secret. Pourquoi fallait-il que la mère imprudente vînt toujours se mettre entre sa fille et lui?

— Grace est une fille intrépide, s'écria-t-elle; elle est remplie de courage, n'est-ce pas, monsieur Moseley?

— Brave comme César, répondit John déjà désenchanté, et d'un ton qui semblait un peu ironique. Dans ce moment on entendit le tilbury du colonel, qui entra l'instant d'après avec son ami le capitaine.

Quoique sans doute Clara eût reçu ce jour-là des félicitations plus sincères que celles qui lui furent alors adressées, personne n'y avait mis autant de grâce, autant de délicatesse, que le colonel Egerton. Après avoir fait ses compliments à la mariée, il parcourut l'appartement, adressant à chacun un mot aimable, jusqu'à ce qu'il fût arrivé à l'endroit où Jane était assise auprès de sa tante. Alors il s'arrêta, et saluant avec grâce le reste de l'assemblée, il parut fixé à son centre d'attraction.

— Voilà un monsieur que je ne crois pas avoir encore vu, dit-il à Mrs Wilson en jetant les yeux sur Denbigh, qui, dans ce moment, avait le dos tourné et causait avec M. Benfield.

— C'est M. Denbigh, dont vous nous avez entendu parler quelquefois, lui répondit cette dame; et au même instant Denbigh venait de se retourner de son côté.

Egerton tressaillit à sa vue. Il considéra ses traits avec une attention qui semblait faire croire qu'ils ne lui étaient pas inconnus. Sa physionomie changea un instant; son front se rembrunit; une expression singulière se peignit dans ses yeux. Etait-ce celle de la crainte, de l'horreur, ou d'une aversion prononcée ? Mrs Wilson, seule témoin de cette reconnaissance muette, ne savait que décider, mais bien certainement ce n'était pas l'expression de l'estime.

Emilie était assise auprès de sa tante, et Denbigh s'approcha d'elle pour lui faire quelque remarque. Le colonel et lui ne pouvaient s'éviter, quand même ils l'auraient voulu; et Mrs Wilson, dans l'espoir d'éclaircir ses doutes, résolut de les présenter l'un à l'autre : — Le colonel Egerton, monsieur Denbigh. Ils se saluèrent, et Mrs Wilson redoubla d'attention pour examiner leur physionomie. Elle ne put y découvrir la moindre altération; seulement le colonel semblait un peu embarrassé, et il dit en cherchant à reprendre son assurance ordinaire :

— Monsieur Denbigh est, je crois, aussi au service ?

Denbigh tressaillit à son tour; il observa le colonel avec la même attention qu'il en avait été observé, et il répondit en mesurant ses paroles, et d'un ton qui semblait demander une réponse :

— Oui, Monsieur, mais je ne me souviens pas d'avoir eu le plaisir de voir le colonel Egerton à l'armée.

— Vos traits me sont connus, monsieur, reprit le colonel d'un ton dégagé; mais dans ce moment je fais de vains efforts pour me rappeler où nous avons pu nous trouver ensemble; et il changea de discours.

Malgré cette indifférence apparente, Denbigh et le colonel s'observaient l'un l'autre d'un air d'embarras; ils continuèrent à éviter de se trouver ensemble, et plusieurs jours se passèrent sans qu'ils se fussent adressé un seul mot.

Le colonel, pendant cette visite, resta enchaîné au char de Jane; s'il la quittait, ce n'était jamais que pour un instant, et pour adresser quelques paroles aux miss Jarvis, qui commençaient à perdre patience, et à mal déguiser leur indignation. Elles rougissaient de se voir négligées après avoir été si longtemps les objets d'un culte presque exclusif, et jetaient sur leur rivale des regards où se peignaient le dépit et l'envie.

Mrs Wilson et Emilie causaient d'un autre côté avec Denbigh et Chatterton; et les vives saillies de John venaient égayer encore leur conversation. Il y avait dans la manière d'être de Denbigh quelque chose qui prévenait en sa faveur, et qui attirait vers lui tous ceux qui le rencontraient. Sa figure n'était pas régulièrement belle, mais elle exprimait la noblesse, la candeur et la franchise, et dès qu'il souriait, ou qu'il s'animait en faisant le récit de quelque bonne action, il était impossible qu'une étincelle de son enthousiasme ne se communiquât pas à tous ceux qui l'écoutaient. Sa tournure était gracieuse, et si ses manières n'avaient pas toute l'aisance du colonel Egerton, elles avaient du moins l'avantage de porter l'empreinte de la sincérité et de la bienveillance. Il était aisé de voir qu'il avait reçu l'éducation la plus distinguée; et dans la société il avait pour les femmes et les vieillards ces égards, ces prévenances qu'on ne trouve plus que chez les gens de la vieille roche; mais ce qu'il avait de plus remarquable, c'était un son de voix si doux, si insinuant, et cependant si sonore, qu'il prêtait un charme inconcevable à ses moindres paroles, et qu'il eût été irrésistible pour l'oreille et le cœur d'une femme s'il eût voulu exprimer l'amour.

— Baronnet, dit le docteur en jetant un regard satisfait sur son fils et sur sa belle-fille, combien je suis heureux du bonheur de nos enfants ! Mais Mrs Yves me menace du divorce si je continue comme j'ai commencé : elle dit que je l'abandonne toujours pour venir à Bolton?

— Eh bien! docteur, si nos femmes conspirent contre nous et veulent nous empêcher de venir prendre une tasse de thé avec Clara, ou un verre de vin avec Francis, nous serons obligés de prendre pour arbitres les autorités supérieures. Qu'en dites-vous, ma sœur? un père peut-il abandonner son enfant sous quelque prétexte que ce soit?

— Non, certainement, répondit Mrs Wilson avec une intention marquée.

—Entendez-vous, lady Moseley? dit le baronnet avec bonhomie.

—Entendez-vous, lady Chatterton? s'écria John, qui venait de s'asseoir près de Grace en la voyant approcher.

— J'entends très-bien, monsieur Moseley, mais je n'en saisis pas l'application.

— Non, Milady, reprit-il dans l'espérance de l'éloigner; voilà cependant miss Catherine Chatterton, qui a le plus grand besoin de votre assistance; elle meurt d'envie de faire une partie d'échecs avec M. Denbigh; arrangez donc cela; vous savez qu'elle nous a tous battus, excepté lui.

Denbigh ne put s'empêcher de s'offrir aux coups d'un adversaire si redoutable, et l'échiquier fut apporté; mais la douairière, qui n'avait pas grande idée de la fortune d'un jeune homme que personne ne connaissait, dit tout bas à sa fille, avant de commencer, qu'il était inutile de mettre en campagne ses troupes auxiliaires.

— Bon, pensa John en regardant les joueurs, tout en causant avec sa chère Grace qui était tout à fait remise de la petite frayeur qu'elle avait éprouvée le matin, Catherine aura du moins joué une partie sans appeler son pied à son secours.

CHAPITRE XI.

> Si cet inconnu s'enveloppe du mystère, qui pourra croire à sa franchise? Je veux enfin une explication. Qu'est-il? d'où vient-il? A-t-il promis de dire au moins son nom?
> DRYDEN.

Mrs Wilson avait permis à Emilie de donner une semaine à sa sœur, après s'être assurée que Denbigh était à domicile chez le docteur Yves, et qu'ainsi il n'était pas probable que ses visites chez Francis fussent plus fréquentes que celles qu'il faisait au château, où il était toujours reçu avec plaisir, tant pour lui-même que comme ami du docteur Yves.

A la fin de cette semaine, qui s'écoula si vite, Emilie revint et ramena avec elle les nouveaux mariés. Un soir que toute la famille était réunie, et que chacun se livrait de son côté aux amusements qu'il préférait, M. Haughton entra dans le salon à une heure à laquelle il n'était pas dans l'habitude de faire ses visites. Il jeta son chapeau sur une chaise, et, après s'être informé de la santé de ses amis, il commença en ces termes:

— Vous êtes surpris, n'est-ce pas, de me voir à une pareille heure, et vous supposez qu'il a fallu de graves motifs pour m'amener si tard, même chez des amis. Vous ne vous trompez pas, et vous allez en juger vous-mêmes. Voilà quinze grands jours que Lucy tourmente sa mère pour qu'elle m'engage à donner un bal; la mère n'a pu résister à sa fille, et moi je n'ai pu résister à ma femme : le bal est résolu. A peine ai-je eu lâché le consentement fatal, qu'on ne m'a pas laissé un moment de repos. Il m'a fallu me mettre en campagne à l'instant même pour faire les invitations, et me voilà! Ma femme a appris qu'il venait d'arriver un régiment d'infanterie à la caserne qui est à quinze milles d'ici, et demain je dois m'y rendre pour recruter parmi les officiers; car il nous faut des cavaliers avant tout. Pour les demoiselles, elles ne manquent jamais dans ces sortes d'occasions.

— Eh! eh! mon vieil ami, s'écria le baronnet, savez-vous que voilà un retour de jeunesse?

—Non, sir Edward : mais ma fille est jeune, et la vie est semée de tant d'épines, que je veux qu'elle s'amuse tandis qu'elle n'en connaît encore que les fleurs, dussé-je même en éprouver quelque incommodité; les soucis, les contrariétés viennent toujours assez vite; qu'elle les ignore du moins le plus longtemps possible.

— Et pour cela c'est à la danse que vous avez recours? dit Mrs Wilson; croyez-vous ce moyen bien efficace?

— Mais vous-même, Madame, est-ce que vous désapprouvez la danse? demanda M. Haughton qui avait beaucoup d'égards pour ses opinions.

— Mais pas précisément. La danse est un plaisir assez innocent en soi-même, pourvu qu'on n'en fasse pas une étude. C'est un amusement dont je ne voudrais pas priver les jeunes personnes : un bal a tant d'attraits pour elles! Pourquoi faut-il qu'il ait aussi ses dangers! Quel est votre avis, monsieur Yves?

— Sur quoi, ma chère dame? répondit le docteur préoccupé.

— Sur la danse.

— Oh! que les filles dansent, si cela les amuse!

— Parbleu! je suis charmé de vous entendre parler ainsi, docteur, s'écria M. Haughton; je croyais vous avoir entendu conseiller à votre fils de ne jamais danser.

— Je le lui ai conseillé en effet. Il y a dans la danse une légèreté artificielle qui me semble incompatible avec la dignité de l'homme. Que sera-ce si cet homme appartient au clergé? Lui qui doit servir d'exemple, qui se doit tout entier à ses nobles occupations, doit-il se permettre un amusement profane, et risquer ainsi de perdre la considération dont il a besoin pour remplir efficacement les devoirs de son ministère?

— J'espérais, docteur, que vous-même vous me feriez l'amitié de venir assister à une petite fête sans conséquence, dit M. Haughton en hésitant.

— Et je le ferai avec plaisir, si vous le désirez, mon cher voisin; il m'en coûterait beaucoup plus de refuser un ancien ami, que de me montrer une fois à un bal aussi innocent que le sera le vôtre. Et il lui serra affectueusement la main.

M. Haughton qui commençait à s'effrayer des attaques du docteur, fut charmé de cette conclusion inattendue, et déposant un paquet de billets d'invitation sur la table, il pria sir Edward de lui amener toute sa société, et le quitta pour aller continuer sa tournée chez les autres personnes de sa connaissance.

— Aimez-vous la danse, miss Moseley? demanda Denbigh à Emilie, qui, assise devant une table à ouvrage, faisait une bourse à son père.

— Oh! oui, beaucoup! le docteur n'a pas parlé de nous autres filles, voyez-vous ; il pense apparemment que nous n'avons pas de dignité à compromettre, répondit Emilie avec enjouement, et en jetant un regard malin sur le ministre.

— Les conseils sont généralement assez mal reçus des jeunes personnes, lorsqu'ils ne sont pas d'accord avec leur plaisir, dit le docteur qui l'avait entendue, comme c'était bien l'intention d'Emilie.

— Est-ce que sérieusement vous désapprouvez la danse, sans restriction? demanda Mrs Wilson.

— Sans restriction? non, Madame, je ne porte pas l'intolérance à ce point. Qu'on danse modérément et pour s'amuser, comme votre chère Emilie, rien de mieux ; c'est un délassement agréable que je ne saurais blâmer, que je conseillerais même au besoin ; mais qu'on porte l'amour de la danse jusqu'à la fureur, qu'on aille au bal comme la plupart de vos belles dames, non pour danser, mais pour médire, mais pour critiquer, et faire assaut de malice et de coquetterie ; voilà ce que je ne saurais souffrir, et ce qui, par moments, me fait prendre la danse en horreur.

Denbigh depuis quelques minutes semblait plongé dans ses réflexions. Tout à coup il se tourna vers le capitaine, qui regardait une partie d'échecs entre Jane et le colonel ; car depuis peu Jane avait pris les échecs en passion, et il lui demanda quel était le régiment qui venait d'arriver en garnison à F***, et dont M. Haughton devait aller inviter les officiers à son bal.

Le capitaine le lui apprit, et quoiqu'il lui eût répondu d'un ton assez grossier, ton qui du reste lui était habituel, Denbigh le remercia ; il quitta son air soucieux, et s'approchant d'Emilie, il lui dit en hésitant un peu :—J'ai une requête à présenter à miss Moseley qu'elle trouvera peut-être bien hardie.

Émilie leva les yeux de dessus son ouvrage et regarda Denbigh, comme pour l'engager à s'expliquer.

—Voudra-t-elle bien, ajouta-t-il, me faire l'honneur de danser la première contredanse avec moi?

—Très-volontiers, monsieur Denbigh, répondit Emilie en riant ; car, au ton solennel qu'il avait pris, elle avait une sorte d'appréhension qu'elle était charmée de voir dissipée ; très-volontiers ; mais rappelez-vous bien ce qu'a dit le docteur : gare à votre dignité!

On apporta les journaux de Londres, et les amateurs de politique s'en emparèrent pour les parcourir. Le colonel replaça les échecs pour une seconde partie, et Denbigh reprit sa place entre la tante et la nièce.

Le ton, les manières de ce jeune homme, étaient telles qu'eussent pu les désirer le goût et le jugement le plus sévère ; ses qualités attachantes lui gagnaient insensiblement le cœur de tous ceux qui le connaissaient, et Mrs Wilson remarquait avec un peu d'inquiétude qu'Émilie cédait comme les autres à l'espèce d'attraction qu'il semblait exercer.

Elle avait la plus grande confiance dans le docteur Yves ; mais il était l'ami de Denbigh, et il le jugeait peut-être avec partialité ; de plus, le bon ministre ne pouvait pas voir un prétendant à la main d'Emilie dans tous les jeunes gens qu'il présentait au baronnet, et ce n'était que sous ce point de vue que Mrs Wilson les traitait avec une justice si sévère.

Elle n'avait vu que trop souvent les fatales conséquences qui étaient résultées de s'en être rapporté à l'opinion des autres, et les suites des liaisons formées témérairement sous de tels auspices, pour n'être pas décidée à ne se fier qu'à son propre jugement, surtout lorsqu'il s'agissait du bonheur de sa chère Emilie. D'ailleurs elle pensait quelquefois que la bienveillance générale du docteur Yves le portait à voir d'un œil trop indulgent les travers du genre humain, et, malgré son caractère aimant et doux, Mrs Wilson n'oubliait jamais que défiance est mère de sûreté.

En conséquence, elle se détermina à avoir le plus tôt possible une explication avec le docteur, et à se conduire d'après ce qu'elle apprendrait par lui. Chaque jour lui fournissait une preuve nouvelle du danger de négliger un devoir si important dans l'intimité toujours croissante de Jane et du colonel Egerton.

— Voyez, ma tante, dit John en lui montrant un des journaux ; voilà un paragraphe qui est relatif à votre jeune favori, notre loyal et bien-aimé cousin, le comte de Pendennys.

— Lisez-le-moi, mon ami, dit Mrs Wilson avec un intérêt que ce nom ne manquait jamais d'exciter en elle.

« Nous avons remarqué aujourd'hui l'équipage de lord Pendennys devant la porte d'Annerdale-House, et on nous assure que le noble comte revient de Bolton-Castle dans le Northamptonshire. »

— Voilà un fait très-intéressant, dit le capitaine Jarvis d'un ton de sarcasme ; le colonel Egerton et moi nous avons été jusqu'au château lui rendre visite ; mais nous avons appris qu'il était retourné à Londres.

— Le noble caractère du comte, la réputation qu'il s'est acquise, dit le colonel, lui donnent droit plus encore que son rang à nos attentions, et c'est sous ce rapport que nous avions voulu le prévenir.

— Mon frère, dit Mrs Wilson, vous me feriez grand plaisir d'écrire à Sa Seigneurie pour l'engager à quitter avec nous toute cérémonie ; maintenant que nous avons la paix il viendra quelquefois à Bolton-Castle ; mais le propriétaire en est si souvent absent que, si vous n'engagez pas lord Pendennys à venir nous rendre visite lorsqu'il ne trouvera pas son parent, nous devons renoncer à le voir jamais.

— Vous l'attendez donc tout exprès pour lui faire épouser Emilie ? s'écria John, s'asseyant en riant auprès de sa sœur.

Mrs Wilson sourit à une observation qui lui rappelait le vœu romanesque et secret de son cœur ; et, comme elle relevait la tête pour répondre à John sur le même ton, elle rencontra les yeux de Denbigh fixés sur elle avec une expression qui confondit toutes ses idées, et elle garda le silence.

— Il y a quelque chose d'incompréhensible dans ce jeune homme, pensa la veuve ; et, remarquant que le docteur Yves prenait le chemin de la bibliothèque, elle le suivit sans affectation.

Comme ils avaient de fréquentes conversations sur les abondantes aumônes que faisait Mrs Wilson, et dont le bon ministre était souvent le dispensateur, leur sortie n'excita aucune surprise, et ils passèrent ensemble dans la bibliothèque.

— Docteur, dit Mrs Wilson, impatiente d'en venir au but, vous connaissez ma maxime : « Qu'il vaut mieux prévenir le mal que de le guérir. » Votre jeune ami est bien aimable, et par conséquent bien dangereux...

— Est-ce vous que ce danger menace ? demanda le docteur en souriant.

— Pas tout à fait, répondit-elle sur le même ton; et s'asseyant elle continua : — Oserai-je vous demander ce qu'il est, et ce qu'était son père?

— Le père s'appelait George Denbigh, répondit le docteur gravement; le fils porte le même nom.

— Ah! docteur, je suis presque tentée de regretter que Francis n'ait pas été une fille; vous comprendriez ce que je désire savoir.

— Eh bien! ma chère dame, adressez-moi vos questions par ordre, et j'y répondrai de mon mieux.

— Que pensez-vous de ses principes?

— Ses principes sont bons; toutes ses actions, celles du moins qui sont venues à ma connaissance, émanent du jugement le plus juste et du cœur le plus pur; et la piété filiale, ajouta-t-il en essuyant une larme, m'a toujours paru l'indice certain de toutes les autres vertus.

— Et son caractère, ses inclinations?

— Son caractère? il sait le maîtriser; ses inclinations? elles sont telles que pourrait le désirer le père le plus rigide.

— Et sa famille, ses relations?

— Elles sont très-convenables, répondit-il en souriant.

Elle ne demanda pas si Denbigh avait de la fortune, puisqu'elle comptait donner toute la sienne à Émilie; et, après avoir remercié son vieil ami, Mrs Wilson sortit de la bibliothèque beaucoup plus tranquille, et décidée à laisser aller les choses, sans toutefois se départir de son système d'observation.

En rentrant au salon, Mrs Wilson vit Denbigh s'approcher du colonel, et entrer en conversation avec lui; c'était la première fois qu'ils échangeaient d'autres mots que ceux qu'exige la plus stricte honnêteté, et ce dernier paraissait évidemment mal à son aise, tandis qu'au contraire son compagnon semblait désirer se rapprocher de lui.

Il y avait entre ces jeunes gens quelque chose de mystérieux et d'inexplicable, qui intriguait fort la bonne tante, et sa défiance naturelle lui faisait craindre que l'un ou l'autre ne fût pas entièrement exempt de blâme.

Ils ne pouvaient pas avoir eu de querelle, puisqu'ils ne se rappelaient point réciproquement leurs noms; mais ils avaient tous deux servi en Espagne; peut-être s'étaient-ils livrés aux excès dont les militaires se rendent trop souvent coupables en pays étranger et craignaient-ils qu'une indiscrétion ne vînt leur faire perdre une estime usurpée. Cependant, dans cette supposition, ils devraient s'entendre et non se désunir. Ce que venait de lui dire le docteur Yves la rassurait un peu du côté de Denbigh; elle tâcha de reporter ses idées sur des sujets plus agréables, en se disant que ses craintes ne prenaient peut-être leur source que dans son imagination.

CHAPITRE XII.

> Voyez ces danses légères inventées par l'innocence et l'amour: l'étiquette en règle aujourd'hui les pas.
> LOGAN.

En arrivant au milieu de la brillante assemblée réunie chez M. Haughton, les yeux d'Emilie se promenèrent quelque temps autour du salon pour chercher le danseur qui l'avait engagée d'avance, mais ils ne rencontrèrent que les figures inconnues des militaires, dont les habits rouges formaient le contraste le plus agréable avec la toilette des belles de la petite ville de F***. Si la société n'était pas aussi choisie qu'on eût pu le désirer, du moins elle était bien disposée à profiter des plaisirs qu'on lui offrait, et à suivre la méthode de leur hôte, qui faisait les honneurs de chez lui avec la bienveillance qui lui était naturelle, et qui semblait dire à tous les jeunes gens qui l'entouraient : — Dansez, amusez-vous, mes enfants, et semez de fleurs les épines de la vie.

Au milieu de toute cette brillante jeunesse, Emilie reconnut le capitaine Jarvis en grand uniforme, et dès qu'il l'aperçut il s'avança vers elle et vint l'engager pour la première contredanse.

Le colonel s'était déjà assuré la main de Jane pour une partie de la soirée, et c'était à l'instigation de son ami que Jarvis faisait l'effort d'inviter Emilie.

Celle-ci le remercia en alléguant son engagement; le jeune homme, qui, d'après la crainte que ses sœurs témoignaient toujours de manquer de danseurs, lorsqu'elles allaient au bal, croyait faire une grande faveur aux dames qu'il invitait, fut très-mortifié et resta quelques minutes dans un morne silence; enfin il s'éloigna avec un mouvement de dépit, déterminé à se venger sur tout le sexe et à ne pas danser de la soirée.

Par suite de cette belle résolution, il se retira dans un salon de dégagement où il trouva quelques militaires de sa connaissance, savourant le plaisir qu'ils appréciaient le mieux de tous ceux qu'offrait la soirée, celle de boire un verre de punch.

Comme Clara s'était prudemment décidée à se conduire comme la digne femme d'un ministre, et qu'elle avait renoncé à la danse, Catherine Chatterton, qui avait la supériorité de l'âge et celle du rang sur les autres demoiselles de la société, avait été désignée pour ouvrir le bal.

La douairière, qui aimait à déployer ses grands airs en toute occasion, avait résolu d'arriver la dernière pour produire plus d'effet; et Lucy Haughton ne cessait de tourmenter son père pour qu'on commençât sans l'attendre; enfin elle parut, conduite par son fils et suivie de ses deux filles dans la plus éclatante parure.

Le docteur Yves, que ses occupations avaient retenu, les suivit de près avec sa femme et son jeune ami, et la danse commença.

Denbigh avait quitté le deuil pour cette soirée, et, comme il approchait pour réclamer la main qu'Emilie lui avait promise, elle pensa que, s'il n'avait pas un extérieur aussi séduisant que le colonel Egerton, qui passait devant elle avec Jane, du moins il avait quelque chose de plus distingué et de plus intéressant.

Emilie dansait très-bien, sans y attacher pourtant la moindre importance, tandis que Denbigh, quoiqu'il allât en mesure et que ses mouvements fussent gracieux, prouvait qu'il n'avait pas fait une étude approfondie d'un talent dans lequel réside tout le mérite de tant de jeunes gens, et sans le secours de son aimable danseuse il eût plus d'une fois brouillé la figure de la contredanse.

En la reconduisant à sa place, il lui demanda très-gravement ce qu'elle pensait de sa danse.

— Vous pourriez avec plus de raison lui donner le nom de marche, répondit Emilie en souriant. Il allait répondre sur le même ton, lorsque Jarvis s'approcha d'eux. A l'aide d'un bol de punch et par suite de la susceptibilité commune aux petits esprits, il était parvenu à se croire offensé, en se rappelant que Denbigh n'était arrivé qu'après le refus qu'Emilie avait fait de danser avec lui. Malheureusement il avait pour ami un officier un peu trop amateur de la bouteille, et cette conformité de goûts avait encore contribué à rendre leur liaison plus intime.

Rien ne rend aussi confiant que l'ivresse. Le capitaine ayant quitté un moment son ami pour venir voir les danseuses et confirmer ses soupçons, revint le trouver; furieux de l'affront qu'il croyait qu'on lui avait fait, il vociféra quelques juremcnts. Celui-ci lui demanda la cause de cette grande colère, et il ne se fit pas prier pour lui faire partager son indignation.

Il y a dans presque tous les régiments quelques hommes qu'on pourrait appeler les champions de tout le genre humain; ils n'entendent pas parler de la plus légère altercation, qu'ils ne conseillent, qu'ils n'exigent, sous peine du déshonneur, que deux amis aillent se couper la gorge; et ces fléaux de l'humanité, qui ne demandent que du sang, sont aussi odieux à l'homme raisonnable et sensible qu'ils sont funestes aux jeunes gens timides ou bornés qui ont le malheur de les rencontrer.

Lorsqu'ils ont quelque querelle, ils ne sont pas tout à fait aussi pressés d'en venir aux mains; mais s'agit-il de leurs amis, ils sont inflexibles; et telle est la force d'un préjugé barbare, que ces thermomètres du faux honneur, sur lesquels ni la raison ni la nature ne peuvent rien, deviennent les arbitres souverains de la vie ou de la mort de tout un régiment.

Le confident de Jarvis était un de ces misérables ferrailleurs, et le résultat de leur conversation est facile à imaginer.

En arrivant près d'Emilie et de Denbigh, le capitaine jeta sur ce dernier un regard foudroyant, qu'il crut propre à lui expliquer ses intentions hostiles.

Mais ce regard fut perdu pour son rival, qui était occupé en ce moment de pensées d'un genre bien différent; et le paisible capitaine, qui croyait avoir produit tout l'effet désiré, se serait probablement retiré pour se livrer à un sommeil qui lui eût rendu l'usage de son étroit bon sens, si son dangereux ami n'eût pris soin d'aiguillonner sa fureur.

— Vous êtes-vous jamais battu? dit froidement le capitaine Digby à Jarvis en s'asseyant dans le parloir du Doyenné, où ils s'étaient rendus pour convenir des arrangements à prendre pour le lendemain matin.

— Oui! répondit Jarvis avec un regard stupide. Je me battis une fois avec Tom Halliday, lorsque j'étais à l'école.

— A l'école! mon cher ami. Diable! vous avez commencé de bonne heure! répliqua Digby en se versant un verre de vin. Et comment cela finit-il?

— Oh! Tom me porta le premier coup; mais bientôt je criai que c'était assez, dit Jarvis d'un ton bourru.

— Que c'était assez! J'espère que vous n'avez point demandé grâce? s'écria son ami en le regardant fixement. Et où vous avait-il touché?

— Il m'avait, parbleu! touché partout.

— Comment, partout? vous ne saviez donc pas vous défendre? Et de quelle manière vous battiez-vous?

— A coups de poing, dit Jarvis en chancelant et la langue embarrassée. Digby, voyant qu'il était complètement ivre, sonna un domestique pour le faire mettre au lit, et resta pour finir la bouteille qu'ils avaient entamée.

Peu de temps après que Jarvis eut lancé à Denbigh ce terrible regard, destiné à l'avertir de la vengeance qu'il méditait, le colonel Egerton s'approcha d'Emilie pour lui demander la permission de lui présenter sir Herbert Nicholson, le lieutenant-colonel de son régiment, qui désirait avoir l'honneur de danser avec elle la prochaine contredanse. Emilie exprima son consentement par une inclination gracieuse. Bientôt après, cherchant des yeux Denbigh, qui venait de la quitter, elle l'aperçut regardant avec attention deux militaires à l'un desquels il dit quelques mots à la hâte, puis sortir précipitamment.

Elle croyait à chaque instant le voir revenir; mais il ne reparut plus de toute la soirée.

— Connaissez-vous M. Denbigh? demanda Emilie à son danseur, après l'avoir inutilement cherché des yeux dans le bal.

— Denbigh! Denbigh! j'ai connu plusieurs personnes de ce nom, répondit sir Herbert; il y en a deux ou trois dans l'armée.

— Oui! répondit Emilie d'un air pensif, il est dans l'armée; et en relevant la tête elle vit les yeux de sir Herbert fixés sur elle avec une expression qui la fit rougir. Celui-ci dit en souriant qu'il faisait bien chaud; Emilie saisit avec empressement cette excuse, éprouvant pour la première fois de sa vie un sentiment qu'elle craignait qu'on ne devinât, et une confusion qu'elle avait peine à cacher.

— Grace Chatterton est réellement charmante ce soir, dit

John à Clara ; il faut que je la prie de m'accepter pour danseur.

— Vous ne sauriez faire un meilleur choix, mon cher ami, répondit sa sœur en regardant leur jolie cousine, qui, voyant que John s'approchait d'elle, se hâta de détourner la tête d'un autre côté, comme si elle eût cherché quelqu'un, dans l'espoir de cacher une émotion que le soulèvement précipité de son sein trahissait en dépit de ses efforts. Il n'y a rien de plus flatteur pour la vanité d'un homme que d'être témoin du trouble qu'il a fait naître dans le cœur d'une jeune fille, et surtout lorsqu'elle cherche à le dissimuler ; rien n'est aussi touchant, aussi sûr de captiver. John, enchanté, allait lui parler, lorsque la douairière, inspirée par son mauvais génie, vint encore se placer entre eux.

—Oh ! monsieur Moseley, s'écria-t-elle, par pitié pour la santé de Grace, n'allez pas l'engager à danser cette contredanse ; car je sais qu'elle ne peut rien vous refuser, et elle ne s'est pas encore reposée.

—Vos désirs sont des ordres pour moi, madame, dit John froidement ; et, faisant un tour sur le talon, il gagna l'autre bout du salon. Dès qu'il fut hors de l'atteinte de la douairière, il se retourna pour voir l'effet qu'avait produit son brusque départ, et vit qu'elle était aussi rouge et aussi agitée que si, comme sa fille, elle eût dansé toutes les contredanses, tandis que Grace, les yeux fixés sur le parquet, lui parut plus pâle que de coutume.—Oh ! Grace ! pensait John, que vous seriez belle, douce, aimable, parfaite enfin, si... si lady Chatterton n'était pas votre mère ! et courut engager une des plus jolies demoiselles du bal.

Le colonel Egerton, dans une salle de bal, semblait être dans son élément : il dansait avec grâce et vivacité, il connaissait les usages les plus minutieux de la société, et il ne négligeait aucun de ces petits soins qui ont tant de pouvoir sur le cœur des femmes. Jane, entourée de tous ceux qu'elle aimait, qui lui semblaient tous heureux comme elle, ne trouvait ni dans son jugement, ni dans sa raison, une résistance assez forte contre une attraction si puissante ; d'ailleurs la flatterie du colonel était si adroite ! les goûts de Jane étaient les siens, et ses opinions devenaient bientôt les siennes.

Dans les premiers moments de leur intimité ils avaient différé de goût sur un seul point de littérature, et pendant quelques jours le colonel avait soutenu son opinion pour avoir plus de mérite en l'abandonnant ; en effet, après une discussion intéressante, il parut ne céder qu'à la rectitude du jugement de Jane, à la pureté de son goût.

Egerton paraissait tout à fait subjugué; et Jane, qui voyait dans ses attentions délicates la preuve d'un véritable amour, entrevoyait déjà le moment doux et pénible à la fois où elle en recevrait l'aveu.

Jane avait un cœur tendre et sensible, trop sensible peut-être. Le danger était dans son imagination exaltée, qui n'était point réglée par le jugement, qui n'était guidée par aucun principe, à moins qu'on n'appelle principes ces maximes ordinaires, ces règles de conduite qui sont suffisantes pour retenir dans les bornes du devoir : pour ceux-là Jane en était pourvue; mais ces principes qui peuvent seuls donner la force de maîtriser les passions, qui engagent à les combattre sans cesse, à ne jamais leur céder, la pauvre Jane n'en avait jamais entendu parler.

La famille de sir Edward se retira la première, et Mrs Wilson revint seule dans sa voiture avec sa nièce.

Emilie, qui n'avait pas paru s'amuser beaucoup pendant la soirée, rompit tout à coup le silence en disant d'un air ironique : — Ah ! le colonel Egerton est un modèle achevé ; pour peu que cela dure, ce sera bientôt un héros. Voyant que sa tante la regardait d'un air étonné, elle s'empressa d'ajouter : — Aux yeux de Jane, du moins.

Ces mots furent prononcés d'un ton d'humeur qui n'était pas ordinaire à Emilie, et Mrs Wilson la gronda doucement de porter un jugement téméraire sur une sœur qui l'aimait tendrement et qui avait sur elle l'avantage des années. Emilie pressa la main de sa tante en avouant qu'elle avait eu tort.—Mais, ajouta-t-elle, il m'est impossible de voir de sang-froid qu'un homme tel que le colonel Egerton exerce une sorte d'ascendant sur une femme qui a autant d'esprit que Jane, et surtout qu'il puisse, en gagnant ses affections, compromettre le bonheur d'une sœur aussi chère.

Mrs Wilson sentait intérieurement la vérité d'une remarque qu'elle avait cru de son devoir de blâmer, et elle pressa son Emilie contre son cœur.

Elle ne voyait que trop que l'imagination de Jane parait son amant de toutes les qualités qu'elle admirait le plus, et elle craignait que, lorsque le voile qu'elle contribuait à étendre sur ses yeux serait tombé, elle ne cessât de l'estimer, et par conséquent de l'aimer, lorsque le mal serait sans remède.

Les inquiétudes de Mrs Wilson sur le sort de Jane lui semblaient un avertissement de redoubler de prévoyance pour éviter de semblables malheurs à celle dont le bonheur lui était confié.

Emilie Moseley venait d'atteindre sa dix-huitième année, et la nature l'avait douée d'une vivacité et d'une innocence qui la faisaient jouir, avec la simplicité et l'enthousiasme d'un enfant, des plaisirs de cet âge heureux. Elle était sans art, et son esprit et son enjouement pétillaient dans ses yeux; heureuse du calme de sa conscience et de l'amour de ses parents, elle avait la sérénité et la piété d'un ange.

Grâce aux soins de sa tante et à son intelligence, elle excellait dans tous les petits ouvrages de son sexe; elle était instruite sans pédanterie, et elle consacrait quelques heures chaque jour à augmenter ce trésor pour l'avenir, en lisant avec Mrs Wilson les bons ouvrages à la portée d'une jeune personne. On pouvait dire qu'Emilie n'avait jamais lu un livre qui contînt une pensée ou qui pût faire naître une opinion inconvenante pour son sexe ou dangereuse pour ses principes, et toute la pureté de son âme se peignait sur son front, siége de la candeur et de l'innocence.

Mais plus Mrs Wilson admirait la fraîcheur de cette jeune plante qu'elle avait cultivée avec tant de soin, plus elle s'efforçait d'écarter loin d'elle tous les souffles contagieux qui auraient pu la flétrir. Emilie était dans cet âge où l'âme expansive s'ouvre aisément à toutes les impressions, où les sentiments ont une vivacité qui, bien dirigée, produit les plus heureux résultats, mais qui, lorsqu'elle n'est pas guidée par l'expérience, peut entraîner dans une fausse route d'où il est bien difficile de revenir. Mrs Wilson sentit qu'elle avait plus que jamais besoin de ses conseils, et qu'il ne fallait pas la perdre un seul instant de vue à cette époque critique, si elle ne voulait pas laisser son ouvrage imparfait.

CHAPITRE XIII.

Ils ont fait de l'honneur un dieu de cannibales qui dit à l'homme: va me chercher du sang.
Vers à l'évêque Porteus.

Le lendemain une partie des officiers qui se trouvaient au bal vinrent dîner au château sur l'invitation amicale du baronnet. Lady Moseley était ravie. Tant que l'intérêt de son mari ou celui de ses enfants avait exigé qu'elle renonçât à la société, elle l'avait fait sans se plaindre; elle était trop bonne épouse, trop bonne mère, pour qu'aucun sacrifice lui coûtât afin d'assurer le bonheur de sa famille; et elle s'était imposé toutes les privations qu'avait nécessitées l'état délabré de leurs affaires. Maintenant que, grâce à son système d'une stricte économie, sir Edward avait su réparer les brèches que la prodigalité de son père avait faites à sa fortune, et qu'il se voyait plus riche qu'il ne l'avait jamais été, elle n'était pas fâchée de reprendre le rang auquel elle se sentait appelée dans le monde. Plus elle avait mis de résignation à se condamner à la retraite, plus elle attachait d'importance à étaler à présent une sorte de luxe et de splendeur. Elle voulait que Moseley-Hall devînt le rendez-vous de la meilleure compagnie; ce n'était pas seulement en elle le désir de briller, de faire un vain étalage: un motif plus louable l'animait en même temps: elle voulait marier ses filles. Heureuse épouse, elle croyait que le mariage assurerait de même le bonheur de ses enfants. A ses yeux un mari était toujours un mari; pourvu qu'on n'eût pas de grands défauts, il lui semblait qu'on devait toujours faire un bon époux, et son amour pour l'espèce la rendait un peu moins difficile sur le choix des individus.

— Je regrette bien que M. Denbigh n'ait pas voulu être des nôtres, dit le bon baronnet en se mettant à table; j'espère que nous le verrons ce soir.

En entendant prononcer le nom de Denbigh, le colonel Egerton et sir Herbert Nicholson se regardèrent d'un air d'intelligence.

La veille, au bal, John avait rappelé à Denbigh la promesse qu'il leur avait faite de venir dîner avec eux ; Emilie était présente. Il désirait, avait-il ajouté, lui faire faire la connaissance de sir Herbert, qui était aussi invité ; mais aussitôt Denbigh s'était troublé ; il avait balbutié quelques excuses, prétexté une invitation, et peu d'instants après il avait quitté le bal. Emilie trouvait tout cela fort étrange ; elle ne savait comment expliquer cette conduite. Elle ne put résister aux soupçons vagues qui l'agitaient, et se hasarda à adresser la parole à sir Herbert, qui se trouvait placé à côté d'elle.

— Vous avez vu, je crois, M. Denbigh en Espagne? lui demanda-t-elle.

— J'ai eu l'honneur de dire hier à miss Moseley que ce nom ne m'était pas inconnu, répondit sir Herbert d'un air embarrassé ; il est même une circonstance qui se rattache à ce nom, et que je n'oublierai jamais, ajouta-t-il après un moment de silence.

— Elle est probablement à l'honneur de M. Denbigh, dit le capitaine Jarvis d'un ton ironique. Sir Herbert fit semblant de ne pas l'entendre, et ne répondit rien ; mais lord Chatterton prit fait et cause pour son ami, et il dit avec une vivacité qui ne lui était pas ordinaire : — Je ne sais pas qui pourrait se permettre d'en douter, Monsieur. Jarvis à son tour feignit de ne pas avoir entendu ; et sir Edward détourna la conversation, surpris que le nom de Denbigh excitât parmi les convives une sensation qu'il ne pouvait expliquer, et que, l'instant d'après, il avait oubliée lui-même.

Lorsque les Jarvis furent partis, lord Chatterton raconta à la famille du baronnet, qui l'écouta avec autant d'étonnement que d'indignation, une scène étrange qui s'était passée le matin même chez Denbigh. Lord Chatterton venait de déjeuner avec lui au presbytère, et ils étaient assis tête à tête dans le parloir, lorsqu'un capitaine Digby se fit annoncer et demanda à lui parler.

— Monsieur Denbigh, dit-il avec le calme et le sang-froid d'un duelliste de profession, j'ai l'honneur de me présenter chez vous de la part du capitaine Jarvis ; mais j'attendrai que vous ayez le temps de prendre connaissance du message dont je suis chargé.

— Je n'ai aucune affaire avec le capitaine Jarvis que lord Chatterton ne puisse savoir, si toutefois il veut bien le permettre, dit Denbigh en offrant un siége à l'étranger. Le jeune lord inclina la tête en signe d'assentiment, et le capitaine Digby, un peu déconcerté en apprenant le rang de l'ami de Denbigh, continua sur un ton un peu moins élevé :

— Le capitaine Jarvis m'a donné plein pouvoir, Monsieur, pour convenir de l'heure et du lieu du rendez-vous ; il espère qu'il aura lieu le plus tôt possible, si cela vous convient.

Denbigh le regarda un moment en silence et avec étonnement, puis il lui dit doucement et sans la moindre agitation : — Je n'affecterai point, Monsieur, de ne pas comprendre ce que vous voulez dire, mais je ne puis deviner quelle action de ma part a pu porter le capitaine Jarvis à me proposer un pareil défi.

— Certes, monsieur Denbigh ne peut supposer qu'un homme de cœur tel que le capitaine Jarvis supporte patiemment l'affront qui lui a été fait hier soir, lorsqu'il vous a vu danser avec miss Moseley, après avoir essuyé lui-même un refus de sa part, reprit Digby avec un sourire d'incrédulité. Lord Chatterton et moi nous pouvons régler dès à présent les préliminaires ; le capitaine est à vos ordres, et il est très-disposé à consulter vos désirs dans cette affaire.

— S'il les consulte, dit Denbigh en souriant, il n'y pensera plus.

— Quel moment vous plaît-il de fixer pour le rendez-vous, Monsieur? demanda gravement Digby. Puis d'un ton de jactance que les braves de cette espèce aiment assez à prendre, il ajouta : Mon ami désire que les choses ne traînent pas en longueur.

— Je ne donnerai jamais de rendez-vous au capitaine Jarvis dans des intentions hostiles, dit Denbigh d'un ton calme.

— Monsieur !

— Je n'accepte pas son défi, ajouta-t-il avec fermeté.

— Vos raisons, Monsieur, s'il vous plaît? demanda le capitaine Digby en se pinçant les lèvres et en relevant la tête d'un air d'importance.

— A coup sûr, s'écria Chatterton qui jusque-là s'était contenu avec peine, M. Denbigh ne saurait s'oublier au point de compropromettre miss Moseley en acceptant ce rendez-vous.

— Cette raison, Milord, est puissante sans doute, repartit Denbigh ; mais il en est une autre qui n'est pas d'un moindre poids à mes yeux : un duel me semble une monstruosité dans un état où il y a des lois... : oui, Monsieur, une monstruosité, et jamais je ne verserai de sang-froid le sang d'un de mes semblables.

— Voilà qui est bien extraordinaire, sur ma parole! murmura le capitaine Digby qui ne savait trop ce qu'il devait faire; mais le ton calme et plein de dignité de Denbigh lui imposait; il ne répliqua pas, et il se retira aussitôt en disant seulement qu'il ferait part à son ami de la réponse de M. Denbigh.

Le capitaine Digby avait laissé Jarvis dans une auberge, à environ un demi-mille du presbytère, pour y attendre le résultat de la conférence. Jarvis se promenait en long et en large dans la chambre, pendant l'absence de Digby, livré à des réflexions tout à fait nouvelles : il était fils unique, ses sœurs avaient besoin de sa protection; il était le seul espoir d'une famille qui commençait à prendre un rang dans le monde... Et puis d'ailleurs, Denbigh n'avait peut-être pas eu l'intention de l'offenser; peut-être avait-il invité miss Moseley avant de venir au bal; ou bien peut-être encore était-ce une inadvertance de la part de cette demoiselle. Il pensait que Denbigh donnerait quelque explication, et il était bien décidé à s'en contenter, lorsque son belliqueux ami vint le rejoindre.

— Eh bien! demanda Jarvis à voix basse.

— Il dit qu'il n'accepte pas votre rendez-vous, lui répondit sèchement son ami en se jetant sur une chaise, et en demandant un verre d'eau-de-vie.

— Comment? il a donc quelque engagement antérieur?

— Oui, un engagement avec sa conscience, s'écria Digby en jurant.

— Avec sa conscience! Je ne sais si je vous comprends bien, capitaine, dit Jarvis qui commençait à respirer, et qui éleva un peu plus haut la voix.

— Eh bien! capitaine, repartit son ami en vidant son verre et en parlant d'un ton délibéré, il dit que pour rien au monde... entendez-vous bien? pour rien au monde, il ne se battra en duel.

— Bah! il refuse! s'écria Jarvis d'une voix de tonnerre.

— Oui, il refuse, répéta Digby en présentant son verre à un garçon pour qu'il le remplît de nouveau.

— Il faudra bien qu'il y consente!

— Je ne sais pas trop comment vous vous y prendrez pour cela, dit froidement Digby.

— Comment je m'y prendrai? Je m'attacherai à ses pas, je l'afficherai partout pour un lâche, je...

— Pas tant de paroles; écoutez-moi, reprit le capitaine en se tournant vers lui, les coudes appuyés sur la table. Je vais vous dire, moi, ce que vous pouvez faire. Il y a là un lord Chatterton qui paraît prendre la chose avec chaleur. Si je ne craignais pas que par son crédit il ne pût nuire à mon avancement, j'aurais relevé moi-même quelques expressions qui lui sont échappées; il se battra, lui, j'en suis certain, et je vais retourner de ce pas lui demander une explication de votre part.

— Non, non, diable! dit Jarvis avec vivacité; il est allié aux Moseley, et j'ai des vues de ce côté... Ce serait une imprudence...

— Pensez-vous donc avancer vos affaires en rendant la jeune personne la cause d'un duel? demanda le capitaine Digby d'un ton de sarcasme, et en jetant sur Jarvis un regard de mépris. Il vida son verre d'un trait, et sortit brusquement sans faire attention à son ami.

— A la santé des braves officiers du régiment d'infanterie! s'écria-t-il le soir d'un ton ironique, à sa table d'hôte, lorsqu'il était déjà plus d'à moitié gris; à la santé de son digne champion le capitaine Henri Jarvis! Un des officiers de ce corps se trouvait présent; il se crut insulté, et la semaine suivante les habitants de F*** virent le régiment qui était caserné dans leur ville, suivre lentement le corps d'Horace Digby!

Lord Chatterton, en racontant la partie de cette aventure qui s'était passée sous ses yeux, rendit pleine justice à la conduite de Denbigh, hommage d'autant plus noble et plus délicat que, n'ayant pu rester lui-même insensible aux charmes d'Emilie, il voyait clairement que son ami était déjà ou du moins serait bientôt son rival.

Les dames mirent autant de chaleur à louer la noble conduite de Denbigh qu'à exprimer le dégoût que leur inspiraient les bravades et les forfanteries du capitaine.

Lady Moseley détournait les yeux avec horreur d'une scène qui ne lui offrait que meurtre et qu'effusion de sang. Mrs Wilson et sa nièce l'envisageaient au contraire pour applaudir au généreux sacrifice que Denbigh avait fait des opinions du monde sur l'autel du devoir.

La première admirait son refus de n'admettre aucune considération secondaire pour expliquer sa résolution, tandis qu'Emilie, tout en partageant la manière de voir de sa tante, ne pouvait s'empêcher de croire que l'estime qu'il avait pour elle et la crainte de la compromettre entraient bien aussi pour quelque chose dans son refus de se battre en duel.

Mrs Wilson comprit aussitôt quelle influence une pareille conduite devait avoir sur les sentiments de sa nièce, et elle résolut d'observer Denbigh avec plus de soin que jamais, persuadée que ce n'était pas seulement par des traits isolés qu'elle pouvait apprécier l'ensemble de son caractère, et juger s'il réunissait les qualités qu'elle désirait trouver dans l'époux de sa chère Emilie.

CHAPITRE XIV.

> Moi aussi je m'étais promis de me taire. Le secret avait pour moi un charme si doux ! mais les yeux sont des indiscrets qui m'ont trahi. Je n'ai dit que ce que l'on savait déjà. BAINSAY.

Ce ne fut pas sans peine que sir Edward empêcha son fils d'aller demander raison à Jarvis de son impertinence ; et John ne céda que par respect pour les ordres de son père, et par déférence pour sa sœur bien-aimée, qui le supplia de ne pas mêler son nom à une querelle de cette nature.

Le baronnet se sentait rarement le courage de montrer ce qu'on appelle du caractère ; mais il avait pris cette affaire à cœur. Il alla trouver le marchand, et lui démontra, en termes dignes d'un père et d'un gentilhomme, les conséquences qui pouvaient résulter pour sa fille de la querelle provoquée par le capitaine Jarvis.

En expliquant l'engagement antérieur qu'Emilie avait pris avec Denbigh pour la première contredanse, il la justifia entièrement, finit par donner à entendre que si cette affaire ne se terminait pas à l'amiable, il se verrait forcé, pour mettre à couvert la réputation de ses filles, et ne plus les exposer à de pareilles scènes, de renoncer, quoique avec bien du regret, à la société d'un voisin qu'il respectait autant que M. Jarvis.

Ce dernier n'était pas homme à faire de longues phrases ou de vives protestations; mais, lorsqu'il croyait une chose juste ou utile, il ne balançait pas à l'exécuter; il avait fait sa fortune, et l'avait sauvée plus d'une fois par la promptitude de sa décision. Il assura en deux mots le baronnet qu'il n'entendrait plus parler de cette affaire, du moins d'une manière désagréable; et ce dernier l'ayant quitté, il se rendit dans l'appartement de sa femme.

En y entrant, il trouva toute sa famille rassemblée qui se disposait à aller se promener; et, se jetant sur une chaise, il en vint brusquement au fait.

— Eh bien! Mrs Jarvis, voilà où nous a conduits votre désir d'avoir un militaire dans la famille au lieu d'un bon commis, et ce damné fou eût fait sauter la cervelle d'un brave et digne jeune homme, si le bon sens de M. Denbigh ne lui en eût refusé l'occasion.

— Miséricorde! s'écria la mère alarmée, Newgate[1], auprès duquel elle avait demeuré pendant sa jeunesse, se retraçant avec toutes ses horreurs à son imagination troublée. — Henri, Henri, voulez-vous être un meurtrier?

— Un meurtrier! répéta son fils, et il regarda derrière lui, comme s'il eût déjà vu les baillis à ses trousses; non, ma mère, je me suis conduit d'après les lois de l'honneur; tout se serait passé dans les règles; la chance eût été égale entre nous, et M. Denbigh eût pu tout aussi bien me faire sauter la cervelle.

— La chance eût été égale! murmura le père, cherchant à se calmer en prenant une nouvelle prise de tabac. Non, Monsieur, car vous n'avez point de cervelle à perdre, vous; mais j'ai promis à sir Edward que vous lui feriez des excuses convenables, ainsi qu'à sa fille et à M. Denbigh.

Cela n'était pas exactement vrai, mais l'alderman se piquait toujours de faire plus qu'il n'avait promis.

— Des excuses! s'écria le capitaine: mais c'est à moi qu'elles sont dues, Monsieur: demandez au colonel Egerton s'il a jamais entendu dire que l'agresseur fît des excuses.

— Non, certainement, dit la mère, qui, comprenant maintenant de quelle affaire il s'agissait, pensait qu'elle pourrait faire honneur à son fils; le colonel Egerton n'a jamais entendu parler d'une chose pareille. N'est-ce pas, colonel?

[1]. Célèbre prison de Londres.

— Mais, Madame, dit le colonel en hésitant et en rendant au marchand la tabatière que, dans son agitation, il avait laissée tomber, les circonstances autorisent quelquefois à s'écarter des règles ordinaires. Vous avez certainement raison en principe; mais, sans connaître les particularités de l'affaire dont il s'agit, il m'est difficile de décider... Miss Jarvis, le tilbury est prêt. — Et le colonel, ayant salué respectueusement le marchand et baisé la main de Mrs Jarvis, conduisit leur fille à sa voiture.

— Ferez-vous les excuses que j'exige? demanda M. Jarvis au moment où la porte se fermait sur eux.

— Non, Monsieur, répondit le capitaine d'un air sombre.

— Alors, arrangez-vous de manière à ce que votre paie vous suffise pendant le prochain semestre, dit le père en tirant de son portefeuille un bon à vue sur son banquier; et, après l'avoir déchiré avec le plus grand sang-froid, il mit dans sa bouche le morceau qui portait sa signature, et s'amusa à en faire une petite boule.

— Mais, alderman, dit sa femme (elle avait coutume de lui donner ce titre lorsqu'elle désirait en obtenir quelque chose, sachant que son mari aimait à s'entendre appeler de ce nom, quoiqu'il n'exerçât plus ces fonctions honorables), il me semble que Henri n'a fait que son devoir, et vous êtes injuste envers lui...

— Son devoir!... Et que connaissez-vous, s'il vous plaît, à ces sortes d'affaires?

— Il me semble que le devoir d'un militaire offensé est de se battre, répondit-elle un peu embarrassée de soutenir ce qu'elle avait avancé.

— Devoir ou non, reprit M. Jarvis en sortant, des excuses, ou trente-deux sous par jour.

— Henri! dit sa mère en levant le doigt dans une attitude menaçante; si vous demandez pardon, vous n'êtes plus mon fils.

— Non! s'écria miss Sarah; ce serait par trop avilissant.

— Qui paiera mes dettes? demanda le capitaine en regardant au plafond.

— Je voudrais bien pouvoir vous aider, mon enfant; mais..... mais... j'ai dépensé toute la pension que me fait votre père.

— Je le voudrais bien aussi, répéta Sarah; mais vous savez que nous devons aller à Bath; et j'ai besoin de toutes mes épargnes.

— Mais qui paiera mes dettes? dit encore Jarvis.

— Des excuses! En vérité, il serait beau de voir que vous, le fils d'un alderman... de... de M. Jarvis, du doyenné de B*** dans le Northamptonshire, fissiez des excuses à un aventurier que personne ne connait.

— Mais encore une fois qui paiera mes dettes? répéta le capitaine en frappant du pied.

— Comment! Henri, s'écria la mère; préférez-vous l'argent à l'honneur?

— Non, ma mère, mais j'aime aussi la bonne chère; et que voulez-vous que je fasse avec ma paie toute seule?

— Henri! s'écria la mère dans un accès de rage, vous n'êtes pas digne d'être militaire; que ne suis-je à votre place!

— Je voudrais de tout mon cœur que vous y fussiez depuis une heure, pensa Jarvis.

Après avoir discuté ou plutôt disputé bien longtemps, ils convinrent de s'en rapporter à la décision du colonel Egerton. La mère ne doutait pas qu'il ne se rangeât de son parti, pour soutenir la dignité de la famille des Jarvis, à laquelle il avait assuré mille fois qu'il s'intéressait autant qu'à la sienne propre.

Le capitaine était bien décidé à toucher les cinq cents livres que lui donnait ordinairement son père, quelle que fût la décision de son ami; mais heureusement elle se trouva conforme à ses désirs, et il n'eut pas besoin de mécontenter un de ses parents pour obéir à l'autre. Mrs Jarvis proposa la question au colonel lorsqu'il revint de la promenade, et elle était sûre qu'il serait de son avis. — Le colonel et moi nous sommes toujours d'accord, disait-elle. La dame avait raison; car, lorsque l'intérêt d'Egerton exigeait qu'elle partageât son opinion, il avait l'art de l'y ramener toujours sans qu'elle s'en doutât.

— Mais, Madame, dit-il avec un de ses plus agréables sourires, faire des excuses, c'est une démarche qui, lorsqu'elle est volontaire, n'a rien d'humiliant; vous avez certainement raison dans votre manière de voir sur l'honneur d'un militaire, mais qui pourrait douter de celui du capitaine après la manière dont il s'est montré dans cette affaire? Si M. Denbigh n'a pas voulu accepter son défi, chose très-extraordinaire, je l'avoue, que peut-il faire de plus? il ne peut forcer un homme à se battre malgré lui.

— Cela est vrai, s'écria la mère avec impatience, je ne demande pas qu'il se batte, le Ciel m'en préserve; mais l'agresseur doit-il demander pardon? Je suis sûr de voir les choses sous leur véritable jour : c'est à M. Denbigh à faire des excuses. Le colonel était un peu embarrassé, lorsque Jarvis, en qui le billet de cinq cents livres avait opéré une révolution complète, s'écria :

— Mais vous savez, ma mère que je l'ai accusé, c'est-à-dire soupçonné d'avoir été sur mes brisées en dansant avec miss Moseley ; maintenant que tout est expliqué, et qu'on m'a fait connaître ma méprise, puis-je mieux faire que d'avouer avec dignité que je me suis trompé?

— Oh ! certainement, dit avec empressement le colonel qui vit le danger d'une rupture entre les deux familles ; la délicatesse, la justice, l'exigent impérieusement, Madame. Et tout en parlant, il eut l'air de faire tomber une lettre par accident.

— Est-ce de sir Edgar, colonel? demanda Mrs Jarvis, comme il se baissait pour la ramasser.

Oui, Madame, et il me prie de le rappeler à votre souvenir et à celui de toute votre famille.

Mrs Jarvis inclina la tête et poussa un profond soupir. Un observateur attentif eût pensé qu'il était causé par l'anxiété maternelle pour la réputation d'un fils chéri, mais pas du tout : il n'exprimait que le regret conjugal de l'entêtement obstiné de l'alderman, qui n'avait point voulu employer une partie de sa fortune à se faire appeler aussi sir Timothée.

Enfin, l'héritier de sir Edgar l'emporta, et le capitaine reçut la permission de faire... ce qui était déjà fait.

En quittant l'appartement de sa mère, après leur première discussion et avant que la cause fût soumise à la décision du colonel, il avait été trouver son père pour lui annoncer qu'il consentait à tout. Le vieux marchand connaissait trop bien le pouvoir de cinq cents livres pour douter de leur effet ; il avait déjà demandé sa voiture, et ils partirent de suite pour Moseley-Hall.

En y arrivant, le capitaine s'avança avec embarras vers celui qu'il avait injustement provoqué, et bégaya, en termes presque inintelligibles, l'apologie demandée. Dès ce moment on parut oublier cette sotte affaire : Jarvis fut reçu au château comme par le passé. Emilie cependant ne pouvait vaincre la répugnance qu'il lui inspirait, et ne parvenait pas toujours à la cacher.

Denbigh avait pris un livre au moment où Jarvis avait commencé ses excuses au baronnet et à sa fille, et discrètement il avait l'air d'être entièrement absorbé dans sa lecture. Le capitaine vit par un coup d'œil de son père qu'il fallait qu'il adressât au moins quelques mots à Denbigh, qui avait eu la délicatesse de se retirer dans l'embrasure de la fenêtre la plus éloignée. Jarvis alla l'y trouver, et Mrs Wilson ne put s'empêcher de jeter un regard sur eux. Denbigh saluait avec un sourire bienveillant. — C'en est assez, pensa la veuve, ce n'était pas lui qui était offensé, mais celui qui a commandé aux hommes de s'aimer les uns les autres, et il ne pouvait pas s'arroger le droit de pardonner : sa conduite est généreuse et conséquente. On ne fit plus allusion à ce sujet, et Denbigh parut l'avoir totalement oublié. Jane soupira doucement en souhaitant que le colonel ne fût pas duelliste.

Plusieurs jours se passèrent avant que les dames du Doyenné pussent assez se consoler de l'affront que Jarvis avait fait à leur famille pour se décider à reparaître au château ; mais comme le temps guérit les blessures les plus cruelles, tout fut bientôt remis sur le même pied qu'auparavant. La mort de Digby vint rappeler aux Moseley, d'une manière bien pénible, cette affaire désagréable, et Jarvis lui-même, en l'apprenant, se sentit mal à l'aise sous plus d'un rapport.

Chatterton, qui n'avait pas tardé à avouer à ses amis son attachement pour sa cousine, n'avait pas encore osé se déclarer ouvertement. Jusqu'à ce qu'il eût obtenu la place brillante qu'avait occupée son père, il ne se trouvait pas assez de fortune pour procurer à Emilie l'aisance et le rang dont elle devait jouir dans le monde, et il employait le crédit de tous ses amis pour parvenir à ce double but. Le désir de pourvoir à l'établissement de ses sœurs était encore augmenté par l'ardeur d'une passion qui avait atteint son plus haut degré, et le jeune pair, qui n'osait laisser le champ libre à un rival aussi dangereux que Denbigh, même pour solliciter un avancement qui pouvait combler tous ses vœux, attendait avec anxiété la décision du ministère.

Une lettre d'un de ses amis lui apprit qu'un rival puissamment protégé était sur le point d'obtenir la place qu'il sollicitait, et qu'il avait perdu tout espoir de pouvoir l'obliger. Chatterton fut au désespoir.

Le lendemain il reçut une seconde lettre de son ami, lui annonçant sa nomination à la place que, la veille encore, il désespérait d'obtenir.

« Je ne puis deviner, lui écrivait-il, la cause d'une révolution si subite en votre faveur, et à moins que Votre Seigneurie n'ait obtenu tout à coup l'appui de quelque protecteur puissant, cette réussite inattendue est bien l'exemple le plus singulier que j'aie vu des caprices ministériels. »

Chatterton eût été aussi embarrassé que son ami pour l'expliquer, mais il ne s'en mit pas en peine; il était heureux, il pouvait offrir à Emilie son cœur et sa main; le poste qu'on lui confiait était des plus brillants, il pourrait établir ses sœurs, et tenir sa maison d'une manière honorable.

Le même jour il se déclara et fut refusé.

Depuis longtemps Emilie soupçonnait son amour, et elle ne savait trop quelle conduite tenir à son égard pour n'avoir rien à se reprocher. Elle aimait Chatterton comme son cousin, comme l'ami de son frère, comme le frère de Grace, elle l'aimait aussi pour lui-même; mais elle n'avait pour lui que la tendresse d'une sœur.

Les manières de Chatterton avec elle, quelques mots échappés à Grace ou à lui-même ne permettaient à Emilie aucun doute sur son attachement; et, affligée de cette découverte, elle alla innocemment demander à sa tante comment elle devait se conduire avec son cousin.

Elle était sûre qu'il concevait des espérances, mais il ne se déclarait pas; comment aurait-elle pu les lui ôter? Emilie ne permettait jamais à aucun homme ces petits soins, ces assiduités que les amants aiment tant à avoir pour leurs maîtresses et que celles-ci aiment tant à recevoir. Toujours naturelle et sans affectation, il y avait dans toutes ses manières une dignité simple qui empêchait les jeunes gens qui l'entouraient, non seulement de lui demander mais même de penser à en obtenir un tête-à-tête, ou une de ces promenades solitaires si recherchées par les amants.

Emilie n'avait aucun plaisir qu'elle ne partageât avec ses sœurs, et si elle formait quelque projet où un cavalier fût nécessaire, John, qui l'aimait tendrement, était toujours prêt à l'accompagner.

La préférence marquée qu'elle lui donnait sur tous les autres hommes flattait le cœur de son frère, et il eût tout quitté pour la suivre, tout, même Grace Chatterton.

La délicatesse et la réserve d'Emilie, toujours bonne et bienveillante, étaient si dépourvues d'affectation, que personne n'eût pu la taxer de pruderie; il lui était donc très-difficile de faire entendre à Chatterton qu'il se créait de fausses espérances, sans lui montrer une aversion qu'elle était loin d'éprouver, ou un dédain que lui défendaient à la fois sa bonne éducation et son cœur.

Pour sortir d'une position si embarrassante, Emilie exprima le désir d'aller faire une nouvelle visite à Clara, mais Mrs Wilson pensa que cela ne ferait qu'éloigner le mal qu'elle voulait éviter, et qu'il valait mieux attendre l'aveu que Chatterton ne pouvait manquer de lui faire bientôt.

Il ne tarda pas en effet, et il offrit à Emilie son cœur et sa main avec tant d'espoir et de franchise qu'elle éprouva un véritable chagrin de celui qu'elle était forcée de lui faire. Son refus ferme et non motivé fut prononcé avec tant de grâce, d'amitié, avec un désir si visible d'en adoucir la dureté, que le malheureux Chatterton sentit se resserrer encore les liens qui l'attachaient à elle, et résolut de chercher dans une prompte fuite le seul remède qui pût guérir son mal.

—J'espère qu'il n'est rien arrivé de fâcheux à lord Chatterton, dit Denbigh avec intérêt en le rencontrant qui se promenait d'un air sombre entre le presbytère et Moseley-Hall.

Chatterton tressaillit en s'entendant nommer, il releva la tête, et Denbigh remarqua sur ses joues les traces de larmes récentes; craignant de paraître guidé par une curiosité indiscrète, il allait continuer son chemin, lorsque le jeune lord le prit par le bras.

— Monsieur Denbigh, dit-il d'une voix tremblante d'émotion, puissiez-vous ne jamais connaître la douleur que j'éprouve!... Émilie... est perdue pour moi... perdue pour jamais...

Pour un moment, le feu monta à la figure de Denbigh, et ses yeux brillèrent d'un éclat qui força le triste Chatterton à détourner les siens; mais ramené bientôt au sentiment des chagrins du jeune pair, il se rapprocha de lui, et lui dit d'une voix douce et persuasive :

— Chatterton, nous sommes amis, je l'espère... du moins je le désire de tout mon cœur.

— Continuez votre chemin, monsieur Denbigh..... continuez; vous allez retrouver miss Moseley..... que je ne vous retienne pas.

— Je resterai avec vous, lord Chatterton, à moins que vous ne me le défendiez, reprit Denbigh du ton d'une tendre pitié, en passant son bras sous celui de son ami.

Ils se promenèrent ainsi pendant deux heures dans le parc du baronnet, et lorsqu'ils rentrèrent pour dîner, Emilie s'étonna que Denbigh allât se mettre près de sa mère, au lieu de prendre sa place ordinaire entre sa tante et elle.

Dans la soirée, il annonça son intention de quitter B*** pour quelque temps avec lord Chatterton qu'il voulait accompagner à Londres, d'où il espérait être de retour avant dix jours.

Cette détermination subite causa quelque surprise; après quelques conjectures, on s'arrêta à la plus probable, que Denbigh voulait installer Chatterton dans son nouveau poste, et bientôt on oublia la cause du départ pour ne songer qu'au regret de le voir s'éloigner même pour peu de temps.

Le même soir, ils quittèrent Moseley-Hall, pour coucher dans l'auberge d'où ils devaient partir de très-bonne heure, et le lendemain matin, lorsque la famille se rassembla pour déjeuner, les deux voyageurs avaient déjà fait plusieurs milles sur la route de la capitale.

CHAPITRE XV.

> L'absence a ses regrets, mais le retour, hélas! apporte quelquefois des peines plus cruelles aux amants. MASSINGER.

LADY CHATTERTON voyant qu'elle n'avait plus rien à espérer à Moseley-Hall, si ce n'est l'événement que lui promettait pour l'avenir la passion de John pour la plus jeune de ses filles, quelque chancelante que cette passion lui parût quelquefois, se décida à accepter l'invitation que lui faisait un de ses parents de venir passer quelque temps à son château, situé à soixante milles de B***; mais dans l'espoir que les choses prendraient une meilleure tournure en son absence, elle parut céder aux instances d'Emilie, et laissa Grace avec elle, n'emmenant que Catherine, son auxiliaire obligé dans toutes ses expéditions matrimoniales.

Grace Chatterton avait été douée par la nature d'une délicatesse exquise, et d'une réserve poussée quelquefois jusqu'à la sauvagerie, et que n'avaient fait qu'augmenter encore les leçons et les préceptes contraires d'une mère qu'elle chérissait, mais dont elle ne pouvait adopter les principes.

Elle était trop clairvoyante pour ne pas apercevoir le but de la nouvelle manœuvre de sa mère; et, avec sa manière de voir, quoique son cœur fût loin d'être insensible à l'amour de John, rien ne lui fut aussi pénible que d'apprendre que la douairière partait sans elle; mais ce que cette dernière voulait, elle le voulait bien, et Grace fut obligée d'obéir.

Combien il en coûtait à sa délicatesse! Déjà elle avait fait tout ce qui était en son pouvoir pour empêcher le voyage à Moseley-Hall; il lui semblait que c'était venir au-devant de John, et elle avait eu besoin, pour écarter cette idée, de tout le désir qu'elle avait d'assister à la noce de Clara. Mais maintenant, rester, lorsque toute sa famille en était partie, dans la maison d'un homme qui ne lui avait jamais demandé positivement l'amitié qu'elle ne pouvait s'empêcher d'avoir pour lui, c'était une humiliation, un avilissement qu'elle ne pouvait supporter.

J'ai souvent entendu dire par des hommes qui jugent toutes les femmes par celles qu'ils ont rencontrées dans une société corrompue, et qui sont l'opprobre de leur sexe, qu'elles sont fertiles en inventions pour mettre à exécution les plans que leur inspirent l'intérêt personnel, la vanité ou l'envie. Moi, qui, plus juste ou plus heureux, ai pris mes modèles dans une classe plus nombreuse et plus respectable, je saisis avec empressement l'occasion de payer un tribut d'admiration à un sexe qu'on se plaît à calomnier. Combien n'ai-je pas vu de femmes s'oublier pour ne penser qu'au bonheur des objets de leur affection, et reculer à la seule idée de la dissimulation et de l'artifice! Oui, dussé-je déplaire à leurs détracteurs, je répéterai toujours qu'on trouve parmi elles des exemples de vertu, d'innocence, de dévouement et de délicatesse désintéressée, que ces hommes grossiers ne pourraient seulement comprendre.

Grace, ne pouvant soutenir l'idée de rester en butte aux soupçons auxquels le manége de sa mère devait donner lieu, proposa à Emilie d'aller passer quelques jours avec Clara. Emilie, trop ingénue elle-même pour soupçonner les motifs de sa cousine, accepta avec empressement cette occasion de consacrer quelques jours à une sœur qu'elle n'avait vue pour ainsi dire qu'à la dérobée pendant le court séjour qu'elle avait fait chez elle, tant les visites s'étaient succédé, tant il était venu d'importuns rompre, par leurs félicitations et leurs compliments, les délicieux tête-à-tête dans lesquels les deux sœurs avaient tant de choses à se dire.

Mrs Wilson partit avec les deux amies le même jour que la douairière lady Chatterton. Francis et Clara furent charmés de cette visite inattendue, et ils se félicitèrent de voir leur nouvelle demeure se peupler ainsi pour quelque temps de véritables amis.

Le docteur Yves allait tous les ans avec sa femme voir un vieil oncle que ses infirmités retenaient chez lui; le mariage de son fils leur avait fait différer jusqu'alors cette visite; ils voulaient tenir compagnie au jeune ménage; mais, dès qu'ils surent que Mrs Wilson venait s'établir pour une quinzaine de jours chez les nouveaux époux, ils profitèrent de cette occasion pour tenir la promesse qu'ils avaient faite à leur parent.

Le village de B*** se trouva presque désert, par suite de ces départs successifs, et Egerton se vit maître du champ de bataille.

L'été était arrivé, et la campagne déployait tout le luxe de la végétation : c'est alors que la nature semble inviter plus particulièrement aux passions tendres; le spectacle qu'elle présente de toutes parts plaide éloquemment pour les amants, et lady Moseley, quoique observatrice rigide des convenances, laissait l'intimité qui s'était établie entre Jane et le colonel s'étendre aussi loin que ces convenances pouvaient le permettre.

Cependant le colonel ne s'expliquait pas, et Jane, dont la délicatesse redoutait une déclaration à laquelle il lui faudrait répondre par un aveu non moins sincère, ne lui fournissait pas d'occasions marquées de lui déclarer formellement son amour. Mais, comme ils étaient presque toujours ensemble, sir Edward et son épouse regardaient leur union comme infaillible.

Lady Moseley avait confié si entièrement la plus jeune de ses filles aux soins de Mrs Wilson, qu'elle ne s'occupait guère de son établissement. Elle avait pour sa sœur cette confiance aveugle que les esprits faibles accordent toujours à ceux qui leur sont supérieurs; et elle approuvait même, sous beaucoup de rapports, un système qu'elle ne se sentait pas la force d'imiter. Malgré son indifférence apparente, son affection pour Emilie n'était pas moins vive que celle qu'elle éprouvait pour ses autres enfants : c'était même sa favorite, et parfois elle voulait intervenir dans les plans d'éducation de sa sœur, mais celle-ci lui rappelait alors leurs conventions, et lady Moseley reprenait aussitôt sa neutralité.

Au bout de cinq ou six jours John commença à trouver fort longue l'absence d'Emilie, et surtout celle de Grace. Malgré les visites continuelles du colonel, l'ennui le gagnait; il sentait qu'il lui manquait quelque chose. Enfin, un beau matin, il fit mettre les chevaux bais à son phaéton, et, sans rien dire à personne, il se dirigea vers le presbytère de Bolton.

— Bonjour, mon cher John, s'écria Emilie en lui tendant affectueusement la main, et en souriant avec malice, tandis qu'il s'approchait de la fenêtre où elle était assise avec son ouvrage; comme ces pauvres chevaux sont couverts de sueur! je vois que vous avez brûlé le pavé. C'est bien aimable à vous de mettre tant d'empressement à venir nous voir.

— Comment se porte Clara? dit John vivement en baisant la main qu'elle lui présentait; — et ma tante Wilson?

— Parfaitement l'une et l'autre; elles ont profité du beau temps pour aller prendre l'air.

— Comment se fait-il que vous ne les ayez pas accompagnées? demanda John en promenant un regard distrait dans l'appartement; êtes-vous restée toute seule?

— Non, Grace était ici il n'y a qu'une minute. Elle va revenir.

— Je suis venu dîner avec Emilie, reprit-il en s'asseyant auprès d'elle, les yeux toujours fixés sur la porte. Il m'a semblé que je devais une visite à Clara, et j'ai trouvé moyen de m'échapper avant l'arrivée du colonel, à qui Jane et ma mère pourront bien, pour cette fois, faire seules les honneurs du château.

— Clara sera bien charmée de vous voir, ainsi que ma tante Wilson, dit Emilie; quant à moi, mon cher John, j'espère que cela va sans dire.

— Et pensez-vous donc que Grace me voie arriver avec chagrin! s'écria John un peu alarmé de son omission.

— Non, certainement; mais la voici, et elle pourra répondre pour elle-même.

En voyant John, Grace contint l'expression de sa joie, mais sa physionomie respirait tellement la sérénité et le bonheur, qu'Emilie lui dit avec amitié :

— Je savais bien que l'eau de Cologne calmerait votre migraine.

— Miss Chatterton serait-elle malade? demanda John avec intérêt.

— Non, non, répondit Grace doucement ; j'avais un léger mal de tête, mais je me trouve beaucoup mieux.

— C'est faute d'air et d'exercice. Mon phaéton est à la porte ; on y tient trois à l'aise. Courez, Emilie, allez chercher vos chapeaux, nous allons faire une promenade délicieuse ; et tout en parlant, il poussait presque sa sœur hors de la chambre. Quelques minutes après ils partirent. John était au comble de la joie, il n'y avait pas là de mère dont la présence vînt corrompre son bonheur.

A deux milles du presbytère ils prirent une avenue assez étroite, dont un cabriolet, qui était arrêté, tenait le milieu. — Peste soit du cabriolet! s'écria John avec impatience, il devrait bien au moins se mettre sur le côté.

Près du cabriolet se trouvait un petit groupe composé d'un homme, d'une femme, et de plusieurs enfants. Un jeune homme, descendu de la voiture, paraissait leur parler, et il n'entendit pas le bruit du phaéton, dont les chevaux avaient pris le galop.

— John, s'écria Emilie avec terreur, vous ne pourrez jamais passer là... Vous allez nous verser !

— Ne craignez rien, chère Grace, répondit le frère en tâchant de retenir ses chevaux ; il y réussit en partie, mais pas assez tôt pour empêcher qu'une des roues n'allât frapper rudement une des bornes qui bordaient l'avenue. Le jeune homme qui parlait aux paysans accourut à leur secours, c'était Denbigh.

— Miss Moseley ! s'écria-t-il du ton de l'intérêt le plus tendre ; j'espère que vous n'êtes pas blessée ?

— Non, répondit Emilie toute tremblante, mais j'ai eu bien peur ; et acceptant la main qu'il lui offrait, elle sauta légèrement hors du phaéton.

Grace eut assez de patience pour attendre que John pût l'aider à en sortir. Les mots : chère Grace ! résonnaient encore délicieusement à son oreille ; ils avaient donné du courage à la jeune fille la plus timide, et plus d'une fois ensuite elle plaisanta doucement Emilie sur la frayeur qu'elle avait montrée. Les chevaux n'étaient pas blessés, les harnais seuls avaient souffert, et, après les avoir raccommodés le mieux possible, John engagea sa sœur à remonter dans le phaéton. Mais Emilie n'était pas encore revenue de son effroi ; et, indécise, elle regardait alternativement son frère, la frêle voiture qui venait de recevoir un si rude choc, et les chevaux fringans qui frappaient du pied, dans l'impatience de reprendre leur course.

— Si monsieur Moseley veut monter avec ces dames dans mon cabriolet, dit M. Denbigh avec modestie, je reconduirai le phaéton à Moseley-Hall, d'autant plus qu'il ne serait pas prudent d'y remonter trois.

— Non, non, Denbigh, répondit John froidement, vous n'êtes pas habitué à mener des chevaux aussi fougueux que les miens, et je craindrais qu'ils ne vous jouassent quelque mauvais tour ; mais, si vous étiez assez bon pour prendre Emilie dans votre cabriolet, Grace, j'en suis sûr, voudra bien encor se confier à moi, et nous regagnerons ainsi le château sans danger.

Grace, presque involontairement, présenta sa main à John, qui la plaça dans le phaéton, tandis que Denbigh offrait la sienne à Emilie d'un air respectueux.

Ce n'était pas le moment de montrer une pruderie déplacée, lors même qu'Emilie en eût été capable, et elle monta en rougissant dans le cabriolet. Avant de s'y placer près d'elle, Denbigh tourna ses regards vers les malheureux auxquels il avait déjà parlé. Arrêtés près de là, ils venaient d'attirer aussi l'attention de John, qui demanda à Denbigh ce qu'étaient ces pauvres gens. Leur triste histoire n'était pas longue, et leur misère était évidente. Le mari, ancien jardinier d'un gentilhomme du comté voisin, venait d'être renvoyé par l'intendant, qui avait besoin de sa place pour la donner à un de ses parents ; ce pauvre homme, se voyant sur le pavé, avec une femme et quatre enfants, n'ayant pour tout bien que les gages d'une semaine, s'était mis en route avec sa famille pour se rendre dans le village où il était né, et où il aurait des droits au secours de la paroisse. Mais ses petites ressources étaient épuisées ; les enfants pleuraient de faim et de fatigue, et la mère, qui nourrissait le plus jeune, incapable d'aller plus loin, et de supporter le spectacle déchirant qui l'entourait, s'était laissée tomber à terre, près de succomber à l'épuisement et à la douleur.

En écoutant ce triste récit, Emilie et Grace ne purent retenir leurs larmes ; John oublia ses chevaux, oublia Grace elle-même, en entendant les plaintes de la pauvre mère, qui distribuait à ses enfants affamés le morceau de pain que Denbigh avait été chercher dans une chaumière voisine, où il leur disait de se rendre lorsque Moseley l'avait interrompu.

John, les mains tremblantes et le cœur palpitant d'émotion, tira sa bourse et donna quelques guinées au jardinier. Grace pensa qu'il n'avait jamais paru plus à son avantage que dans ce moment. Ses yeux brillaient du plus doux éclat, et l'attendrissement et la pitié donnaient à sa physionomie le seul charme qui y manquât souvent, la douceur.

Denbigh, après avoir attendu que John eût distribué ses aumônes, répéta gravement au jardinier le chemin qu'il devait prendre pour trouver la chaumière, et les voitures partirent.

Pendant quelque temps, Émilie ne put penser qu'au malheur des pauvres gens qu'elle venait de quitter; comme son frère, elle était charitable et généreuse jusqu'à la prodigalité, et elle regrettait bien d'être sortie sans sa bourse et de n'avoir pu rien ajouter aux bienfaits de John.

Elle éprouvait un sentiment pénible de la différence qu'il y avait eue entre l'aumône de son frère et celle de M. Denbigh. Au moment où John avait vidé presque toute sa bourse dans le bonnet du jardinier, celui-ci avait regardé avec une espèce de dédain la demi-couronne qu'il avait reçue de son premier bienfaiteur. Denbigh, sans remarquer son ingratitude, avait continué à lui parler avec la même bienveillance; mais la délicatesse de John l'engagea à presser le départ de ses compagnons et de son ami.

— Une demi-couronne est bien peu, pensait Émilie, pour une famille dans une si grande détresse! Mais ne pouvant se décider à concevoir une opinion défavorable de l'homme qui avait su lui inspirer tant d'estime, elle en conclut qu'il n'était pas aussi riche qu'il le méritait.

Jusqu'à ce moment, ses pensées ne s'étaient point dirigées sur le rang que Denbigh tenait dans le monde; elle savait qu'il était officier, mais de quel grade? dans quel régiment? elle l'ignorait. Souvent dans la conversation il avait parlé des coutumes des différents pays qu'il avait parcourus; il avait servi en Italie, dans le nord de l'Europe, dans les Indes-Orientales et en Espagne. Il savait les détails les plus intéressants sur les mœurs de tous ces peuples, et les racontait avec un goût, un discernement, une vivacité qui y ajoutaient un nouveau charme. Mais jamais il ne parlait de lui, et c'était surtout lorsqu'il était question du temps qu'il avait passé en Espagne qu'il se montrait le plus réservé. D'après ces observations, Émilie était portée à croire que son rang était moins élevé que son mérite, et que c'était peut-être pour cette raison qu'il éprouvait une sorte d'embarras à se trouver avec le colonel Egerton, qui avait un grade supérieur.

La même idée avait frappé toute la famille et avait empêché que personne ne cherchât à prendre des informations qui eussent pu être désagréables à un jeune homme qui s'était acquis l'estime générale, et qui était l'ami du docteur Yves. Il eût été trop cruel de s'adresser à ce dernier, puisqu'on n'aurait pu lui demander des détails sur la famille de Denbigh sans rappeler la mort de son père, qui avait été un coup si douloureux pour toute la famille du bon ministre. Peut-être Francis avait-il été plus communicatif avec Clara, mais elle était trop discrète pour divulguer les secrets que son mari lui confiait, et d'ailleurs ses parents n'eussent jamais voulu l'engager à trahir la confiance de Francis.

De son côté Denbigh ne semblait pas moins préoccupé; il ne parlait à Émilie que pour lui demander avec intérêt des nouvelles de toute la famille de sir Edward. Comme ils approchaient de la maison, il mit son cheval au pas, et après avoir hésité quelques instants, il tira une lettre de sa poche, et la présenta à Émilie.

— J'espère que miss Moseley me pardonnera, si je me suis permis d'être le messager de son cousin, de lord Chatterton. Il m'a si vivement prié de vous remettre cette lettre, que je n'ai pas eu le courage de le refuser. Je sais que c'est prendre une grande liberté, que je risque de vous déplaire, car je n'ignore ni son amour, ni le peu d'espérance que vous lui avez laissé; mais il était triste, il m'a paru si profondément affecté, que j'ai craint d'irriter son mal en ne me prêtant pas à ses désirs.

Les joues d'Émilie se couvrirent d'une vive rougeur, elle prit cependant la lettre sans dire un seul mot, et pendant le reste de la route tous deux gardèrent le silence; Denbigh ne le rompit qu'au moment où il allait entrer dans la cour, et dit alors avec émotion :

— J'espère, miss Moseley, que je n'ai pas offensé votre délicatesse. Lord Chatterton m'a fait son confident malgré moi. Son secret est un dépôt sacré qu'il a confié à mon amitié, et que je ne trahirai jamais. Dites-moi que je n'ai pas perdu votre estime.

— Oh! mon Dieu non, monsieur Denbigh, dit Emilie à voix basse, et les joues plus brillantes que jamais. Le cabriolet venait de s'arrêter, et elle descendit aussitôt en acceptant la main que lui présentait son frère.

— Peste! ma sœur, s'écria John en éclatant de rire, Denbigh, à ce qu'il paraît, partage le système de Francis : il aime à ménager ses chevaux. Grace et moi, nous pensions que vous n'arriveriez jamais. En parlant ainsi, John n'était pas très-sincère ; Grace et lui n'avaient pas pensé un seul instant à eux ; tout entiers au bonheur de se trouver ensemble, ils étaient trop occupés d'eux-mêmes pour s'occuper des autres.

Émilie ne répondit rien à ses épigrammes ; et saisissant le moment où les deux jeunes gens étaient allés donner quelques ordres pour leurs chevaux, elle s'empressa de lire la lettre de Chatterton.

« Je profite du départ de mon ami, M. Denbigh, qui retourne dans le sein de l'heureuse famille de laquelle la raison me force à m'exiler, pour assurer mon aimable cousine de mon respect, et la remercier de la bonté avec laquelle elle a accueilli l'expression de sentiments qu'elle ne peut payer de retour. Si j'écrivais à toute autre femme, je lui peindrais mon désespoir toujours croissant ; mais je connais Émilie et son bon cœur qui ne saurait connaître la coquetterie ni s'applaudir du malheur d'un ami, et je lui dirai que, grâce aux soins tendres et fraternels de M. Denbigh, j'ai retrouvé un peu cette résignation et ce calme que je croyais perdus pour jamais. O Émilie ! vous trouverez dans M. Denbigh, je n'en doute pas, une âme, des principes semblables aux vôtres ; il est impossible qu'il ait pu vous voir sans désirer posséder un tel trésor, et maintenant le désir le plus ardent de mon cœur serait de voir l'union de deux êtres si dignes l'un de l'autre, et auxquels mon amitié ne pourrait souhaiter un plus grand bonheur.

« **Chatterton.** »

En lisant cette lettre, Émilie se sentit presque aussi émue que si Denbigh lui-même eût été à ses pieds, sollicitant ce cœur que Chatterton le croyait digne de posséder ; et lorsqu'elle le revit, elle osait à peine regarder en face celui que son cousin lui désignait si ouvertement comme l'amant, comme l'époux qui lui convenait.

Les manières ouvertes de Denbigh lui prouvèrent bientôt qu'il ignorait le contenu de la lettre dont il avait été porteur, et Émilie sentit se dissiper son embarras.

Francis revint bientôt, accompagné de sa femme et de sa tante, et il fut enchanté de voir les nouveaux hôtes qui lui étaient arrivés. Ses parents n'étaient point encore de retour de leur petit voyage, et il engagea Denbigh à rester à Bolton ; John promit aussi de leur consacrer quelques jours, et tout fut arrangé à la satisfaction générale.

En toute autre occasion, Mrs Wilson n'eût pas vu avec plaisir que des jeunes gens vinssent habiter sous le même toit que les jeunes personnes qui lui étaient confiées; mais son séjour chez Clara tirait à sa fin, et il pourrait lui fournir l'occasion de juger le caractère de Denbigh. Quant à Grace Chatterton, quoiqu'elle eût trop de délicatesse pour avoir l'air de suivre un amant, elle aimait assez à en être suivie, surtout lorsque l'amant était John Moseley.

CHAPITRE XVI.

> Oui, laissez-les faire : elles entendent à merveille
> l'art d'unir deux jeunes cœurs. . . . . . .
> . . . . Le moment vient ; la jeune
> fille pâlit, tremble et se désespère.
> **LORD BYRON.**

— Je suis fâchée que M. Denbigh ne soit pas riche, ma tante, dit Emilie presque involontairement, lorsque le soir elle se trouva seule avec elle. Mrs Wilson regarda sa nièce avec surprise en lui entendant faire une réflexion si éloignée de son caractère. Celle-ci, un peu confuse d'avoir trahi les pensées qui l'occupaient, raconta à sa tante les incidents de leur promenade du matin, et dit un mot en passant de la différence qu'il y avait eu entre l'aumône de son frère et celle de Denbigh.

— Prodiguer l'argent n'est pas toujours exercer la charité, dit

Mrs Wilson gravement ; et ce sujet fut abandonné, quoiqu'il ne cessât d'occuper leurs pensées que lorsque le sommeil vint fermer leurs paupières.

Le lendemain matin, Mrs Wilson engagea Grace et Emilie à l'accompagner à la promenade ; tous les jeunes gens étaient occupés chacun de leur côté : Francis employait presque toutes ses matinées à des visites pastorales ; John était retourné au château chercher ses chiens et son fusil de chasse pour faire la guerre aux coqs de bruyère, et Denbigh était sorti sans dire où il allait.

En atteignant la grande route, Mrs Wilson pria ses jeunes compagnes de la conduire à la chaumière où était logée la famille du pauvre jardinier. Après avoir frappé à la porte, elles entrèrent dans une chambre où la femme du laboureur à qui appartenait la cabane était occupée aux soins de son ménage ; elle leur dit que la famille du jardinier était dans la pièce voisine, mais qu'un jeune ecclésiastique y était entré depuis un quart d'heure. — Je crois, Milady, que c'est notre nouveau ministre, dit la bonne femme en faisant force révérences, et en leur offrant des chaises ; car, quoique je n'aie pas encore trouvé le temps d'aller entendre un de ses sermons, tout le monde dit qu'il est le père des pauvres et des affligés.

Les dames, trop discrètes pour interrompre Francis dans l'exercice de ses pieux devoirs, s'assirent en silence en attendant qu'il sortît ; mais une voix bien connue, qui parvint jusqu'à elles au travers de la mince cloison, fit tressaillir Mrs Wilson, et fit battre vivement le cœur d'Emilie.

— Il paraît, Davis, d'après votre propre aveu, dit Denbigh avec douceur, quoique d'un ton de reproche, que vos actes fréquents d'intempérance ont pu donner à l'intendant de justes raisons pour vous renvoyer.

— N'est-il pas dur, Monsieur, reprit le jardinier, d'être mis sur le pavé avec une famille comme la mienne pour faire place à un jeune homme qui n'a qu'un enfant ?

— C'est un malheur pour votre femme et pour vos enfants, dit Denbigh ; mais c'est justice par rapport à vous. Cependant, d'après les promesses que vous venez de me faire, voici une lettre que vous porterez à son adresse. Je vous donne ma parole que vous serez employé sur-le-champ, et que, si vous vous conduisez bien, vous n'aurez pas à vous plaindre de votre sort. Cette seconde lettre assurera l'admission immédiate de vos enfants à l'école dont je vous ai parlé; mais rappelez-vous bien, Davis, que l'habitude de l'intempérance nous rend incapables non seulement de procurer le bien-être à ceux qui attendent tout de notre travail, mais même de rester dans les voies de l'honneur et de la probité, qui peuvent seules nous conduire au bonheur éternel.

— Puisse le ciel bénir Votre Honneur! s'écria la femme du jardinier en pleurant, et le récompenser de ses bons conseils et de ses bonnes œuvres! Thomas est un honnête homme, et il n'a besoin pour redevenir sobre et rangé que d'être éloigné de la tentation.

— Dans la place que je lui ai choisie, répondit Denbigh, il ne sera exposé à rencontrer personne qui puisse l'entraîner à se mal conduire; ainsi le sort de sa famille est entre ses mains.

Mrs Wilson s'était levée en entendant Denbigh s'approcher de la porte, et après avoir fait un petit présent à la femme du laboureur, et lui avoir recommandé le secret sur leur visite, elle se hâta de sortir en faisant signe à ses compagnes de la suivre.

— Que pensez-vous maintenant de la charité de votre frère, comparée à celle de M. Denbigh, Emilie? demanda Mrs Wilson tandis qu'elles rejoignaient la grande route. Jamais Emilie ne pouvait entendre censurer, même légèrement, la conduite de John, sans essayer de le défendre; mais pour cette fois l'amour fraternel ne put que lui faire garder le silence. Après avoir attendu vainement l'apologie qu'il lui semblait qu'une bonne sœur ne pouvait s'empêcher de faire en pareil cas, Grace s'aventura à dire timidement:

— Je suis sûre, chère Mrs Wilson, que M. Moseley est très-généreux; je le regardais pendant qu'il donnait de l'argent à cette pauvre famille, et vous auriez été touchée comme moi des larmes qui brillaient dans ses yeux.

— John est d'un naturel bon et compatissant, repartit la tante avec un sourire presque imperceptible; son cœur a été vivement touché du malheur de ces pauvres gens, et comme il est riche il a donné beaucoup; je ne doute même pas qu'il ne se fût imposé des privations et qu'il n'eût pris beaucoup de peine pour les secourir, si cela eût été nécessaire; mais qu'est-ce que tout cela comparé à la charité de M. Denbigh?

Grace n'était point habituée à contredire qui que ce fût, et Mrs

Wilson moins que toute autre; mais, ne voulant point abandonner John à sa censure, elle répliqua avec une chaleur toujours croissante :

— Si répandre librement d'abondantes aumônes, et se sentir touché des maux qu'on soulage n'est pas une conduite digne d'éloges, Madame, je ne sais plus qui osera se flatter d'en mériter.

— La compassion qui nous porte à soulager la misère de nos semblables est l'indice certain d'un bon cœur, j'en conviens, ma chère Grace ; mais la charité chrétienne, le plus saint de nos devoirs, plus humble quoique plus active, tend une main secourable aux malheureux ; éclairée sur ses véritables besoins, elle soulage les maux présents et prévient les maux à venir ; conseils, peines, travaux, rien ne lui coûte pour assurer le bonheur des objets de sa sollicitude. Exercer cette sublime vertu, continua Mrs Wilson, dont les joues pâles se coloraient d'un léger incarnat, c'est marcher sur les traces de notre divin Rédempteur ; en nous sacrifiant pour nos frères, c'est lui prouver notre amour et obéir à ses décrets.

— Chère tante! s'écria Emilie dont les yeux brillaient d'un pieux enthousiasme, vous croyez donc que la charité de M. Denbigh est empreinte de ce sacré caractère?

— Je le crois, mon enfant, autant que nous pouvons nous fier aux apparences.

Si Grace n'était point convaincue, du moins elle garda le silence, et les trois dames continuèrent leur promenade, perdues dans leurs réflexions, jusqu'à ce qu'elles fussent arrivées à un endroit où la route, faisant un coude, allait leur cacher la chaumière. Emilie tourna involontairement la tête, et vit Denbigh, qui n'était plus qu'à quelques pas d'elles. Les premières phrases qu'il leur adressa leur prouvèrent que la femme du laboureur avait gardé fidèlement le silence, et il ne fut point question du jardinier. Denbigh commença la description vive et animée des paysages pittoresques de l'Italie, que lui rappelait le site où ils se trouvaient, et une conversation agréable et variée leur fit paraître bien court le reste de la promenade.

Il était encore de bonne heure lorsqu'ils arrivèrent au presbytère, où ils trouvèrent John, déjà revenu de Moseley-Hall, et qui, au lieu de se livrer à son amusement favori, posa son fusil contre la muraille dès qu'il les vit entrer:—Je retrouverai toujours des coqs de bruyère, leur dit-il, et si vous le permettez, Mesdames, j'aurai le plaisir de passer le reste de la matinée avec vous. Il se jeta sur un sofa, d'où il pouvait, sans être vu de Grace, contempler ses traits charmants et expressifs, tandis que Denbigh, à la demande des trois dames, leur lisait la jolie description de l'amour conjugal dans *Gertrude de Wioming*[1], de Thomas Campbell.

Denbigh, maître de ses impressions, lisait ordinairement d'une manière pure et correcte, et avec un flegme qui prouvait l'empire de sa raison sur son cœur; mais, dans cette occasion, il parut oublier un peu ses principes de lecture; il s'échauffait, il semblait transporté, il déclamait avec feu les passages qu'il admirait le plus, et il en faisait l'éloge avec tant de chaleur, il en peignait les beautés avec tant de force, qu'il communiquait son enthousiasme à ceux qui l'écoutaient.

Le temps que mit Denbigh à lire ce charmant petit poëme lui acquit plus d'empire sur l'imagination d'Emilie que toutes les conversations qu'il avait jamais eues avec elle. Ses pensées étaient aussi pures, aussi chastes, et cependant presque aussi vives et aussi brûlantes que celles du poëte; et pendant qu'il peignait les douceurs de l'amour conjugal, l'âme d'Emilie avait passé tout entière dans ses yeux.

Son frère lui avait déjà lu ce poëme, et sa surprise croissait à chaque ligne en y découvrant tant de beautés nouvelles; John lui-même ne reconnaissait plus l'ouvrage qu'il avait lu tant de fois, et Gertrude, tendre, douce et fidèle, lui semblait l'image de Grace.

Denbigh ferma le livre, la conversation devint générale, et John suivit Grace dans l'embrasure d'une croisée.

— Savez-vous, miss Chatterton, dit-il d'un ton plus doux que de coutume, que j'ai accepté l'invitation que m'a faite votre frère d'aller cet été dans le comté de Suffolk, et que vous êtes menacée de m'y voir arriver avec mes chiens?

— Menacée! monsieur Moseley! répondit Grace du ton d'un tendre reproche, pouvez-vous employer cette expression en parlant de vos amis?

— Oh! Grace... et John, pour la première fois de sa vie, allait

---

[1]. Poëme cité souvent par les Américains, et dont la scène se passe en Amérique.

devenir sentimental, lorsqu'il vit entrer dans la cour la voiture de la douairière qui arrivait avec Catherine.

— Peste soit de la mère Chatterton! pensa John. Oh! Grace, reprit-il, voilà déjà votre mère et votre sœur.—Déjà! dit la jeune fille, et pour la première fois de sa vie elle fut presque fâchée de voir arriver sa mère; en effet, elle eût eu autant de plaisir à l'embrasser cinq minutes plus tard, et elle eût tant désiré d'entendre ce que John allait dire, car son changement de voix lui prouvait bien que lorsqu'il avait dit pour la première fois :—Oh! Grace! ce n'était pas avec l'intention de lui parler de la douairière.

Le jeune Moseley et sa fille causant à une fenêtre ouverte attirèrent l'attention de lady Chatterton, dès qu'elle aperçut le presbytère, et elle y entra avec un sentiment de plaisir qu'elle n'avait pas ressenti depuis le désappointement qui avait suivi ses derniers efforts pour marier Catherine.

Le jeune homme à la poursuite duquel elle avait entrepris son expédition avait été enlevé par un corsaire plus adroit, agissant pour son propre compte, et soutenu par un peu plus d'esprit et beaucoup plus d'argent que Catherine n'en pourrait jamais posséder. Comme de ce côté il ne se présentait plus aucun champ à ses spéculations matrimoniales, la douairière avait dirigé la tête de ses chevaux vers Londres, ce grand théâtre si convenable pour faire valoir ses talents.

A peine avait-elle salué le reste de la compagnie, qu'elle se tourna vers John, et s'écria, en lui adressant un sourire qu'elle cherchait à rendre maternel : — Vous n'avez point profité d'un aussi beau jour pour la chasse, monsieur Moseley? je croyais que vous n'en perdiez aucun dans cette saison.

— Il est encore trop tôt, Milady, dit John froidement, alarmé de l'air de triomphe qu'elle prenait.

— Oh! je vois ce que c'est, continua-t-elle sur le même ton; les dames ont trop d'attraits pour un jeune homme aussi galant que vous. Or, Grace était la seule dame qu'on pût supposer avoir quelque influence sur les actions de John, car les jeunes gens ont ordinairement moins de plaisir à se trouver avec leurs sœurs qu'avec celles des autres; et cette insinuation était trop maladroite pour que Grace et John n'en fussent point choqués.

Ce dernier répondit froidement : — Je ne savais pas que le

temps fût aussi beau ; je vous remercie de me l'avoir fait remarquer, et je vais voir s'il est favorable pour la chasse. Cinq minutes après, Carlo et Rover faisaient retentir les environs de leur joie bruyante.

Grace reprit sa place à la croisée, jusqu'à ce que la porte fût fermée, et que l'épaisseur des arbres cachât les chasseurs à sa vue ; alors elle s'enfuit dans sa chambre, et se soulagea par un torrent de larmes.

Si Grace, avec une mère de ce caractère, avait été moins réservée et moins timide, jamais John n'eût pensé à elle ; mais toutes les fois que la douairière entreprenait une de ses attaques ouvertes, Grace montrait tant de chagrin, une résolution si ferme de ne la point seconder, qu'il était impossible de la croire d'intelligence dans toutes ses menées.

Il ne faut pas supposer que la tactique de lady Chatterton se bornât aux manœuvres directes et palpables dont nous avons parlé et qui ne prenaient leur source que dans l'excès, l'effervescence de son zèle ; non, elles ne lui servaient même souvent qu'à faire tenir sur ses gardes celui qu'elle voulait prendre dans ses filets. Mais elle ne négligeait aucun de ces petits artifices si communs dans le monde ; elle trouvait toujours moyen de placer ses filles près des jeunes gens riches et titrés, de les laisser seuls avec elles, de faire remarquer la conformité de goûts qui existait entre eux et celle qu'ils paraissaient préférer, de leur faire des compliments adroits et détournés ; enfin il n'y avait pas de moyens qu'elle n'employât pour arriver à son but.

Catherine avait les meilleures dispositions pour seconder sa mère ; Grace, à la seule pensée de ses innocents stratagèmes, tremblait, changeait de couleur, et eût tout gâté si on l'eût forcée d'y prendre une part active.

— Eh bien ! ma chère enfant, dit la douairière en entrant dans la chambre de sa fille qui s'efforçait de cacher ses pleurs, à quand la noce ? J'espère que maintenant tout est arrangé entre vous et John Moseley.

— Ma mère ! ma mère ! s'écria Grace, presque suffoquée par ses larmes, vous me brisez le cœur ! et elle cacha sa figure dans les rideaux du lit près duquel elle était assise.

— Fi donc ! ma chère, reprit lady Chatterton, sans remarquer sa tristesse, qu'elle prenait pour l'embarras de la pudeur ; vous n'entendez rien à ces sortes d'affaires ; mais sir Edward et moi nous arrangerons tout cela.

Grace, pâle comme la mort, les mains jointes, se précipita pour arrêter sa mère ; mais elle était déjà partie, et Grace retomba sur sa chaise avec un sentiment de désespoir qui n'eût pu être plus amer, lors même qu'elle eût mérité la honte qu'il lui semblait déjà voir rejaillir sur elle.

CHAPITRE XVII.

> Nous échouâmes par trop de prudence, consolation qu'il faut laisser aux vieillards. Trop de prudence est aussi un danger. — S. JOHNSON.

Le lendemain matin toute la société, à l'exception de Denbigh, se réunit de nouveau à Moseley-Hall.

Les assiduités du colonel auprès de Jane étaient toujours les mêmes, et cette dernière, ayant un sentiment trop juste des convenances pour le recevoir en tête-à-tête, fut enchantée du retour d'une tante qu'elle respectait, et d'une sœur qu'elle aimait si tendrement.

La douairière attendait impatiemment une occasion favorable pour frapper le coup de maître qu'elle méditait en faveur de Grace. Comme tous les intrigants, elle croyait que personne ne l'égalait pour la finesse, la sagacité et le choix des ressorts à faire jouer pour arriver à son but. Grace, par sa simplicité et sa délicatesse exquise, avait jusqu'alors traversé tous ses plans, ou du moins elle avait empêché qu'ils ne lui fussent contraires ; mais, comme lady Chatterton était persuadée que le jeune Moseley aimait sa fille, et qu'une fausse honte, ou la crainte d'un refus, l'empêchait seule de se déclarer, elle crut faire merveille en lui sauvant l'embarras des aveux.

Sir Edward avait l'habitude de passer une heure chaque matin dans sa bibliothèque pour vaquer à ses affaires ; et la douairière résolut d'y diriger ses batteries.

— Il est aimable à vous de me rendre visite, lady Chatterton, dit le baronnet en lui offrant un fauteuil.

— En vérité, mon cousin, répondit la douairière, cet appartement est charmant; et elle regardait autour d'elle en affectant la plus grande admiration.

Le baronnet, en parlant des améliorations faites à toute sa maison, fut amené naturellement à parler du goût exquis de sa mère, l'honorable lady Moseley (qui était une Chatterton); et lorsque la douairière, par quelques autres compliments aussi adroits, eut mis le baronnet dans la disposition d'esprit qu'elle crut la plus favorable à ses vues, elle entama la grande affaire qui l'animait.

— Je suis charmée, sir Edward, que vous ayez conservé un aussi agréable souvenir de la première alliance qui a eu lieu entre nos familles, et j'espère que vous verrez la seconde avec autant de plaisir que moi.

Le baronnet ne savait trop ce qu'il devait penser de ce préambule, et s'il faisait allusion aux vues qu'il soupçonnait depuis quelque temps à son fils sur Grace Chatterton. Impatient de savoir si ces conjectures étaient bien fondées, et désirant acquérir la certitude que John lui avait choisi une belle-fille qu'il aimait déjà de tout son cœur, il dit à sa cousine :

— Je ne suis pas sûr de vous bien comprendre, Madame.

— Non! s'écria la douairière avec une surprise affectée; après tout, peut-être mon anxiété maternelle m'a-t-elle trompée... Cependant M. Moseley ne se serait pas autant avancé sans votre approbation.

— Je laisse liberté entière à mes enfants sur ce point, lady Chatterton, et John n'ignore pas mes sentiments; j'espère cependant que vous voulez parler de son attachement pour Grace.

— Certainement, sir Edward, répondit-elle en hésitant : je puis me tromper, mais vous savez qu'il serait cruel de se jouer du cœur d'une jeune fille.

— Mon fils en est incapable! s'écria sir Edward, et surtout lorsqu'il s'agit de Grace; mais, Madame, vous avez raison, et s'il a fait un choix, il ne doit pas craindre de l'avouer.

— Loin de moi la pensée de presser les choses! dit la douairière; mais la cour que M. Moseley fait à ma fille peut éloigner d'autres prétendants. Sir Edward, ajouta-t-elle en soupirant, j'ai le cœur d'une mère, et si je me suis trop hâtée, votre bonté me le pardonnera. En finissant ces mots, lady Chatterton se retira en portant son mouchoir à ses yeux pour cacher les larmes qu'elle ne répandait pas.

Le bon sir Edward trouva sa marche naturelle, et fit prier son fils de venir lui parler sur-le-champ.

— John, lui dit-il en lui tendant la main dès qu'il entra, vous n'avez aucune raison de douter de mon affection, ni de mon empressement à accomplir vos désirs, et vous avez assez de fortune pour n'en point chercher. Vous pourrez vivre avec nous, continua-t-il avec bonté pour le mettre tout de suite sur la voie; ou, si vous le préférez, vous irez habiter mon château dans le Wiltshire. Je puis, sans me gêner, vous assurer cinq mille livres sterling par an; votre mère et moi nous nous imposerions bien des privations, s'il le fallait, pour ajouter à votre aisance; mais grâce à Dieu cela est inutile, et nous avons assez de fortune pour nos enfants et pour nous.

En peu de minutes, sir Edward allait avoir tout arrangé à la satisfaction de la douairière, si John ne l'eût interrompu par une exclamation de surprise.

— Mais de quoi voulez-vous parler, mon père?

— De quoi! dit sir Edward, mais de Grace Chatterton, mon fils.

— Grace Chatterton! dit John en rougissant, et qu'ai-je de commun avec elle?

— Sa mère m'a fait part de vos propositions, et...

— De mes propositions!

— De vos attentions, veux-je dire, et vous savez, John, que vous n'avez aucune objection à craindre de ma part.

— De mes attentions! dit John d'un air de hauteur, j'espère que lady Chatterton ne m'accuse pas d'avoir eu des attentions déplacées pour sa fille?

— Non pas déplacées, mon fils, puisqu'elles lui sont agréables.

— Elles lui sont agréables! s'écria le jeune homme impatienté; mais il m'est très-désagréable, à moi, qu'elle prétende donner à ma conduite une interprétation qu'aucune attention, aucun mot de ma part ne peuvent justifier.

Ce fut alors le tour de sir Edward d'être surpris; il était loin de penser qu'il eût été l'instrument des intrigues de la douairière. Incapable de soupçonner la ruse, mais s'étonnant de l'erreur de sa cousine, erreur qu'il n'attribuait qu'à sa sollicitude maternelle, il dit à son fils qu'il regrettait que tout cela ne fût qu'un malentendu.

— Non, non, disait John en lui-même en se promenant à grands pas dans la bibliothèque, non, lady Chatterton, il ne sera pas dit que vous m'aurez mis le pistolet sur la gorge pour me donner une femme; si jamais cela arrive, je veux bien...; mais Grace...! A ce nom John sentit qu'il refusait son bonheur; mais le dépit l'emporta sur l'amour.

Du moment où Grace craignit la démarche indiscrète dont sa mère l'avait menacée, sa conduite changea totalement; à peine osait-elle lever les yeux; son désir le plus vif était de partir; et quoiqu'elle sentît son cœur prêt à se briser, elle évitait l'approche de John comme celle d'un serpent.

M. Benfield avait prolongé sa visite de quelques semaines; le terme était expiré, et il désirait partir. John saisit avec empressement cette occasion de s'éloigner, et le lendemain de la conversation qu'il avait eue avec son père, il accompagna son oncle à Benfield-Lodge, antique manoir de ses ancêtres.

Lady Chatterton, qui s'apercevait, mais trop tard, qu'elle s'était méprise sur les moyens d'arriver à son but, s'étonnait qu'un plan conçu et dirigé avec tant d'adresse eût pu produire un si fâcheux résultat.

Dans son dépit elle prit la ferme résolution de ne plus s'entremettre entre sa fille et le jeune Moseley, puisqu'ils étaient si différents des amants ordinaires, et que ce qui eût fait le bonheur de mille autres les séparait plus que jamais.

Voyant qu'il lui serait inutile de rester plus longtemps à Moseley-Hall, elle partit accompagnée de ses deux filles, pour se rendre dans la capitale, où elle espérait trouver son fils.

Le docteur Yves et sa femme arrivèrent le même jour au presbytère; leur absence rendit plus vif encore le plaisir qu'on eut à les recevoir, et ils faisaient de fréquentes visites au château, ainsi que Denbigh, qui était redevenu leur hôte.

Egerton commençait à parler aussi de son départ; mais il annonçait l'intention d'aller à L***, pendant le temps que la famille de sir Edward serait à Benfield-Lodge.

L*** était un petit village sur la côte, à un mille du château de M. Benfield, où se réunissaient les gentilshommes des environs, pendant la saison des bains de mer. Le baronnet avait promis à son oncle de venir le voir plus tôt que de coutume, pour avoir le temps de conduire Jane à Bath, avant de partir pour Londres, où Mrs Jarvis devait se rendre de son côté avec son aimable famille.

Qu'il nous soit permis de jeter un coup d'œil sur les motifs qui faisaient agir quelques-uns des principaux personnages de notre histoire, et de voir si la prudence peut les approuver.

PRÉCAUTION est un mot dont le sens paraît fort simple, et dont l'application cependant varie à l'infini. Les uns la négligent, tandis que d'autres veulent la pousser trop loin. Si elle peut nous préserver d'une infinité d'écueils, c'est surtout lorsqu'il s'agit de former des liens indissolubles.

Le mariage est, dit-on, une loterie dans laquelle il y a plus de billets blancs que de bons billets. Mais n'est-ce pas notre folie qui multiplie contre nous les chances les plus défavorables? Et en serait-il ainsi, si nous mettions dans l'affaire la plus importante de notre vie cette même circonspection, cette même prudence que nous montrons quelquefois pour des intérêts secondaires?

Mrs Wilson, qui veut assurer le bonheur de sa nièce, ne croit pouvoir prendre trop de précautions pour éclairer son jugement, et diriger son choix. Elle veut que le mari d'Émilie ait de la religion, des principes, et sa tendre sollicitude veille constamment à ce que les affections de cette âme aimante et sensible ne soient pas surprises à son insu.

Lady Chatterton, qui n'a qu'un désir au monde, celui d'établir ses filles, qui ne voit point de salut pour elles hors du mariage, et dont l'unique pensée est de leur assurer un époux, dirige toute l'énergie de son âme vers ce seul objet; et, à force de précautions, elle dépasse le but qu'elle veut atteindre. John Moseley, au contraire, qui déteste toute contrainte, et qui veut rester libre et maître de ses actions, se tient sur ses gardes; et, jaloux de maintenir ses droits, il leur fait le sacrifice même de son bonheur; il s'oppose de toutes ses forces aux intrigues de la douairière, qui ne veut cependant que ce qu'il désire lui-même avec tant d'ardeur, et il s'expose à perdre celle qu'il aime, plutôt que de paraître ne céder en l'épousant qu'aux importunités de sa mère.

CHAPITRE XVIII.

> Les plaisirs les plus doux peuvent précéder les larmes : ceux du premier âge ont même leur triste dénouement.   HOOLE.

John Moseley revint après avoir passé une semaine à Benfield-Lodge, et son seul plaisir consistait maintenant à tuer d'innocents oiseaux.

Faute de mieux, il avait pris le capitaine Jarvis pour compagnon de chasse; ce dernier semblait avoir pour système de ne jamais rester un moment en repos, et, dans la disposition d'esprit où se trouvait John, un mouvement perpétuel était ce qui pouvait lui plaire davantage.

Denbigh et Egerton venaient très-souvent à Moseley-Hall; mais c'était pour jouir de la société des dames, car ils n'avaient de goût ni l'un ni l'autre pour l'amusement favori de John.

Il y avait dans le parc un berceau très-touffu, qui, depuis bien des années, servait de retraite aux dames de la famille Moseley pendant les chaleurs de l'été; son existence remontait aux jeunes années de Mrs Wilson, qui trouvait un plaisir mélancolique à revoir le lieu où elle avait entendu pour la première fois le langage séduisant de l'amour, le lieu où elle avait passé de si doux instants avec l'époux chéri qu'elle regrettait.

Un jour que le soleil était brûlant, les dames, à l'exception de lady Moseley, vinrent s'établir sous le berceau avec leur ouvrage.

Il continuait à régner entre Denbigh et Egerton une politesse froide et réservée, une sorte de politesse de cour, qui suffisait pour empêcher qu'aucune scène désagréable ne fût la suite de l'éloignement qu'ils montraient l'un pour l'autre.

Egerton s'était assis sur le gazon, aux pieds de Jane; et Denbigh, assis sur un banc à l'entrée du berceau, se trouvait sous l'ombrage d'un superbe chêne qui étendait ses branches protectrices autour de lui.

Le hasard seul avait peut-être contribué à cet arrangement;

mais ils étaient placés de manière à ne pas se voir. Le colonel avait le doux emploi de rendre à Jane ses ciseaux, son fil ou son dé, que souvent elle laissait tomber, toujours par hasard, tandis que Denbigh, décrivant à Emilie les curiosités de l'Egypte où il avait passé quelques mois, lisait sur sa physionomie expressive tout le plaisir qu'elle éprouvait à l'entendre.

Nous les laisserons jouissant du bonheur de se trouver ensemble, et nous irons rejoindre John, qui courait à la poursuite des coqs de bruyère, avec son nouveau compagnon, le capitaine Jarvis.

— Savez-vous, Moseley, dit Jarvis, qui commençait à se croire le favori de John, que je pense bien que M. Denbigh a été heureux de trouver dans ses grands principes un prétexte pour ne pas se mesurer avec moi. Il se dit officier, mais je ne puis découvrir à quelles batailles il s'est trouvé.

— Capitaine Jarvis, dit froidement John, moins vous parlerez de cette affaire, et mieux cela vaudra, croyez-moi. Appelez Rover. Le talent le plus remarquable du capitaine était de siffler assez fort pour être entendu à une demi-lieue à la ronde.

— J'avoue, monsieur Moseley, dit Jarvis d'un ton modeste, que j'avais tort relativement à votre sœur; mais ne trouvez-vous pas étrange qu'un militaire refuse de se battre lorsqu'il reçoit un défi dans les formes?

— Je présume que M. Denbigh n'a pas trouvé que le défi fût dans les formes, répondit John, ou bien, peut-être, a-t-il entendu parler de votre talent supérieur pour tirer.

Six mois avant d'arriver à B***, le capitaine Jarvis, qui avait été commis de la maison de banque Jarvis, Baxter et compagnie, n'avait jamais manié une arme à feu, à l'exception d'une vieille arquebuse rouillée qui, depuis bien des années, était accrochée au-dessus du coffre-fort en guise d'épouvantail.

En prenant la cocarde, il avait jugé que la chasse était le seul plaisir à la hauteur de son nouveau rang. Malheureusement, depuis qu'il s'adonnait à cet exercice martial, il n'avait tué qu'un seul oiseau, encore était-ce une oie, qu'il fit tomber du haut d'un arbre où elle était posée, dans la basse-cour du Doyenné. Dans ses essais avec John, il aimait à faire feu en même temps que son compagnon; et comme l'oiseau manquait rarement de tomber, il avait un droit égal à la victoire. Son plus grand plaisir était de tirer sur des corneilles, des corbeaux, enfin sur tous les oiseaux d'une grande espèce; aussi avait-il toujours une ample provision de petites balles, d'un calibre proportionné à son fusil de chasse.

Il avait une autre habitude que John ne pouvait souffrir, et à laquelle il avait essayé vainement de le faire renoncer : si les oiseaux étaient rares, et qu'il n'eût pas assez d'occasions de signaler son adresse, il jetait en l'air son mouchoir de poche ou son chapeau, pour les tirer au vol.

Comme la chaleur était très-grande, le gibier ne se montrait pas, et John témoigna le désir de renoncer à une poursuite inutile. Alors le capitaine commença ses exercices ordinaires, et bientôt son chapeau fut lancé.

— Voyez, Moseley! voyez! j'en ai touché le bord, s'écria le capitaine, enchanté d'avoir réussi à blesser son vieil antagoniste; je ne crois pas que vous puissiez mieux faire.

— Cela est possible, dit John d'un air railleur en mettant une poignée de gravier dans son fusil, mais au moins je puis comme vous l'essayer.

— Allons, s'écria le capitaine charmé d'avoir enfin mis son compagnon à son niveau, êtes-vous prêt?

— Oui, jetez.

Jarvis jeta, John fit feu, et le chapeau retomba percé d'outre en outre. — L'ai-je atteint? demanda John froidement en rechargeant son arme.

— Je le crois, dit le capitaine en regardant son chapeau d'un air piteux, car on dirait un crible; mais, Moseley, votre fusil n'écarte pas assez le plomb..., et je ne crois pas qu'un seul grain ait manqué son but.

— Il ressemble en effet à un crible, dit John en retournant le blessé dans tous les sens, et, par la grandeur des trous, à un crible qui a plus d'une année de service.

La petite société rassemblée sous le berceau fut informée du retour des chasseurs par deux coups de feu; John était dans l'habitude de décharger son fusil avant de rentrer, et Jarvis suivit son exemple, pour être ce qu'il appelait en règle.

— Croiriez-vous bien, monsieur Denbigh, dit John d'un air railleur en posant son fusil, que le capitaine est venu à bout de son vieil antagoniste? Voyez, il le rapporte en triomphe.

Denbigh sourit sans mot dire; et Jarvis, ne voulant pas lier conversation avec un homme devant qui cinq cents livres l'avaient forcé à s'humilier, entra sous le berceau pour montrer les débris de son chapeau au colonel, à la compassion duquel il lui semblait qu'il avait une sorte de droit, puisqu'il était du même régiment.

John, se sentant très-altéré par suite de la chaleur et de la fatigue, courut puiser de l'eau à une petite rivière qui coulait à quelque distance.

Jarvis arrivait on ne peut plus mal à propos. Jane racontait au colonel, avec cette chaleur, cet entraînement qui lui étaient naturels, quelques anecdotes qui se rapportaient à ses premières années, et qui paraissaient intéresser vivement son auditeur; et les regards animés qu'ils échangeaient ajoutaient un nouveau charme à leur conversation. Egerton, maudissant tout bas l'importun, et connaissant son faible, lui montra un faucon qui venait de s'abattre près de là.

— Voilà un de vos anciens ennemis, capitaine.

Jarvis laissa tomber son chapeau, et courut avec l'empressement d'un enfant prêt à saisir sa proie.

Dans sa précipitation il prit le fusil de John, et le chargea avec une des balles qu'il portait toujours avec lui. Mais, soit qu'il eût effrayé le faucon, ou que celui-ci s'envolât par l'odeur alléché, il fondit sur le poulailler du château et fut hors de vue avant que Jarvis eût eu le temps de viser.

Ne voyant plus d'ennemi contre lequel il pût signaler son adresse, le capitaine remit le fusil où il l'avait pris, et, revenant à ses premières idées, il ramassa son chapeau.

— John, dit Emilie en s'avançant vers lui avec affection, vous aviez trop chaud pour boire de l'eau fraîche.

— Garde à vous, ma sœur, dit John en plaisantant; et prenant son fusil il la coucha en joue.

Jarvis, qui cherchait à apitoyer Emilie sur le sort de son chapeau, était à quelques pas d'elle. En voyant le mouvement de John, il s'éloigna en s'écriant : — Il est chargé!

— Arrêtez! s'écria Denbigh d'une voix déchirante en se précipitant entre John et sa sœur; mais il était trop tard, le coup était parti. Denbigh, jetant sur Emilie un regard où se peignait l'amour, la joie et la douleur, tomba à ses pieds.

Le malheureux Moseley laissa échapper l'arme fatale; Emilie

tomba évanouie auprès de son libérateur, tandis que Mrs Wilson et Jane, consternées, semblaient avoir perdu la faculté de parler ou de se mouvoir.

Le colonel seul conserva sa présence d'esprit, et courut à Denbigh.

Il n'avait point perdu connaissance, et ses yeux entr'ouverts étaient attachés sur le corps inanimé qui était étendu près de lui.

— Ne pensez pas à moi, colonel Egerton, dit-il en parlant avec beaucoup de difficulté et en lui indiquant du doigt la direction de la petite rivière, secourez miss Moseley... votre chapeau... de l'eau.

Egerton courut à la source, y puisa de l'eau, et Jane et Mrs Wilson eurent bientôt rendu Emilie à la vie.

Tous sentirent alors la nécessité d'agir. Jane continuait à prodiguer à sa sœur les plus tendres soins, tandis que Mrs Wilson, après s'être assurée qu'Emilie n'était pas blessée, aidait John à relever Denbigh.

Il demanda d'une voix faible à être transporté au château; Jarvis y fut dépêché pour chercher du secours, et une demi-heure après Denbigh était sur un lit, attendant avec tranquillité l'arrivée du chirurgien qui pouvait seul prononcer sur son sort.

Des messagers avaient été envoyés en toute hâte à la ville voisine et aux casernes de F***; et toute la famille rassemblée autour du blessé attendait, en proie aux plus vives inquiétudes, l'arrivée des secours qu'ils devaient ramener.

Sir Edward, assis au chevet du lit, tenait une des mains de Denbigh dans les siennes, et ses yeux pleins de larmes se tournaient alternativement sur sa fille arrachée à la mort, et sur l'homme généreux qui avait présenté sa poitrine au plomb meurtrier pour sauver Emilie.

Emilie était la favorite de son père, comme de tout le reste de la famille, et le baronnet pensait que rien ne pourrait jamais l'acquitter envers celui qui lui avait conservé une fille si chère. Emilie, assise entre sa mère et sa sœur, qui lui tenaient chacune une main, était pâle et oppressée sous le poids de l'inquiétude la plus déchirante.

Lady Moseley et Jane témoignaient le bonheur qu'elles éprouvaient de la délivrance d'Emilie en la comblant des plus tendres caresses, tandis que Mrs Wilson donnait avec calme les ordres nécessaires pour le soulagement du malade, et faisait en silence les plus ferventes prières pour sa guérison.

John était sur-le-champ parti à cheval pour F***, et Jarvis s'était offert pour aller au presbytère et à Bolton.

Denbigh demandait à chaque instant et avec anxiété si le docteur Yves n'arrivait pas; mais le bon ministre était auprès d'un de ses paroissiens malade quand la fatale nouvelle parvint jusque chez lui, et la soirée était très-avancée avant qu'il pût arriver à Moseley-Hall.

Enfin, après trois heures d'une mortelle attente, John revint avec le docteur Black, chirurgien du régiment en garnison à F***. Il se mit aussitôt en devoir d'examiner la blessure. La balle avait percé le sein droit et avait pénétré assez avant dans les chairs; cependant l'extraction n'en fut pas difficile, et le chirurgien apprit aux amis inquiets de Denbigh que ni les poumons, ni rien de ce qui avoisine le cœur n'avait reçu la moindre atteinte. La balle était très-petite, et il n'appréhendait d'autre danger que celui de la fièvre; il avait pris les moyens ordinaires pour en modérer la violence, et il espérait que le malade serait entièrement remis avant un mois : — Mais, ajouta le chirurgien avec le sang-froid inséparable de sa profession, ce jeune homme l'a échappé belle, et, un demi-pouce plus bas, tous ses comptes en ce monde eussent été réglés.

Les espérances que faisait concevoir le docteur Black répandirent un baume salutaire dans tous les cœurs, et des ordres sévères furent donnés dans le château pour qu'aucun bruit ne vînt troubler le blessé, et empêcher un sommeil dont on espérait de si bons effets.

Le docteur Yves arriva à Moseley-Hall. Jamais Mrs Wilson ne l'avait vu dans un trouble semblable à celui avec lequel il l'aborda lorsqu'elle alla à sa rencontre sous le vestibule. — Vit-il encore?... y a-t-il quelque espérance?... où est George?... s'écriat-il en prenant avec un mouvement convulsif la main que lui tendait Mrs Wilson. Elle lui rapporta brièvement les espérances que le chirurgien leur avait données.

— O mon Dieu, je te remercie, s'écria le bon ministre d'une voix étouffée; et il se précipita dans le parloir. Mrs Wilson le suivit lentement et en silence; après l'avoir laissé seul pendant quelques minutes, elle allait entrer, lorsque par la porte entr'ouverte elle vit le ministre à genoux : il priait avec ferveur, et de grosses larmes sillonnaient ses joues vénérables. — Certes, pensa la veuve en se retirant sans être aperçue, celui qui a su inspirer une si tendre affection au docteur Yves ne peut être un homme ordinaire.

Denbigh, apprenant l'arrivée de son ami, désira lui parler sans témoins. Leur entrevue fut courte, et le ministre en rapporta de nouvelles espérances. Il repartit sur-le-champ pour calmer les inquiétudes de sa femme, et promit de revenir de bonne heure le lendemain.

Cependant durant la nuit les symptômes devinrent alarmants, une fièvre violente se déclara. Avant le retour du docteur Yves, Denbigh était en proie au plus affreux délire, et les inquiétudes de ses amis n'eurent plus de bornes.

— Eh bien! mon cher Monsieur, qu'en pensez-vous? dit le baronnet au médecin de la famille avec une émotion que le danger de son plus cher enfant n'eût pu rendre plus vive, lorsque celui-ci, sortant de la chambre de Denbigh, passa par l'antichambre où toute sa famille était rassemblée. — Je n'ose vous donner d'espoir, sir Edward, répondit le docteur; il refuse de prendre une potion calmante, et à moins que cette fièvre ne diminue, sa guérison est douteuse.

En entendant ce peu de mots, Emilie, immobile, pâle comme la mort, les mains jointes et serrées par un mouvement convulsif, était l'image vivante de la douleur.

Elle vit par la porte entr'ouverte la potion salutaire que Denbigh refusait dans son délire; elle se glissa dans la chambre, la saisit, et approcha du lit près duquel John était seul resté, écoutant avec désespoir les phrases incohérentes qui échappaient à son malheureux ami. Emilie s'arrêta, tout son sang reflua vers son cœur dont on eût pu compter les battements; enfin elle avança; et sa pâleur mortelle fit place au plus vif incarnat.

— Monsieur Denbigh!... Cher Denbigh! dit Emilie en donnant à sa voix, sans le savoir, l'accent le plus tendre et le plus persuasif; me refuserez-vous?... C'est moi... c'est Emilie à qui vous avez sauvé la vie. Et elle lui présentait le breuvage ordonné.

— Emilie! répéta Denbigh, vit-elle encore? je croyais l'avoir vue près de moi, blessée, mourante. Alors, comme si sa mémoire lui eût retracé un souvenir confus, il la regarda attentivement, son œil devint moins fixe, ses muscles s'assouplirent, il sourit, et prit sans résistance la potion qu'elle lui offrait. Bientôt sa fièvre diminua un peu, et quelques instants de sommeil rendirent un faible espoir à ses amis.

Pendant tout le jour on jugea nécessaire qu'Emilie restât près de Denbigh, puisqu'elle seule avait du pouvoir sur lui. Cette tâche était à la fois bien douce et bien pénible. Dans son délire, il l'appelait, il lui donnait les noms les plus tendres, et sa jeune garde-malade baissait les yeux avec embarras.

Après avoir appelé Emilie, il parlait de son père, de sa mère, et plus souvent encore de sa pauvre Marianne. En prononçant ce dernier nom, sa voix prenait l'inflexion la plus tendre; il s'accusait de l'avoir laissée seule, et, prenant Emilie pour elle, il sollicitait son pardon, lui disait qu'elle avait assez souffert, qu'il allait revenir et qu'il ne la quitterait plus.

Dans de pareils moments les craintes que lui inspirait la santé de Denbigh n'étaient pas les seules qui fissent pâlir Emilie.

Vers le soir la fièvre diminua, le malade devint plus calme, et Mrs Wilson vint prendre la place d'Emilie qui alla chercher un repos dont elle avait un grand besoin.

Le second jour de sa maladie, Denbigh tomba dans un profond sommeil, dont il sortit beaucoup plus calme et avec toute sa connaissance. La fièvre l'avait tout à fait quitté, et les médecins le déclarèrent hors de danger.

Rien ne peut égaler l'ivresse que ses amis firent éclater à cette nouvelle. Jane elle-même oublia jusqu'à son amant en apprenant qu'on n'avait plus rien à craindre pour les jours d'un homme qu'elle supposait être l'amant de sa sœur.

CHAPITRE XIX.

L'amour et la reconnaissance furent les premiers peintres. DARWIN.

La convalescence de Denbigh fut aussi prompte que ses amis pouvaient l'espérer, et dix jours après l'accident qui avait failli lui être si funeste, il se trouva en état de quitter le lit une ou deux heures dans la journée. Pendant ces moments qu'il trouvait bien courts, Mrs Wilson, accompagnée d'Emilie et quelquefois de Jane, venait lui faire une lecture; John ne le quittait pas, et le garde-chasse de sir Edward remarqua que les coqs de bruyère étaient devenus si familiers pendant que son jeune maître était au chevet de son ami, que le capitaine Jarvis était venu à bout d'en tuer un.

Le capitaine ne pouvait se dissimuler qu'il ne fût la première cause du malheur qui était arrivé; il sentit aussi quelque honte d'avoir fui le danger au-devant duquel Denbigh s'était précipité pour sauver Emilie, et il prétexta, pour quitter le Doyenné, qu'il était rappelé à son régiment. Il partit, comme il était arrivé, dans le tilbury du colonel, avec son ami et ses chiens. John les vit passer de la fenêtre de Denbigh, et fit le vœu sincère que le capitaine choisît désormais un autre théâtre de ses exploits sur un gibier d'une nouvelle espèce, et qu'il avait l'avantage de trouver toujours, sinon sous sa main, du moins sur sa tête.

Le colonel avait pris congé de Jane, le soir précédent, avec les plus vives protestations qu'il n'allait plus vivre que dans l'attente de la retrouver à L***, où il se rendrait dès que son régiment aurait été passé en revue.

Pendant quelque temps, Jane n'avait pensé qu'au danger de Denbigh et au chagrin de sa sœur; mais maintenant qu'ils étaient passés l'un et l'autre, elle se livrait à de mélancoliques rêveries sur l'absence de son amant, et se perdait dans la contemplation de ses vertus et de ses brillantes qualités.

En lui tout était parfait; son ton, ses manières étaient à l'abri de tout reproche; on ne pouvait révoquer en doute sa sensibilité : ils s'étaient attendris ensemble sur les malheurs de plusieurs héroïnes de romans; ses opinions, son goût étaient sûrs, puisqu'ils étaient toujours les mêmes que ceux de Jane. Combien son caractère était aimable! jamais elle ne l'avait vu en colère. Que sa tournure était gracieuse! que ses traits étaient nobles! Son jugement était infaillible : il la trouvait la plus jolie femme qu'il connût; il était brave puisqu'il était militaire; enfin le résultat de réflexions aussi justes était, comme Emilie l'avait prédit, que le colonel Egerton était un héros.

Egerton ne s'était point encore expliqué ouvertement. Jane savait, d'après son propre cœur et d'après tous les romans qu'elle avait dévorés depuis son enfance, que le moment d'une séparation est ordinairement celui d'une crise décisive dans une affaire de cœur, et sa modestie lui faisait éviter plutôt que chercher l'occasion de favoriser les vues qu'elle supposait au colonel.

Egerton, de son côté, n'avait point paru très-empressé d'en venir au fait, et les choses en restèrent là. Les deux amants se croyaient sûrs de l'affection l'un de l'autre, et on eût pu dire qu'il existait entre eux un de ces engagements implicites, qu'il y eût eu de la mauvaise foi à rompre, mais auxquels néanmoins on ne se fait pas grand scrupule de manquer lorsqu'ils vous gênent.

L'expérience nous le prouve assez souvent : l'homme est une créature qu'il est nécessaire de tenir attachée à son devoir par des restrictions salutaires; et il ne serait peut-être pas si mal qu'il y eût un code pour les amants, et qu'injonction fût adressée à tout homme qui fait la cour de s'expliquer clairement, sauf à la femme à lui répondre en termes aussi nets. Que de malheurs arrivent trop souvent pour n'avoir pas su s'entendre ! Mais c'est assez nous occuper de Jane et d'Egerton ; songeons un peu aux autres personnages de notre histoire.

Il y avait à Moseley-Hall un petit parloir, où jamais aucun étranger n'était admis. Les dames y passaient une partie de leurs matinées, occupées de petits ouvrages de leur sexe ; et elles y rentraient avec un nouveau plaisir lorsque quelques visites importunes les avaient forcées de le quitter; et souvent les deux sœurs se dérobaient quelques instants au monde qui remplissait les grands appartements, pour venir se communiquer à la hâte leurs observations, et respirer un moment en liberté.

C'était une retraite inabordable pour les fâcheux, et consacrée tout entière au bonheur domestique. Sir Edward venait s'y reposer de ses fatigues, sûr d'y trouver toujours quelqu'un qu'il aimait et avec qui il pût se distraire des soins plus importants de la vie.

Lady Moseley, même au milieu des embarras agréables que lui donnait sa splendeur renaissante, passait rarement devant la porte sans l'entr'ouvrir et adresser un sourire aux amies qu'elle y trouvait rassemblées.

Cet appartement était le plus voisin de celui qu'occupait Denbigh ; on l'invita à s'y réunir à la famille dès que ses forces lui permirent de marcher. D'ailleurs il était impossible qu'on le regardât plus longtemps comme étranger, après le service signalé qu'il avait rendu.

Un jour de grande chaleur, Denbigh, soutenu par John, y entra dans l'espoir d'y trouver les dames ; mais elles étaient allées se promener sous le trop célèbre berceau. A peine étaient-ils dans le parloir, qu'on vint dire à John qu'un de ses meilleurs chiens était malade ; il courut le visiter ; et, la chaleur provoquant le sommeil, Denbigh se jeta sur un sopha, et mit son mouchoir sur sa figure pour diminuer l'éclat du jour.

Au moment où il allait s'endormir, le bruit de quelqu'un, qui approchait doucement, attira son attention. Croyant que c'était quelque domestique qui craignait de l'éveiller, il ne regarda point; mais bientôt une respiration précipitée, qu'on cherchait à retenir, éveilla sa curiosité. Il eut assez d'empire sur lui-même pour rester immobile ; le store d'une croisée fut descendu doucement ; un paravent fut placé de manière à rompre le courant d'air dans lequel il s'était mis pour se rafraîchir ; et tous ces arrangements furent faits avec tant de précaution, qu'il pouvait à peine suivre les mouvements de l'ami qui prenait de lui un soin si obligeant. On se rapprocha de lui, une main toucha le mouchoir qui lui cachait la figure, et se retira plus vite encore ; une seconde tentative eut plus de succès, et Denbigh, jetant un coup d'œil à la dérobée, aperçut Emilie, plus séduisante encore par l'émotion et le vif intérêt qui se peignaient sur sa physionomie expressive. Jamais Denbigh n'avait été aussi heureux.

Sa main reposait sur le bras du sopha ; Emilie se pencha, il sentit la douce chaleur de son haleine ; mais les lèvres de la jeune fille ne touchèrent point la main de son sauveur.

Si Denbigh eût été présomptueux, ou seulement porté à juger légèrement Emilie, il n'eût pu se méprendre sur le sentiment dont elle avait suivi l'impulsion ; mais toute sa contenance respirait tellement l'innocence et la modestie, qu'elle aurait imposé silence au plus suffisant. Il attendit tranquillement le résultat des préparatifs qu'il lui voyait faire sur un petit secrétaire placé près de lui.

Mrs Wilson n'avait jamais aimé que les jeunes personnes consacrassent beaucoup de temps à étudier ce qu'on appelle les arts d'agrément ; cependant Emilie, depuis son enfance, avait montré un goût si vif et de si heureuses dispositions pour le dessin, que sa tante n'avait pu lui refuser de cultiver un talent naturel, que l'art avait bientôt rendu très-remarquable.

Emilie était assise devant le secrétaire, et Denbigh immobile la contemplait avec admiration.

Elle était entrée dans le parloir, très-échauffée par la promenade; ses beaux cheveux tombaient en grosses boucles sur ses épaules, dont elles faisaient ressortir la blancheur; ses joues, animées par l'exercice qu'elle venait de faire et par l'émotion, brillaient des plus vives couleurs; une robe de mousseline dessinait sa taille élégante, et son doux regard se portait à chaque instant sur celui qu'elle croyait assoupi, et qui eût voulu dormir ainsi toute sa vie.

Une grande glace était devant Denbigh; tout à coup Émilie, pour mieux voir l'effet du dessin auquel elle travaillait, le prit dans ses mains, et s'approcha d'une fenêtre. Elle était placée de manière que le dessin se réfléchissait tout entier dans la glace. Du premier coup d'œil Denbigh reconnut la scène qu'elle avait voulu reproduire; le berceau, le fusil lui-même, tout y était; son portrait seul n'était pas tout à fait fini, et Emilie avait voulu profiter de son sommeil pour en rendre la ressemblance plus frappante.

Après un quart d'heure de travail, elle considéra de nouveau son ouvrage, et Denbigh put l'observer encore pendant quelques minutes. Emilie avait complètement réussi; Denbigh était parlant, ses yeux étaient fixés sur elle; mais il lui sembla que l'artiste ne s'était pas rendu assez de justice. L'homme qui tenait le fusil n'avait de John que son costume; quant au capitaine Jarvis, il était si ressemblant, que Denbigh l'eût reconnu partout.

Au bruit que fit quelqu'un en approchant, Emilie ferma précipitamment son carton de dessin; ce n'était qu'un domestique; mais elle n'osa se remettre à l'ouvrage. Denbigh épiait tous ses mouvements; elle renferma son dessin dans un tiroir particulier du secrétaire, rouvrit le store, et vint replacer le mouchoir comme il était auparavant.

— Il est plus tard que je ne pensais, dit Denbigh en paraissant s'éveiller et en regardant à sa montre; combien d'excuses ne vous dois-je pas, miss Moseley, pour m'être ainsi oublié dans votre parloir? Mais j'étais si fatigué...

— Des excuses? monsieur Denbigh, dit Émilie en rougissant et en pensant combien elle avait été près d'être découverte, vous n'en avez point à faire dans l'état de faiblesse où vous êtes encore, et certainement... moins à moi qu'à tout autre.

— J'ai su par votre frère, continua Denbigh avec un doux sourire, que nos obligations sont au moins mutuelles; j'ai appris que, lorsque les médecins m'avaient pour ainsi dire condamné, vos soins et votre persévérance m'ont rappelé à la vie.

Émilie n'était point vaine; jamais elle n'avait cherché à faire parade de ses talents; très-peu de personnes savaient qu'elle eût quelquefois touché un crayon; cependant, pour échapper à l'embarras de sa position, elle ouvrit son portefeuille, et offrit ses dessins à l'admiration de Denbigh; mais ce ne fut pas sans qu'une vive rougeur colorât ses joues, sans que l'émotion fît palpiter son cœur; enfin elle était presque aussi troublée que Grace lorsque sa mère cherchait à la mettre en avant.

Quelque désir qu'eût Denbigh de ne pas abandonner la conversation, qui prenait un tour si intéressant, il eût été malhonnête de refuser d'examiner le carton de dessin d'une dame.

Tous ces dessins portaient le cachet d'un véritable talent, et Émilie paraissait maintenant aussi impatiente de les remettre à leur place, qu'elle avait mis d'empressement à attirer sur eux l'attention de Denbigh.

Le pauvre convalescent aurait donné tout au monde pour voir de plus près le dessin caché dans la case secrète; mais sa propre délicatesse, comme principal acteur de la scène le désir évident d'Emilie de le cacher à tous les yeux, l'empêchèrent d'en faire la demande.

—Docteur Yves! combien je suis heureuse de vous voir, s'écria Emilie en se hâtant de refermer son carton, dont Denbigh n'avait pas encore visité la moitié; vous êtes devenu presque un étranger pour nous, depuis que Clara nous a quittés.

—Non, non, ma petite amie, j'espère ne jamais être un étranger à Moseley-Hall, répondit le ministre en riant. Je suis enchanté, George, de vous voir aussi bien...; vous avez des couleurs!.... A propos, voici une lettre de Marianne pour vous.

Denbigh prit la lettre avec le plus vif empressement, et se retira, pour la parcourir, dans l'embrasure d'une croisée. Sa main tremblait en rompant le cachet, et l'intérêt que lui inspirait cette épître n'eût pu échapper à l'observateur le plus indifférent.

—Maintenant, miss Emilie, si vous voulez avoir la bonté de me faire donner un verre d'eau et de vin, dit le bon ministre en s'asseyant sur le sopha, vous exercerez un véritable acte de charité : la promenade et la chaleur m'ont donné une soif…!

Emilie était debout près de la petite table, ses yeux étaient fixés sur son carton, comme si elle eût pu en voir le contenu au travers de la couverture.

—Miss Emilie Moseley, reprit le docteur avec une gravité plaisante, voulez-vous me condamner à mourir de soif par une pareille chaleur?

—Désirez-vous quelque chose, docteur Yves? demanda Emilie en voyant qu'il se disposait à tirer lui-même le cordon de la sonnette.

— Je voulais seulement prier un domestique de m'apporter un verre d'eau et de vin.

— Que ne me le demandiez-vous, mon cher monsieur? dit-elle en ouvrant un buffet et en lui présentant ce qu'il désirait.

—Là, là, ma chère, vous m'en donnez beaucoup. Je croyais vous l'avoir demandé trois fois, dit le docteur avec un sourire malin; mais je vois que vous étiez occupée à étudier quelque chose dans ce carton. Emilie en rougissant essaya de rire de sa distraction ; mais elle eût donné tout au monde pour savoir quelle était cette Marianne.

CHAPITRE XX.

Singulier message: voyez celui qui l'apporte, il a été choisi avec intention. SHAKSPEARE.

Un mois s'était écoulé depuis l'accident qui avait failli être si fatal à Denbigh, lorsqu'un matin, assis avec toute la famille à la table du déjeuner, il annonça l'intention de ne pas abuser plus longtemps de leur bonté, et de retourner le jour même au presbytère.

Cette nouvelle attrista toute la famille, et le baronnet, se tournant vers Denbigh en lui pressant cordialement la main, lui dit d'un ton solennel : — Je désirerais, mon jeune ami, que vous regardassiez cette maison comme la vôtre; le docteur Yves peut être votre parent, il peut vous connaître depuis plus longtemps que moi, mais il ne peut vous aimer davantage; les liens de la reconnaissance sont aussi forts que ceux du sang.

— Le régiment auquel j'appartiens, répondit Denbigh, touché de ces témoignages d'affection, doit être passé en revue la semaine prochaine, et mon devoir est de m'y rendre. En outre, je dois une visite à une de mes proches parentes qui, informée de l'accident qui m'est arrivé, désire vivement de me voir; elle a beaucoup d'autres sources de chagrin, et je dois à son amitié de chercher à les tarir.

C'était la première fois qu'il parlait de quelqu'un de sa famille, et le silence qui se fit autour de lui prouvait tout l'intérêt que ce peu de mots inspirait à ses amis.

— Je voudrais bien savoir, pensait Emilie, si cette parente se nomme Marianne. Mais il ne dit rien de plus sur ce sujet; et après avoir promis de venir les voir avant son départ, et de les rejoindre à L***, immédiatement après la revue dont il venait de parler, il monta dans le phaéton de John, qui le reconduisit au presbytère.

Mrs Wilson éprouvait, comme les autres, un trop vif sentiment de gratitude envers ce jeune homme, pour s'opposer avec sa prudence ordinaire à l'intimité qui s'établissait entre sa nièce et son libérateur. Ses propres observations et l'opinion du docteur Yves l'avaient préparée depuis longtemps à lui accorder son estime; mais le dévouement généreux qui l'avait porté à s'exposer à la mort pour en préserver sa chère Emilie avait achevé de gagner son cœur, et avait éloigné toutes les objections qui auraient pu s'offrir à son esprit, contre le désir que décelaient toutes les actions de Denbigh de devenir l'époux de celle qu'il avait sauvée.

Depuis le jour où Denbigh avait pu jeter un coup d'œil sur les dessins d'Emilie, son attachement pour elle n'était plus un mystère pour les moins clairvoyants; ses sentiments n'étaient peut-être pas devenus plus vifs, mais il cherchait moins à les cacher. Mrs Wilson avait depuis longtemps soupçonné cet amour; mais en douter encore après avoir vu Denbigh se précipiter entre Emilie et la mort, c'eût été méconnaître le cœur humain. Avant cet incident, elle avait cru devoir prendre d'exactes informations sur les principes religieux du jeune homme, mais maintenant elle voyait les affections d'Emilie trop profondément engagées pour se montrer aussi sévère. Si Denbigh, se disait-elle, n'est point parfait chrétien, du moins je suis sûre qu'il est honnête et plein de loyauté. C'est ainsi que Mrs Wilson cherchait à excuser à ses propres yeux la prédilection qu'elle se sentait pour celui qui lui avait conservé sa pupille chérie, et qui la faisait, pour la première fois, composer avec ses principes.

— Qui nous arrive? dit lady Moseley en voyant par sa fenêtre un landau attelé de quatre chevaux s'arrêter à sa porte; c'est le comte de Bolton, je crois; et elle se disposa à aller au-devant de cet hôte inattendu, avec la bienveillance aimable et la grâce qui la caractérisaient.

Lord Bolton était un vieux garçon de soixante-cinq ans, qui avait été longtemps attaché à la cour, et qui était ce qu'on appelle de la vieille roche. Presque tous ses biens étaient en Irlande, et il consacrait à les améliorer tout le temps qu'il ne passait pas à Windsor, où ses fonctions le retenaient; de sorte que, quoiqu'il fût très-bien avec la famille du baronnet, il venait rarement la voir. Il avait été au collége avec le général Wilson, et depuis il avait reporté sur sa veuve une partie de l'amitié qu'il avait eue pour lui. La cure à laquelle il avait nommé Francis Yves, sans en avoir été sollicité, lui assurait la reconnaissance de tous ses amis, et il fut reçu avec plus de cordialité encore que de coutume.

— Lady Moseley, dit le comte en lui baisant la main, l'incarnat de vos joues et l'éclat de vos yeux font le plus grand honneur à l'air de ce comté, et je vois que vous continuez à y jouir de la plus belle santé. Après avoir écouté la réponse que méritait un compliment si bien tourné, il adressa successivement quelques paroles flatteuses à chaque personne de la société à mesure qu'elles lui étaient présentées par ordre d'âge; usage très-bien imaginé sans doute pour désigner à un étranger le rang que ses différents membres tiennent dans la hiérarchie de famille, mais qui est souvent aussi ennuyeux pour l'esprit que fatigant pour les jambes.

— Nous vous devons une vive reconnaissance, Milord, dit sir Edward avec chaleur, et je regrette bien que nous ne puissions acquitter notre dette que par des remerciements.

Le comte surpris, ou feignant de l'être, demanda de quoi le baronnet voulait parler.

— De la cure de Bolton, Milord, dit lady Moseley avec dignité.

— Oui, continua son mari, Votre Seigneurie, en donnant à Francis ce bénéfice, m'a fait autant de plaisir que si Francis eût été mon propre fils; et l'y nommer sans en avoir été sollicité, Milord, c'était acquérir de nouveaux droits à notre gratitude.

Le comte paraissait embarrassé pendant ce discours, mais l'amour de la vérité l'emporta sur l'amour-propre, et il répondit :

— Sans avoir été sollicité, sir Edward, je ne doute point que si j'eusse eu l'avantage de connaître notre jeune ministre, son propre mérite n'eût obtenu sans peine ce que je n'ai accordé, je dois l'avouer, qu'aux vives sollicitations d'un homme dont la recommandation serait toute puissante auprès du roi lui-même.

Ce fut le tour de Moseley de montrer de la surprise, et sir Edward pria le comte de s'expliquer plus clairement.

— Ce fut le comte de Pendennyss, mon cousin, qui me demanda comme une faveur spéciale de nommer le jeune Francis à la cure de Bolton, et Pendennyss est un homme à qui on ne peut rien refuser.

— Lord Pendennys, s'écria vivement Mrs Wilson! quel motif a-t-il pu avoir pour nous rendre ce service?

— Il me fit l'honneur de venir me voir pendant mon séjour en Irlande, répondit le comte; il me dit que l'intérêt qu'il portait au jeune ministre prenait sa source dans le désir qu'il avait d'obliger la veuve du général Wilson. Et le vieux courtisan salua respectueusement la dame à qui il parlait.

— Je suis bien reconnaissante de son souvenir, dit Mrs Wilson, s'efforçant de retenir ses larmes; mais aurons-nous le plaisir de le voir bientôt?

— J'ai reçu hier une lettre de lui, Madame, et il me disait qu'il serait ici la semaine prochaine! Mais, sir Edward, ajouta-t-il en regardant Jane et Emilie, vous avez ici des récompenses au-dessus des services les plus signalés, et le comte est un grand admirateur de la beauté.

— N'est-il point marié, Milord? demanda le baronnet avec simplicité.

— Non, baronnet, je crois même qu'il n'a jamais aimé; mais s'il a la témérité de s'aventurer dans un voisinage si dangereux, je ne doute point qu'il ne perde bientôt sa liberté.

Jane prit un air grave : plaisanter avec l'amour lui paraissait une hérésie ; mais Emilie sourit, et une habile physionomie eût pu lire sur ses traits expressifs : Si c'est de moi qu'il veut parler, il se trompe bien !

— Votre cousin, lord Chatterton, continua lord Bolton, vient d'obtenir la place de son père ; et si le bruit public est vrai, il désire vous appartenir de plus près encore.

— Je ne sais trop comment cela se pourrait faire, dit sir Edward en souriant et en cherchant à cacher un peu d'embarras, à moins qu'il n'épouse ma sœur que voici.

Les joues des deux jeunes personnes se couvrirent d'un vif incarnat, et le comte, voyant qu'il marchait sur un terrain glissant, se hâta d'ajouter : — Chatterton a été bien heureux de trouver des amis qui eussent assez de crédit pour l'emporter sur celui du puissant lord Haverford.

— Sait-on qui lui a prêté son appui, Milord? demanda Mrs Wilson.

— On se dit tout bas à la cour, Madame, dit le comte en baissant la voix, et en parlant d'un air de mystère, que Sa Grâce, le duc de Derwent, employa tous les amis qu'il a dans le parlement pour faire pencher la balance en faveur de lord Chatterton ; mais n'allez pas croire que je vous donne une nouvelle officielle ; ce n'est qu'un *on dit*, sir Edward, un simple *on dit*, Madame.

— Le duc de Derwent ne se nomme-t-il pas Denbigh? demanda Mrs Wilson d'un air pensif.

— Oui, Madame, Denbigh, répondit le comte avec cette gravité qui ne le quittait jamais quand il parlait de personnes de distinction ; c'est un de nos noms les plus anciens ; il descend en droite ligne, du côté des femmes, des Plantagenets et des Tudors.

Lord Bolton se leva alors pour prendre congé de la famille, et, en saluant les deux jeunes personnes, il leur renouvela en riant la promesse d'amener à leurs pieds le comte de Pendennyss, son cousin, épithète qu'il n'oubliait jamais d'ajouter au nom de son noble parent.

— Croyez-vous, ma sœur, dit lady Moseley dès que le comte fut parti, que M. Denbigh soit de la famille des Derwent?

— Je n'en sais rien, dit Mrs Wilson en réfléchissant ; cependant il est singulier que Chatterton, qui m'a souvent parlé de lady Henriette Denbigh, ne m'ait jamais dit qu'il connût le duc.

Comme ce peu de mots fut prononcé du ton d'un aparté, personne ne pensa qu'ils exigeassent une réponse, si ce n'est Emilie, dont les yeux brillants restaient attachés sur sa tante avec cette intérêt que le nom de Denbigh ne manquait jamais d'exciter en elle.

— Henriette est un joli nom, pensait Emilie, mais Marianne est plus joli encore. Oh! si je connaissais jamais une Marianne Denbigh, comme je l'aimerais!

Les Moseley commencèrent bientôt leurs préparatifs pour le voyage à L***, et le départ fut fixé à la fin de la semaine suivante.

Mrs Wilson demanda un délai de deux ou trois jours, dans l'espoir de faire connaissance avec le comte de Pendennyss, jeune homme pour lequel (quoiqu'elle eût abandonné son projet favori de l'unir à Emilie) elle se sentait un vif intérêt qui se rattachait au triste souvenir des derniers moments de son mari, et qu'augmentaient encore les éloges qu'elle entendait faire partout de son noble caractère.

Mais sir Edward avait écrit à M. Benfield que le samedi suivant il serait avec toute sa famille à Benfield-Lodge pour dîner, et c'était un engagement qu'il était impossible de différer; car le vieux gentilhomme eût regardé le moindre retard comme un péché capital.

La semaine qui suivit l'accident qui avait failli de coûter la vie à Denbigh, les habitants du château furent surpris de voir arriver un être aussi singulier par son costume et ses manières que par l'équipage qui l'amena jusqu'à la porte du château. C'était une chaise antique à haut dossier, recouverte en cuivre et fortifiée de clous à large tête de cuivre; les roues avaient au moins un quart de diamètre de plus que celles de nos jours, et deux ailes s'avançaient de chaque côté, assez vastes pour recevoir toute la cargaison d'un navire.

Ce moderne équipage était traîné par un cheval jadis blanc, couvert de grandes et nombreuses taches rousses, mais dont l'âge avait altéré la couleur, et dont la crinière et la queue paraissaient n'avoir point été rafraîchies par les ciseaux depuis le règne précédent.

L'individu qui descendit de cette machine antique était grand et extrêmement mince. Il n'avait que quelques cheveux qui se réunissaient derrière une tête presque nue, et formaient une queue longue et nue, soigneusement enveloppée par une petite lanière de cuir, ou la peau de quelque poisson, et qui lui pendait jusqu'au milieu du dos. Son habit de drap tenait le milieu, pour la forme, entre un froc et un justaucorps; mais ce dernier nom lui convenait à merveille, car les boutons, aussi larges qu'une soucoupe de porcelaine de la Chine, le tenaient fermé jusqu'au menton et dessinaient ses formes de la manière la plus pittoresque. Ses culottes de peau de daim paraissaient avoir fait un long service; quoiqu'on fût au milieu de l'été, il portait des bas de laine bleue, et ses souliers étaient attachés avec des boucles d'une grandeur proportionnée aux boutons de l'habit. Le porteur de ce bizarre ajustement paraissait avoir soixante-dix ans, mais sa démarche était vive, et tous ses mouvements annonçaient une grande activité de corps et d'esprit.

Ce singulier personnage, ayant été introduit dans le salon, fit à la famille rassemblée un salut profond et modeste, et, se hâtant de mettre ses lunettes, plongea sa main dans une poche qui se trouvait sous un des larges pans de son habit, et en tira un portefeuille de cuir noir aussi grand qu'un volume in-octavo; après avoir soigneusement examiné la multitude de papiers qu'il contenait, il prit une lettre dont il lut l'adresse à haute voix : — A sir Edward Moseley, baronnet à Moseley-Hall, à B***, comté de Northampton, envoyé avec sûreté et célérité par l'entremise de Peter Johnson, intendant de Benfield-Lodge, Norfolk. Il serra alors son portefeuille, ôta ses lunettes, et, s'avançant vers le baronnet, il lui remit l'épître en faisant un salut plus profond encore que le premier.

— Ah! mon bon ami Johnson, dit sir Edward après avoir lu la lettre (car, jusqu'à ce qu'il en eût su le contenu, il avait craint qu'il ne fût arrivé quelque accident à son oncle), voici la première visite dont vous m'ayez honoré, et j'espère que ce ne sera pas la dernière. Allons, buvez un verre de vin avant d'aller dîner; buvez, vous dis-je.

— Sir Edward Moseley, et vous, honorable compagnie, veuillez me pardonner, dit l'intendant du ton le plus solennel; c'est la première fois que je sors du comté royal de Norfolk, et je prie Dieu que ce soit la dernière. Je bois à l'honorable santé de Vos Seigneuries.

Tel fut le plus long discours que prononça l'honnête Johnson pendant son séjour au château, son habitude étant de ne répondre jamais que par monosyllabes. Il y resta jusqu'au lendemain, d'après l'injonction positive que lui en fit sir Edward lorsque, après avoir reçu la réponse à sa missive, il se disposait à partir à l'instant même, pensant qu'il pourrait prendre une bonne avance pour le lendemain, puisqu'il restait encore une demi-heure jusqu'au coucher du soleil.

Dans la soirée, John, qui depuis son enfance connaissait le vieux Peter, et qui désirait lui rendre les attentions qu'il en avait si souvent reçues, voulut le conduire lui-même à la chambre qui lui était destinée. Lorsqu'ils y furent entrés, Johnson rompit tout à coup ce que le jeune homme appelait son silence invétéré : — Mon jeune Monsieur, mon jeune maître..., aurai-je la présomption..., oserai-je vous demander... de voir la personne... ?

— Quelle personne? demanda John étonné de la requête et plus encore de la harangue.

— Celui qui sauva la vie de miss Emmy, Monsieur. John le comprit alors et le mena à la chambre de Denbigh ; celui-ci était endormi ; l'intendant le regarda pendant dix minutes en silence, et John remarqua, en le conduisant dans sa chambre, qu'une larme brillait dans les yeux gris du vieillard.

Comme la lettre de M. Benfield n'était pas moins originale que celui qui l'avait apportée, nous nous faisons un devoir de la rapporter en entier.

« Sir Edward et cher neveu,

« Votre lettre n'étant arrivée à Benfield-Lodge qu'au moment où j'allais me mettre au lit, il m'a été impossible d'y répondre le même soir ; mais je me hâte de vous faire ce matin mes félicitations, me rappelant la maxime si souvent répétée par mon parent lord Gosford, qu'on doit toujours répondre immédiatement aux lettres qu'on reçoit ; et il avait bien raison ; car l'omission d'un devoir si essentiel faillit amener une affaire d'honneur entre le comte et sir Stephens Hallet. Ce dernier était toujours d'un avis contraire au nôtre dans la chambre des communes, et j'ai souvent pensé que les débats eux-mêmes avaient été la cause de la correspondance, puisque le comte avait parlé à sir Stephens comme s'il eût été traître à son roi et à son pays.

« A ce qu'il paraît, votre fille Emilie a été préservée de la mort par le petit-fils du général Denbigh, qui siégeait avec nous à la chambre. J'avais toujours eu bonne opinion de ce jeune homme, qui me rappelle d'une manière frappante feu mon frère, votre beau-père, et j'envoie mon intendant, Peter Johnson, tout exprès à Moseley-Hall, pour qu'il voie le malade, et qu'il me dise exactement comment il l'aura trouvé ; si ce pauvre jeune homme désire quelque chose qui soit au pouvoir de Roderick Benfield, il n'a qu'à parler, et il sera satisfait ; non que je suppose, mon neveu, qu'il puisse manquer de rien près de vous ; mais Peter est un profond observateur, quoiqu'il parle peu, et il est très-capable de donner d'excellents avis qui pourraient échapper à de plus jeunes têtes.

« Je prie Dieu que le jeune homme soit bientôt rétabli, comme votre lettre m'en donne l'espérance ; et s'il est possible de lui procurer de l'avancement dans l'armée (comme les militaires sont rarement très-riches), vous aurez une excellente occasion de lui offrir vos services. Pour que cela ne gêne en rien vos arrangements et vos projets de plaisirs pour cet hiver, tirez sur moi cinq mille livres sterling payables à vue.

« De crainte qu'il ne soit fier, et qu'il ne veuille pas accepter votre offre, j'ai fait ajouter ce matin par Peter un codicile à mon testament, par lequel je lègue à Denbigh dix mille livres sterling.

« Dites à Emilie que c'est une petite méchante, de ne m'avoir pas écrit toute l'histoire en détail ; mais, pauvre chère âme ! je présume qu'elle a bien autre chose en tête en ce moment. Que Dieu vous bénisse tous, et tâchez d'obtenir de suite pour lui un brevet de lieutenant-colonel ; c'est une faveur qu'on a déjà accordée. L'ami du frère de lady Juliana fut nommé d'emblée lieutenant-colonel.

« Roderick Benfield. »

Le lendemain matin, Peter se leva avec le soleil, et se remit en route pour la maison où il était né, et de laquelle, avant ce voyage, il ne s'était jamais absenté vingt-quatre heures.

Le résultat de cette expédition n'est jamais parvenu à notre connaissance ; mais l'arrivée d'un domestique qui, quelques jours après, apporta une paire d'énormes conserves vertes que le vieux gentilhomme assurait à son neveu lui paraître ainsi qu'à Peter fort utiles pour les yeux faibles du malade, pourrait bien être une suite de la prudente sagacité du prévoyant intendant.

CHAPITRE XXI.

> Il aime à remonter le cours de sa vie. Laisssons-le parler de lui-même et du passé. — CHURCHILL.

Le jour où Denbigh quitta B*** fut un jour de tristesse pour tous les membres du petit cercle dont il s'était fait autant d'amis par sa modestie, par son amabilité et par son noble courage. Sir Edward, désirant trouver une nouvelle occasion de lui exprimer toute sa reconnaissance, le pria de le suivre un moment dans la bibliothèque, et là il lui fit avec toute la délicatesse possible les plus vives instances pour qu'il profitât des offres libérales de M. Benfield pour obtenir de l'avancement dans l'armée. — Mon cher monsieur Denbigh, dit l'excellent baronnet en lui serrant la main, tandis que des larmes brillaient dans ses yeux, regardez-moi comme un père, et permettez-moi de vous tenir lieu de celui que vous avez perdu. Oui, vous êtes mon fils, et en cette qualité vous devez me laisser agir pour vos intérêts.

Denbigh répondit aux offres affectueuses de sir Edward par une émotion égale à celle du baronnet; mais il refusa, avec autant de reconnaissance que de respect, l'offre généreuse qu'il lui faisait de ses services; il avait, dit-il, des amis puissants qui travailleraient à son avancement sans qu'il fût nécessaire d'avoir recours à d'autres moyens. Au moment de se séparer du baronnet, il lui prit la main et ajouta avec chaleur : — Cependant, mon cher Monsieur, un jour viendra, je l'espère, où je réclamerai de vous un don qu'une vie tout entière de services et de dévouement me rendrait à peine digne d'obtenir. Sir Edward répondit par un sourire plein de bonté à une demande à laquelle il s'attendait, et Denbigh se retira.

John avait insisté pour conduire son jeune ami jusqu'au premier relai, et ses chevaux bais semblaient partager sa tristesse, en attendant dans la cour que Denbigh eût fait ses adieux à la famille.

Emilie voyait toujours arriver avec le plus vif plaisir le moment de l'excursion annuelle qu'elle faisait avec sa famille à Benfield-Lodge; elle aimait son oncle, elle en était tendrement aimée, et l'instant qui devait les réunir faisait ordinairement palpiter son cœur, tandis que l'espoir du plaisir qu'elle se promettait occupait d'avance sa jeune imagination, que l'expérience n'avait pas encore désenchantée. Cependant plus ce jour approchait, plus sa mélancolie augmentait; et le matin où Denbigh devait prendre congé d'elle, Emilie ne semblait rien moins qu'heureuse. Le tremblement de sa voix et la rougeur de ses yeux avaient fait craindre à lady Moseley qu'elle ne fût malade; mais, comme, à cette remarque, la pâleur de ses joues fit place au plus brillant incarnat que pût désirer le cœur d'une mère, celle-ci se laissa persuader par Mrs Wilson qu'il n'y avait aucun danger, et elle la suivit pour veiller à quelques arrangements de ménage. En ce moment Denbigh entra; il avait rencontré les deux dames à la porte, et elles lui avaient dit qu'il trouverait Emilie.

— Je viens vous faire mes adieux, miss Moseley, dit-il d'une voix mal assurée et en lui prenant la main. Il garda le silence quelques instants, puis pressant cette main chérie contre son cœur:
— Puisse le Ciel veiller sur vous! s'écria-t-il; et il se précipita hors de la chambre pour mettre fin à des adieux si pénibles. Emilie resta un moment pâle et presque inanimée; enfin des larmes abondantes vinrent la soulager, et elle alla s'asseoir dans l'embrasure de la croisée. Lady Moseley, en rentrant, dit qu'elle craignait que le froid n'augmentât le malaise d'Emilie; mais Mrs Wilson, observant que de la fenêtre on découvrait la grande route, pensa que l'air était trop doux pour lui faire mal.

Les personnes qui composaient la petite société de B*** en étaient alors presque toutes absentes, les unes pour leurs affaires, les autres pour leurs plaisirs. M. Jarvis et sa famille avaient quitté le Doyenné pour aller prendre les eaux. Francis et Clara étaient allés faire une petite excursion dans le nord, d'où ils devaient revenir à L***; et le jour arriva où la famille du baronnet devait se mettre en route pour s'y rendre de son côté.

Les voitures avaient été demandées; les domestiques allaient et venaient pour faire tous les préparatifs du départ, et Mrs Wilson, accompagnée de John et de ses sœurs revenait d'une promenade qu'ils avaient faite, pour éviter l'embarras et le désordre que le château offrait de tous côtés. A peu de distance des portes du parc, ils virent s'avancer un équipage qui fit tant de poussière, que les modestes piétons furent obligés de se mettre sur le côté de la route d'où venait le vent. Lorsque la voiture fut près d'eux, ils virent que c'était une berline élégante, du goût le plus moderne; elle était attelée de six chevaux; plusieurs domestiques très-bien montés suivaient au galop; et la petite société qui les regardait passer n'avait jamais vu de train plus brillant.

— Serait-il possible que lord Bolton possédât de pareils chevaux! s'écria John avec toute l'ardeur d'un connaisseur; ce sont les plus beaux du royaume.

L'œil perçant de Jane avait distingué au travers des nuages de poussière les armes brillantes qui semblaient ressortir des panneaux foncés de la berline. — Non, non, répondit-elle, il y a une couronne de comte; mais ce ne sont point les armes des Boltons. Mrs Wilson et Emilie avaient bien remarqué un seigneur appuyé dans le fond de la voiture, mais son passage avait été trop rapide pour qu'elles eussent pu distinguer ses traits; cependant Mrs Wilson avait cru reconnaître qu'il était plus jeune que le comte.

— Mon ami, dit John à un des domestiques qui détournait son cheval de l'endroit où se trouvaient les dames, voulez-vous bien me dire quel est le seigneur qui vient de passer dans cette berline?

— C'est lord Pendennyss, monsieur.

— Pendennyss! s'écria Mrs Wilson d'un ton de regret; que je suis malheureuse! Elle avait vu s'écouler, sans le voir arriver, le moment désigné pour sa visite, et maintenant, lorsqu'il était trop tard pour profiter de l'occasion, il venait pour la seconde fois dans son voisinage. Emilie, à qui son amour pour sa tante faisait partager sa sollicitude, pria son frère de faire encore une ou deux questions au domestique.

— Où votre maître doit-il s'arrêter cette nuit? lui demanda John.

— Au château de Bolton, Monsieur; et j'ai entendu milord dire à son valet de chambre qu'il avait l'intention d'y rester un jour, et de partir après-demain pour le pays de Galles.

— Je vous remercie, mon ami, dit John; et le domestique piqua des deux pour rejoindre son maître.

On allait partir; les voitures étaient à la porte, et sir Edward pressait Jane d'y monter, lorsqu'un domestique en riche livrée arriva au galop, et remit à Mrs Wilson une lettre où elle lut ce qui suit :

« Le comte de Pendennyss présente ses respectueux hommages à Mrs Wilson et à la famille de sir Edward Moseley. Il aura l'honneur de leur rendre ses devoirs au moment que voudra bien lui désigner la veuve de celui qui fut son meilleur ami.

« Au château de Bolton, vendredi matin. »

En lisant ce billet, Mrs Wilson regretta amèrement que la nécessité la forçât de renoncer encore une fois au plaisir de voir celui que le bruit public parait de toutes les vertus, et elle se hâta de lui répondre en ces termes :

« Milord,

« Je regrette bien qu'un engagement que nous ne pouvons remettre nous force de partir à l'instant même de Moseley-Hall, et nous prive du plaisir de vous recevoir. Comme par l'effet des circonstances, le nom de Votre Seigneurie se rattache aux plus chers, quoiqu'aux plus tristes événements de ma vie, je désire vivement voir celui dont le caractère m'est déjà si bien connu. J'espère que nous nous verrons à Londres cet hiver, et que je pourrai trouver une occasion plus heureuse de vous exprimer les sentiments de gratitude de votre sincère amie,

« Charlotte Wilson.

« Moseley-Hall, vendredi soir. »

Le domestique fut renvoyé avec cette réponse, et les voitures se mirent en route. John avait décidé Emilie à se confier encore une fois à ses chevaux bais et à son adresse à les conduire ; mais, en voyant la mélancolie de sa tante, elle insista pour changer de place avec sa sœur, qui était dans la voiture de Mrs Wilson, et elle voyagea la première journée avec cette dernière. La route passait à environ un quart de mille de Bolton, et les dames espérèrent, mais en vain, apercevoir le jeune comte, soit par une croisée, soit dans les jardins. Emilie, pour détourner l'attention de sa tante des tristes souvenirs dont elle paraissait occupée, sachant combien elle aimait à parler de son héros, lui fit quelques questions sur un sujet si fertile.

— Le comte doit être très-riche, chère tante, à en juger par le train qu'il mène?

— Très-riche, ma chère; je ne connais pas sa famille, mais je sais qu'il n'en est guère de plus noble dans l'Angleterre, et quelqu'un m'a dit, je crois même que c'est lord Bolton, que les biens qu'il possédait dans le pays de Galles seulement étaient d'un revenu de soixante mille livres sterling.

— Quel bien il pourrait faire avec une telle fortune! dit Emilie d'un air pensif.

— Dites plutôt : quel bien il fait! dit Mrs Wilson avec chaleur; tous ceux qui connaissent lord Pendennyss assurent qu'il fait des aumônes continuelles. Sir Herbert Nicholson m'a dit que la simplicité qu'il met toujours dans sa toilette et l'ordre extrême qu'il apporte dans ses affaires lui permettent de faire chaque année des économies considérables, qui toutes sont employées au soulagement des malheureux.

— Prodiguer l'argent n'est pas toujours exercer la charité, dit Emilie avec un sourire malin et en rougissant un peu.

— Non, sans doute, dit Mrs Wilson en souriant à son tour, mais au moins c'est exercer la charité que de donner l'interprétation la plus favorable aux actions de notre prochain.

— Sir Herbert le connaît donc? dit Emilie.

— Il le connaît parfaitement; ils ont été ensemble au service pendant plusieurs années, et il parle de lui avec un enthousiasme qui est bien en harmonie avec mes sentiments.

La principale auberge de F***, ayant pour enseigne les Armes de Moseley, était tenue par un vieux sommelier de la famille; et chaque année, sir Edward, en allant chez son oncle, avait coutume d'y passer la nuit. Il fut reçu par son ancien serviteur avec tout le respect que tous ceux qui connaissaient le baronnet ne pouvaient refuser à ses vertus et à la bonté de son cœur.

— Eh bien! Jackson, dit sir Edward avec bienveillance pendant le souper, comment vont vos affaires? J'espère que la bonne intelligence est rétablie entre vous et le maître de l'auberge de la Vache-Noire?

— Pourquoi, sir Edward? répliqua l'hôte qui, sans avoir perdu de son respect pour son maître, n'avait plus tout à fait cette déférence qui l'eût empêché d'émettre un avis contraire au sien; les sentiments de M. Daniels et les miens sont toujours les mêmes que lorsque vos bienfaits me mirent à même d'acheter cette maison. Alors il avait la pratique de tous les voyageurs de haut rang, et pendant plus d'un an je ne logeai pas une seule personne titrée, excepté Votre Honneur et un docteur célèbre de Londres, qui fut appelé ici près d'un malade. Daniels eut alors l'impudence d'appeler ma maison l'hôtel des rouliers; nous eûmes une vive querelle à cette occasion, et ce sont de ces injures qu'on ne pardonne pas aisément.

— Je suis charmé que vous soyez plus content de la qualité de vos hôtes; et puisque vous n'avez plus rien à lui envier de ce côté, je présume que vous êtes plus disposés à la bienveillance l'un envers l'autre.

— Quant à la bienveillance, sir Edward, j'ai vécu dix ans avec Votre Honneur, et vous devez connaître mon caractère, dit Jackson avec l'air de satisfaction que donne une conscience tranquille; mais Sam Daniels est un homme avec lequel il n'est pas aisé de vivre, à moins de le laisser tranquillement en possession du haut de l'échelle. Toutefois, continua l'hôte en riant et en se frottant les mains, j'ai eu dernièrement ma revanche!

— Comment cela, Jackson? demanda le baronnet, voulant favoriser le désir évident qu'avait son vieux serviteur de lui raconter ses triomphes.

— Votre Honneur doit avoir entendu parler d'un grand seigneur, d'un duc de Derwent; eh bien! sir Edward, il y a environ six semaines qu'il passa par ici avec lord Chatterton.

— Chatterton! s'écria John en l'interrompant; est-il possible qu'il soit venu si près de nous?

— Oui, monsieur Moseley, répondit Jackson d'un air d'importance. Ils arrivèrent devant ma porte dans une chaise attelée de quatre chevaux et suivie de cinq domestiques, et, le croiriez-vous, sir Edward? à peine étaient-ils entrés depuis dix minutes, que le fils de Daniels s'était déjà faufilé parmi les domestiques, pour savoir le nom de leurs maîtres. J'allai le lui apprendre moi-même, sir Edward, car il ne nous arrive pas tous les jours des ducs.

— Et c'est le hasard, sans doute, qui engagea Sa Grâce à entrer chez vous plutôt qu'à la Vache-Noire?

— Non, Votre Honneur, dit l'hôte en montrant son enseigne, et en s'inclinant respectueusement devant son ancien maître, les Armes de Moseley ont tout fait. M. Daniels avait coutume de me railler de ce que j'avais porté la livrée, et il m'avait dit plus d'une fois qu'il n'avait qu'à traire sa vache, mais que les armes de Votre Honneur ne m'empêcheraient pas de végéter toute ma vie. Aussi, dès que mes nobles hôtes furent arrivés, Votre Honneur, je me hâtai de lui envoyer un message pour lui apprendre ma bonne fortune.

— Et comment ce message était-il conçu?

— Je lui fis dire seulement que les armes de Votre Honneur avaient amené dans ma maison un baron et un duc : voilà tout.

— Et je suppose que Daniels mit poliment votre messager à la porte? dit John en riant.

— Non, monsieur Moseley, Daniels ne l'eût point osé. Mais ce fut hier, Votre Honneur, ce fut hier soir que mon triomphe fut complet. Daniels était assis devant sa porte, et je fumais ma pipe à la mienne, sir Edward, lorsqu'un carrosse attelé de six chevaux et entouré d'une foule de domestiques parut au bout de la rue. Bientôt il fut près de nous, et les jockeys dirigeaient déjà les chevaux vers la cour de la Vache-Noire, lorsque le gentilhomme qui était dans la voiture, apercevant mon enseigne, envoya un de ses domestiques demander qui tenait la maison. Je me nommai, Monsieur, et je pris la liberté de me réclamer de Votre Honneur. — Monsieur Jackson, me dit Sa Seigneurie, j'ai trop de respect pour sir Edward Moseley pour ne pas me loger de préférence chez un vieux serviteur de sa famille.

— Vraiment! dit le baronnet. Mais, Jackson, quel était ce seigneur?

— Le comte de Pendennyss, Votre Honneur; oh! c'est un digne seigneur; il me fit bien des questions sur le temps où je vivais chez Votre Honneur, et sur Mrs Wilson.

— Sa Seigneurie passa-t-elle la nuit chez vous? demanda Mrs Wilson enchantée de l'intérêt que le comte avait témoigné pour elle.

— Oui, Madame, et il ne nous quitta qu'après avoir déjeuné.

— Et cette fois-ci, Jackson, dit John en riant, quel message envoyâtes-vous à la Vache-Noire?

Jackson regardait sans répondre, d'un air malin; mais John ayant renouvelé sa question, il répondit : — Vous sentez, Monsieur, que j'étais un peu à l'étroit pour loger toute la suite du comte, et j'envoyai Tom demander à M. Daniels s'il ne pourrait pas me prendre une couple de domestiques.

— Et Tom revint-il avec ses deux oreilles?

— Oui, monsieur John, le pot qu'on lui a jeté n'a fait que lui raser la tête; mais si jamais!...

— Allons! allons! dit le baronnet désirant mettre fin à cette conversation, vous avez été assez heureux pour montrer de la générosité; je vous conseille de vivre en bonne intelligence avec votre voisin, si vous ne voulez pas que je vous fasse perdre vos nobles hôtes, en retirant mes armes. Voyez si ma chambre est prête.

— Oui, Votre Honneur, dit Jackson; et, saluant respectueusement, il se retira.

— Au moins, ma tante, dit John d'un ton plaisant, nous avons le plaisir de souper dans la même chambre que le noble comte: et c'est toujours quelque chose, quoique ce soit à vingt-quatre heures de distance.

— J'aurais bien désiré que ce fût le même jour, dit le baronnet en pressant avec affection la main de sa sœur.

— L'arrivée de pareils hôtes a dû être d'un grand profit pour Jackson, dit lady Moseley; et ils se séparèrent pour la nuit.

Le lendemain, tous les domestiques de Benfield-Lodge étaient rangés en haie dans le grand vestibule, pour recevoir convenablement sir Edward et sa famille. Au milieu d'eux se faisait remarquer la taille droite et élancée de leur maître, ayant à sa droite l'honnête Peter Johnson, qui eût pu disputer, même à M. Benfield, le prix de la maigreur.

— Sir Edward et milady Moseley, dit le vieux gentilhomme, lorsqu'ils arrivèrent près de lui, c'était l'usage dans ma jeunesse (et cette coutume était invariablement suivie par les personnes d'une haute noblesse, telles que lord Gosford... et... et... sa sœur, lady Juliana Dayton), c'était l'usage, dis-je, de recevoir ses hôtes du haut du perron de son château; et conformément... Ah! chère Emmy, s'écria le bon vieillard en la pressant dans ses bras avec tendresse, et oubliant le discours qu'il avait préparé, à la vue de sa nièce chérie, vous avez échappé à la mort; que Dieu en soit béni!... Là, que faites-vous donc?... laissez-moi respirer... laissez-moi respirer. Et, voulant tâcher de reprendre son empire sur lui-même, il se tourna vers John: — Ainsi donc, jeune homme, vous jouez avec des armes meurtrières, et vous mettez en danger la vie de votre sœur? Dans ma jeunesse, Monsieur, aucun gentilhomme, de ceux du moins qui étaient reçus à la cour, ne touchait jamais un fusil. Lord Gosford n'a de sa vie tué un oiseau, ni conduit lui-même sa voiture; non, Monsieur, les gentilshommes alors n'étaient point des cochers. Peter, quel âge avais-je lorsque je conduisis pour la première fois ma chaise en me promenant dans mes terres? C'était, je crois, à l'époque où vous eûtes le bras cassé, dans l'année...

Peter, qui s'était retiré modestement derrière son maître, et qui pensait que sa tournure élégante n'était là que pour faire tableau, avança d'un pas en s'entendant appeler, et, faisant un salut profond, il répondit de sa voix glapissante :

— Dans l'année 1798, Votre Honneur, la trente-huitième du règne de Sa Majesté, la soixante-quatrième de votre âge, et le 12 juin sur le midi. Peter s'était retiré en finissant ; mais, semblant se rappeler quelque chose, il reprit sa place avancée, puis ajouta gravement : — Nouveau style.

— Comment vous portez-vous, vieux style? s'écria John en le frappant amicalement sur l'épaule.

— Monsieur John Moseley..., mon jeune maître (ce nom qu'affectionnait Peter n'avait passé du baronnet à son fils que depuis quelques années), avez-vous pensé... à me rapporter... les conserves vertes?

— Certainement, dit John avec gravité; et, les prenant dans sa poche pendant que la société passait dans le parloir, il les mit avec solennité sur la tête chauve de l'intendant : — Là, monsieur Peter Johnson, vous voilà rentré dans votre propriété, que je vous rends saine et sauve.

— Et M. Denbigh m'a dit plusieurs fois, dit Emilie d'un ton de bonté, qu'il vous devait beaucoup de reconnaissance pour une attention aussi délicate.

— Ah! miss Emmy, dit l'intendant en lui faisant un de ses plus beaux saluts, comment? il a dit cela! que Dieu le bénisse! mais le quatorzième codicile du testament de mon maître... et il se mit le doigt sur la bouche d'un air significatif.

— J'espère que le treizième porte le nom de l'honnête Peter, dit Emilie, qui trouvait plus de plaisir que de coutume à causer avec le bon intendant.

— Comme témoin, miss Emmy, comme témoin, et voilà tout ; mais que Dieu me préserve, continua Peter avec solennité, de vivre assez pour voir ce testament mis au jour ! Non, miss Emmy, mon maître m'a comblé de ses bienfaits lorsque j'étais encore assez jeune pour en jouir. Je suis riche, miss Emmy, je possède trois cents bonnes livres sterling par an.

Emilie, qui avait rarement entendu Peter prononcer un aussi long discours que celui que venait de lui arracher la reconnaissance, lui exprima tout le plaisir qu'elle en ressentait, et après lui avoir serré la main avec bonté, elle le quitta pour entrer dans le parloir.

— Ma nièce, dit M. Benfield après avoir promené ses regards autour de lui, où est donc le colonel Denbigh ?

— Le colonel Egerton, vous voulez sûrement dire, Monsieur ? dit lady Moseley.

— Non, lady Moseley, le colonel Denbigh, car je présume qu'il est maintenant colonel, dit-il en regardant le baronnet d'un air expressif ; et qui peut être plus digne d'être colonel et même général, qu'un homme qui n'a pas peur du feu ?

— En ce cas, Monsieur, dit John, qui prenait un malin plaisir à attaquer le vieillard par son endroit le plus sensible, les colonels devaient être rares dans votre jeunesse.

— Non, monsieur l'impertinent, non ; les seigneurs de mon temps savaient se battre quand il le fallait, quoiqu'ils ne missent pas leur plaisir et leur gloire à tourmenter de pauvres oiseaux ; l'honneur était aussi cher à un gentilhomme de la cour de George II, qu'il peut l'être à ceux qui brillent à celle de son petit-fils, et la vertu aussi, Monsieur, et la vertu aussi ; je me rappelle que, lorsque je siégeais au parlement, il n'y avait pas dans tout le ministère un homme d'une intégrité douteuse, et que les bancs mêmes de l'opposition n'étaient remplis que par des membres d'un caractère loyal et incorruptible : pourriez-vous me citer un pareil exemple aujourd'hui ?

CHAPITRE XXII.

> Est-elle heureuse? — Hélas! elle soupire, elle rêve,
> elle aime la solitude. — Mariez-la bien vite.
> CRABBE.

Peu de jours après l'arrivée des Moseley à Benfield-Lodge, John conduisit ses sœurs au petit village de L***, où la saison des eaux amenait toujours beaucoup de monde.

Parmi les distractions offertes aux malades et aux oisifs qui fréquentaient les eaux, on comptait ce qu'on pourrait appeler le propagateur du bien et du mal, une bibliothèque publique.

Il faut avouer que si les livres parfois nous corrigent et nous instruisent, ce moyen facile de publier ses pensées ne sert trop souvent qu'à corrompre les principes de vertu et de morale que la nature ou l'éducation nous avait inspirés. On ne niera point non plus que nos bibliothèques ne contiennent autant de volumes dans cette catégorie que dans la première, car nous devons ranger dans la classe des livres pernicieux ces ouvrages futiles qui seraient déjà assez dangereux lors même qu'ils ne causeraient d'autre mal que d'entraîner la perte d'un temps précieux, et nous ne prétendons pas en excepter le nôtre.

Nous ne pouvons nous empêcher d'exprimer le regret que des armes si dangereuses soient laissées à la portée du peuple, de ces gens que l'éducation n'a pas prémunis contre les faux principes que tant d'écrits aujourd'hui ne sont destinés qu'à propager, et que leur goût entraînera toujours à choisir un ouvrage licencieux ou immoral de préférence à celui qui pourrait les éclairer et les instruire.

John entra dans les salons conduisant ses deux charmantes sœurs. Depuis longtemps les livres étaient une source d'amusement pour Jane et d'instruction pour Emilie.

Sir Edward était passionné pour la lecture de ces ouvrages qui, sans être tout à fait inutiles, ne demandent pas une grande profondeur de pensées ou des recherches fatigantes; et, comme beaucoup d'autres, qui sont ennemis de toute contention d'esprit, il découvrait quelquefois, par suite de son bon sens naturel, qu'il avait adopté, sans s'en apercevoir, des idées fausses et qui n'étaient pas même d'accord entre elles.

Il est aussi dangereux d'abandonner toutes nos facultés aux impressions que cherche à faire naître l'auteur que nous lisons, qu'il est vain et inutile d'analyser avec défiance chacune de ses syllabes ; on ne pouvait accuser sir Edward de ce dernier travers, mais il n'était pas tout à fait à l'abri du premier.

Lady Moseley lisait très-peu ; ses opinions étaient établies d'une manière inébranlable sur tous les points importants, et son caractère affable et liant la portait à être toujours de l'avis des autres, sur les sujets qui ne touchaient ni la religion ni la morale.

Jane avait un esprit plus actif que celui de son père et plus brillant que celui de sa mère ; et si elle n'avait point reçu de fâcheuses impressions de tous les livres qu'elle lisait indistinctement et sans guide, elle le devait plutôt à l'heureuse circonstance que la bibliothèque du baronnet ne contenait rien de précisément mauvais, qu'à aucune précaution de ses parents contre le mal profond et irréparable que doivent produire des lectures mal dirigées sur l'esprit d'une jeune personne.

Mrs Wilson avait mis tant de soin à écarter de sa pupille un semblable danger, et à lui faire sentir la nécessité de ne lire que des ouvrages choisis, que ce qui n'avait été d'abord chez Emilie que l'effet de la soumission et de l'obéissance, fut bientôt l'effet de son goût et de l'habitude.

Emilie ne lisait presque jamais que des ouvrages instructifs, et si quelquefois elle se permettait d'en ouvrir un moins sérieux, son esprit juste était toujours éclairé par un goût et un jugement sain, qui en diminuaient le danger s'ils ne l'excluaient tout à fait.

Les salons de lecture étaient remplis d'un grand concours de monde. Tandis que John souhaitait le bonjour aux personnes de sa connaissance et que ses sœurs cherchaient à se procurer un catalogue, une dame âgée, dont la toilette et l'accent annonçaient une étrangère, entra dans le salon, et, déposant sur une table quelques livres religieux, elle demanda le reste de l'ouvrage.

La singularité de son accent attira l'attention des sœurs, et, à la grande surprise de Jane, Emilie, en la voyant, laissa échapper un cri de joie ; l'étrangère leva les yeux, et, après un moment d'hésitation, salua d'un air respectueux. Emilie s'avança vers elle, lui prit la main, et les deux dames se demandèrent réciproquement de leurs nouvelles.

C'était l'amie de la belle inconnue qu'Emilie avait rencontrée à Bath, et cette dernière apprit, avec autant de plaisir que de surprise, que la jeune Espagnole, qui se nommait Mrs Fitzgerald, demeurait dans une petite maison isolée à cinq milles de L***; elle s'y était établie depuis six mois avec sa compagne, et comptait y rester, à moins qu'elle ne se décidât à retourner en Espagne, ce que cette dernière commençait à espérer depuis la paix.

Emilie ayant demandé et obtenu la permission d'aller les visiter dans leur retraite, la dame espagnole partit, et Jane, ayant fait choix des livres qu'elle désirait, reprit avec John et Emilie le chemin de Benfield-Lodge.

Chemin faisant, Emilie raconta à son frère la rencontre qu'elle avait faite, et lui dit qu'elle avait appris, pour la première fois, le nom de leur belle inconnue, et qu'elle était ou avait été mariée.

John écouta sa sœur avec le vif intérêt que lui avait inspiré la belle Espagnole dès leur première rencontre, et lui dit en riant qu'il ne pouvait croire que l'aimable étrangère eût jamais été mariée. Pour éclaircir ce doute et satisfaire le désir qu'ils avaient tous deux de renouveler connaissance avec elle, ils convinrent de diriger leur promenade, le lendemain matin, vers le petit ermitage, accompagnés de Mrs Wilson et de Jane, si elle le désirait. Mais le jour suivant avait été désigné par Egerton comme celui de son arrivée à L***, et Jane refusa de se joindre à eux, sous prétexte de quelques lettres qu'elle avait à écrire.

Jane avait lu avec soin tous les journaux depuis le départ du colonel, et après y avoir vu son arrivée à Londres, elle y avait trouvé les détails de la revue de son régiment. Il n'avait écrit à personne de la famille; mais, jugeant des sentiments du colonel d'après les siens, Jane n'avait pas le moindre doute qu'il n'arrivât, au jour indiqué, sur les ailes de l'amour.

Mrs Wilson écouta avec plaisir le récit que lui fit sa nièce de sa rencontre inespérée avec la belle inconnue dans les salons de lecture, et elle accepta avec empressement le projet de visite pour le lendemain, désirant chercher à adoucir les chagrins de la nouvelle connaissance d'Emilie, et surtout étudier à fond son caractère.

Le lendemain de son arrivée, le baronnet et M. Benfield eurent une longue conversation relativement à la fortune de Denbigh, et le vieux gentilhomme exprima avec véhémence tout le mécontentement qu'il éprouvait de ce qu'il appelait la fierté du jeune homme. Cependant, lorsque le baronnet, entraîné par sa franchise, eut laissé percer l'espoir qu'il concevait d'une union entre Denbigh et sa fille, M. Benfield se calma, et dit qu'en effet une pareille récompense était seule digne d'un pareil service. — Puisqu'il en est ainsi, dit-il, et qu'il doit épouser Emmy, il vaudrait mieux qu'il vendît sa commission dans l'armée ; il doit y avoir bientôt une élection, et je le porterai au parlement. Oui, oui, rien ne forme tant un homme et ne le met plus à même d'étudier le cœur humain que d'y siéger pendant une session, et toutes les connaissances que je puis avoir en ce genre, je les dois au temps que j'ai passé à la chambre. Sir Edward exprima son assentiment avec cordialité, et ils se séparèrent également satisfaits des arrangements qu'ils avaient pris pour assurer le bonheur de deux êtres qu'ils aimaient si tendrement.

Quoique les soins et la prudence de Mrs Wilson eussent toujours veillé pour éloigner de sa pupille ces idées enthousiastes et romanesques dont se repaissent tant de jeunes personnes, cependant les douces illusions auxquelles on est porté à se livrer sous l'influence de la jeunesse, de l'espoir et de l'innocence, inspiraient à Emilie une sorte de ravissement, inconnu jusqu'alors à son âme pure et tranquille. L'image séduisante de Denbigh se mêlait toujours à ses pensées, soit qu'elles eussent pour sujet le passé ou l'avenir, et elle était sur le seuil de ces châteaux imaginaires dans lesquels Jane se perdait ordinairement.

Emilie se trouvait dans la position qui peut-être est la plus dangereuse pour une jeune fille chrétienne : son cœur, toutes ses affections, étaient donnés à un homme qui paraissait les mériter, et qui était venu partager l'amour que jusqu'alors elle n'avait eu que pour son Créateur. Empêcher l'amour profane de devenir le plus fort, et soumettre ses passions aux plus puissantes considérations d'un devoir éternel et d'une pieuse gratitude, est une des épreuves les plus difficiles que puisse avoir à subir une âme chrétienne. Nous sommes plus enclins à oublier notre Dieu dans la prospérité que dans le malheur; la faiblesse de la nature humaine nous porte à chercher du secours contre l'adversité; mais la vanité et l'aveuglement ne nous persuadent que trop souvent que le bonheur dont nous jouissons ne saurait finir.

Sir Edward et lady Moseley n'entrevoyaient dans l'avenir que des jours de calme et de bonheur pour tous leurs enfants.

Clara était déjà heureusement établie, et ses sœurs étaient à la veille de s'unir avec des hommes dont la famille, le rang et le caractère auraient satisfait des parents plus difficiles; elles allaient, il est vrai, tirer à une loterie dont les chances sont bien incertaines; mais, d'après leurs principes, sir Edward et lady Moseley ne pouvaient qu'espérer et prier pour leur bonheur, et ils le faisaient avec ferveur.

Ce n'était point ainsi que se conduisait Mrs Wilson; elle avait veillé sur le précieux dépôt qui lui avait été confié, avec trop d'assiduité, un trop vif intérêt et un sentiment trop juste de la responsabilité qui pesait sur elle, pour déserter son poste au moment où sa surveillance devenait plus nécessaire.

Dans les entretiens qu'elle avait avec sa nièce, elle travaillait à empêcher que la perspective de bonheur terrestre qui s'ouvrait devant elle ne lui fît oublier que ce n'était que le passage à une meilleure vie; elle tâchait, par ses exemples, par ses prières et par ses conseils, de ne lui point laisser perdre de vue la fin pour laquelle elle avait été créée, et, avec le secours de la Providence, ses efforts étaient couronnés de succès.

Le jour où les jeunes gens avaient été visiter la bibliothèque publique, lorsque toute la famille était encore à table après le dîner, John Moseley semblant sortir d'une longue rêverie, demanda tout à coup à sa sœur :

— Laquelle trouvez-vous la plus belle, Emilie, de Grace Chatterton ou de Mrs Fitzgerald?

Emilie se mit à rire, et lui répondit : — C'est Grace, très-certainement; n'êtes-vous pas de mon avis, mon frère?

— Mais, oui, quelquefois; mais ne trouvez-vous pas qu'il y a des moments où Grace a tout à fait le regard de sa mère?

— Oh! non; elle est le portrait frappant de Chatterton.

— C'est à vous qu'elle ressemble trait pour trait, chère Emmy, dit M. Benfield, qui écoutait leur conversation.

— A moi, mon cher oncle! jamais personne ne m'a fait ce compliment.

— Oui, oui, et cela saute aux yeux; je n'ai jamais vu une si grande ressemblance, si ce n'est celle que je trouve entre vous et lady Juliana. Lady Juliana, Emmy, était une beauté dans sa jeunesse ; elle ressemblait beaucoup à son oncle, le vieil amiral Griffin... Vous ne pouvez vous rappeler l'amiral... Il avait perdu un œil dans une bataille contre les Hollandais, et la moitié d'une joue, lorsque, bien jeune encore, il servait contre les Espagnols à bord d'une frégate. Oh ! c'était un aimable vieillard ! Combien de guinées ne me donna-t-il pas lorsque j'étais tout petit et que j'allais à l'école !

— Et il ressemblait à Grace Chatterton, mon oncle? dit John en souriant.

— Non, Monsieur, non, non ; qui a dit qu'il lui ressemblât, mauvais plaisant ?

— Je croyais vous l'avoir entendu dire, Monsieur ; mais peut-être est-ce la vérité du portrait qui m'a induit en erreur ; cet œil et cette joue...

Emilie l'interrompit : — Lord Gosford laissa-t-il des enfants, mon oncle? dit-elle en jetant sur John un regard de reproche.

— Non, cher Emmy ; son fils unique mourut au collège ; je n'oublierai jamais le chagrin de cette pauvre lady Juliana. Elle remit pendant près de trois semaines un voyage qu'elle désirait faire à Bath. Un seigneur qui lui faisait alors la cour lui offrit sa main et fut refusé. En vérité son désintéressement fit naître une telle admiration dans le cœur de tous les hommes de la cour, qu'immédiatement après la mort du jeune lord Dayton, sept gentilshommes lui offrirent leurs vœux, et furent rejetés dans la même semaine, et j'entendis lady Juliana s'écrier qu'au milieu de ses adorateurs et des hommes de loi, elle n'avait plus un moment de repos.

— Des hommes de loi !... s'écria sir Edward ; et qu'avait-elle à démêler avec eux.

— Parbleu ! sir Edward, la mort de son neveu lui assurait six mille livres sterling de revenu, et il y avait des curateurs à nommer, et des contrats à dresser... Pauvre jeune femme ! elle était si affectée, Emmy, qu'elle fut, je crois, une semaine sans sortir, passant tout ce temps à lire des papiers, et à s'occuper d'affaires. Oh ! quel bon goût elle avait ! son deuil, ses livrées et son nouveau carrosse firent l'admiration de toute la cour... Oui, le titre est éteint, et je ne connais plus personne qui porte ce nom. Le comte ne survécut que six ans à la perte de son fils ; et la comtesse, le cœur brisé, l'avait précédé de dix mois dans la tombe.

— Et lady Juliana, mon oncle, demanda John, qu'est-elle devenue ? se maria-t-elle ?

Le vieillard chercha à fortifier son courage par un verre de vin, et regarda si Peter était derrière lui. Peter, qui originairement était sommelier, avait mis pour condition à son élévation en grade que, quelque compagnie que reçût son maître, il lui serait toujours permis de remplir auprès de lui ses anciennes fonctions. M. Benfield, s'étant assuré que son vieil ami était là, s'aventura à parler sur un sujet qu'il se permettait bien rarement de traiter en compagnie.

— Oui..., oui..., elle se maria, il est vrai, quoiqu'elle m'eût dit qu'elle avait l'intention de mourir fille,... mais..., hem..., je suppose..., hem..., que ce fut par compassion pour le vieux vicomte, qui lui avait dit souvent qu'il ne pouvait vivre sans elle, et qui lui assura un douaire de cinq mille livres sterling par an, qui, ajouté à ce qu'elle avait déjà, lui permettait de faire beaucoup de bien : cependant..., hem.., je dois avouer que je n'aurais jamais cru qu'elle eût choisi un homme si vieux et si infirme.... Mais, Peter..., donnez-moi un verre de vin rouge. Peter le lui présenta, et le vieillard continua après l'avoir bu : — On dit qu'il a très-mal agi envers elle, et elle a dû être très-malheureuse, car c'était bien le cœur le plus tendre et le plus sensible...!

Il est impossible de dire combien de temps M. Benfield aurait continué sur le même ton, s'il n'eût été interrompu par le bruit que fit en s'ouvrant la porte du parloir, et par la soudaine apparition de Denbigh. Toutes les figures s'épanouirent en voyant arriver, plus tôt qu'on ne l'espérait, celui qui était devenu l'ami de tous ; et sans l'attention prudente de Mrs Wilson, qui offrit un verre d'eau à Emilie, celle-ci n'eût pu réussir à cacher l'excès de sa surprise et de sa joie.

Il fut reçu par tous les membres de la famille avec une cordialité qui prouvait à quel point il leur était cher. Après leur avoir appris en peu de mots qu'après la revue de son régiment, il s'était jeté dans une chaise de poste et avait voyagé jour et nuit jusqu'à ce qu'il les eût rejoints, il alla s'asseoir près de M. Benfield, qui le reçut avec une préférence marquée et des égards qu'il n'avait jamais témoignés à aucun homme, sans en excepter même lord Gosford.

Peter quitta son poste accoutumé derrière le fauteuil de son maître, pour en prendre un d'où il pût apercevoir le nouveau-venu ; il ne faisait qu'essuyer ses larmes, et, dans l'espoir de cacher son émotion, il mit les conserves vertes qu'il avait eu l'attention d'envoyer à Denbigh pendant sa maladie. Les éclats de rire de John, qui l'observait, attirèrent tous les regards sur l'honnête intendant, et lorsque Denbigh apprit que c'était l'ambassadeur que M. Benfield avait envoyé à Moseley-Hall, il se leva, et, lui présentant amicalement la main, le remercia avec bonté de la prévoyante attention qu'il avait eue pour les faibles yeux d'un malade.

Peter serra entre les siennes la main qui lui était offerte, et, après avoir fait plusieurs efforts infructueux pour parler, il balbutia ce peu de mots : — Je vous remercie, je vous remercie ; puisse le ciel vous bénir ! et il fondit en larmes. Sa sensibilité devint presque contagieuse, et John suivit l'intendant hors de la chambre, tandis que son oncle s'écriait en s'essuyant les yeux : — Plein de bonté et de condescendance ; précisément comme mon vieil ami le comte de Gosford !

CHAPITRE XXIII.

Adam est un vieux serviteur, il a ses privilèges.
SHAKSPEARE.

A l'heure convenue, la voiture de Mrs Wilson était prête pour la conduire ainsi que sa nièce à l'ermitage de Mrs Fitzgerald. John fut laissé à la maison sous prétexte de tenir compagnie à Denbigh, mais réellement parce que Mrs Wilson doutait qu'il fût convenable qu'il les accompagnât dans cette visite. John aimait trop son ami pour ne pas souscrire à cet arrangement : mais il pria sa sœur de présenter ses hommages à Mrs Fitzgerald, et d'en obtenir pour lui la permission d'aller lui rendre ses devoirs en personne.

Les dames trouvèrent l'habitation de leur amie dans la situation la plus agréable et la plus pittoresque, quoique petite et retirée ; elle était presque cachée par les arbres qui l'entouraient, et lorsqu'elles arrivèrent assez près pour la découvrir, elles virent Mrs Fitzgerald qui guettait l'arrivée d'Emilie.

Mrs Fitzgerald, à peine âgée de vingt ans, portait sur tous ses traits l'empreinte d'une mélancolie qui inspirait l'intérêt le plus vif ; ses manières étaient douces et très-réservées ; il était évident qu'elle avait toujours vécu, sinon dans le grand monde, du moins dans la bonne compagnie.

Elle parut extrêmement sensible au souvenir d'Emilie, et remercia les deux dames d'avoir poussé la bonté jusqu'à venir la chercher dans sa solitude. Elle leur présenta sa compagne sous le nom de dona Lorenza, et l'intimité la plus parfaite s'établit bientôt entre les nouvelles amies.

La jeune veuve, car ses habits de deuil ne prouvaient que trop la perte qu'elle déplorait, fit les honneurs de chez elle avec une aisance pleine de grâce ; elle conduisit ses amies dans son petit jardin, dont l'arrangement, ainsi que celui de la maison, attestait le goût et l'élégance de celle qui l'habitait.

Deux femmes et un vieux domestique formaient toute sa maison : elle avait pris la résolution de ne point sortir de sa retraite ; mais si Mrs Wilson et miss Moseley voulaient bien l'excuser si la retraite absolue à laquelle elle s'était condamnée l'empêchait de leur rendre leurs visites, rien ne pourrait lui faire plus de plaisir que de les recevoir le plus souvent possible.

Mrs Wilson prenait un vif intérêt aux infortunes que paraissait éprouver une si jeune femme, et elle était si touchée de sa modeste résignation, qu'elle lui accorda facilement la promesse qu'elle sollicitait. Emilie s'acquitta de la commission de John, et Mrs Fitzgerald accueillit avec un triste sourire la demande qu'elle renfermait. — M. Moseley, répondit-elle, lui avait imposé de trop grandes obligations, dès leur première entrevue, pour qu'elle pût se refuser le plaisir de l'en remercier de nouveau ; mais elle les suppliait de l'excuser si elle les priait de ne lui amener aucun autre de leurs amis, car il n'y avait qu'un seul homme en Angleterre dont elle eût reçu les visites, encore ne l'avait-elle vu qu'une fois depuis qu'elle était dans le comté de Norfolk.

Après lui avoir promis de se conformer à ses désirs et de revenir bientôt, la tante et la nièce reprirent le chemin de Benfield-Lodge, où elles arrivèrent à temps pour faire leur toilette pour le dîner.

En entrant dans le salon, elles virent l'élégant colonel Egerton appuyé sur le dossier de la chaise de Jane; il était arrivé pendant leur absence, et s'était fait conduire immédiatement à Benfield-Lodge.

Sa réception, si elle n'avait pas été aussi amicale que celle de Denbigh, avait du moins été cordiale, excepté cependant de la part du maître de la maison; et encore ce dernier était-il si joyeux de se voir entouré de sa famille et de la perspective du mariage d'Emilie (qu'il regardait comme arrangé), qu'il prit sur lui de chercher à dissimuler l'éloignement qu'il se sentait pour Egerton. Soit que le colonel se laissât tromper par les apparences, soit qu'il fût trop homme du monde pour ne pas savoir composer son visage, la bonne intelligence, si elle n'existait pas au fond de leurs cœurs, semblait du moins régner entre eux.

Lady Moseley se trouvait au comble du bonheur. Si jamais elle avait eu le moindre doute sur les intentions d'Egerton, son voyage aux eaux les moins à la mode de toute la Grande-Bretagne, était une preuve irrécusable de son amour. Quant à Denbigh, elle croyait sa position dans le monde trop peu brillante pour qu'il négligeât de profiter des avantages que lui offrait une alliance avec la famille de sir Edward Moseley; et elle était satisfaite de ses deux gendres futurs.

M. Benfield lui avait appris que le général sir Frédéric Denbigh était proche parent du duc de Derwent, et Denbigh avait dit que le général était son grand-père.

L'héritier de sir Edgar devait jouir d'une brillante fortune; et Emilie en aurait assez par suite des intentions bienveillantes de Mrs Wilson et de M. Benfield, pour n'avoir pas besoin d'en trouver chez son mari. La tâche la plus difficile pour une mère lui paraissait remplie, et elle n'entrevoyait qu'un avenir de paix et de bonheur, embelli par les soins de ses enfants et de ses petits-enfants.

John, l'héritier d'une baronnie et de quinze cents livres sterling de revenu, pourrait se marier suivant son goût; et elle pensait que Grace Chatterton deviendrait probablement sa belle-fille.

Sir Edward, sans voir tout à fait aussi loin dans l'avenir que sa femme, se sentait pénétré, comme elle, de sécurité et de bonheur; et il eût été difficile de trouver dans toute l'Angleterre une maison qui réunît plus de gens heureux que Benfield-Lodge; car le vieux gentilhomme ayant insisté pour que Denbigh devînt un de ses hôtes, il fut obligé d'étendre son hospitalité jusqu'au colonel.

Ce sujet avait été longuement discuté, le jour de l'arrivée d'Egerton, entre Peter et son maître, et le conseil allait se prononcer contre son admission, lorsque l'intendant, qui avait recueilli tous les détails de la scène du berceau, de la bouche des domestiques, et par conséquent avec beaucoup d'exagération, se rappela que le colonel avait montré beaucoup d'activité pour porter secours aux malades, et qu'il avait été, à une grande distance, puiser de l'eau pour ranimer miss Emmy, dans le chapeau du capitaine Jarvis, entreprise qui n'avait pas été sans difficulté, ledit chapeau se trouvant plein de trous, attendu que M. John l'avait fait sauter de la tête du capitaine, sans toucher un seul cheveu, en tirant un coq de bruyère.

Ce rapport, aussi exact que peut l'être un récit qui a passé par la bouche de plusieurs domestiques, adoucit un peu M. Benfield, et il consentit à suspendre sa décision jusqu'à plus ample informé.

Pendant le dîner, le colonel admira le portrait de lord Gosford, peint par Reynolds, qui embellissait la salle à manger; M. Benfield, enchanté, lâcha son invitation qui fut acceptée avec politesse, et le colonel fut installé dans la maison.

John Moseley était le seul qui fût par moments pensif et distrait, et on pouvait douter si ses réflexions se portaient sur Grace Chatterton ou sur la douairière; car c'était un véritable chagrin pour John de ne pouvoir penser à Grace sans être assailli par le souvenir désagréable de ses alentours. Les lettres qu'il recevait de Chatterton lui apprenaient qu'il était encore à Denbigh-Castle, dans le Westmoreland, séjour ordinaire de son ami le duc de Derwent; et John pensait, d'après les éloges qu'il lui avait faits deux ou trois fois de lady Henriette Denbigh, sœur du duc, qu'Emilie serait bientôt remplacée dans son cœur.

La douairière et ses filles étaient alors au château d'une de leurs tantes, dans le comté d'York, vieille fille chez laquelle, comme John le savait fort bien, aucun homme n'était jamais admis, et cette certitude le consolait un peu de l'absence de Grace. Il savait que l'espoir d'assurer à ses filles un legs considérable pouvait seul décider la douairière à s'isoler pendant quelque temps de la société des hommes. Il était sûr que tant qu'elle serait dans ce manoir, elle ne pouvait dresser des pièges pour faire tomber dans ses filets quelques maris pour ses filles, et il était satisfait.

— Combien je désirerais, se disait John en lui-même, que la mère Chatterton voulût se marier elle-même, et qu'elle laissât Catherine et Grace s'arranger comme elles le voudraient! Catherine, j'en suis sûr, s'en tirerait très-bien : et peut-être que Grace elle-même, par la force de l'exemple... John soupira, et siffla pour appeler Didon et Rover.

On pouvait remarquer dans les manières du colonel Egerton le même désir de plaire, en général, et les mêmes attentions pour Jane ; ils avaient recommencé leurs recherches poétiques, et Jane saisissait avec empressement les occasions que cette conformité de goûts leur donnait de se rapprocher.

Mrs Wilson remarqua que l'éloignement qui existait entre les deux jeunes gens qui faisaient la cour à ses nièces, semblait être encore augmenté depuis qu'ils ne s'étaient vus, particulièrement de la part du colonel, qui à chaque instant montrait pour Denbigh une aversion qui alarmait la prudente observatrice et lui inspirait des craintes qu'elle ne pouvait surmonter.

La conduite d'Emilie et de Denbigh eût imposé silence au censeur le plus rigide, ou plutôt il eût été contraint à l'admirer. Les attentions de Denbigh se portaient toujours sur Emilie, quoique moins exclusivement que celles du colonel sur sa sœur, et la tante remarquait avec plaisir que si les manières d'Egerton avaient plus de ce vernis de politesse, de cette souplesse d'esprit, qui réussissent dans le monde, celles de Denbigh montraient plus de franchise et de délicatesse.

L'un ne paraissait dirigé que par cet usage du monde qui ne se dément jamais, et qui tient de si près à la fausseté, tandis que toutes les actions de l'autre paraissaient l'effet de la bienveillance et d'une juste appréciation de ce qu'il devait à la société. C'était surtout lorsque la conversation roulait sur quelque question morale ou religieuse que la veuve attentive était enchantée de l'air de sincérité avec lequel il développait les meilleurs principes.

Parfois, cependant, elle ne put s'empêcher de remarquer sur les traits de Denbigh une sorte de contrainte, et lorsqu'on annonçait des visites, elle surprit deux ou trois fois sur sa physionomie une expression qui ressemblait à celle de l'alarme.

Ces taches légères dans le caractère de son héros étaient bientôt oubliées lorsqu'elle examinait les côtés solides de sa conduite; et si quelques doutes venaient encore obscurcir son esprit, le souvenir de l'opinion du docteur Yves, de la charité de Denbigh, de la manière dont il s'était conduit avec Jarvis, et surtout de son dévouement pour sa nièce, ne manquaient jamais de les écarter.

Emilie était l'image vivante de la joie et de l'innocence : si Denbigh était près d'elle, elle était heureuse; s'il était absent, son humeur douce et égale n'en était point altérée : ses sentiments étaient si vifs et cependant si purs, que la jalousie ne pouvait trouver accès dans son cœur. Peut-être qu'aucune circonstance n'avait encore excité cette passion inséparable de l'amour; mais comme le cœur d'Emilie était plus subjugué que son imagination, son attachement, quoique plus dangereux pour son bonheur, si les suites en étaient malheureuses, ne se trahissait point par ces inquiétudes et cette agitation qui accompagnent les amours vulgaires.

Jamais elle ne se promenait seule avec Denbigh, mais il lui faisait des lectures lorsqu'elle était avec sa tante; il les accompagnait dans leurs excursions du matin, et John remarqua deux ou trois fois qu'Emilie prenait la main que lui offrait Denbigh, pour surmonter les petits obstacles qu'elle rencontrait à la promenade, au lieu de venir demander le bras de son frère, comme elle était dans l'usage de le faire auparavant.

— Très-bien, miss Emilie, pensa John après avoir fait trois fois la même observation pendant une de leurs promenades, vous paraissez avoir choisi un autre favori. Que les femmes sont singulières! Elles quittent leurs amis naturels pour une figure qu'elles ont à peine vue.

John oubliait que dans une autre occasion il s'était écrié lui-même : — Ne craignez rien, chère Grace, quand c'était sa sœur qui était presque morte de frayeur. Mais il aimait trop tendrement Emilie pour ne pas voir avec chagrin sa préférence pour un autre, quoique cet autre fût Denbigh. Toutefois la réflexion et un juste retour sur lui-même lui prouvèrent combien son mécontentement était ridicule.

M. Benfield s'était mis dans la tête qu'il fallait que le mariage d'Emilie fût célébré chez lui, et le moyen d'amener les choses à ce but désiré, qui le rendrait le plus heureux des hommes, fut le sujet de ses réflexions pendant toute une matinée.

Heureusement pour Emilie, le vieillard avait les idées les plus minutieuses sur la délicatesse des femmes, et jamais il ne se permettait, dans la conversation, l'allusion même la plus éloignée au mariage qu'il désirait. D'après cette manière de voir, il ne pouvait agir ouvertement, et comme il croyait Peter l'homme le plus inventif qui fût au monde, il résolut d'avoir recours à son génie pour sortir d'embarras.

Il sonna. — Envoyez-moi Johnson, David. Peu de minutes après, l'habit boutonné jusqu'au menton, les culottes de peau et les bas de laine bleue étaient dans le salon, tenant soigneusement renfermée la personne de M. Peter Johnson.

— Peter, dit M. Benfield en lui montrant d'un air de bonté une chaise qui était près de lui, et que l'intendant refusa respectueusement, je suppose que vous savez que M. Denbigh, le petit-fils du général Denbigh qui siégea dans le parlement avec moi, doit épouser ma petite Emmy.

Peter exprima par un sourire qu'il s'en doutait.

— Maintenant, Peter, de toutes les choses du monde, une noce serait ce qui pourrait me rendre le plus heureux, c'est-à-dire pourvu qu'elle eût lieu à Benfield-Lodge. Cela me rappellerait le mariage de lord Gosford, et les filles de noce, et... Je voudrais avoir votre avis, Peter, sur le moyen à prendre pour amener les choses au point où je veux les voir; sir Edward et Anne refusent de s'en mêler, et je n'ose en parler à mistress Wilson.

Peter ne fut pas médiocrement alarmé de voir mettre ainsi tout à coup en réquisition ses facultés inventives, surtout lorsqu'il s'agissait d'un sujet si délicat; mais comme il se piquait de tirer toujours son maître d'embarras, et que son cœur, presque octogénaire, battait encore à l'idée d'une noce, il réfléchit quelques instants; puis ayant pensé que deux ou trois questions préliminaires étaient nécessaires, il rompit enfin le silence.

— Je suppose, Monsieur, que tout est convenu entre les jeunes gens?

— Oui, oui, Peter, j'ai de bonnes raisons pour le croire.

— Et sir Edward, et Milady?

— Ils y consentent, Peter.

— Et Mrs Wilson, Monsieur?

— Elle y consent aussi.

— Et M. John, et miss Jane?

— Toute la famille est d'accord, du moins à ce que je puis croire ?

— Et le révérend docteur Yves, et Mrs Yves, Monsieur ?

— Je sais qu'ils souhaitent vivement ce mariage. Ne désirent-ils pas voir tout le monde aussi heureux qu'ils le sont, Peter ?

— Cela est bien vrai, Monsieur ; mais puisque tout le monde y consent et que tout le monde est d'accord, la seule chose à faire, c'est...

— C'est... quoi, Peter ? s'écria son maître impatient en voyant qu'il hésitait.

— C'est, je pense, Monsieur, d'envoyer chercher un prêtre.

— Fi donc ! Peter, j'aurais bien trouvé cela moi-même, s'écria son maître désappointé. Ne pouvez-vous m'aider à dresser un meilleur plan ?

— Mon cher maître, dit Peter, je voudrais pouvoir faire pour miss Emmy et pour Votre Honneur ce que j'aurais bien désiré faire pour moi-même. Hélas ! Monsieur, lorsque je courtisais Patty Steele, Votre Honneur, dans l'année de Notre Seigneur 1765, je l'aurais épousée sans une difficulté qui, à ce que dit Votre Honneur, ne s'oppose point au mariage de miss Emmy.

— Que vous manquait-il donc, Peter ? lui demanda son maître d'une voix attendrie.

— Son consentement, Monsieur.

— Je vous remercie, mon pauvre Peter, dit M. Benfield doucement, vous pouvez vous retirer ; et l'intendant sortit en s'inclinant respectueusement.

La passion malheureuse que tous deux avaient nourrie était un des liens sympathiques les plus forts qui unissaient le maître et son fidèle serviteur, et le premier ne manquait jamais d'être adouci par la moindre allusion que son intendant faisait à Patty. Après bien des réflexions, M. Benfield attribua le manque de tact de Peter en cette occasion à ce qu'il n'avait jamais siégé au parlement.

CHAPITRE XXIV.

> C'est un baronnet! — Celui-ci est un lord: vous voyez que nous avons des titres. COLMAN.

Depuis quinze jours qu'elles étaient à Benfield-Lodge, Mrs Wilson et Emilie avaient fait de fréquentes visites à Mrs Fitzgerald. Chaque entrevue augmentait l'intérêt que leur inspirait cette jeune femme, et les persuadait de plus en plus qu'elle était malheureuse, quoiqu'elle ne fît que bien rarement allusion à son sort et à son pays.

Mrs Wilson fut surprise de savoir qu'elle était protestante; leurs conversations roulaient quelquefois sur la religion établie dans le pays de Mrs Fitzgerald, et sur celle de sa patrie adoptive, et la conformité de leurs opinions sur un point si essentiel resserrait encore les nœuds de leur amitié.

Un matin John accompagna sa tante; Mrs Fizgerald le reçut avec la cordialité d'une ancienne connaissance, quoique avec la réserve d'une Espagnole, et elle lui permit de renouveler sa visite.

Mrs Wilson lui ayant un jour raconté, pendant l'absence d'Emilie, le dévouement de Denbigh, qui s'était précipité entre elle et la mort, Mrs Fitzgerald fut si touchée de la noble conduite de ce jeune homme, qu'elle exprima le désir de le voir; mais l'impression du moment s'étant effacée, elle n'en parla plus, et Mrs Wilson trouva inutile de le lui rappeler.

La tante et la nièce trouvèrent un matin Mrs Fitzgerald tout en pleurs; elle tenait une lettre et dona Lorenza s'efforçait de la consoler.

On n'aurait pu dire sur quel pied cette dernière se trouvait chez sa jeune compagne. Quoiqu'elle n'eût pas un ton précisément commun, ses manières n'étaient point aussi distinguées que celles de Mrs Fitzgerald, et on ne savait si on devait la regarder comme son amie ou sa femme de charge.

Après les compliments d'usage, les dames, par discrétion, allaient se retirer, lorsque la jeune Espagnole les supplia de rester.

— Vos attentions pour moi, Madame, et la bonté de miss Moseley, vous donnent le droit de connaître les malheurs de l'être infortuné que votre touchant intérêt a si puissamment contribué à consoler; cette lettre est du jeune seigneur dont vous m'avez quelquefois entendu parler, et quoiqu'elle m'afflige beaucoup, peut-être ne contient-elle rien que je ne mérite d'entendre.

— J'espère, ma jeune amie, que la personne qui vous écrit ne s'arme pas d'une sévérité déplacée pour les torts que vous avez pu avoir, et qui, j'en suis certaine, ne peuvent être que bien légers.

— Je vous remercie, Madame, de la bonne opinion que vous voulez bien avoir de moi; mais, quoique j'aie beaucoup souffert, je dois avouer que je l'avais mérité. Vous êtes dans l'erreur, cependant, sur le chagrin que j'éprouve en ce moment; lord Pendennyss ne peut jamais en causer à personne.

— Lord Pendennyss! s'écria Emilie avec surprise en regardant sa tante.

— Lord Pendennyss! répéta celle-ci d'un ton animé, il est donc aussi votre ami?

— Oui, Madame, je dois tout à Sa Seigneurie, l'honneur, la tranquillité, et même la vie.

Les yeux de Mrs Wilson brillèrent de plaisir en découvrant encore une nouvelle preuve des vertus du jeune homme dont elle admirait depuis si longtemps le caractère, et qu'elle avait en vain souhaité de voir.

— Vous connaissez donc le comte? demanda Mrs Fitzgerald.

— Seulement de réputation, ma chère; mais c'en est assez pour être persuadée que celle qu'il appelle son amie ne saurait être une femme ordinaire.

La conversation continua encore quelque temps sur le même sujet, et Mrs Ftizgerald, trouvant au-dessus de ses forces d'instruire en ce moment ses amies de ses malheurs, leur promit, si elles pouvaient revenir le lendemain, de leur faire connaître tous les événements de sa vie et les obligations qu'elle avait à lord Pendennyss.

Mrs Wilson, persuadée qu'avant d'entreprendre la guérison d'une blessure il faut d'abord la sonder, accepta avec empressement la confidence de sa jeune amie, non pas dans le désir de satisfaire une vaine curiosité, mais avec la conviction que ses conseils seraient plus utiles à Mrs Fitzgerald que ceux d'un jeune homme, et même de dona Lorenza.

En revenant au château, Emilie s'écria tout à coup :

— Quelque part que nous entendions parler de lord Pendennyss, ma tante, c'est toujours d'une manière avantageuse.

— Preuve certaine, ma chère, qu'il mérite la bonne opinion qu'on a de lui, car bien peu d'hommes peuvent se flatter de n'avoir pas d'ennemis, et nous n'avons pas encore rencontré ceux du comte.

— Cinquante mille livres sterling de revenu doivent faire beaucoup d'amis, dit Emilie en souriant.

— Sans doute, ma chère, ou beaucoup d'ennemis; mais l'honneur ou la vie ne peuvent se payer avec de l'argent, dans ce pays du moins.

Emilie convint de la vérité de cette remarque, et, après avoir exprimé son admiration pour le noble caractère de Pendennyss, elle tomba dans une profonde rêverie. Il serait trop long d'énumérer toutes les vertus du jeune pair, qu'Emilie identifiait pour ainsi dire avec les qualités attachantes de Denbigh; ceux qui connaissent le cœur humain devineront facilement le sien, même sans avoir siégé au parlement.

Pendant cette même matinée, M. et Mrs Jarvis firent leur entrée à L*** avec leurs filles.

L'arrivée d'une chaise de poste attelée de quatre chevaux était un événement qui se répandit bientôt dans toute la petite ville, et le nom de la famille à qui elle appartenait parvint à Benfield-Lodge au moment où Jane venait de céder, pour la première fois, aux instances du colonel, d'aller se promener seule avec lui.

De toutes les occasions possibles, une promenade est certainement la plus favorable pour une déclaration.

Soit que le colonel eût formé son plan d'avance, soit qu'il craignît que Mrs Jarvis ou tout autre ne voulût mettre obstacle à ses desseins, il résolut de profiter du tête-à-tête qu'on lui avait accordé, et à peine furent-ils hors de la maison, qu'il fit à Jane l'offre de sa main.

Le trouble de cette dernière l'empêcha quelque temps de répondre. Enfin, se rappelant que son père et sa mère désiraient autant qu'elle ce dénoûment attendu, elle balbutia, d'une manière presque inintelligible, que ses parents étaient les arbitres de son sort, que le colonel devait s'adresser à eux, et que jusqu'à ce qu'il eût leur approbation, il ne devait pas lui en demander davantage.

Mais leur promenade n'était pas à moitié, qu'adroitement et par degrés il avait su lire dans ce cœur crédule et confiant; il savait que, si ses parents rejetaient sa demande, elle serait aussi malheureuse que lui; enfin l'amant le plus difficile eût été satisfait des preuves d'attachement que Jane, peu accoutumée à maîtriser ses sentiments, manifesta dans cette promenade délicieuse.

Egerton était au comble du bonheur; une vie tout entière de dévouement et d'amour ne suffirait pas pour payer sa touchante bonté. Jane enivrée rentra à Benfield-Lodge, pénétrée d'un sentiment de bonheur jusqu'alors inconnu. La déclaration qu'elle redoutait en la désirant, ses propres aveux si pénibles et si doux, tout ce qu'elle craignait était passé; il ne lui restait plus qu'à vivre et à être heureuse.

Elle se jeta dans les bras de sa mère, et, cachant soigneusement sa rougeur dans son sein, lui fit part de l'offre du colonel et de ses propres désirs. Lady Moseley, qui s'attendait à cette demande, et qui s'étonnait même de ce qu'elle n'eût pas encore été faite, embrassa sa fille et lui promit de demander l'approbation de son père.

— Cependant, mon enfant, ajouta-t-elle après une réflexion qui aurait dû précéder au lieu de suivre la promesse qu'elle venait de faire, il faut que nous prenions les informations nécessaires pour savoir si le colonel Egerton est un parti convenable pour notre fille; mais une fois ce point éclairci, vous n'avez rien à craindre.

Le colonel fit prier le baronnet de lui accorder un moment d'entretien, car il paraissait aussi pressé maintenant d'en venir au dénoûment, qu'il avait montré jusqu'alors d'incertitude et de lenteur. Lorsqu'il se trouva seul avec sir Edward, il lui fit part de ses prétentions et de ses espérances. Ce dernier, prévenu par sa femme, lui fit une réponse polie, mais qui était la même en substance que celle que Jane avait reçue de sa mère, et il fallut bien que le colonel s'en contentât.

Dans la soirée, les Jarvis vinrent rendre visite aux habitants de Benfield-Lodge, et Mrs Wilson remarqua la singulière réception qu'ils firent au colonel; miss Jarvis surtout se montra presque malhonnête à son égard, ainsi qu'envers Jane, ce qui persuada à tous ceux qui en firent l'observation, que c'était l'effet d'un sentiment de jalousie et de dépit de voir ses espérances trompées.

M. Benfield se trouvait heureux de recevoir chez lui le meilleur des trois Jarvis qu'il avait connu dans son jeune temps, et la bonne intelligence paraissait régner entre tous ceux qui composaient sa petite société.

Miss Jarvis dit aux dames qu'il devait y avoir le lendemain à L*** un bal, qui allait rompre pour un moment la monotonie de la vie qu'on y menait, d'autant plus qu'on espérait que les officiers de deux frégates qui étaient à l'ancre à quelques milles viendraient fournir des danseurs.

Cette nouvelle n'intéressa beaucoup ni Jane ni Emilie ; cependant leur oncle leur dit qu'il ne voulait pas avoir l'air de dédaigner la compagnie de ses voisins, et que si elles étaient invitées, il désirait qu'elles y allassent ; elles y consentirent volontiers.

Pendant la soirée, Mrs Wilson, qui était instruite de la demande en forme qu'Egerton avait faite de la main de Jane, remarqua qu'il causait familièrement avec miss Jarvis. Etonnée d'un changement si prompt dans la conduite de cette jeune personne, elle résolut d'observer avec soin tout ce qui se passerait entre eux pendant la soirée.

Mrs Jarvis, qui paraissait avoir encore les mêmes égards pour le colonel, l'appela d'un bout à l'autre de la chambre, quelques moments avant de partir.

— Eh bien ! colonel, j'ai le bonheur de pouvoir vous apprendre que j'ai eu dernièrement des nouvelles de votre oncle sir Edgar.

— De mon oncle ? dit le colonel en tressaillant et en changeant de couleur ; j'espère, madame, qu'il se porte bien.

— Très-bien ; son voisin, le vieux M. Holt, loge à L*** dans la même maison que nous ; je l'ai vu avant-hier, et pensant vous faire plaisir, je lui demandai des nouvelles détaillées du baronnet. Le mot baronnet fut prononcé avec emphase et d'un air de triomphe, qui semblait dire :

— Vous voyez que nous avons aussi des baronnets.

Egerton ne répondit que par un profond salut, et le marchand et sa famille prirent congé des Moseley.

— Eh bien ! John, dit Emilie en souriant, nous avons encore entendu aujourd'hui de nouveaux éloges de notre aimable et bien-aimé cousin, le comte de Pendennyss.

— Vraiment! s'écria son frère; mais, ma tante, il faut absolument que vous réserviez Emilie pour Sa Seigneurie, car elle l'admire presque autant que vous.

— Je crois qu'il faudrait qu'elle pensât tout à fait comme moi, pour désirer de devenir sa femme, répondit Mrs Wilson.

— Mais, ma tante, dit Emilie plus gravement, si tout ce qu'on en dit est vrai, n'y en eût-il même que la moitié, l'admiration devient un sentiment bien naturel, je dirai même bien froid, pour tant de vertus.

Denbigh était placé de manière à voir la physionomie expressive et animée d'Emilie, et Mrs Wilson remarqua que, pendant qu'elle parlait, il se troubla et changea de couleur, émotion qui ne lui paraissait pas suffisamment justifiée par l'estime qu'Emilie témoignait pour un homme qu'elle n'avait jamais vu.

— Serait-il possible, pensait-elle, qu'une passion aussi basse que l'envie pût trouver accès dans le cœur de Denbigh? Dans ce moment, celui-ci s'éloigna comme s'il n'eût pas voulu en entendre davantage, et il parut rêver tout le reste de la soirée.

Ces observations peuvent paraître puériles; mais combien elles étaient importantes pour celle qui étudiait avec inquiétude le caractère d'un homme qui devait être bientôt chargé de protéger et de rendre heureuse celle qu'elle aimait comme sa fille!

A la fin de la soirée, les invitations pour le bal arrivèrent et furent acceptées, et comme ce nouvel arrangement contrarierait le projet de visite à Mrs Fitzgerald, Mrs Wilson envoya chez elle le lendemain matin pour la prévenir de ne les attendre que le jour suivant.

Emilie se préparait pour le bal avec un plaisir qui n'était point sans mélange. Le triste souvenir des suites du dernier bal où elle s'était trouvée, le malheureux sort de Digby, tout portait son âme à la mélancolie, et elle avait besoin, pour la chasser, de se rappeler la noble conduite que Denbigh avait tenue dans cette circonstance.

Denbigh les pria de l'excuser s'il ne les accompagnait pas; il dit à Emilie qu'il était trop gauche dans le monde, qu'il craignait trop pour lui et pour ses amis les conséquences désagréables de ses inadvertances, pour oser s'aventurer de nouveau dans une telle assemblée.

Emilie soupira doucement en montant dans la voiture de sa

tante ; Denbigh et Egerton aidèrent les dames à s'y placer ; le colonel avait quelques affaires qui l'empêchaient de partir aussitôt qu'elles, mais il devait les rejoindre un peu plus tard.

Les plaisirs de la soirée ne se bornaient pas à la danse ; on devait faire une promenade sur l'eau, et une collation devait précéder le bal.

Lord Henri Stapleton, jeune homme à la mode et commandant d'une des deux frégates, fut frappé de la beauté et de la tournure gracieuse de Jane et d'Emilie ; il se fit présenter à la famille du baronnet, et engagea Emilie pour la première contredanse.

Sa franchise et ses manières distinguées plurent beaucoup à ses nouvelles connaissances. Mrs Wilson, qui était plus gaie que de coutume, soutint avec le jeune marin une conversation très-animée ; en lui parlant de la croisière qu'il avait faite sur les côtes d'Espagne, le hasard lui fit nommer lord Pendennyss qu'il en avait ramené. Mrs Wilson ne laissait jamais tomber un sujet si intéressant, et elle trouva un interlocuteur digne d'elle ; car lord Henri était aussi enthousiaste du comte qu'elle pouvait le désirer.

Il connaissait légèrement le colonel Egerton, et il parla en termes polis du plaisir qu'il aurait de renouer connaissance avec lui, dès qu'il serait arrivé.

La soirée se passa comme presque toutes les soirées du même genre, avec plus d'ennui que de plaisir pour la plupart des personnes qui s'y trouvaient rassemblées.

La chaleur était excessive, et tandis que ses nièces dansaient, Mrs Wilson, changeant de place pour se rapprocher d'une croisée, se trouva près de deux hommes âgés, qui s'amusaient à faire des remarques sur l'assemblée ; après quelques commentaires peu intéressants, l'un d'eux s'écria :

— Quel est donc ce militaire que je vois au milieu des officiers de marine, mon cher Holt?

— C'est le neveu, l'unique espérance de mon vieil ami, sir Edgar Egerton ; il danse et perd ici son temps et son argent, tandis que je sais que sir Edgar lui donna mille livres sterling, il y a six mois, à la condition expresse qu'il ne quitterait pas son régiment, et qu'il ne toucherait pas à une carte pendant un an.

— C'est donc un joueur?

— Un joueur effréné, et sous tous les rapports un très-mauvais sujet.

Leur conversation ayant changé d'objet, Mrs Wilson reprit sa première place, triste et presque effrayée du portrait qu'elle venait d'entendre faire d'un homme qui était près d'épouser la fille de son frère. Elle remercia le ciel de ce qu'il n'était pas encore trop tard pour prévenir au moins une partie du mal, et elle résolut de faire part à sir Edward le plus tôt possible de ce qu'elle avait entendu, afin qu'il prît des informations qui pussent établir d'une manière irrécusable la culpabilité ou l'innocence du colonel.

CHAPITRE XXV.

> Sa mère lui cherche un mari. Elle en a trouvé elle-même un sans rien dire : ils sont partis : ils reviendront demander la bénédiction maternelle après le voyage de *Gretna-Green*.— COLMAN.

Les Moseley revinrent d'assez bonne heure à Benfield-Loge, et Mrs Wilson, après avoir réfléchi sur la marche qu'elle avait à suivre, se détermina à s'acquitter sur-le-champ d'une tâche pénible, et à avoir une conversation avec son frère après le souper ; en conséquence, elle l'informa qu'elle désirait lui parler. Lorsque le reste de la famille se fut retiré, le baronnet s'assit près d'elle ; et Mrs Wilson cherchant à retarder le plus possible les informations désagréables qu'elle avait à lui donner, commença en ces termes :

— Je désirais vous parler, mon frère, sur plusieurs sujets intéressants. Vous avez sans doute remarqué les attentions de M. Denbigh pour Emilie.

— Certainement, ma sœur, et avec un grand plaisir ; vous ne supposerez point, je l'espère, que je veuille revenir sur l'abandon que je vous aurai fait de mon autorité, Charlotte, si je vous demande si Emilie favorise ou non les vœux de Denbigh?

— Ni Emilie ni moi, mon cher frère, ne prétendons contester le droit que vous avez de diriger la conduite de votre enfant ; elle vous appartient par des liens que rien ne peut rompre ; et elle sait que c'est à vous à prononcer, lors même que son cœur aurait fait un choix.

— Non, ma sœur, je ne voudrais point abuser de mon influence sur mon enfant, lorsqu'il s'agit d'une affaire si importante pour son bonheur; mais mon attachement pour Denbigh diffère peu de celui que j'éprouve pour l'enfant qu'il m'a rendue.

— Je suis convaincue, continua Mrs Wilson, qu'Emilie a un sentiment trop juste de ses devoirs pour ne pas renoncer, si vous l'exigez, à l'objet de ses plus chères affections; mais, d'un autre côté, je suis persuadée que rien ne parviendrait à la forcer d'épouser un homme pour lequel elle ne sentirait pas l'amour et l'estime qu'une femme doit à son mari.

Le baronnet ne paraissait pas saisir exactement le sens de la distinction que faisait sa sœur.

— Je ne suis pas sûr de bien comprendre la différence que vous établissez, Charlotte.

— Je veux dire, mon frère, que si Emilie jurait à l'autel d'aimer un homme pour lequel elle se sentirait de l'aversion, ou d'honorer celui qu'elle ne pourrait estimer, elle croirait, avec raison, trahir un devoir supérieur à tous ceux de ce monde. Mais pour répondre à votre question, je vous dirai que Denbigh ne s'est point encore déclaré, et que, lorsqu'il le fera, je ne crois pas qu'il soit refusé.

— Refusé! s'écria le baronnet, j'espère qu'il n'en sera rien; je voudrais de tout mon cœur qu'ils fussent déjà mariés.

— Emilie est très-jeune, rien ne presse; j'espérais même qu'elle attendrait encore quelques années pour se marier.

— Eh bien! ma sœur, vous et lady Moseley, vous avez des idées toutes différentes sur le mariage des jeunes filles.

Mrs Wilson répondit avec un doux sourire :

— Vous avez été pour Anne un si bon mari, mon frère, qu'elle ne croit pas qu'il y en ait de mauvais en ce monde; quant à moi, tout mon désir est que l'époux d'Emilie ait de la religion, et si je négligeais un devoir si essentiel, je ne me le pardonnerais jamais.

— Je suis sûr, Charlotte, que Denbigh et Egerton ont un grand respect pour la religion; ils vont exactement à l'église, et y sont très-attentifs au service divin. Mrs Wilson sourit, et il ajouta :

— D'ailleurs, vous savez que la religion peut venir après le mariage.

— Oui, mon frère, mais je sais aussi qu'elle peut nous quitter ; aucune femme vraiment pieuse ne peut être heureuse lorsque son mari s'écarte de la route qui conduit au bonheur éternel ; et il serait inutile et illusoire de croire en se mariant réformer son mari. La femme qui s'est abusée à ce point n'a fait que mettre en danger son propre salut ; car, au lieu de suivre son exemple, celui qu'elle a cru ramener ne cherchera qu'à la détourner de devoirs qui le gênent et qui l'accusent. On est bien faible contre celui qu'on aime ; l'imprudente succombera, ou sa vie ne sera qu'une lutte pénible et continuelle entre des devoirs opposés.

— Mais si votre opinion était généralement adoptée, je suis effrayé du coup mortel qu'elle porterait au mariage.

— Je ne puis être de votre avis, mon frère ; je suis persuadée qu'un homme qui étudierait sans passion et sans prévention notre religion sainte, serait bientôt chrétien du fond du cœur ; et, plutôt que de rester garçons toute leur vie, les hommes se décideraient à une recherche qui cesserait bientôt de leur paraître pénible. Si les femmes étaient moins empressées de trouver des maris, ceux-ci feraient plus d'efforts pour se rendre dignes de les obtenir.

— Mais comment se fait-il, Charlotte, dit le baronnet en plaisantant, que votre sexe n'use pas de son pouvoir pour réformer le siècle ?

— L'ouvrage de la réformation, sir Edward, est une tâche bien difficile ; combien il pourrait être avancé cependant, si tous ceux à qui est confiée l'éducation des jeunes gens mettaient à leur apprendre leurs véritables devoirs le zèle qu'ils apportent à leur donner des talents futiles et périssables.

— Mais les femmes doivent se marier, dit le baronnet en revenant à sa première idée.

— Le mariage est certainement l'état le plus naturel et le plus désirable pour une femme ; mais combien il y en a peu qui, en le contractant, connaissent tous les devoirs qu'il impose, et particulièrement celui de mère ! Au lieu d'avoir été élevées de manière à faire un choix convenable, les jeunes personnes n'envisagent souvent cet engagement solennel que comme l'instant qui doit les affranchir de toute contrainte ; il est vrai que si leurs parents sont chrétiens, au moins de nom, elles ont vu observer quelques pratiques extérieures de religion; mais qu'est-ce que cela sans la conviction et la force de l'exemple?

— Les bons principes sont rarement perdus, ma sœur.

— Certainement, mon cher frère; mais les jeunes sont plus observateurs que nous ne le pensons, et combien n'y en a-t-il pas qui cherchent des excuses pour leur conduite dans les mauvais exemples qu'ils ont reçus de leurs parents, ou la mauvaise société qu'ils ont trouvée chez eux!

— Je crois qu'aucune famille qui se respecte ne reçoit dans son sein des personnes qui y soient déplacées, à ma connaissance du moins, ajouta sir Edward.

— Vous le croyez, Edward; mais combien de fois il arrive que nous recevons, sans les connaître, des jeunes gens dont l'extérieur nous trompe, et qui portent le désordre et la douleur au sein de nos familles! Avec quel soin ne devons-nous pas empêcher nos filles de se laisser séduire par leurs dehors brillants! Je le répète, nous ne saurions être trop prudents, je dirai même trop difficiles, dans le choix de la société que nous leur permettons.

— Allons, ma sœur, dit sir Edward en riant, je vois que vous cherchez à augmenter le nombre des vieilles filles.

— Dites, mon frère, à diminuer le nombre des mauvais ménages. Je regrette souvent que l'amour-propre, la cupidité et une sorte de rivalité, entraînent les femmes à se marier sans amour, et mettent le célibat en discrédit; quant à moi, je ne vois jamais une vieille fille sans croire qu'elle l'est par choix et par principes; et les chagrins inséparables du mariage, dont elle est préservée, devraient seuls suffire pour apprendre aux jeunes personnes que le bonheur ne se trouve pas seulement où leur imagination le place.

— Ah! j'entends, vous voulez que les vieilles filles servent de fanaux pour préserver celles qui les suivront du naufrage matrimonial.

— Vous plaisantez, mon frère; vous croyez que le devoir d'un père se borne à rester paisible spectateur des orages qui peuvent s'élever dans le cœur de son enfant, et à lui donner sa bénédiction lorsqu'elle aura fait un choix bon ou mauvais; mais tout ce que je désire, Edward, c'est que vous ne vous repentiez pas de votre système de neutralité.

—Clara a choisi le mari qu'elle a voulu, et elle s'en trouve bien,

Charlotte. Jane et Emilie feront de même, et je vous avoue que je pense qu'elles en ont le droit.

— Clara est heureuse, certainement; mais le succès d'une imprudence ne doit point être une raison pour en commettre d'autres. Je suis désolée, Edward, d'avoir à vous apprendre de mauvaises nouvelles, et je voudrais pouvoir vous épargner le chagrin qu'elles vont vous faire.

Alors Mrs Wilson, prenant avec affection la main de son frère, lui communiqua tout ce qu'elle avait entendu.

Le baronnet était trop bon père pour ne pas être alarmé des défauts qu'on attribuait à son gendre futur; et, après avoir remercié sa sœur de sa sollicitude pour le bonheur de ses enfants, il l'embrassa et se retira.

En se rendant à sa chambre à coucher, il rencontra Egerton, qui, à la sollicitation de Jane, venait de reconduire Mrs Jarvis et ses filles, qui n'avaient point de cavaliers.

Le cœur de sir Edward était trop plein pour qu'il ne cherchât pas à se soulager le plus tôt possible, et, persuadé que le colonel prouverait sans peine son innocence, il retourna avec lui au parloir, lui fit part en peu de mots des bruits injurieux qui circulaient sur son compte, et le pria d'en prouver la fausseté par tous les moyens qui seraient en son pouvoir.

Le colonel parut d'abord confondu; mais, reprenant bientôt son assurance accoutumée, il jura à sir Edward qu'on le calomniait; que jamais il n'avait joué, que M. Holt était depuis longtemps son ennemi, et que le lendemain matin il lui prouverait à quel point il était bien avec son oncle.

Convaincu par son air de franchise, le baronnet, oubliant qu'il n'avait détruit aucun des soupçons qui planaient sur lui, l'assura qu'il ne doutait plus de son innocence, et que, s'il pouvait convaincre Mrs Wilson qu'il n'était pas un joueur, il le recevrait avec plaisir pour son gendre.

Après cette explication ils se séparèrent.

Denbigh, se trouvant un peu indisposé, s'était retiré de bonne heure; il était déjà dans sa chambre lorsque les dames rentrèrent, et à minuit tous les habitants de Benfield-Lodge étaient plongés dans le sommeil.

Après un bal, on se rassemble toujours un peu plus tard le lendemain; cependant, à l'exception du colonel qui n'avait point encore paru, Denbigh entra le dernier dans la salle du déjeuner.

Mrs Wilson crut remarquer que Denbigh, avant de saluer la compagnie qui y était rassemblée, jeta un regard scrutateur autour de la chambre, comme s'il y cherchait quelqu'un. Bientôt cependant il reprit son amabilité ordinaire, et, après avoir dit quelques mots sur les plaisirs de la veille, on se mit à table.

En ce moment la porte s'ouvrit avec violence. M. Jarvis se précipita dans la chambre, et, regardant d'un air égaré autour de lui : N'est-elle pas ici? s'écria-t-il.

— Qui? lui demanda-t-on de toutes parts.

— Marie... ma fille... mon enfant, dit le marchand, s'efforçant de maîtriser son émotion; n'est-elle pas venue ici ce matin avec le colonel Egerton?

Après avoir reçu une réponse négative, il expliqua brièvement la cause de son anxiété. Le colonel était venu de très-bonne heure, et avait envoyé sa femme de chambre avertir sa fille, qui s'était levée immédiatement. Ils étaient sortis ensemble après avoir laissé un billet, disant qu'elle était allée déjeuner avec les miss Moseley, qui venaient de l'y faire engager. Mrs Jarvis laissait tant de liberté à ses filles, qu'on n'eut aucun soupçon jusqu'au moment où un domestique vint dire qu'on avait vu le colonel Egerton partir du village en chaise de poste avec une dame. Le père alors prit l'alarme et partit au même instant pour Benfield-Lodge, où la plus cruelle certitude l'attendait.

Il ne restait maintenant plus de doute sur leur fuite, et les recherches qu'on fit dans la chambre du colonel ne prouvèrent que trop que l'opinion de M. Holt n'était pas erronée.

Quoique chaque cœur compatît à ce que devait souffrir celui de Jane pendant cette triste explication, le regard doux et compatissant d'Emilie s'était seul tourné vers elle à la dérobée; mais, lorsque toutes les craintes furent confirmées et qu'il ne resta plus qu'à réfléchir sur cet événement inattendu, elle attira toute la sollicitude de ses bons parents.

Jane avait écouté dans le silence de l'indignation le commencement du récit de M. Jarvis; elle était si sûre de l'amour et de la loyauté d'Egerton, qu'elle n'eut pas le plus léger soupçon jusqu'au moment où l'on vint annoncer que son domestique avait disparu, et que ses effets n'étaient plus dans sa chambre. Cette circonstance, jointe au témoignage de M. Jarvis, ne lui permettait plus le moindre doute, et, se levant pour quitter la chambre, elle tomba sans connaissance entre les bras d'Emilie, qui, l'ayant vue changer de couleur, s'était précipitée à son secours.

Denbigh avait eu la prévoyance d'emmener le marchand, qu'il s'efforçait en vain d'apaiser ; de sorte que les parents de Jane furent seuls témoins de son désespoir.

Elle fut tout de suite portée dans sa chambre, et une fièvre brûlante se déclara bientôt. Les éclats de sa douleur étaient déchirants ; elle accusait Egerton, ses parents, elle-même ; enfin elle s'abandonnait à tous les transports que peuvent inspirer une tête romanesque, des espérances trompées, et la certitude désespérante d'un infâme abandon.

La présence de ses parents semblait ajouter à ses peines, et elle n'était sensible qu'aux douces et insinuantes caresses d'Emilie. Enfin la nature épuisée s'affaiblit en elle, et Jane perdit, dans un repos momentané, le sentiment de ses douleurs.

Pendant ce temps on apprenait d'une manière plus positive les circonstances de la fuite des deux coupables.

Il paraissait que le colonel avait quitté Benfield-Lodge immédiatement après la conversation qu'il avait eue avec sir Edward, et qu'il était allé coucher à une auberge voisine, après avoir prudemment ordonné à son domestique de venir l'y rejoindre au point du jour, avec tous ses bagages. De là, s'étant procuré une chaise de poste, il se rendit au logement occupé par les Jarvis ; mais on ne put jamais savoir par quels arguments il avait si promptement décidé miss Jarvis à fuir avec lui. Les remarques de Mrs Jarvis et de miss Sarah prouvaient qu'elles étaient persuadées que le colonel n'avait jamais aimé que Marie, qu'il avait eu l'adresse de leur fasciner les yeux à tel point, qu'elles voyaient, sans en prendre d'alarme, la cour assidue qu'il faisait à Jane. Le succès d'une telle duplicité faisait espérer aux Moseley qu'on ignorerait toujours combien Jane avait été près de devenir sa victime.

Dans l'après-dînée, M. Jarvis reçut une lettre qu'il s'empressa de communiquer au baronnet et à Denbigh. Elle venait d'Egerton, et était conçue dans les termes les plus respectueux ; il cherchait à excuser l'enlèvement de Marie par le désir qu'il avait eu d'éviter les délais que lui aurait fait éprouver la publication des bans, lorsqu'il craignait à toute heure d'être appelé à son régiment.

Cette judicieuse apologie était accompagnée de mille promesses de se montrer le plus tendre des époux et le meilleur des fils. Les fugitifs étaient sur la route d'Ecosse, d'où ils avaient l'intention de se rendre à Londres, pour y attendre les ordres de leurs parents.

Le baronnet, d'une voix tremblante d'émotion en pensant aux souffrances de sa fille, félicita M. Jarvis de ce que les choses n'avaient point pris une plus mauvaise tournure; tandis que Denbigh, se mordant les lèvres, ne put s'empêcher de dire que la stipulation des dots eût pu l'embarrasser davantage que la publication des bans; car Egerton n'ignorait pas que les Jarvis venaient d'hériter de vingt mille livres sterling d'une vieille tante.

CHAPITRE XXVI.

Quelle est cette étrangère!
SHAKSPEARE.

Quoique le cœur de Jane eût été cruellement blessé, son orgueil avait plus souffert encore, et ni sa mère ni sa sœur ne pouvaient lui persuader de quitter sa chambre. Elle parlait peu; cependant une ou deux fois, cédant aux soins affectueux d'Emilie, elle épancha ses chagrins dans le sein de l'amitié; et dans ces moments d'abandon elle déclara que jamais elle ne reparaîtrait dans le monde.

Sa mère fut témoin d'un de ces accès de désespoir; et, pour la première fois, un sentiment de remords se mêla à ses douleurs maternelles. Si elle s'en était moins rapportée aux apparences, sa fille eût pu apprendre, avant que son repos fût compromis, quel était le véritable caractère de l'homme qui cherchait à gagner son cœur.

Lady Moseley aimait trop sa fille pour ne pas mêler ses larmes aux siennes, au moment surtout où elle voyait sous leur véritable jour les causes et les conséquences de ses chagrins; mais elle n'avait point assez de caractère pour faire un judicieux retour sur elle-même, et trop de paresse d'esprit pour faire tourner les leçons du passé au profit de l'avenir.

Nous laisserons Jane déplorer la perfidie de son amant, qu'une piété plus solide lui eût appris à supporter avec résignation, pour nous occuper des autres personnages de notre histoire.

L'indisposition de Jane avait fait remettre la visite à Mrs Fitzgerald ; mais, une semaine après la fuite du colonel, la malade ayant consenti à quitter sa chambre, et Mrs Wilson remarquant qu'Emilie était pâle et changée d'être restée si longtemps renfermée auprès du lit de sa sœur, elle décida qu'elles rempliraient, le lendemain matin, la promesse qu'elles avaient faite à la jeune Espagnole. Elles trouvèrent les deux dames impatientes de les revoir et de savoir des nouvelles de Jane, dont Emilie leur avait écrit la maladie. Après avoir fait servir quelques rafraîchissements, Mrs Fitzgerald, qui paraissait plus triste encore que de coutume, commença le récit de ses aventures.

La fille d'un négociant anglais établi à Lisbonne avait fui de la maison paternelle pour suivre un officier irlandais au service de Sa Majesté catholique ; ils se marièrent, et le colonel conduisit immédiatement son épouse à Madrid. Un fils et une fille furent le fruit de cette union. Le premier, ayant été élevé dans la religion de ses ancêtres, entra de bonne heure au service du roi. Mais la signora Maccarthy était protestante ; et malgré la promesse solennelle qu'elle avait faite à son mari, elle donna les mêmes principes à sa fille, dont la main, lorsqu'elle eut atteint l'âge de dix-sept ans, fut demandée par un grand de la cour de Charles. Le comte d'Alzada était un parti qu'on ne pouvait refuser ; et ils furent unis, non seulement sans s'aimer, mais même sans se connaître, comme cela n'arrive que trop souvent dans un pays où les deux sexes vivent presque toujours isolés l'un de l'autre. Le comte, d'un caractère dur et sévère, ne posséda jamais les affections de sa femme ; sa rudesse repoussait l'amour ; et celle-ci, dont les regards et les pensées étaient sans cesse dirigés vers la maison paternelle, où elle avait passé de si heureux jours, nourrissait intérieurement les principes religieux que lui avait donnés sa mère. Forcée de paraître catholique, elle était toujours protestante au fond du cœur. Ses parents parlaient toujours anglais lorsqu'ils étaient entre eux, et cette langue lui était aussi familière que l'espagnole. Après leur mort, pour ne point perdre l'habitude de s'exprimer dans une langue qui lui rappelait de si doux souvenirs, elle passa une grande partie de son temps à lire les livres que lui avait laissés sa mère ; c'étaient presque tous ouvrages de controverse religieuse ; et comme elle avait besoin des mêmes livres pour apprendre l'anglais à dona Julia, sa fille unique, les conséquences de la fausse démarche qu'avait faite jadis sa grand'mère se faisaient sentir jusque dans l'éducation de cette jeune personne.

En apprenant l'anglais, Julia s'éloigna de plus en plus de la foi que professait son père, et se dévoua à une vie de persécution ou d'hypocrisie.

La comtesse commettait la faute impardonnable de se plaindre à son enfant des mauvais traitements de son mari ; et comme ces conversations, tenues en anglais, étaient consacrées par les larmes de sa mère, elles firent une impression indélébile sur la jeune tête de Julia, qui grandit avec la conviction qu'après le malheur d'être catholique, le plus grand qui pût lui arriver serait d'épouser un homme de cette religion.

A peine avait-elle atteint sa seizième année qu'elle eut le malheur de perdre sa mère ; et quelques mois après, son père lui présenta un homme du plus haut rang, comme son futur époux.

Il serait difficile de dire si les principes religieux de Julia, n'étant plus soutenus par l'exemple ou les conseils d'une mère, auraient pu la faire résister longtemps aux volontés de son père ; mais l'amant qu'il lui présentait était vieux et laid ; et plus elle le voyait, plus elle s'affermissait dans son hérésie. Enfin, réduite au désespoir par ses importunités, elle avoua franchement à son père quelle était sa croyance. La colère de celui-ci fut violente et durable ; Julia fut renfermée dans un couvent pour y faire pénitence de ses fautes passées, et opérer sa conversion pour l'avenir. La résistance physique n'était pas en son pouvoir, mais elle se promit bien de ne jamais céder : on pouvait renfermer son corps, mais son esprit restait inébranlable, et la dureté peu judicieuse de son père ne faisait que l'affermir de plus en plus dans sa résolution.

Elle était depuis deux ans dans le couvent, refusant obstinément de se rendre aux désirs de son père, lorsque celui-ci fut appelé à l'armée pour défendre les droits de son prince légitime, et cette circonstance fut peut-être la seule cause qui l'empêcha d'employer contre sa fille les mesures les plus violentes.

La guerre étendait ses ravages jusque dans le sein de l'Espagne ; une grande bataille fut livrée presque sous les murs du couvent, et les paisibles dortoirs des religieuses furent forcés de s'ouvrir pour recevoir les officiers anglais blessés.

On y porta, entre autres, le major Fitzgerald, jeune homme doux, aimable, et de la plus belle figure; le hasard fit qu'il fut confié aux soins de Julia; sa guérison fut longue et longtemps douteuse; enfin il fut déclaré hors de danger, et il le devait plus aux soins attentifs de sa jeune garde qu'à tous les secours de la médecine.

Le major était sensible, Julia aussi malheureuse que belle. L'amour s'alluma bientôt dans leurs cœurs.

Une brigade anglaise était campée dans le voisinage du couvent, le jeune couple alla y chercher une protection contre la vengeance paternelle; ils furent mariés par l'aumônier du régiment, et jouirent pendant un mois d'un bonheur sans mélange.

Comme Buonaparte était attendu de jour en jour sur le théâtre de la guerre, ses généraux veillaient avec soin à leurs propres intérêts, sinon à ceux de leur maître. Le corps de troupes dans lequel Fitzgerald avait cherché un refuge fut surpris et repoussé avec perte.

Après avoir fait son devoir comme soldat, et combattu vaillamment au poste de l'honneur, le major entreprit de protéger la fuite de Julia; mais déjà toute retraite leur était coupée, et ils tombèrent tous deux entre les mains de l'ennemi. Ils furent traités avec douceur : on leur laissait même autant de liberté que le permettait la prudence, lorsqu'ils furent compris dans l'ordre de départ, qui voulait que tous les prisonniers fussent conduits en France. Déjà ils approchaient des Pyrénées, lorsqu'un parti anglais attaqua leur escorte et la mit en déroute; tous les prisonniers prirent la fuite, à l'exception du major et de sa jeune épouse.

Tandis que les Français faisaient des prodiges de valeur pour résister au nombre, une balle frappa le malheureux Fitzgerald; il ne survécut qu'une heure à sa blessure, et mourut où il était tombé, sur le champ de bataille.

Un officier anglais, avant de se mettre à la poursuite des fuyards, fut attiré par la vue d'une femme cherchant à ranimer les restes de la vie d'un blessé, et paraissant dans l'agonie de la douleur. Il revint sur ses pas, et arriva quelques instants avant le dernier soupir de Fitzgerald, à qui il ne restait plus que la force nécessaire pour implorer de son compagnon la promesse de protéger Julia, et de la mettre entre les bras de Mrs Fitzgerald, sa mère, qui demeurait en Angleterre.

L'officier le promit solennellement, et, dès que l'infortuné eut fermé les yeux, il obtint de quelques paysans une charrette, où il fit placer le corps du pauvre Fitzgerald et sa veuve au désespoir.

Le détachement qui avait attaqué le convoi de prisonniers était sorti du camp anglais pour remplir une autre mission; mais le chef qui le commandait, apprenant qu'ils passaient à quelque distance, avait pris tout à coup la résolution de chercher à opérer leur délivrance. Le pays était couvert d'ennemis, et dès qu'il eut effectué son projet, il donna l'ordre de battre en retraite. Julia resta donc, avec les dépouilles de son mari, sous la garde de son protecteur et des paysans espagnols, et le détachement avait déjà fait plusieurs milles, lorsque la petite charrette se mit en route.

Le rejoindre était impossible; et ayant appris en route qu'un corps de dragons français avait inquiété leur arrière-garde, la petite troupe fut obligée de chercher un autre chemin pour se rendre au camp. Enfin elle arriva, et le lendemain de l'escarmouche, après bien des inquiétudes et des dangers, Julia se trouva établie dans une chaumière espagnole très-solitaire, à quelques milles des postes avancés de l'armée anglaise. Le corps de son mari fut déposé dans un cercueil, et Julia, en proie à la douleur que lui causait une perte irréparable, n'avait pour distraction que les courtes visites que son protecteur tâchait de dérober à ses devoirs plus importants.

Un mois se passa sans apporter d'autres consolations à Mrs Fitzgerald, que celles qu'elle trouvait à pleurer sur le tombeau de son mari. Cependant les visites de son protecteur devinrent plus fréquentes, et enfin il lui annonça qu'il comptait bientôt partir pour Lisbonne, d'où ils s'embarqueraient pour l'Angleterre.

Une petite voiture couverte, traînée par un seul cheval, devait les conduire dans cette ville, où il lui promit de lui procurer une femme qui l'accompagnerait pendant le reste de la route. Ce n'était ni le lieu ni le moment de montrer une délicatesse déplacée; et Julia, le cœur brisé, se prépara à quitter tout ce qui lui restait de son malheureux époux, pour obéir à ses dernières volontés.

A peine se furent-ils mis en route, que les manières de son compagnon changèrent totalement; il devint complimenteur, voulut faire l'aimable, chercha à plaire, mais d'une manière plus offensante que dangereuse. Ses attentions enfin devinrent si fatigantes, que Julia forma vingt fois le projet de s'arrêter au premier village, et de renoncer au voyage d'Angleterre. Mais le désir d'accomplir le dernier vœu de Fitzgerald, d'aller consoler une mère de la perte de son fils unique, et surtout la crainte du ressentiment de son père, la déterminèrent à s'armer de patience jusqu'à ce qu'elle fût arrivée à Lisbonne, où elle se promettait bien de se séparer pour jamais de son soi-disant protecteur, qu'elle commençait à craindre plus que tous les dangers dont il était censé la préserver.

Le dernier jour de ce désagréable voyage, en traversant un bois, l'officier oublia tellement les égards qu'il devait à une femme malheureuse et confiée à son honneur, que Mrs Fitzgerald au désespoir se jeta hors de la voiture, et eut le bonheur d'attirer par ses cris un officier qui suivait à cheval la même route. Celui-ci accourut aussitôt au secours de la belle affligée; mais un coup de pistolet, tiré de la voiture, tua son cheval, et tandis que le cavalier se relevait, le traître s'échappa.

Julia s'efforça de ranimer ses esprits pour expliquer à son libérateur la situation étrange où il l'avait trouvée, et sa jeunesse, sa douleur, la franchise répandue sur tous ses traits le convainquirent bientôt de sa véracité. Tandis qu'ils délibéraient sur les moyens de sortir du bois, le détachement de dragons qu'il commandait le rejoignit; l'officier en dépêcha quelques-uns au prochain village, avec ordre de leur en ramener une voiture quelconque, et il envoya les autres à la poursuite de celui qu'il regardait comme la honte de l'armée: ses premiers ordres furent aisément exécutés; mais, après avoir trouvé à quelque distance la petite voiture couverte dont on avait emmené le cheval, il fut impossible de découvrir les moindres traces de l'indigne suborneur. Jamais Julia n'avait su son nom, et, soit par un effet du hasard ou des artifices du traître, jamais elle n'avait pu découvrir qui il était.

Lorsqu'ils furent arrivés à Lisbonne, tous les amusements, toutes les distractions que peuvent procurer une fortune considérable, un rang distingué et les relations les plus étendues furent prodigués à la veuve inconsolable, par le comte de Pendennyss; car c'était lui qui, partant du quartier-général pour porter des dépêches importantes en Angleterre, avait préservé Julia d'un malheur cent fois pire que la mort. Un paquebot était en rade pour attendre le noble lord, et bientôt ils s'y embarquèrent.

Dona Lorenza était la veuve d'un sous-officier espagnol qui était mort en combattant sous les ordres de Pendennyss; l'intérêt qu'il avait pris au mari l'engagea à offrir sa protection à sa femme. Depuis deux ans il l'avait fait entrer dans un couvent de Lisbonne; et, pensant qu'elle convenait mieux que toute autre, il la choisit pour accompagner Mrs Fitzgerald en Angleterre.

Pendant la traversée qui fut très-longue, le comte apprit toutes les particularités de l'histoire de Julia; il vit qu'après avoir lu sur la religion des traités longs et abstraits, elle n'en connaissait point les vérités essentielles et les consolations divines; il employa, pour les faire pénétrer dans son âme, tous les efforts d'une éloquence entraînante et persuasive, et il eut bientôt le plaisir de remarquer le succès de ses soins; le baume de la religion vint cicatriser les blessures de Julia, et sa sombre tristesse prit graduellement la teinte plus douce de la mélancolie.

En arrivant à Londres, Pendennyss mit Julia sous la protection de sa sœur, en attendant qu'il eût pris des informations sur la province où elle pourrait trouver sa belle-mère; il apprit bientôt qu'elle était morte sans laisser de proches parents, et Julia se trouva seule dans le monde. Son mari, cependant, avait eu la prudence de faire un testament; grâce aux soins du comte, l'authenticité en fut bientôt reconnue, et sa veuve entra en possession de sa petite fortune.

C'était en attendant la décision de cette affaire que Mrs Fitzgerald avait résidé quelque temps aux environs de Bath; dès qu'elle fut terminée, le comte et sa sœur l'installèrent dans la jolie petite maison qu'elle habitait maintenant, et ils étaient venus l'y voir une fois depuis qu'elle y était établie. La délicatesse interdisait au comte de fréquentes visites; mais il cherchait toujours toutes les occasions de lui être utile. En retournant en Espagne, Pendennyss avait vu le comte d'Alzada, et il avait tâché d'obtenir le pardon de sa fille; mais le ressentiment du comte était toujours le même, et il fut forcé d'abandonner son généreux projet. Quelque temps après, Julia, apprenant que son père était dangereusement malade, avait prié son protecteur d'intercéder de nouveau auprès de lui; mais cette tentative avait encore été sans succès, et la lettre de Pendennyss qui lui apprenait que malgré ses efforts il avait échoué, était celle sur laquelle Mrs Wilson l'avait vue répandre des larmes.

La tendre pitié que lui montrèrent ses amis fut une douce consolation pour Mrs Fitzgerald; cependant Mrs Wilson, en revenant au château, ne voulut point laisser passer l'occasion de faire remarquer à sa nièce quelles avaient été les conséquences d'une première faute, et quels malheurs suivaient toujours l'infraction du plus saint des devoirs, l'obéissance envers nos parents.

Quoique Emilie sentît toute la justesse des observations de sa tante, elles ne pouvaient diminuer la compassion qu'elle éprouvait pour les malheurs de son amie, et pendant quelque temps elle ne pensa qu'à Julia et à ses infortunes.

Avant de se séparer de Mrs Wilson, Julia, avec un peu d'hésitation et en rougissant, lui dit qu'elle avait encore à lui faire une révélation importante; et celle-ci lui promit de revenir le lendemain.

CHAPITRE XXVII.

> Cet homme généreux n'est plus qu'un fourbe, un vil fripon, un homme sans honneur.
> Mrs BARBAULD.

Les yeux d'Emilie brillèrent de plaisir en trouvant Denbigh qui les attendait à la porte du château, pour les aider à descendre de voiture. Il leur dit, en leur donnant la main pour entrer au salon, qu'il venait de recevoir une lettre qui le forcerait à s'absenter quelques jours, et au moment de se séparer d'elles, il ne pouvait s'empêcher de se plaindre des visites longues et fréquentes qu'elles faisaient à un ermitage dont tout son sexe était exclu. Emilie lui répondit en riant que, s'il se conduisait bien, on pourrait intercéder pour son admission. Mrs Wilson pensa qu'il n'avait pas l'air bien sincère en exprimant le plaisir que lui faisait cette promesse, et il changea de conversation.

Pendant le dîner, il répéta à la famille réunie qu'il se voyait forcé de partir, et qu'il espérait rencontrer Chatterton dans le cours de son voyage.

— Y a-t-il longtemps que vous avez eu de ses nouvelles, John? demanda sir Edward.

— Non, Monsieur; j'en ai reçu ce matin même : il a quitté Denbigh-Castle depuis quinze jours, et il va se rendre à Bath, où il a donné rendez-vous à son ami le duc de Derwent.

— N'êtes-vous point allié à la famille du duc, monsieur Denbigh? demanda lady Moseley.

Un sourire indéfinissable anima un moment la figure expressive de Denbigh, tandis qu'il répondait :

— Oui, Madame, du côté de mon père.

— Il a, je crois, une sœur, continua lady Moseley, désirant en apprendre davantage sur les amis de Chatterton et sur les parents de Denbigh.

— Oui, Milady.

— Ne s'appelle-t-elle pas Henriette? demanda Mrs Wilson. Denbigh baissa la tête en signe d'affirmation.

— Lady Henriette Denbigh? dit Emilie timidement.

— Lady Henriette Denbigh, miss Emilie... Me permettez-vous de vous servir à boire?

Les manières singulières du jeune homme pendant ce dialogue, quoiqu'elles n'eussent rien de désobligeant, coupaient court à toute autre question sur le même sujet, et Emilie fut forcée d'en rester là, sans avoir appris ce que c'était que Marianne. Elle n'était point jalouse; mais elle désirait connaître tous ceux qui étaient chers à son amant.

— La douairière et ses filles doivent-elles accompagner Chatterton? demanda sir Edward en se tournant vers John.

— Oui, Monsieur; j'espère....; c'est-à-dire, je crois qu'elle viendra.

— Elle... Qui, mon fils?

— Grace Chatterton, dit John en tressaillant; ne parliez-vous pas de Grace, sir Edward?

— Pas d'elle seule du moins, à ce qu'il me semble, répondit le baronnet.

Denbigh sourit de nouveau, et l'expression de finesse et de malice qui anima sa physionomie, et que Mrs Wilson n'y avait point encore remarquée, la ramena de nouveau à penser qu'il y avait quelque chose de mystérieux dans la personne et le caractère de ce jeune homme.

Jane, dont les sentiments avaient éprouvé un choc que le temps seul pouvait guérir, consentit cependant à reparaître au milieu de ses amis ; mais la certitude qu'ils étaient tous instruits de son désappointement cruel lui donnait un air de gêne, de froideur et de défiance, fort éloigné de son aisance et de son aménité accoutumées.

Emilie seule, dont l'excellent cœur dirigeait tous les mouvements, et dont les actions étaient guidées par le tact le plus sûr et la délicatesse la plus exquise, parvint bientôt à rétablir entre elle et sa sœur cet échange d'attention, d'amitié et de sympathie, charmes de l'amour fraternel.

Jane cependant ne montrait de confiance en personne, et ne se plaignait jamais du manque de foi dont elle avait été victime ; qu'aurait-elle pu dire pour expliquer son aveuglement ? Rien ne pouvait justifier son attachement pour Egerton, rien, que ses agréments extérieurs, qui seuls, elle se l'avouait avec honte, avaient séduit son imagination.

Le mariage des fugitifs, en Ecosse, avait été publiquement annoncé ; et comme le bruit qui s'était répandu un moment qu'Egerton allait s'allier à la famille de sir Edward était tombé de lui-même depuis son esclandre, leurs connaissances ne se gênèrent point pour épiloguer en leur présence sur le caractère du colonel.

Qu'il fût joueur, intrigant et criblé de dettes, ce n'était depuis longtemps un secret pour personne, excepté pour ceux qui avaient le plus d'intérêt à savoir la vérité.

Mrs Wilson trouvait dans la découverte des vices d'Egerton de nouvelles raisons pour juger et examiner toujours les choses par elle-même, puisque la vaine et fausse politesse du monde se fait un point d'honneur de nous cacher précisément ce qu'il importe à notre repos de connaître.

On permit que quelques traits du caractère d'Egerton parvinssent aux oreilles de Jane, sa tante ayant jugé avec raison que le plus sûr moyen de détruire l'ascendant qu'il avait usurpé sur l'imagination de sa nièce était de le dépouiller de ses qualités factices. L'attente de Mrs Wilson fut en quelque sorte justifiée ;

mais quoique le colonel perdît l'estime de Jane, elle ne s'en trouvait que plus humiliée de l'avoir aimé, et ses amis conclurent sagement que le temps pourrait seul lui rendre sa première tranquillité.

Le lendemain matin, Mrs Wilson, désirant avoir une conversation avec Denbigh, dans l'espoir d'éclaircir quelques doutes, l'engagea à l'accompagner dans sa promenade du matin; il accepta avec le plus vif empressement : mais, lorsqu'il vit qu'Emilie n'était point de la partie, il eut besoin de rappeler sa présence d'esprit et son usage du monde pour ne point laisser percer son désappointement.

Lorsqu'ils furent à quelque distance de Benfield-Lodge, elle lui fit connaître son intention de le présenter à Mrs Fitzgerald, chez laquelle elle avait dit à son cocher de les conduire. A ce nom Denbigh tressaillit, et après quelques moments de silence, il pria Mrs Wilson de lui permettre de faire arrêter la voiture; il ne se sentait pas bien, et il était désolé de la quitter; mais avec sa permission il allait descendre et retourner au château.

Il la pria si instamment de continuer sa promenade et de ne pas tromper l'attente de sa jeune amie, que Mrs Wilson fut forcée de céder; cependant, ne sachant comment expliquer une maladie si subite, elle mit la tête à la portière pour voir comment se trouvait Denbigh, et elle fut étonnée de le voir causer tranquillement avec John, qu'il venait de rencontrer se promenant avec son fusil. Malade d'amour ! pensa Mrs Wilson en souriant; et se rappelant qu'il devait les quitter bientôt, elle en vint à conclure qu'il voulait peut-être profiter du moment où Emilie était seule, pour lui faire l'aveu de ses sentiments. Si cet aveu doit arriver, pensa-t-elle en soupirant, autant vaut peut-être sortir tout d'un coup d'incertitude.

Mrs Fitzgerald l'attendait, et elle parut charmée de la voir arriver seule; après lui avoir demandé des nouvelles d'Emilie, Julia confia à Mrs Wilson la nouvelle source d'inquiétudes qui venait de se rouvrir pour elle.

Le jour où le bal de L*** avait empêché la tante et la nièce de faire la visite promise à Mrs Fitzgerald, dona Lorenza s'était rendue au village pour faire quelques emplettes, suivie de leur vieux domestique, et Julia s'était installée dans son petit parloir, où elle espérait voir bientôt arriver ses amis. Ayant entendu marcher sous sa croisée, elle courut à la porte.... O surprise ! ô terreur ! elle y trouva le misérable, le parjure qui avait trahi le serment qu'il avait fait à son mari mourant, et qui lui avait causé tant de peines.

L'horreur, la crainte, la surprise, tous ces sentiments réunis l'empêchèrent d'appeler du secours, et elle se laissa tomber sur une chaise. Il se plaça entre elle et la porte, l'assura qu'elle n'avait rien à craindre, qu'il l'aimait et n'avait jamais aimé qu'elle ; qu'il était, il est vrai, au moment d'épouser une des filles de sir Edward Moseley, mais qu'il l'abandonnerait, qu'il renoncerait à tout, rang, gloire, fortune, si elle voulait consentir à devenir sa femme; qu'il ne doutait pas que son nouveau protecteur n'eût sur elle des vues coupables ; et que lui-même lui jurait d'expier, par une vie tout entière d'amour et de dévouement, les violences coupables que l'excès de sa passion lui avait fait commettre.

Il continuait sur le même ton, lorsque Mrs Fitzgerald, recouvrant sa présence d'esprit, s'élança tout à coup sur la sonnette qui était à l'autre bout de la chambre. Il voulut l'empêcher de la tirer, mais il était trop tard, et le bruit des pas qu'il entendit retentir dans la pièce voisine le força à se retirer précipitamment.

Mrs Fitzgerald ajouta que ce qu'il avait dit de son mariage projeté avec miss Moseley lui avait causé de vives inquiétudes, et l'avait seul empêchée de lui parler la veille de cette visite désagréable; mais que sa femme de chambre lui avait appris le matin même qu'un colonel Egerton, qu'on supposait avoir fait la cour à une des filles de sir Edward Moseley, avait enlevé une autre jeune personne. Elle ne doutait plus que ce ne fût son persécuteur, et il lui avait laissé les moyens de s'en convaincre ; car, lorsqu'il s'était jeté devant elle pour l'empêcher de sonner, au milieu des efforts qu'elle fit pour l'arrêter, un portefeuille s'était échappé de sa poche, et elle ne l'avait trouvé que longtemps après son départ.

En remettant cette pièce de conviction à Mrs Wilson, elle la pria de la faire parvenir à celui à qui elle appartenait. — Ce portefeuille renferme peut-être des objets de prix, dit-elle, mais je n'ai point cru devoir me permettre de l'ouvrir.

Mrs Wilson prit le portefeuille et le mit dans son sac en souriant de l'extrême réserve de sa jeune amie dans les circonstances particulières où elle se trouvait.

Quelques questions sur le lieu et sur l'année de leur première entrevue convainquirent Mrs Wilson que c'était bien Egerton dont la passion désordonnée avait causé une si vive frayeur à Julia. Il n'avait fait qu'une campagne en Espagne ; c'était précisément la même année, et dans le corps d'armée où servait le major Fitzgerald ; et sa conduite n'avait que trop prouvé depuis de quoi il était capable.

Mrs Fitzgerald pria son amie de lui dire quelle conduite elle devait tenir dans cette occasion ; celle-ci lui demanda si elle avait instruit lord Pendennyss de l'audacieuse visite de son persécuteur. A ce nom les joues de la jeune veuve se couvrirent d'une vive rougeur, et elle répondit que, quelque outrageantes, quelque peu méritées que lui parussent les viles insinuations d'Egerton, elles avaient fait naître dans son cœur une répugnance trop invincible pour avoir encore recours aux bons offices du comte. — D'ailleurs, ajouta-t-elle en baisant la main de Mrs Wilson, vos bontés pour moi ne me rendent-elles pas inutiles tous les autres conseils ? Son amie, en lui serrant la main avec amitié, loua beaucoup sa délicatesse et lui dit que, quoique le noble caractère de Pendennyss fût à l'abri du plus léger soupçon, une jeune femme ne devait accorder sa confiance qu'à une personne de son sexe, si elle voulait éviter la censure du monde.

Comme Egerton était marié, il était probable qu'il ne chercherait pas de si tôt à tourmenter Mrs Fitzgerald, et elle avait le temps de prendre un parti ; Mrs Wilson espérait d'ailleurs que l'expectative de la fortune de M. Jarvis serait un motif assez puissant pour le retenir dans de justes bornes. Le marchand était vif, décidé ; il ne se laissait pas facilement abuser, et le plus simple soupçon de la vérité le mettrait bientôt du parti de l'opprimé, contre celui qui s'était fait son gendre.

Les dames ne se séparèrent qu'avec la promesse de se revoir le plus tôt possible, car cette dernière conversation avait encore augmenté leur amitié et leur estime mutuelles.

Mrs Wilson était à mi-chemin de la demeure de Mrs Fitzgerald, lorsqu'il lui vint tout à coup dans l'idée de s'assurer, par les moyens qu'elle avait entre les mains, de l'identité du colonel Egerton avec le persécuteur de Julia. Elle tira le portefeuille de son sac, et l'ouvrit pour en examiner le contenu ; deux lettres tombèrent sur ses genoux ; elle jeta aussitôt les yeux sur l'adresse, qui suffisait pour lui apprendre tout ce qu'elle désirait savoir, et lut de la main bien connue du docteur Yves : « A George Denbigh, écuyer. »

Mrs Wilson fut si atterée par cette découverte, qu'elle pensa se trouver mal et qu'elle baissa une des glaces de sa voiture pour avoir de l'air. Elle tint longtemps ces lettres fatales dans ses mains tremblantes; elle regardait sans voir, et une angoisse inexprimable semblait avoir suspendu l'usage de toutes ses facultés.

Dès qu'elle se trouva assez remise pour s'exposer à de nouvelles émotions, elle examina les lettres avec le plus grand soin, et les ouvrit toutes deux pour s'assurer qu'il n'y avait point d'erreur; elle vit les dates, les mots *cher George*, au commencement, et la signature du docteur. Il n'y avait plus moyen de conserver le plus léger doute; et mille circonstances se retraçant à sa mémoire, vinrent encore jeter dans son esprit une affreuse clarté.

La répugnance de Denbigh à parler de ses campagnes en Espagne, la manière dont il avait évité sir Herbert Nicholson et les remarques de ce dernier, l'éloignement qui avait toujours existé entre Egerton et lui, son absence du bal et la singularité de ses manières pendant toute la journée du lendemain, l'embarras qu'il montrait toujours dès qu'on parlait de Pendennyss, l'empressement qu'il avait mis à accepter la promenade que lui avait offerte Mrs Wilson, et celui avec lequel il l'avait quittée dès qu'il avait su qu'elle allait voir Mrs Fitzgerald, tout enfin se réunissait pour confirmer cette cruelle vérité; et Mrs Wilson ne trouvait que trop la solution des doutes qui l'avaient si souvent tourmentée.

Les infortunes de Mrs Fitzgerald, la malheureuse issue des amours de Jane, ne semblaient rien à Mrs Wilson, auprès de la découverte du crime de Denbigh. Elle se rappelait la conduite qu'elle lui avait vu tenir en différentes occasions, et s'étonnait qu'un homme qui paraissait savoir si bien maîtriser ses passions se fût laissé emporter par elles au point d'oublier toutes les lois de l'honneur et de la vertu. Sa duplicité, son hypocrisie, prouvaient que sa démoralisation était plutôt l'effet d'un système que de la fougue de la jeunesse; car elle n'était pas assez faible pour chercher à dissimuler l'évidence de son crime et de son énormité.

Elle attribuait maintenant le mouvement spontané avec lequel il s'était précipité entre Emilie et la mort à un courage naturel, et peut-être jusqu'à un certain point au hasard; mais le respect profond et constant qu'il avait toujours témoigné pour la religion, sa charité active, son refus de se battre en duel, comment concilier ces traits de son caractère avec sa conduite antérieure? Et Mrs Wilson déplorait la faiblesse de la nature humaine qui fait succomber sous les efforts de l'ange des ténèbres des hommes appelés par la nature et prédestinés par la grâce à devenir les ornements du monde et les soutiens de la religion.

Les vices que la corruption du siècle avait inculqués à Egerton, ses artifices, sa cupidité, n'étaient rien auprès des soupçons, hélas! trop réels, qui pesaient sur la tête de Denbigh. La nécessité d'apprendre à Emilie cette découverte accablante augmentait l'anxiété de Mrs Wilson, et sa voiture s'arrêta à la porte de Benfield-Lodge avant qu'elle eût pris aucun parti.

Son frère vint lui donner la main, et, tremblante que Denbigh n'eût profité de son absence pour faire sa déclaration à Emilie, elle demanda après lui. On lui dit qu'il était revenu avec John pour prendre son fusil, et qu'ils étaient ressortis ensemble; elle fut un peu plus tranquille, quoique cette circonstance fût une nouvelle preuve qu'il n'était point indisposé, et qu'il ne l'avait quittée que pour éviter Mrs Fitzgerald. Pour dernière épreuve, elle résolut de lui faire rendre le portefeuille en sa présence, pour voir s'il le reconnaîtrait pour le sien; en conséquence elle chargea son domestique de le lui remettre pendant le dîner.

L'air ouvert et confiant avec lequel Emilie reçut Denbigh à son retour perça le cœur de Mrs Wilson, et elle pouvait à peine maîtriser assez son indignation pour conserver les dehors de politesse avec l'hôte de M. Benfield.

Au dessert, le domestique de Mrs Wilson s'approcha de Denbigh. — N'est-ce pas votre portefeuille, Monsieur?

Denbigh le prit, le regarda un moment avec surprise, et, fixant un œil scrutateur sur le pauvre Dick, il lui demanda où il l'avait trouvé, et comment il savait que ce portefeuille lui appartenait. Dick, qui n'était point préparé à cette question, tourna naturellement les yeux vers sa maîtresse; Denbigh l'imita, et, rencontrant les regards de Mrs Wilson, il rougit beaucoup, et lui demanda d'une voix mal assurée si c'était à elle qu'il avait l'obligation de retrouver son portefeuille.

— Non, Monsieur, répondit-elle gravement; une autre l'a trouvé, et m'a chargée de vous le rendre.

Denbigh fut distrait pendant le reste du dîner, et Emilie lui parla une ou deux fois sans obtenir de réponse. Plusieurs fois aussi Mrs Wilson surprit ses yeux fixés sur elle avec une expression de doute et d'inquiétude qui lui prouva qu'il était alarmé.

Si les preuves de son crime eussent été insuffisantes, son trouble seul l'eût trahi; et Mrs Wilson se mit à réfléchir aux moyens les plus sûrs et les plus prompts de dessiller les yeux de sa nièce, avant qu'il en eût obtenu l'aveu de son amour.

CHAPITRE XXVIII.

Elle a été trompée; elle aime encore.
GOLDSMITH.

En se retirant après le dîner dans son cabinet de toilette, suivie d'Emilie, Mrs Wilson commença la tâche pénible de déchirer le voile qui couvrait les yeux de sa nièce, en lui racontant en substance ce que Mrs Fitzgerald lui avait dit le matin. Une persécution si opiniâtre ne pouvait inspirer à l'innocente Emilie qu'une surprise mêlée d'horreur, et comme sa tante ne lui avait pas dit que le suborneur eût parlé d'une des filles de sir Edward, elle exprima son étonnement qu'il pût exister un pareil misérable. — Serait-il possible, ma tante, dit-elle en frissonnant involontairement, que le coupable fût un des jeunes gens que nous avons vus dernièrement, et qu'il eût assez d'art pour cacher aux yeux du monde son véritable caractère?

— La dissimulation serait à peine nécessaire, ma bonne amie, répondit Mrs Wilson; la morale des gens du monde est si relâchée que je ne doute pas que sa conduite ne fît qu'exciter le sourire de ses amis, et qu'il ne continuât à passer pour un homme d'honneur.

— Et qu'il ne fût prêt, continua Emilie, à sacrifier la vie de celui qui pourrait concevoir le moindre doute sur ce même honneur.

— Ou bien, ajouta Mrs Wilson, qui voulait l'amener plus près de son but, que, prenant au contraire le masque de l'hypocrisie, il n'affectât des principes et une morale qui sembleraient l'empêcher d'exposer sa vie, par respect pour un préjugé barbare.

— Oh! non, chère tante, s'écria Emilie en rougissant au souvenir que cette phrase éveillait dans son esprit, un homme ne peut être si artificieux et si vil.

Mrs Wilson soupira douloureusement à ce nouveau témoignage de l'estime confiante d'Emilie, qui ne lui permettait pas de supposer qu'un refus qu'elle avait admiré de la part de Denbigh pût provenir, même chez un autre, d'un froid calcul. Désirant l'amener par degrés à la fatale découverte, elle ajouta :

— Et cependant, ma chère, les hommes qui se vantent le plus de leurs principes de morale, ceux même qui prennent le masque de la religion, ne refusent point de se battre en duel. Ces inconséquences de caractère ne sont pas rares; et tel, que l'idée d'un meurtre révolterait, n'hésite pas à se rendre coupable de tout autre crime.

— L'hypocrisie est un vice si bas, dit Emilie, que je ne crois pas qu'il puisse s'allier à la bravoure; et Julia convient que son persécuteur est brave.

— Un homme de cœur ne devrait-il pas être révolté à la seule idée d'insulter une femme sans défense? et voilà cependant ce que fait votre héros! répondit Mrs Wilson avec amertume, et cédant à la violence de son indignation.

— Oh! ne l'appelez pas mon héros, je vous en supplie, chère tante, dit Emilie en tressaillant. Mais cette sensation désagréable fut bientôt effacée par la certitude qu'elle croyait avoir de la supériorité de l'homme qu'elle aimait.

— Dans le fait, mon enfant, la faiblesse de notre nature nous rend susceptibles de toutes les inconséquences possibles; les scélérats les plus endurcis ont quelquefois, sur un seul point, de l'honneur à leur manière, et les hommes les plus parfaits ont leur côté faible. Les affections longues et éprouvées sont les seules auxquelles on puisse se fier; encore nous manquent-elles quelquefois.

Emilie regarda sa tante avec surprise, en l'entendant parler d'une manière si opposée à son caractère. Jamais Mrs Wilson ne lui avait montré la fragilité humaine sous un point de vue si désespérant; et, frissonnant malgré elle, elle sentit son cœur se glacer.

Après une courte pause, Mrs Wilson continua :

— Le mariage est pour une femme un engagement terrible, et

elle aventure son bonheur lorsqu'elle n'a pu juger de sang-froid l'homme à qui elle le confie. Jane a failli en faire la triste expérience; j'espère que vous n'êtes pas décidée à l'éprouver à votre tour.

Tandis qu'elle parlait, Mrs Wilson avait pris les mains d'Emilie; et, par son regard et son accent solennel, elle avait réussi à faire naître dans le cœur de la pauvre enfant l'appréhension de quelque malheur, quoiqu'elle fût encore loin de penser que Denbigh pût y être pour quelque chose.

Voulant enfin s'acquitter du pénible devoir qu'elle s'était imposé, Mrs Wilson reprit avec émotion: — N'avez-vous pas remarqué le portefeuille que Dick a rendu à M. Denbigh? Emilie fixa sur sa tante un œil égaré; et celle-ci ajouta d'une voix mal assurée: — C'était celui que Mrs Fitzgerald m'a remis ce matin. Une lueur de l'affreuse vérité pénétra dans le cœur d'Emilie; dans son trouble, dans son désespoir, elle ne vit qu'une chose, c'est que Denbigh était à jamais perdu pour elle. Elle tomba privée de sentiment entre les bras de sa tante.

Mrs Wilson, après des efforts longtemps infructueux, parvint enfin à la rappeler au sentiment de son infortune; et, ne voulant pas que personne autre qu'elle fût témoin de la première explosion de sa douleur, elle réussit à la conduire dans sa chambre et à la mettre au lit. Emilie ne se plaignait point, elle ne versait pas une larme, elle ne faisait aucune question; son œil était fixe, et toutes ses facultés semblaient absorbées sous le poids affreux qui oppressait son cœur.

Mrs Wilson avait trop de véritable sensibilité pour lui adresser des consolations prématurées ou des réflexions inutiles; elle s'assit en silence au chevet de son lit, et attendit avec anxiété la fin de cette crise effrayante.

Enfin les beaux yeux d'Emilie levés vers le ciel, et ses mains jointes avec ferveur, lui apprirent qu'elle avait recours au consolateur des affligés; sa piété reçut bientôt une première récompense, et un torrent de larmes vint la soulager.

Lorsque Emilie fut un peu plus calme, elle écouta toutes les raisons qu'avait sa tante de croire à la culpabilité de Denbigh; bientôt il ne lui fut plus possible d'en douter elle-même, et son cœur fut brisé. L'agitation de son esprit lui ayant donné un peu de fièvre, sa tante l'engagea à rester dans sa chambre; et Emilie, sentant qu'il lui serait trop pénible de revoir Denbigh, y consentit volontiers. Mrs Wilson, après avoir fait placer sa femme de chambre dans la pièce voisine, sortit pour aller annoncer au salon que sa nièce était un peu indisposée, et qu'elle désirait être seule, dans l'espoir de goûter quelque repos.

Denbigh s'informa avec inquiétude de la santé d'Emilie ; mais, depuis qu'on lui avait rendu son portefeuille, il régnait dans toutes ses manières une contrainte qui persuadait à Mrs Wilson qu'il voyait que son odieuse conduite n'était plus un mystère. Il se hasarda à demander quand on aurait le plaisir de revoir miss Moseley ; il désirait bien vivement que ce fût le soir même, puisqu'il devait partir le lendemain matin ; mais lorsqu'il apprit qu'elle ne reparaîtrait point dans la journée, son trouble devint manifeste, et il se hâta de sortir.

Mrs Wilson était seule dans le salon, et elle se disposait à aller retrouver sa nièce, lorsque Denbigh y entra, tenant une lettre à la main. D'un air timide et embarrassé, il s'approcha d'elle, et dit d'une voix tremblante :—L'inquiétude que j'éprouve et l'approche de mon départ me serviront d'excuse, je l'espère, auprès de miss Moseley, si je la dérange en ce moment. Auriez-vous la bonté, Madame, de lui remettre cette lettre? Je n'ose vous demander vos bons offices en ma faveur.

Mrs Wilson prit la lettre et répondit froidement :—Je voudrais cependant, Monsieur, pouvoir vous rendre un véritable service.

— Je vois avec douleur, Madame, que j'ai perdu votre bonne opinion, dit Denbigh en hésitant; ce portefeuille...

— M'a fait faire une affreuse découverte, dit Mrs Wilson en soupirant.

— Une seule faute ne mérite-t-elle pas quelque indulgence, chère Mrs Wilson? s'écria Denbigh avec chaleur ; si vous connaissiez les circonstances..., les raisons cruelles... Oh! pourquoi, pourquoi ai-je négligé les avis paternels du docteur Yves?

— Il n'est pas encore trop tard, dit Mrs Wilson avec plus de douceur, pour votre bonheur du moins ; car pour nous, votre duplicité...

— Est impardonnable... je le vois..., je le sens! s'écria-t-il avec l'accent du désespoir. Cependant Emilie ne sera peut-être pas insensible... : ayez la bonté de lui remettre ma lettre... Tout est préférable à cette cruelle incertitude.

— Vous aurez ce soir une réponse d'Emilie, et sans que je cherche à l'influencer, répondit Mrs Wilson. En fermant la porte, elle remarqua sur les traits de Denbigh une expression si vive d'anxiété et d'angoisse, que le souvenir de ses vices ne put l'empêcher d'en avoir pitié.

Son inquiétude pour la santé de sa nièce bien-aimée se calma un peu, lorsqu'en entrant dans sa chambre, elle la trouva baignée de larmes. Elle savait que si elle avait la force de déposer ses chagrins dans le sein de celui qui mesure le vent à la force du jeune agneau, elle y puiserait le courage de les supporter, sinon avec calme, du moins avec résignation. Mrs Wilson l'embrassa tendrement, en lui remettant la lettre de Denbigh, et elle lui dit qu'elle reviendrait dans une heure chercher la réponse.

Elle espérait que la nécessité d'agir éveillerait son énergie, et son attente ne fut point trompée.

En entrant dans l'antichambre de sa nièce, elle apprit par la femme qu'elle y avait placée qu'Emilie était levée et occupée à écrire. Elle ouvrit la porte, et elle resta un moment immobile d'admiration au tableau qui s'offrit à ses yeux. Emilie, à genoux et les mains jointes, paraissait prier avec ferveur ; ses beaux cheveux flottaient sur ses épaules et cachaient sa figure baignée de larmes ; deux lettres étaient près d'elle sur le tapis. Dès qu'elle entendit le bruit, elle se leva, et, s'avançant vers sa tante avec un air de résignation, elle lui donna les lettres : — Lisez-les, ma tante, et si vous approuvez la mienne, veuillez la remettre à son adresse. Mrs Wilson la serra dans ses bras, et, Emilie désirant être seule, elle se retira dans sa chambre, où elle prit connaissance du contenu des deux lettres. Celle de Denbigh était conçue en ces termes :

« J'ose espérer de la bonté de miss Moseley qu'elle excusera la liberté que je prends de la déranger dans un moment où elle est souffrante, dans un moment si peu convenable pour un pareil sujet ; mais mon départ..., mon amour..., me serviront d'excuse. Dès le premier jour où je vous ai vue, votre amabilité, votre innocence, toutes ces qualités que vous seule ignorez, ont fait sur mon cœur une impression ineffaçable. Je ne sens que trop que je ne suis pas digne du bonheur où tendent mes vœux ; mais, après vous avoir connue, il est impossible de ne point s'efforcer de vous obtenir... Vous avez cru me devoir quelque reconnaissance, parce que j'ai été assez heureux pour vous sauver la vie; vous ne saviez pas que tout mon bonheur y était attaché... Si vous daignez accepter mon cœur et ma main, je serai le plus heureux des hommes; si vous le refusez, j'en serai à jamais le plus misérable. »

Ce billet, sans signature, portait les traces de la plus vive agitation. Emilie y avait fait la réponse suivante :

« Monsieur,

» C'est avec bien du regret que je me vois forcée de causer quelque chagrin à une personne à qui j'ai de si grandes obligations. Il n'est point en mon pouvoir d'accepter l'honneur que vous voulez me faire, et je ne puis que vous remercier de la preuve d'estime que vous m'avez donnée. Recevez mes vœux pour votre bonheur futur, et mes prières pour que vous vous en montriez toujours digne.

» Votre très-humble servante,

EMILIE MOSELEY. »

Très-satisfaite de cette réponse, Mrs Wilson descendit pour la remettre à Denbigh; elle savait qu'il avait envoyé ses bagages à une auberge de L*** pour ne déranger personne le lendemain; et par amitié pour le docteur Yves, autant que par reconnaissance pour les services de Denbigh, elle espérait que son prompt départ jetterait un voile impénétrable sur sa conduite.

Denbigh prit d'une main tremblante la lettre qu'elle lui présenta; et jetant sur elle un regard expressif, comme s'il eût voulu lire au fond de son cœur, il se retira.

Emilie venait enfin de s'endormir, et Mrs Wilson descendit à l'heure du souper. M. Benfield était étonné de ne pas voir arriver son favori; il l'envoya prévenir par un domestique; et toute la famille, debout autour de la table, l'attendait pour s'y placer, lorsqu'on remit un billet à M. Benfield. — De quelle part? demanda le vieux gentilhomme. — De la part de M. Denbigh, Monsieur. Et le messager se retira.

— De M. Denbigh! s'écria M. Benfield étonné; j'espère qu'aucun accident... Je me rappelle que quand lord Gosford... Tenez,

Peter, vos yeux sont encore jeunes : lisez-moi cela, et lisez haut.

Mrs Wilson n'était pas moins impatiente que lui de voir le contenu de ce message; mais Peter avait beaucoup de préparatifs à faire avant que ses jeunes yeux pussent parvenir à le déchiffrer. Pendant qu'il essuyait ses lunettes, John lui prit vivement la lettre, en disant qu'il voulait lui éviter cette peine, et il lut ce qui suit :

« M. Denbigh, forcé de quitter L*** sur-le-champ, ne se sent pas le courage de faire ses adieux à son respectable ami; il lui renouvelle les plus tendres remerciements pour l'hospitalité qu'il en a reçue, et le prie d'être son interprète auprès de son aimable famille, dont il n'oubliera jamais les bontés. Au moment de quitter l'Angleterre, il les prie de recevoir l'expression de sa reconnaissance, et du vif regret qu'il éprouve en leur disant un long adieu. »

— Un long adieu! s'écria M. Benfield. Adieu! Y a-t-il adieu, John? Ici, Peter; courez... Non, vous êtes trop vieux... John, courez... Qu'on m'apporte mon chapeau, je veux aller moi-même au village... Quelque querelle d'amour... Emmy malade, et Denbigh parti!... Oui... oui... je veux y aller moi-même... Lady Juliana, pauvre chère âme... fut longtemps avant de pouvoir oublier... Mais, Peter... Peter avait disparu aussitôt après la lecture de la lettre, et John se hâta de le suivre.

Sir Edward et lady Moseley ne pouvaient revenir de leur étonnement, et leurs cœurs paternels étaient pénétrés de douleur, en pensant que le bonheur d'un de leurs enfants était peut-être compromis.

Jane sentit renouveler tous ses chagrins en pensant à ceux qui attendaient sa sœur, car son imagination n'avait rien perdu de sa vivacité. Au lieu de considérer la trahison d'Egerton comme une conséquence nécessaire de son manque de principes, elle n'y voyait que la fatalité et le malheur qui s'acharnaient à la poursuivre. Comme M. Benfield, elle était en danger de se créer une idole, et de passer le reste de ses jours à adorer des perfections qui n'auraient jamais existé que dans son imagination abusée.

Le vieux gentilhomme était absorbé tout entier dans des réflexions bien différentes; et, persuadé que la fuite du jeune homme ne pouvait avoir pour cause que quelque malentendu, comme il y en avait eu souvent entre lui et lady Juliana, il pensa qu'il ne demanderait pas mieux que de se laisser ramener, et il se mit tranquillement à manger sa salade, jusqu'au moment où, tournant la tête pour demander son premier verre de vin, il vit Peter à sa place accoutumée. Le pauvre serviteur paraissait accablé sous le double fardeau de l'âge et du chagrin, et ses lunettes favorites étaient insuffisantes pour cacher une larme qui coulait lentement sur les rides de ses joues. Dès que son maître l'aperçut, il reprit l'alarme; le verre de vin tomba de sa main défaillante, et il dit d'un ton d'inquiétude : — Mais, Peter, je croyais que vous étiez allé...

— Oui, mon maître, répondit Peter avec son laconisme ordinaire.

— Vous l'avez vu, Peter; reviendra-t-il?

Peter paraissait fort occupé à ranger et à apporter des verres, quoique personne n'en eût demandé.

— Peter, répéta M. Benfield en se levant, sera-t-il ici à temps pour souper? Peter, ainsi pressé, se voyait forcé de répondre. Il ôta ses lunettes pour gagner du temps; enfin il était sur le point d'ouvrir la bouche, lorsque John entra, et se jeta sur une chaise d'un air consterné. Peter le désigna à l'impatience de son maître comme celui qu'il devait interroger, et se retira en silence.

— John, demanda sir Edward, où est Denbigh?

— Parti, mon père.

— Parti!

— Oui, mon père, parti, sans nous dire un mot d'adieu, sans nous dire où il va et quand il reviendra... Oh! cela est bien mal... bien mal, en vérité!.. Je ne lui pardonnerai jamais. Et John, dont la sensibilité vive était rarement excitée, cacha sa figure dans ses mains, et pencha la tête sur la table; il ne la releva que pour répondre à la question que lui fit son oncle : — Comment Denbigh a-t-il pu partir, puisque la diligence ne passe à L*** qu'à la pointe du jour?

Mrs Wilson lut alors sur les traits expressifs de John combien il était ému, et elle s'en voulut d'en ressentir presque du plaisir. Le chagrin de John en perdant son ami lui prouvait que, si elle-même elle avait été trompée, ce ne pouvait être que par une hypocrisie consommée, et que le remords ne devait point aggraver encore la douleur qu'elle ressentait, en voyant celle de sa chère Emilie.

— J'ai vu le maître de l'auberge, mon oncle, répondit John; il m'a dit que Denbigh était parti en chaise de poste, à huit heures. Mais demain matin j'irai à Londres. Et il commença sur-le-champ ses préparatifs de voyage.

La famille se sépara tristement. M. Benfield et son conseiller privé restèrent enfermés une demi-heure avant de se coucher; et John alla s'installer à l'auberge L***, pour être sûr de ne pas manquer la diligence. Mrs Wilson passa par la chambre d'Emilie avant de se rendre dans la sienne; elle la trouva éveillée, mais calme. Emilie parla peu, et parut éviter de faire allusion à Denbigh. Sa tante lui apprit son départ, la résolution qu'elle avait prise d'en cacher la cause, et se retira.

Lorsque Mrs Wilson se trouva seule, elle réfléchit sur tous les événements du jour. La découverte inattendue qu'elle avait faite renversait toutes les idées de bonheur qu'elle entretenait depuis longtemps, mais ne portait aucune atteinte à sa confiance dans la Providence; et elle adressa une fervente prière à celui qui gouverne tout, pour qu'il lui fît la grâce de reconnaître tous les replis du cœur de celui à qui elle confierait sa pupille chérie.

CHAPITRE XXIX.

LADY RALEIGH.	Le futur est charmant; il n'a pas un seul défaut.
MRS VORTEX.	A-t-il un titre?
LADY RALEIGH.	Il a mille livres sterling de rente.
MRS VORTEX.	A-t-il un titre?
LADY RALEIGH.	Lady Dorsey est sa tante.
MRS VORTEX.	Un titre?
LADY RALEIGH.	Il est marquis.
MRS VORTEX.	A la bonne heure, c'est l'époux qu'il nous faut.

Le Galant.

LE jour n'avait pas encore paru, qu'on vint avertir John Moseley que la diligence allait partir. Il s'empressa d'aller prendre sa place, et trouva dans la voiture trois compagnons de voyage.

Aucun d'eux ne semblait disposé à rompre le silence imperturbable que gardent les Anglais lorsqu'ils se trouvent avec des étrangers, et ils avaient laissé bien loin derrière eux la petite ville de L*** avant de s'être adressé une seule question. Je ne sais s'il faut attribuer cette taciturnité nationale à une modeste défiance; le noble orgueil qui anime les Anglais semble s'opposer à cette supposition. Peut-être l'Anglais n'a-t-il pas moins bonne opinion de lui que ses voisins, mais il craint davantage de se compromettre. Le Français, blessé dans son amour-propre, s'indigne un moment, puis l'oublie l'instant d'après; l'Anglais souffre en silence, et la blessure saigne longtemps dans son cœur.

De quelque cause que provienne cette réserve qui caractérise les Anglais, il serait à désirer qu'elle diminuât, et que des hommes qui voyagent ensemble dans leur pays, au lieu de se regarder comme étrangers les uns aux autres, eussent toujours à l'esprit cette réflexion, qu'ils sont aussi voyageurs dans cette vie, et qu'au terme du voyage, qui est le même pour tous, ils se retrouveront également.

John Moseley était occupé de pensées bien différentes de celles de ses compagnons de voyage, et il ne fut tiré de ses tristes rêveries que par un cahot de la voiture qui le jeta contre la poignée de l'épée d'un de ses voisins. En relevant la tête, il reconnut, à la faveur du petit jour qui commençait à poindre, les traits de lord Henry Stapleton; leurs yeux se rencontrèrent, et les mots : — C'est vous, Milord ! — Vous voilà, monsieur Moseley ! furent prononcés de part et d'autre avec une égale surprise. John fut enchanté d'une rencontre qui le tirait de ses sombres réflexions, et qui lui permettait de renouveler connaissance avec le jeune marin. La frégate que montait ce dernier était entrée en rade la nuit précédente, et il se rendait à Londres pour le mariage de sa sœur. La voiture de son frère le marquis devait venir au-devant de lui, et, aussitôt après la noce, il devait partir pour Yarmouth, où son vaisseau avait ordre de se rendre.

— Comment se portent vos charmantes sœurs, Moseley? s'écria le jeune marin de ce ton franc et délibéré qui distingue les gens de sa profession; ma foi, je serais devenu amoureux de l'une d'elles, si j'avais eu le temps et l'argent nécessaires... : vous savez que ce sont deux articles indispensables pour les mariages aujourd'hui.

— Je crois, dit John en riant, que, d'après l'empressement des filles et surtout celui des mères, on pourrait se dispenser du temps...; quant à l'argent, c'est autre chose.

— Oh! le temps n'est pas moins nécessaire. Croiriez-vous que je n'en ai jamais assez pour faire les choses en règle? Je suis toujours pressé, et je vous serais fort obligé si vous pouviez m'indiquer une femme qui voulût m'épouser sans tous les préliminaires longs et fastidieux que mon goût et ma profession me font également prendre en horreur.

— Rien n'est plus facile, milord, dit John en souriant et pensant à Catherine Chatterton; mais comment faites-vous en mer? Commandez-vous les manœuvres comme vous voulez improviser un mariage... en courant?

— Non, non, répondit gravement le capitaine; là c'est bien différent; tout suit une marche uniforme et régulière, et chacun ne pense qu'à remplir son devoir : mais à terre, c'est autre chose; je ne suis qu'un oiseau de passage. Que la société que j'ai trouvée à L*** cette année m'a paru charmante! Sept ou huit jours après le bal où je rencontrai vos aimables sœurs, j'allai à la chasse, et, à cinq milles environ du village, j'aperçus le plus joli petit ermitage, habité par une femme bien plus jolie encore, par une Espagnole, une Mrs Fitzgerald. Oh! décidément, je l'adore!... Si polie, si douce et si modeste!

— Et comment Votre Seigneurie fit-elle sa connaissance? demanda John un peu surpris.

— Par hasard, mon cher ami, par hasard; il faisait très-chaud, je mourais de soif, et j'approchai de la maison pour y demander un verre d'eau. Mrs Fitzgerald était assise sous le péristyle. Toujours pressé par le temps, comme vous savez, je ne m'amusai pas à me faire annoncer; j'espérais profiter quelque temps de la bonne fortune que je devais au hasard; mais en une minute elle m'eut fait donner quelques rafraîchissements, et je fus éconduit le plus promptement et le plus poliment possible. Mais je parvins à savoir son nom dans une maison voisine.

Pendant le récit de Stapleton, John avait fixé ses regards sur celui de ses compagnons de voyage qui était en face de lui. Il paraissait avoir environ soixante ans; il était criblé de petite vérole; sa taille droite avait toute la raideur d'un ancien militaire, et son costume était celui d'un homme comme il faut. Son teint était bruni par le soleil, et son œil noir et perçant était fixé avec une expression singulière sur le jeune marin, qui continuait ses remarques.

— Connaissez-vous la belle veuve, Moseley ?

— Très-légèrement, dit John; elle a bien voulu recevoir quelquefois les visites de mes sœurs, et...

— Et les vôtres ! s'écria lord Stapleton en éclatant de rire.

— Je les ai accompagnées une fois ou deux, Milord, répondit John avec gravité; mais l'amie de Mrs Wilson et d'Emilie Moseley doit être à l'abri du moindre soupçon. Mrs Fitzgerald vit dans la retraite la plus sévère; le hasard seul nous fit faire sa connaissance. N'étant pas aussi pressés que Votre Seigneurie, nous avons cherché à cultiver sa société, et nous n'avons eu qu'à nous en applaudir.

Pendant que John parlait, la physionomie de l'étranger variait à chaque minute; enfin ses yeux s'arrêtèrent sur le jeune défenseur de Julia avec une expression de douceur qui paraissait peu ordinaire à cette figure rigide. Désirant changer le sujet d'une conversation qui lui paraissait trop délicate pour être continuée dans une voiture publique, John dit en regardant l'étranger :

— Nous allons avoir une belle journée.

Celui à qui il paraissait s'adresser inclina la tête en signe d'assentiment pour toute réponse; mais le quatrième voyageur, que John n'avait point encore regardé, dit d'une voix humble et modeste :—Cela est vrai, monsieur John; et celui-ci reconnut la voix de l'honnête Peter Johnson. Il se tourna vivement vers lui, et vit le maigre et modeste intendant blotti dans un coin de la voiture, de manière à tenir le moins de place possible.

— Johnson ! s'écria John étonné, vous ici ! et où allez-vous ?... est-ce à Londres !

— Oui, à Londres, monsieur John, répondit Peter d'un air d'importance; et, comme s'il eût voulu prévenir tout interrogatoire, il ajouta : — Pour les affaires de mon maître, Monsieur.

Moseley et lord Henry l'examinaient attentivement pendant qu'il parlait : le premier cherchait à deviner ce qui pouvait amener dans le tourbillon de la capitale un homme de soixante-dix ans, qui n'avait jamais quitté sa province, et le second ne pouvait assez regarder la figure et l'accoutrement grotesque de l'intendant. Peter n'avait rien changé au costume que nous avons déjà décrit, et qui était de mode dans le temps où son maître siégeait au parlement. Sa vue seule aurait donné envie de rire au plus sérieux; cependant elle ne put dérider le front de l'étranger, qui avait repris sa physionomie immobile, et qui paraissait concentré en lui-même. Il ne prononça que quelques mots indispensables; son accent était singulier, et ses jeunes compagnons ne purent décider de quel pays il était. Lord Henry ne cessait de le regarder d'un air qui semblait dire: — Quelle est votre patrie?

Un moment avant de remonter en voiture après avoir changé de chevaux, lord Henry dit à John : — Je parierais que notre taciturne compagnon est un de ces officiers que la chute de Buonaparte a forcés de se retirer du service; tâchons de savoir ce qu'il pense maintenant de son ancien maître; je me charge de sonder le terrain. Mais le vieux militaire resta impénétrable malgré toutes les attaques de Sa Seigneurie, qui abandonna enfin tout espoir d'en rien tirer.

Peter était trop modeste pour parler en présence de M. John Moseley et d'un lord, et ces derniers entretinrent seuls la conversation. A quinze milles de Londres, ils rencontrèrent une voiture élégante, à quatre chevaux, et décorée d'une couronne de marquis, qui venait au-devant de lord Henry. John résista à toutes les instances que lui fit ce dernier d'y prendre place avec lui; il avait suivi Denbigh de poste en poste, et il ne voulait pas risquer de perdre sa trace en changeant de manière de voyager.

Quelques heures après, la diligence arriva sans accident à Londres, et Moseley se hâta de prendre des informations sur l'objet qui l'intéressait. Une chaise telle qu'il la dépeignait était arrivée une heure auparavant, et le jeune homme qu'elle avait amené s'était fait conduire à un hôtel voisin. John se fit conduire à l'instant même à l'hôtel désigné, et il demanda M. Denbigh; mais, à sa grande mortification, on lui dit que personne de ce nom n'y demeurait. Désespéré d'un si mauvais succès, il allait se retirer, lorsqu'un domestique en grande livrée lui demanda respectueusement si la personne qu'il désirait voir n'était pas arrivée aujourd'hui de L***, dans le Norfolk.

— Précisément, s'écria John.

— Alors, Monsieur, voulez-vous bien me suivre? dit le laquais.

Ils frappèrent à la porte d'un parloir. Le domestique entra seul, et bientôt John fut introduit dans un appartement, où Denbigh, assis et la tête appuyée sur sa main, paraissait abîmé dans ses réflexions. En apercevant John, il s'élança de sa chaise en s'écriant :

— Monsieur Moseley! ne me trompé-je pas?

— Denbigh, lui dit John en lui tendant la main, est-il bien, est-il digne de vous de nous quitter si précipitamment, et sans nous laisser du moins l'espoir de nous revoir bientôt?

Denbigh fit signe au domestique de se retirer, et il offrit une chaise à son ami. — Monsieur Moseley, dit-il en cherchant à lui cacher son émotion et sa douleur, vous paraissez ignorer l'aveu que j'avais osé faire à votre sœur.

— Je n'en ai pas entendu parler.

— Et vous ne savez pas que j'ai essuyé un refus?

— Est-il possible! s'écria John en se levant et en marchant à grands pas dans la chambre; je dois avouer que j'espérais que vous demanderiez sa main; mais jamais je n'aurais pu penser qu'elle vous refusât.

Denbigh lui donna la lettre d'Emilie; après l'avoir lue, John la lui rendit en soupirant : — Voilà donc la raison qui vous a forcé à nous quitter, continua-t-il ; mais Emilie n'est pas capricieuse ; ce refus ne saurait venir d'un moment de dépit ; je la connais trop pour...

— Non, monsieur Moseley, interrompit Denbigh avec tristesse, votre sœur est à l'abri de tout reproche... ; mais je ne suis pas digne d'elle; ma supercherie... En ce moment, le même domestique qui avait introduit John ouvrit la porte, et Peter Johnson entra. Après s'être avancé jusqu'auprès de la table qui le séparait des deux jeunes gens, l'intendant mit ses lunettes, tira de sa poche son formidable portefeuille, et y prit une lettre dont il lut l'adresse à haute voix : — A. M. George Denbigh, à Londres. Confié aux soins de Peter Johnson, intendant de Benfield-Lodge (Norfolk). Après s'être acquitté de cette partie de son devoir avec tout le cérémonial convenable, il remit la lettre à Denbigh, qui la parcourut à la hâte, et en parut vivement touché; il pressa la main de l'intendant, le remercia avec bonté du nouvel intérêt qu'il prenait à lui, et lui dit que, s'il voulait lui donner son adresse, il lui enverrait, dans la matinée, sa réponse à M. Benfield.

Peter s'empressa de le satisfaire ; mais il paraissait craindre de se retirer avant de s'être assuré que cette réponse serait telle qu'il la désirait; et, prenant dans sa poche un livre de compte presque aussi grand que le portefeuille, il dit, après l'avoir feuilleté un moment : Mon maître a chez Coutts et compagnie [1] 7000 livres sterling, 5000 dans la banque; ainsi, Monsieur, vous voyez qu'il peut faire ce qu'il vous propose sans nous gêner.

Denbigh sourit, et assura l'intendant qu'il répondrait comme il le devait aux ordres de M. Benfield.

La porte s'ouvrit de nouveau, et le militaire étranger fut introduit. Il salua, et parut fort étonné de retrouver deux de ses compagnons de voyage : mais il ne dit rien, et présenta une lettre à Denbigh avec autant de gravité que le bon Peter. Denbigh l'invita à s'asseoir, et, après avoir parcouru la lettre qu'il lui avait remise, il lui parla dans une langue que John reconnut pour de l'espagnol, et que Peter prit pour du grec.

Pendant quelques minutes la conversation fut soutenue de part et d'autre avec la plus grande vivacité, et les deux auditeurs ne pouvaient revenir de la volubilité inattendue que déployait tour à tour leur taciturne compagnon; enfin, celui-ci se leva pour se retirer; déjà il s'avançait vers la porte, lorsqu'elle s'ouvrit de nouveau, et quelqu'un s'écria :

— Me voilà, George! me voilà sain et sauf...! prêt à embrasser les filles de noce, si elles veulent me le permettre, et si j'en puis trouver le temps... Mais, Dieu me pardonne, voilà M. Moseley!... le général! et vous aussi, noble débris du siècle dernier!... Il ne nous manque plus que le conducteur et le postillon.

C'était lord Henry. L'Espagnol salua en silence, et se retira, tandis que Denbigh, ouvrant la porte d'une chambre voisine, pria Stapleton de vouloir bien l'y attendre un moment.

— Très-volontiers, mon cher ; mais, sur ma parole, il est bien singulier de nous retrouver tous ici. Nous faisons tous voile vers le même port, à ce qu'il me semble.

— Vous connaissez donc lord Henry? dit John pendant que le jeune marin se retirait.

— Oui, répondit Denbigh. Et l'intendant, après lui avoir répété encore une fois son adresse dans le plus grand détail, prit respectueusement congé des deux amis. Dès qu'ils se trouvèrent seuls, Moseley eût bien voulu reprendre la conversation que Peter

---

[1]. Fameux banquier de Londres, très-connu pour avoir épousé l'actrice Mrs Melon.

avait interrompue, mais il avait trop de délicatesse pour chercher à pénétrer la cause du refus de sa sœur. Il commençait à espérer qu'ils n'étaient point séparés pour jamais; et décidé à revenir voir Denbigh le lendemain matin, il le quitta, pour lui laisser la liberté de rejoindre lord Henry Stapleton.

Le lendemain vers midi, John et l'intendant se rencontrèrent à la porte de l'hôtel où logeait Denbigh. Peter tenait la réponse que ce dernier avait faite à M. Benfield; mais, avant de partir, il désirait le revoir. En demandant après celui qu'ils cherchaient, ils apprirent avec autant de contrariété que de surprise, qu'il était parti de grand matin avec tous ses bagages, et qu'il n'avait point dit où il se rendait.

Essayer de découvrir un homme dans une ville telle que Londres, lorsqu'on n'a pas la moindre idée du côté où il a dirigé ses pas, c'est perdre à la fois son temps et ses peines. Moseley le savait; et, après avoir refusé l'expédient que lui proposait Peter, il retourna à son hôtel. Si le projet de l'intendant n'indiquait pas une grande sagacité, du moins il faisait honneur à sa persévérance; il avait engagé John à suivre un des côtés de la rue, tandis qu'il se chargerait de l'autre, et à s'informer ainsi de porte en porte, jusqu'à ce qu'ils eussent trouvé le fugitif. — Monsieur, dit Peter avec simplicité, lorsque notre voisin White perdit sa petite fille, ce fut de cette manière que nous la retrouvâmes, après avoir battu presque tout le village sans nous décourager, monsieur John. Mais celui-ci n'ayant pas voulu le seconder, il fut obligé de renoncer à l'entreprise, faute d'un coadjuteur, et, le cœur bien serré, il reprit la route de Benfield-Lodge.

Malgré la contrariété qu'il éprouvait de cette nouvelle fuite, à laquelle il ne comprenait rien, John désirait trop retrouver son ami pour ne pas tenter une nouvelle recherche. Il se rendit à l'hôtel du marquis d'Eltringham, frère de lord Henry, et il y apprit qu'ils étaient partis tous deux de grand matin pour le château du marquis, dans le Devonshire, où devait se célébrer le mariage de leur sœur.

— Sont-ils partis seuls? demanda John d'un air pensif.

— Il y avait deux voitures, Monsieur, celle du marquis et celle de Sa Grâce le duc de Derwent.

— Et le duc était-il seul?

— Un jeune homme était avec Sa Grâce; mais le domestique

auquel John s'était adressé ne le connaissait pas. Voyant qu'il ne pourrait rien apprendre de plus, il se retira.

Au désappointement de John se mêlait un peu d'humeur; car il lui paraissait évident que Denbigh avait voulu l'éviter; il ne doutait pas qu'il ne fût compagnon de voyage du duc de Derwent, et il perdit tout espoir de le trouver à Londres. Tandis qu'il retournait chez lui dans une situation d'esprit que personne n'eût pu lui envier, et qu'il réfléchissait aux tristes nouvelles qu'il avait à reporter à L***, il rencontra Chatterton. Si quelqu'un pouvait consoler John, c'était son ami. Les deux jeunes gens s'accablèrent réciproquement de questions sur leur famille, et John apprit avec bien du plaisir que la douairière était à Londres avec ses filles. Chatterton demanda avec empressement des nouvelles d'Emilie, il s'informa aussi de Denbigh avec un intérêt tout particulier, et ce fut avec une surprise mal déguisée qu'il apprit son départ subit de L***.

Lady Chatterton n'avait pu se dissimuler combien les tentatives qu'elle avait faites pour rapprocher Moseley de sa fille avaient été funestes à ses projets; aussi se promit-elle bien, en le voyant entrer, de cacher avec soin ses désirs secrets, et aucun mot de sa part ne vint alarmer l'amour-propre et la susceptibilité de John. On peut croire cependant qu'elle fut enchantée de le revoir; et, si on peut s'en rapporter au trouble, à la rougeur, aux palpitations du cœur d'une jeune fille, Grace n'en était pas fâchée non plus. Il est vrai qu'elle désirait depuis longtemps avoir des nouvelles d'Emilie et du reste de sa famille, et qu'elle se trouvait heureuse d'en avoir d'aussi directes que celles que lui donnait M. Moseley; enfin elle cherchait à déguiser son embarras sous un prétexte qui parût plausible. Les yeux de Grace exprimaient tout ce que disait sa bouche, peut-être plus encore; et jamais John ne l'avait trouvée aussi jolie.

Lorsque John arriva chez la douairière, il s'y trouvait un homme d'un certain âge, qui paraissait d'une mauvaise santé, quoiqu'il affectât beaucoup de gaieté, et qu'une toilette très-soignée cherchât à déguiser les outrages du temps. Quelques minutes suffirent pour convaincre John que c'était un prétendant à la main de Catherine; et la partie d'échecs dont il fut témoin lui prouva que ce prétendant paraissait digne à Catherine et à sa mère des soins et des attentions les plus marquées. Lady Chatterton le présenta à John sous le nom de lord Herriefield, et John comprit par quelques mots qui lui échappèrent qu'il était pair du royaume. Chatterton lui en parla comme d'un parent éloigné de sa mère, qui était revenu depuis peu des Indes-Orientales, où il occupait un emploi important, pour venir prendre possession de la grande fortune et du rang distingué que lui assurait la mort d'un frère aîné. Il était garçon, et outre les richesses dont il venait d'hériter, il en avait acquis beaucoup en pays étranger. Chatterton aurait pu ajouter, si le respect filial ne l'eût contraint au silence, que l'offre de lord Herriefield d'assurer à Catherine une partie de sa fortune avait été acceptée, et que la semaine suivante elle deviendrait la femme d'un débauché dont les traits amaigris portaient l'empreinte de tous les excès.

Lorsque Chatterton et Grace avaient appris les propositions de lord Herriefield, ils avaient manifesté toute la répugnance qu'il leur inspirait, et ils s'étaient réunis pour faire à lady Chatterton les plus humbles et les plus vaines remontrances contre une telle union. Ils avaient fait à leur sœur les plus vives instances pour qu'elle ne devînt pas elle-même l'instrument de son malheur; il n'y avait pas de sacrifices pécuniaires qu'ils ne fussent prêts à faire pour l'arrêter sur le bord de l'abîme; mais tout fut inutile : Catherine avait mis dans sa tête qu'elle serait vicomtesse, et sa mère qu'elle serait riche.

CHAPITRE XXX.

Serais-je fidèle aux hommes si je trahissais la foi que je dois à mon Dieu?
Recueil des poésies religieuses des Méthodistes.

UN jour se passa entre le départ de Denbigh et le retour d'Emilie au milieu de ses amis. Un observateur indifférent l'aurait trouvée plus grave et moins animée que de coutume. Une grande pâleur avait remplacé les brillantes couleurs qui paraient ses joues; mais la même douceur, la même bienveillance se faisaient remarquer dans sa conduite et jusque dans ses moindres paroles. Il n'en était pas de même de Jane : son orgueil avait souffert plus que sa sensibilité; son imagination avait été trompée plus que son jugement, et, quoique trop bien élevée et d'un caractère trop doux pour devenir maussade ou querelleuse, son amitié et sa confiance avaient fait place à la froideur et à la réserve. Ses parents remarquaient cette altération dans son humeur avec d'autant plus de peine, qu'ils ne pouvaient se dissimuler qu'ils auraient pu prévenir ses chagrins par plus de soins et plus de prévoyance.

Francis et Clara étaient revenus de leur petit voyage, si heureux l'un par l'autre, et si contents de leur sort, que la vue de leur bonheur allégeait un peu le poids qui oppressait tous les cœurs. Le récit des incidents de leur voyage vint distraire un moment leurs amis; et une douce mélancolie remplaça la gaieté et le bonheur qui animaient naguère les traits de tous les habitants de Benfield-Lodge. M. Benfield, depuis quelques jours, avait un air de mystère dont personne ne devinait la cause. On le trouvait toujours feuilletant d'anciens papiers, et paraissant occupé de préparatifs qui annonçaient qu'il se disposait à quelque action importante.

Le quatrième jour après le départ de John, toute la famille venait de finir de déjeuner, lorsque le vieil intendant entr'ouvrit modestement la porte, et se glissa dans le parloir. A l'instant tous les yeux furent fixés sur lui dans l'attente des nouvelles qu'il apportait, et chacun paraissait craindre de rompre le silence, de peur qu'elles ne fussent point heureuses. Pendant ce temps Peter, qui avait laissé respectueusement son chapeau à la porte, s'occupait à dépouiller tous les vêtements de surplus dont sa prudence l'avait engagé à se couvrir pour se défendre de l'inclémence de la saison. Son maître se leva, et étendit la main pour recevoir la réponse qu'il attendait. Johnson parvint enfin à tirer son portefeuille de cuir noir, et il y prit une lettre dont, suivant sa coutume, il lut l'adresse à haute voix.

— A Roderick Benfield, écuyer, à Benfield-Lodge (Norfolk). Confié aux soins de M..... Ici la modestie de Peter l'empêcha de continuer. Jamais il n'avait été appelé *monsieur* par personne. Tout le voisinage le connaissait depuis bien des années comme Peter Johnson, et dans son empressement à remplir ce qu'il regardait comme un devoir, il avait été au moment de se rendre coupable de la témérité de s'arroger un titre en présence de ceux qu'il respectait le plus. M. Benfield prit la lettre avec un empressement qui indiquait assez le vif intérêt qu'elle lui inspirait, tandis qu'Emilie, tremblante d'émotion et d'une voix mal assurée, disait au vieux serviteur en lui apportant un verre de vin :

— Prenez, Peter, cela vous fera du bien.

— Je vous remercie, miss Emmy, dit Peter en promenant alternativement ses regards sur elle et sur son maître, qui, dès qu'il eut fini de parcourir sa lettre, s'écria avec un mélange singulier de chagrin et de bonté :

— Johnson, changez d'habits sur-le-champ, ou vous prendrez du froid ; vous ressemblez maintenant au vieux Moïse, le juif mendiant.

Peter soupira profondément en entendant cette comparaison, et il y vit une confirmation de toutes ses craintes ; car il fallait qu'il eût été porteur de bien mauvaises nouvelles pour que son maître eût trouvé qu'il ressemblait au vieux Moïse, qui était l'objet de son aversion.

Le baronnet suivit son oncle dans sa bibliothèque, et il y entra en même temps que l'intendant, que son maître avait appelé à la conférence. Après avoir montré une chaise à son neveu, M. Benfield dit :

—Peter, vous avez vu M. Denbigh ; comment l'avez-vous trouvé ?

— Comme à l'ordinaire, Monsieur, dit Peter laconiquement et un peu piqué de sa ressemblance avec le vieux Moïse.

— Et qu'a-t-il dit de mon offre ? A-t-il fait quelques commentaires ? Il n'en a pas été offensé, j'espère ?

— Il n'a rien dit de plus que ce qu'il a écrit à Votre Honneur, répondit Peter, oubliant la petite mortification qu'il venait d'éprouver, en voyant l'inquiétude de son maître.

—Puis-je vous demander en quoi consistait votre offre ? demanda le baronnet à son oncle. Celui-ci le regarda un moment en silence, et lui dit : — Certainement : vous devez vous intéresser à son bien-être ; votre fille..... Le vieillard s'arrêta, chercha dans ses papiers, et remit à son neveu la copie de la lettre qu'il avait écrite à Denbigh.

« Mon cher monsieur Denbigh,

« Votre départ subit d'une maison que je commençais à espérer que vous regarderiez comme la vôtre, m'a donné beaucoup à penser. Après en avoir cherché longtemps le motif, je me suis rappelé ce que j'éprouvai moi-même lorsque lady Juliana hérita de tous les biens de son neveu, et je suis persuadé que vous avez été guidé par les mêmes sentiments; mon expérience et celle de Peter Johnson, qui vous remettra cette lettre, m'ont appris qu'ils accompagnent toujours un amour véritable. Oui, mon cher Denbigh, j'honore votre délicatesse ; un homme ne doit pas recevoir de sa femme un rang et des richesses ; c'est elle, au contraire qui doit les tenir de lui. C'est pour cette raison que lord Gosford n'épousa pas la comtesse; son amour-propre se révoltait à l'idée de s'unir à une femme qui était beaucoup plus riche que lui, comme il me le dit bien des fois lui-même, quoique les envieux assurassent que le mariage n'avait manqué que parce que la comtesse préférait M. Claworth. Ainsi, mon cher ami, pour tranquilliser votre délicatesse, j'ai trois propositions à vous faire : la première, de vous faire recevoir membre du parlement pour mon bourg à la prochaine élection; la seconde, de venir prendre possession de Benfield-Lodge le jour de votre mariage avec Emilie; je me retirerai pour le peu de temps qui me reste encore à vivre, dans la petite maison bâtie par mon oncle; et la troisième, de vous donner dès à présent votre legs de dix mille livres sterling.

« Comme je suis sûr que votre délicatesse seule vous a forcé de nous quitter, je ne doute pas que cette lettre ne lève toutes vos objections, et que Peter ne nous rapporte l'heureuse nouvelle de votre retour dès que vous aurez terminé vos affaires.

« Votre futur oncle,

« Roderick Benfield. »

N. B. « Comme Johnson n'a jamais été à Londres, je vous prie de guider son inexpérience, et surtout de le mettre en garde contre les intrigantes; car Peter a toujours la bourse bien garnie. »

— Eh bien! mon neveu, dit M. Benfield au baronnet dès que celui-ci eut fini de lire sa lettre, n'est-il pas déraisonnable de refuser mes offres? Maintenant lisez sa réponse. Le baronnet lut à haute voix.

« Les expressions me manquent pour peindre les sentiments de reconnaissance dont la lettre de M. Benfield m'a pénétré; je ne mérite pas les marques de bonté qu'il me prodigue, et je n'abuserai point de sa générosité ; mais le souvenir en restera éternellement gravé dans mon cœur, ainsi que celui de toutes ses vertus. Qu'il soit bien persuadé que, si mon bonheur dépendait de quelqu'un, ce serait à lui qu'il me serait doux de le devoir. »

L'intendant écoutait de toutes ses oreilles ; mais lorsque le baronnet eut fini, Peter était à peu près aussi avancé qu'auparavant ; il voyait bien que ce billet était défavorable à leurs désirs, mais il n'en comprenait pas une seule phrase, et il attribua son ambiguité à l'étrange conférence dont il avait été témoin entre Denbigh et le militaire étranger.

— Mon maître ! s'écria Peter tout fier de sa découverte, je sais pourquoi ce billet est si difficile à comprendre, et je vais vous en dire la cause. Pendant que M. Denbigh lisait votre lettre, il y avait chez lui un homme qui lui parlait en grec...

— En grec ! s'écria sir Edward étonné.

— En grec ! dit M. Benfield ; lord Gosford lisait le grec, mais je ne crois pas qu'il l'ait jamais parlé.

— Oui, sir Edward, oui, Votre Honneur, c'était bien en grec, et cela peut seul expliquer qu'un homme refuse des offres telles que celles de mon maître ; miss Emmy, Benfield-Lodge et dix mille livres ! En disant ces mots, l'intendant regarda autour de lui, enchanté de sa pénétration.

Sir Edward sourit de la simplicité de Johnson, et ne pouvant soutenir l'idée qu'on avait pu refuser sa fille, il dit : — Peut-être après tout mon oncle, y a-t-il eu entre Emilie et Denbigh quelque malentendu qui aura porté ce dernier à partir précipitamment.

M. Benfield et son intendant échangèrent des regards significatifs ; la même idée les avait frappés subitement. Tous deux ils avaient aimé des ingrates, et, après tout, Emilie était peut-être celle qui renversait des plans si bien combinés. Cette impression une fois prise fut indélébile, et le conseil se sépara, M. Benfield pensant alternativement à lady Juliana et à sa nièce, tandis que Peter, après avoir soupiré profondément au souvenir de Patty Steele, se rendait à ses occupations ordinaires.

Mrs Wilson, persuadée qu'Emilie saurait se posséder et cacher son émotion, profita d'un beau jour pour aller rendre une visite avec sa nièce à Mrs Fitzgerald. Cette dame les reçut avec son affabilité ordinaire, mais elle ne put s'empêcher d'être frappée de la pâleur d'Emilie. Elle n'osa en demander la cause, et Mrs Wilson ne crut pas que la prudence lui permit de la lui expliquer. Julia remit à son amie une lettre qu'elle avait reçue la veille, et la pria de l'aider de ses conseils et de lui dire ce qu'elle devait faire.

Comme Emilie pouvait en connaître le contenu, la tante la lut devant elle :

« Ma chère nièce,

« Votre père et moi nous avions été portés à croire que vous meniez une vie scandaleuse avec l'officier aux soins duquel votre mari vous avait confiée. En effet, apprenant votre captivité, j'étais accouru à la tête d'une bande de guérillas, à l'endroit où vous aviez été délivrée le matin même, et j'y appris de quelques paysans vos infortunes et votre fuite. L'ennemi nous pressait trop pour qu'il nous fût possible alors de nous écarter de notre route ; mais les instances de votre père, et en même temps l'affection que je vous porte, m'ont engagé à faire le voyage d'Angleterre pour éclaircir nos doutes et sortir d'une anxiété aussi terrible. Je vous ai vue ; je n'ai recueilli dans les environs que les rapports les plus favorables sur votre compte ; enfin, après de longues recherches j'ai découvert l'officier en question, et je suis convaincu maintenant que votre conduite a toujours été à l'abri de tout reproche. Aussi je viens vous apporter des paroles de paix et de consolation. Consentez seulement à embrasser la foi de votre pays, et votre père est prêt à vous recevoir dans ses bras ; il vous rend toute sa tendresse, vous fait son héritière, et vous pourrez prolonger encore longtemps sa vie. Adressez-moi votre réponse par l'entremise de notre ambassadeur, et croyez que si vous vous rendez à nos désirs, vous trouverez en moi le plus affectionné des oncles.

« Louis Maccarthy Harrison. »

— Sur quel point désirez-vous mon avis ? dit Mrs Wilson avec bonté, après avoir achevé la lecture de cette lettre, et quand croyez-vous voir votre oncle ?

— Dois-je accepter la proposition de mon père, ma chère dame, ou bien me faut-il vivre à jamais séparée de lui, et, peut-être par mon refus abréger son existence? Mrs Fitzgerald était suffoquée par les larmes en faisant cette question à son amie, et elle attendit sa réponse dans un morne silence.

— Le changement de religion est-il une condition indispensable? demanda Mrs Wilson d'un air pensif.

—Oh! oui sans doute, s'écria Julia en frissonnant. Au reste, ce n'est qu'une juste punition de ma première désobéissance, et je me soumets sans murmurer à la volonté de la Providence. Je sens tout ce que l'apostasie a d'horrible et de révoltant. Je suis née protestante, et je mourrai telle.

— Ce sont des principes que je ne puis qu'approuver, dit Mrs Wilson; je ne suis pas exclusive, et je regarde comme un malheur que, dans la position où vous vous trouviez, vous n'ayez pas été élevée dans la religion catholique. On vous aurait épargné bien des peines, et votre père n'eût pas été abreuvé d'amertumes sur la fin de ses jours; mais à présent, changer de religion, lorsque votre croyance embrasse des doctrines si opposées à celles de l'Eglise romaine, ce serait commettre une offense que rien ne saurait justifier. Je suis sûre que votre oncle se rendra à vos raisons, lorsque vous les lui exposerez avec franchise; et, comment peut-il exiger que vous professiez des principes que vous croyez faux, et que vous pratiquiez des cérémonies que vous condamnez comme inconvenantes! Ne doit-il pas lui suffire que vous soyez chrétienne, sans qu'il vous force à embrasser sa religion?

— Ah! Madame, s'écria Mrs Fitzgerald du ton du désespoir, vous connaissez peu les préjugés de mes compatriotes sur cette matière!

— Mais, s'écria Mrs Wilson, l'amour paternel n'est-il pas plus fort que tous les préjugés?

Mrs Fitzgerald la regarda d'un air d'incrédulité, puis, rassemblant toutes ses forces, elle dit : — Le combat qui se passe dans mon âme est terrible; mais le devoir le plus sacré l'emportera; je resterai fidèle à ma croyance.

— Très-bien, ma chère amie, repartit Mrs Wilson avec douceur, et soyez sûre que cette pieuse résignation recevra sa récompense. Redoublez d'efforts pour attendrir le comte, tâchez de mettre votre oncle dans vos intérêts, et soyez sûre que la nature finira par triompher.

— Ah! je n'ose embrasser de si douces espérances! Voilà donc les funestes conséquences d'une seule démarche inconsidérée dans ma jeunesse. Quel coup ma réponse va porter aussi à mon pauvre oncle, qui autrefois m'aimait si tendrement!

— Quand l'attendez-vous? demanda Emilie, qui jusques alors n'avait osé prendre part à la conversation. Julia lui répondit qu'elle l'attendait à chaque instant : craignant qu'à la lecture de la lettre qui lui apprendrait sa résolution, il ne repartît à l'instant même pour le Portugal, elle lui avait demandé en grâce une entrevue qu'il ne lui avait pas refusée.

Mrs Wilson promit en partant de revenir aussitôt que le général serait arrivé. Elle serait plus à même, dit-elle à son amie, de lui donner des conseils lorsqu'elle connaitrait le caractère de ses parents.

Un jour se passa, et le lendemain Mrs Fitzgerald lui annonça l'arrivée du général Maccarthy. Aussitôt Mrs Wilson retourna la voir avec sa nièce, espérant que la scène dont elles allaient être témoins empêcherait Emilie de s'abandonner à des réflexions aussi dangereuses pour son repos que contraires à son devoir.

Nos lecteurs ont sans doute déjà deviné que le compagnon de voyage de John Moseley dans la diligence n'était autre que le général espagnol, qui avait pris sur la conduite de sa nièce des renseignements dont le résultat avait été de la justifier complètement à ses yeux. Il paraît qu'il ignorait encore l'attentat dont elle avait failli être la victime, avant d'arriver à Lisbonne; autrement son entrevue avec Denbigh aurait eu sans doute une issue toute différente de celle que nous avons rapportée.

Lorsque Mrs Fitzgerald présenta son oncle à ses deux amies, Mrs Wilson crut apercevoir, à travers l'air rigide et inflexible du général, une certaine expression de bonté dont peut-être il serait possible de tirer parti en faveur de Julia. On voyait qu'il cherchait à maîtriser ses sentiments jusqu'à ce que la décision de sa nièce pût lui permettre de s'abandonner à sa tendresse pour elle, tendresse qui se manifestait dans ses yeux, malgré la froideur apparente qu'elle affectait.

Il fallut un grand effort de courage de la part de Julia pour qu'elle se décidât à instruire son oncle de sa détermination; mais le moment était venu d'accomplir son pénible sacrifice. Et, après que Mrs Wilson eut défendu quelque temps son attachement pour une religion dans laquelle elle avait été élevée, Mrs Fitzgerald déclara qu'il lui était impossible de souscrire à la condition que lui imposait son père, et que sa résolution était inébranlable.

Le général l'écouta patiemment, sans colère, mais avec une surprise évidente ; il avait cru qu'elle n'avait demandé à le voir que pour lui apprendre qu'elle était prête à partir avec lui, et à se soumettre aux volontés du comte. Il ne montra néanmoins aucune émotion. Il lui dit positivement qu'elle n'avait d'autre moyen de revoir son père que de renoncer à son hérésie, et que c'était à cette seule condition qu'il la reconnaîtrait pour sa fille et pour son héritière. Julia exprima les regrets qui déchiraient son cœur ; mais elle n'en persista pas moins dans ce qu'elle avait dit, et ses deux amies se retirèrent pour la laisser jouir en liberté du plaisir de revoir un si proche parent.

Julia, restée seule avec son oncle, s'empressa de lui raconter son histoire, et ce récit dissipa tous les doutes qui auraient pu lui rester encore sur sa conduite. A peine l'eut-il entendue, qu'il témoigna le désir de repartir sur-le-champ pour Londres, dans l'espoir d'y retrouver un certain monsieur qu'il y avait vu, et auquel il n'avait pas rendu la justice qu'il méritait. Quel était ce monsieur? quels rapports son oncle pouvait-il avoir avec lui? c'est ce que Julia ne put découvrir, la taciturnité et le mystère formant la base du caractère du général.

CHAPITRE XXXI.

Ce couple connaîtra du moins la douceur d'un amour sincère. **Burns.**

Le soleil venait de se lever sur une des plus belles vallées du comté de Caernarvon, lorsqu'une magnifique voiture de voyage, attelée de six chevaux, sortit majestueusement des écuries d'un superbe château, et vint se placer devant la grande porte, d'où l'on découvrait une perspective étendue qui comprenait les grands et fertiles domaines dont les revenus remplissaient les coffres du seigneur du lieu, et qui n'était bornée que par la belle vue du canal de Saint-George.

Tout dans ce superbe édifice parlait de la magnificence de ses anciens maîtres et du goût de celui qui l'habitait alors. Il était de forme irrégulière, mais chaque partie du bâtiment avait été construite d'après le style d'architecture le plus à la mode dans le moment où elle avait été érigée; et maintenant, dans le dix-neuvième siècle, il offrait toute la magnificence que les barons déployaient dans le treizième, combinée avec le goût qu'avait épuré la civilisation des temps modernes.

Les tourelles élevées étaient colorées des vives teintes du soleil levant; et les paysans du voisinage se rendaient à leurs travaux journaliers, lorsqu'une troupe nombreuse de domestiques vint se rassembler autour de l'équipage dont nous avons déjà parlé. La beauté des chevaux, la richesse de leurs harnais, l'élégance de la voiture, la superbe livrée des laquais, des postillons et des coureurs, tout attestait la fortune et le rang de leur maître.

Les postillons étaient prêts, attendant le signal du départ, lorsque les éclats de rire et les plaisanteries des domestiques firent place à un profond et respectueux silence; un jeune seigneur et une dame venaient de paraître à la porte du château. Le jeune seigneur avait une taille imposante et les manières les plus distinguées; mais en même temps il avait l'air si affable, que l'amour semblait avoir autant de part que l'obéissance à la promptitude avec laquelle ses gens s'empressaient d'exécuter ses ordres, et cherchaient même à les prévenir.

La dame était jeune aussi, et elle lui ressemblait beaucoup, tant pour les traits que pour l'expression de la figure. Le jeune seigneur avait un habit de voyage qui, contrastant avec le déshabillé du matin de la dame, annonçait qu'ils allaient se séparer. En effet, celle-ci lui prenant la main et la serrant dans les siennes, lui dit du son de voix le plus doux et avec l'accent de la plus vive affection:

— Ainsi, mon frère, vous me promettez de m'écrire cette semaine et de revenir celle d'après?

— Je vous le promets, ma chère sœur; et l'embrassant tendrement, il se jeta dans sa voiture, qui partit avec la rapidité de l'éclair. Aussitôt coureurs, piqueurs, jockeys, tous se précipitèrent sur les traces de leur maître, et bientôt ils disparurent au milieu des bois que la route traversait, pour aller rejoindre les portes du parc.

Après les avoir suivis des yeux aussi longtemps qu'elle put les apercevoir, la dame rentra dans le château au milieu d'une haie de laquais en livrée, et de femmes de chambre que la curiosité ou le respect avaient rassemblés à la porte au moment du départ de leur maître.

Tandis que la voiture roulait avec fracas sur une éminence située près des confins de son parc immense, le jeune seigneur paraissait plongé dans de profondes réflexions. Un sentiment de mélancolie se peignait sur ses traits expressifs, et prouvait que les honneurs et les richesses ne suffisent pas pour assurer le bonheur. Ses yeux se portèrent un instant sur ces forêts, sur ces champs couverts de riches moissons, sur ces fermes entourées de nombreux villages, qui se prolongeaient presque à l'infini jusqu'à l'horizon. Toutes ces propriétés lui appartenaient, et à cette vue un sourire de satisfaction anima un instant sa figure ; il pensait à tout le bien qu'il pouvait faire.

— Où allez-vous, Milord, de si bonne heure ? lui demanda un de ses amis qu'il rencontra sur la route, dans un phaéton élégant.

— A Eltringham, sir Owen, pour assister au mariage de mon cousin, M. Denbigh, qui épouse l'une des sœurs du marquis. Après avoir échangé quelques mots de compliments et d'adieux, ils continuèrent tous deux leur route, sir Owen Ap-Rice pour Cheltenham, où il allait prendre les eaux, et le comte de Pendennyss pour la terre du marquis où devait se faire la noce.

Le lendemain matin les portes d'Eltringham s'ouvrirent pour laisser entrer les nombreux équipages qui s'y rendaient de tous les côtés, et le cœur de lady Laura battit avec force, lorsque le bruit des roues parvint jusqu'à ses oreilles. Elle ne put résister à son impatience, et, courant à la fenêtre de sa chambre à coucher, elle examina les voitures qui s'approchaient rapidement, et à travers l'espèce de brouillard qui lui couvrait la vue, elle vit descendre de la première son futur époux, accompagné du duc de Derwent. Bientôt après arriva lord Pendennyss, et puis enfin l'évêque de ***. Lady Laura n'en put voir davantage, et le cœur rempli de joie, d'espérance, et en même temps d'une vague inquiétude, elle se jeta dans les bras de l'une de ses sœurs.

Une semaine environ après le mariage de sa sœur, lord Henry

Stapleton, étant retourné à Londres, rencontra dans la rue John Moseley qui se dirigeait vers la résidence de la douairière lady Chatterton. — Ah! ah! s'écria-t-il en le prenant par le bras, encore ici, libertin que vous êtes! à vous entendre vous ne deviez rester à Londres que vingt-quatre heures, et je vous y retrouve au bout de quinze grands jours!

John rougit un peu. Dès qu'il avait appris l'arrivée de Grace, il n'avait pas eu le courage de partir; et, au lieu de retourner annoncer lui-même le résultat de son voyage, il s'était contenté d'en écrire une relation circonstanciée.

— Oui, Milord, répondit-il avec quelque embarras, mon ami Chatterton est arrivé inopinément, et j'ai dû... il a fallu...

— Et il vous a fallu rester; n'est-ce pas ce que vous voulez dire? dit lord Henry en riant.

— Oui; il m'a fallu rester, répéta John. Mais où est Denbigh?

— Parbleu, où doit être tout mari qui a des principes, surtout pendant le mois de miel... avec sa femme.

— Avec sa femme! qui, Denbigh? balbutia John aussitôt que sa surprise lui permit d'articuler quelques mots; il est marié!

— Parbleu! s'il est marié, s'écria le jeune marin en imitant sa manière; est-ce une nouvelle que je vous apprends? n'avez-vous pas reçu le billet de faire part?

— Marié! répéta de nouveau John, comme s'il était frappé de stupeur, mais quand... comment... où s'est-il donc marié, Milord?

— Quand? mardi dernier; comment? par une dispense spéciale, et par le ministère de l'évêque de***; où? à Eltringham; oui, mon cher ami, ajouta-t-il avec sa gaieté ordinaire; George est mon frère à présent, et j'en suis ravi.

— Je vous en félicite de tout mon cœur, Milord, dit John cherchant à maîtriser ses sentiments.

— Merci, merci, s'écria Henry; allez, nous avons mené joyeuse vie. Que n'étiez-vous avec nous, mon cher! Ce n'était pas un de ces mariages en poste que l'on bâcle bien vite pour que les mariés vous échappent ensuite plus vite encore et aillent se cacher dans quelque trou; non, non, nous avons eu une noce à l'ancienne mode, dans toutes les formes... C'est moi qui ai arrangé cela: j'avais écrit à lady Laura que le temps est précieux, et que je n'en avais pas à perdre pour des fariboles; qu'il fallait que tout marchât comme il faut. La chère petite, elle consentit à me laisser faire. Aussi comme tout fut bien ordonné ! nous avions cinq chevaliers pour la mariée. Derwent et Pendennyss, le marquis, William et moi ; puis cinq filles de noce : d'abord mes trois sœurs..., c'était assez triste, mais le moyen de faire autrement ?... ensuite lady Henriette Denbigh, et enfin une vieille fille, une de nos cousines. J'aurais donné tout au monde pour faire exclure la vieille cousine ; mais je n'y pus jamais réussir ; non, en honneur, mes représentations ne furent pas admises.

Il aurait pu parler encore longtemps sans que son ami l'eût interrompu ; John était occupé de pensées trop sérieuses pour prêter l'oreille à tout ce bavardage. Lord Henry prenait trop de plaisir à son récit pour remarquer le silence ou l'étonnement de son ami. Après s'être promené encore quelques minutes avec lui, il lui fit ses adieux, en lui disant qu'il partait le soir même pour aller rejoindre sa frégate à Yarmouth.

John continua sa route, abîmé dans les réflexions que lui suggérait la nouvelle qu'il venait d'apprendre. Il ne pouvait croire que Denbigh eût oublié si vite Émilie, et il craignit bien que le désespoir ne l'eût porté à une démarche dont il pourrait se repentir par la suite. L'affectation qu'il avait mise à l'éviter ne se trouvait que trop bien expliquée à présent. Mais comment lady Laura avait-elle pu se décider en si peu de temps à l'épouser, si Denbigh ne lui avait jamais fait la cour ? Et pour la première fois un soupçon vague et confus qu'il y avait quelque chose d'équivoque dans la conduite de Denbigh vint se mêler aux réflexions que lui inspirait le refus qu'Émilie avait fait de sa main.

Lord et lady Herriefield (car depuis huit jours Catherine était mariée) étaient à la veille de partir pour le continent, les médecins ayant conseillé l'air du midi à Sa Seigneurie ; tandis que Grace et sa mère devaient se rendre à l'une des résidences de lord Chatterton, près de Bath. Chatterton avait d'autres engagements, mais il promit d'aller les y rejoindre dans une quinzaine de jours avec son ami Derwent.

John avait continué à faire la cour la plus assidue pendant les fêtes qui avaient suivi le mariage de Catherine ; et comme la douairière, tout entière aux apprêts de ses bals et de ses soirées, n'avait pas le temps de s'occuper de lui, il trouvait Grace plus aimable que jamais ; Grace de son côté oubliait la peine que lui avait causée le mariage de sa sœur, qui lui semblait ne pouvoir pas être longtemps heureuse au sein d'une pareille union, pour ne songer qu'aux preuves réitérées de tendresse que lui donnait son amant.

Un jour que John venait voir lady Chatterton, il trouva la voiture de lord Herriefield à la porte ; en entrant dans le salon, il vit les nouveaux mariés près de sortir avec Grace et sa mère. Ils allaient faire quelques courses de boutique dans Bond-Street : il tardait à Catherine de dépenser l'argent de la jolie bourse que son mari lui avait donnée, à son mari de faire parade de sa jolie femme, à la mère de montrer le succès de ses entreprises matrimoniales. Quant à Grace, elle accompagnait sa sœur pour obéir aux ordres de sa mère.

L'arrivée de John, qui n'avait rien de surprenant, puisqu'il venait presque tous les jours à la même heure, bouleversa tous ces projets. La douairière changea aussitôt de batterie, et elle s'écria avec une satisfaction évidente :

— Voilà M. Moseley qui vient fort à propos pour vous tenir compagnie, ma chère Grace. En effet, avec le mal de tête que vous avez, il n'eût pas été prudent de sortir, et il vaut beaucoup mieux que vous gardiez la maison. Non, ma bonne amie, je ne saurais vous permettre de venir avec nous ; il faut absolument que vous restiez ce matin ; je le désire, et, s'il le faut, je vous l'ordonne.

Lord Herriefield, en entendant ces mots, regarda sa belle-mère avec quelque surprise ; puis il jeta sur Catherine un coup d'œil de défiance qui semblait dire assez clairement : — Serait-il possible que j'eussé été leur dupe après tout ?

Grace n'était pas habituée à résister aux ordres de sa mère, et, ôtant son châle et son chapeau, elle reprit son ouvrage avec plus de calme qu'elle ne l'aurait fait s'il lui était resté encore quelques doute sur les sentiments de Moseley.

En passant devant la loge du portier, lady Chatterton lui dit d'un air de mystère : — S'il vient quelqu'un, vous direz qu'il n'y a personne. — Il suffit, Milady, reprit le concierge. Et quand lord Herriefield monta dans la voiture et prit place à côté de Catherine, elle lui parut moins jolie qu'à l'ordinaire.

Lady Chatterton, qui avait déjà jeté les fondements du malheur de sa fille aînée en se donnant tant de peine pour lui faire contracter une union mal assortie, acheva son ouvrage en soulevant prématurément le voile qui cachait encore à son gendre son véritable caractère, et en lui inspirant déjà des soupçons que le temps ne devait servir qu'à confirmer.

Lord Herriefield était répandu depuis trop longtemps dans le monde pour ne pas connaître tous les manéges ordinaires des mères qui ont des filles à marier, et des filles qui désirent un mari. Comme la plupart de ceux qui n'ont eu des relations qu'avec des femmes qui sont la honte de leur sexe, il n'avait pas une très-haute idée des vertus du sexe en général, et sa manière de voir sur ce sujet n'était rien moins que romanesque. Catherine lui avait paru jolie; elle était jeune, d'une famille noble, et lorsqu'il la vit pour la première fois, elle était dans un de ses moments calmes, n'ayant alors personne en vue contre qui sa mère lui eût donné ordre de diriger ses batteries.

Catherine avait du goût, et lord Herriefield ne pouvait lui plaire; aussi n'employa-t-elle pour le captiver aucun de ces manéges adroits qu'elle mettait parfois en usage, et que l'expérience du vicomte n'aurait pas manqué de découvrir. Il attribua sa froideur à son désintéressement; et pendant que Catherine jetait les yeux sur un officier de retour de France depuis quelques jours, et que sa mère convoitait pour elle un certain duc qui pleurait la mort de sa troisième femme, le vicomte se prit d'une belle passion pour elle, et il était éperdument amoureux avant que la mère ou la fille en eussent eu le moindre soupçon. Son titre n'était pas très-brillant, mais il datait de loin; son patrimoine n'était pas très-considérable, mais ses actions dans la compagnie des Indes étaient nombreuses; il n'était pas très-jeune, il est vrai, mais il n'était pas non plus trop vieux. Enfin, toutes réflexions faites, attendu que le duc venait de mourir d'une nouvelle attaque de sa goutte, qui lui était remontée dans la poitrine, et que l'officier s'était enfui avec une jeune espiègle qu'il avait enlevée dans une pension, la douairière et Catherine furent d'avis que, faute de mieux, il fallait se rabattre sur le vicomte, et qu'après tout un vicomte, fût-il vieux et infirme, valait mieux que rien.

Il ne faut pas supposer cependant que la mère et la fille eussent pu oublier tout sentiment de délicatesse au point de se communiquer ouvertement leur projet; ce serait leur faire injure, et elles se respectaient trop pour cela; mais elles savaient s'entendre sans se parler, et leur intelligence était parfaite et tenait presque de la sympathie. Trompées toutes deux dans leurs espérances, elles virent au même instant que le vicomte était leur fait, et que, pour river plus sûrement ses chaînes, il fallait continuer à employer les mêmes moyens qui l'avaient captivé à leur insu.

Jamais coopération ne fut plus active ni plus heureuse, et les deux complices jouèrent si bien leur rôle que le vicomte avait toute la confiance d'un Corydon de campagne, et il ne commença à ouvrir les yeux que lorsqu'il entrevit les manéges auxquels la douairière avait recours pour prendre John à son tour dans ses filets, qu'il remarqua que sa femme ne faisait aucune attention à une chose qui lui semblait toute naturelle et à laquelle il pensait pour la première fois qu'elle avait été habituée elle-même.

Lorsque la douairière fut descendue, et pendant que Moseley était allé la conduire jusqu'à sa voiture, Grace prit sa guitare presque machinalement, et commença une romance qui était alors à la mode. Grace avait une voix charmante; mais en présence de John elle était ordinairement si troublée que son émotion paralysait ses moyens. Pour le moment elle était seule; ses sentiments étaient en harmonie avec les paroles, et jamais elle n'avait chanté avec plus d'expression.

John était appuyé sur le dos de sa chaise avant qu'elle se fût aperçue de son retour. Dès qu'elle le vit, il lui fut impossible de continuer; elle se leva, et alla s'asseoir sur un sofa en reprenant son ouvrage. John s'assit à côté d'elle.

— O Grace! lui dit-il (et le cœur de la jeune personne battit plus vite), votre chant est comme tout ce que vous faites.... parfait!

— Vous trouvez, monsieur Moseley? répondit la pauvre enfant fixant à terre ses yeux qu'elle n'osait lever sur lui.

John la regardait d'un air passionné; elle était pâle et toute tremblante. John prit sa main; elle la donna sans résistance. Un portrait frappant de lord Chatterton était suspendu auprès de la cheminée.

— Combien vous ressemblez à votre frère, ma chère Grace, lui dit-il, moins encore pour la figure que pour le caractère!

— Sous ce rapport, répondit-elle en se hasardant à lever les yeux, c'est à votre sœur Emilie que je voudrais ressembler.

— Et pourquoi ne deviendriez-vous pas sa sœur, ma chère Grace? s'écria-t-il vivement; vous êtes digne de l'être. Dites-moi, oh! dites-moi que vous consentez à me rendre le plus heureux des hommes!

John s'arrêta; Grace leva la tête; il attendait impatiemment sa réponse; mais elle continuait à garder le silence, et la pâleur de la mort était dans ses traits.

— J'espère que je ne vous ai pas offensée, ô ma bien-aimée! vous qui m'êtes plus chère que la vie. Toutes mes espérances de bonheur se concentrent en vous; dites, me refusez-vous? Voulez-vous que je sois à jamais misérable?

Grace, incapable de contenir plus longtemps son émotion, fondit en larmes; et son amant, au comble de l'ivresse, l'attira doucement à lui; elle pencha la tête sur son épaule, et murmura d'une voix presque éteinte quelques mots que John entendit à peine, mais qui ne lui permettaient pas de douter de son bonheur. Il était dans le ravissement. Il ne se mêlait plus aucun sentiment pénible à son ivresse; Grace n'avait jamais pris part aux manœuvres de sa mère, il le savait; mais il n'aurait pas voulu paraître se laisser prendre à un piège grossièrement tendu! Maintenant il ne cédait qu'à la douce influence de l'amour. Que de tendres aveux se firent les deux amants! à quels doux épanchements ne se livrèrent-ils pas jusqu'au moment où la douairière rentra avec sa fille!

Un coup d'œil suffit à lady Chatterton pour découvrir ce qui s'était passé; elle voyait des traces de larmes sur les joues et dans les yeux de Grace: c'en était assez pour elle, et lorsque celle-ci la suivit dans sa chambre, elle lui cria en entrant: — Eh bien! ma chère, à quand la noce? Savez-vous que vous me tuerez avec tous ces mariages coup sur coup?

Grace ne craignit plus comme auparavant la redoutable entremise de sa mère, elle n'avait plus rien à redouter; John lui avait ouvert son âme tout entière, et elle sentait que rien ne saurait plus l'empêcher d'être à elle, comme rien ne pourrait jamais l'empêcher d'être à lui.

CHAPITRE XXXII.

LADY MERWIN. Drôle, souviens-toi que je suis madame la marquise.
DICK. Payez-moi donc du moins en valet de marquise.
LADY MERWIN. Quand tu sauras enfin le prix d'un tel titre.
Le Galant.

Un matin que Clara avait décidé ses sœurs à l'accompagner, elle et Francis, jusqu'à la ville de L***, M. Benfield et le baronnet, Mrs Wilson et sa sœur, étaient rassemblés dans le parloir : les dames s'occupaient à broder, et les deux messieurs parcouraient les journaux de Londres.

Jane, quand elle était présente, observait toujours la même réserve à l'égard de ses amis ; et elle se tenait à l'écart, tandis qu'on n'aurait pu remarquer aucun changement dans la conduite d'Emilie, si parfois ses regards distraits ou attachés à la terre n'eussent prouvé que ses pensées la reportaient auprès de celui dont elle n'osait plus prononcer le nom, même à sa tante.

Mrs Wilson, qui était assise auprès de sa sœur, remarqua que leur hôte respectable était tout à coup livré à une agitation extraordinaire. Il se remuait sur sa chaise, retournait dans tous les sens le journal qu'il tenait à la main, puis le frottait avec sa manche et le relisait encore, comme si quelque article du journal était la cause de toute cette émotion, et qu'il ne pût en croire ses yeux. Enfin, il tira la sonnette avec violence, et donna ordre qu'on lui envoyât Johnson sans perdre un instant.

— Peter, lui dit M. Benfield lorsqu'il entra, lisez cela ; vos yeux sont encore jeunes.

Peter prit le journal, et, après avoir mis ses lunettes à sa satisfaction, il se mit en devoir d'obéir à son maître. Mais sa vue parut se troubler à son tour. Il s'approcha de la fenêtre, pencha le journal de côté, et parut épeler le paragraphe en lui-même. Il aurait donné ses trois cents livres de revenu pour que John Moseley eût été là, et que dans son impatience il lui eût arraché la gazette pour lire lui-même ce mystérieux article. Enfin, M. Benfield, voulant à tout prix sortir de cet état pénible, demanda d'une voix tremblante :

— Eh bien, Peter ! mon pauvre Peter ! qu'en pensez-vous ?

— Ma foi, Votre Honneur, répondit l'intendant en le regardant de l'air le plus piteux, cela ne me paraît que trop certain.

— Je me rappelle, dit le bon vieillard, que lorsque lord Gosford vit annoncer dans les journaux le mariage de la comtesse, il... Le pauvre M. Benfield n'en put dire davantage, et se levant avec dignité, il prit le bras de son fidèle serviteur et sortit de l'appartement.

Mrs Wilson prit le journal, le parcourut, et elle eut bientôt trouvé l'article en question.

« Le 12 de ce mois, par dispense spéciale, à la résidence du très-noble marquis d'Eltringham, dans le Devonshire, a été célébré le mariage de George Denbigh, écuyer, lieutenant-colonel du régiment de dragons de Sa Majesté, avec la très-honorable lady Laura Stapleton, sœur du marquis. Eltringham fut honoré à cette occasion de la présence de Sa Grâce le duc de Derwent et du noble comte de Pendennyss, cousin du marié, ainsi que de celle de lord Henry Stapleton, capitaine de marine. On assure que l'heureux couple doit se rendre à Denbigh-Castle aussitôt après le mois de miel. »

Quoique Mrs Wilson eût repoussé à jamais l'idée de voir sa nièce devenir l'épouse de Denbigh, elle éprouva une angoisse inexprimable à la lecture de ce paragraphe. Elle se cacha la figure dans ses mains, tant elle éprouvait d'horreur en songeant combien il s'en était peu fallu qu'Emilie n'épousât un pareil homme. Elle voyait maintenant pourquoi il avait évité de paraître au bal où il savait que lord Henry était attendu : car elle eut la même idée que John, et elle ne pouvait croire qu'une femme telle que lady Stapleton eût donné son cœur en moins de quinze jours à un homme qui ne lui aurait pas déjà fait la cour auparavant. Il y avait donc dans ce mariage un mystère qui restait encore à éclaircir, et qui sans doute n'était pas à l'honneur de Denbigh.

Ni sir Edward ni lady Moseley n'avaient encore abandonné toute espérance de voir Denbigh se remettre sur les rangs pour obtenir Emilie, et le coup qu'ils ressentirent n'en fut que plus terrible. Le baronnet prit le journal, et après l'avoir relu en silence, il dit tout bas d'une voix tremblante d'émotion : — Puisse-t-il être heureux ! Je souhaite qu'elle soit digne de lui.

— Digne de lui ! pensa Mrs Wilson indignée ; et prenant le journal, elle se retira dans sa chambre, où Emilie, qui était de retour de sa promenade, venait de se rendre.

Comme il fallait que sa nièce apprît cette nouvelle, elle pensa que le plus tôt serait le mieux. L'exercice et l'aimable enjouement de Francis et de Clara avaient rendu aux joues d'Emilie une partie des vives couleurs qui les animaient ordinairement, et elle accourut embrasser sa tante le sourire sur les lèvres. Mrs Wilson sentit qu'il lui fallait rassembler tout son courage pour détruire de nouveau la tranquillité qui semblait renaître dans l'âme de sa nièce. Mais il n'y avait point à balancer ; il fallait accomplir un rigoureux devoir.

— Emilie, mon enfant, lui dit-elle en la pressant contre son cœur, vous vous êtes montrée jusqu'à présent telle que je pouvais le désirer ; et, dans les épreuves pénibles que vous avez eues à supporter, votre courage a surpassé mon attente. Encore un effort, mon enfant, encore une épreuve à soutenir, et j'ai la confiance que la blessure que je rouvre sera bientôt guérie, et que nous ne reviendrons plus sur ce douloureux sujet.

Emilie regarda sa tante d'un air inquiet, attendant avec anxiété ce qui allait suivre. Elle prit le journal, suivit la direction du doigt de Mrs Wilson, et lut l'annonce du mariage de Denbigh.

Emilie sentit ses genoux chanceler ; elle fut obligée de s'appuyer sur une chaise. Les couleurs que la promenade lui avait rendues disparurent de nouveau ; mais bientôt, revenant à elle, elle serra la main de sa tante, qui suivait avec anxiété tous ses mouvements, et la repoussant avec douceur, elle alla se renfermer dans sa chambre.

Lorsqu'elle reparut, elle avait repris tout son empire sur elle-même, et elle semblait aussi calme, aussi tranquille qu'auparavant. Sa tante la surveillait avec une tendre inquiétude, mais elle ne put apercevoir d'altération sensible ni dans sa conduite, ni dans ses manières.

C'est qu'Emilie connaissait trop bien ses devoirs pour n'avoir pas senti, du moment qu'elle avait cru son amant indigne de son estime, qu'une barrière insurmontable les séparait. Quand même

Denbigh ne se fût pas marié, ils ne pouvaient jamais être unis ; et si quelques étincelles d'une affection mal éteinte brûlaient encore dans son cœur, si même, comme elle était parfois obligée de l'avouer, cette affection semblait renaître par intervalle avec autant de force que jamais, elle ne formait pas pour cela d'espérance chimérique, et ne rêvait pas un bonheur qui ne pouvait jamais se réaliser.

Elle résolut de redoubler d'efforts pour bannir entièrement de son cœur des sentiments qui naguère avaient fait sa joie, mais qui se trouvaient en opposition directe avec son devoir, sachant bien que ce serait faiblesse que de s'y abandonner, et qu'elle devait le sacrifice de son amour à son repos autant qu'à sa famille.

Mrs Wilson la regardait avec admiration. Tant de courage, tant de résignation dans un âge si tendre, et lorsque les illusions ont encore tant d'empire ! Si elle avait lieu de regretter que, malgré sa stricte vigilance, elle se fût laissé tromper sur le caractère de Denbigh, elle se consolait du moins en voyant que sa nièce avait si bien profité de ses leçons, et qu'avec l'aide de la Providence, loin de se laisser abattre, elle semblait puiser de nouvelles forces dans l'excès même de son malheur.

La triste impression que causa l'article du journal s'étendit sur tous les membres de la famille ; Denbigh leur était également cher, depuis qu'il avait sauvé les jours d'Emilie.

Une lettre de John, par laquelle il leur annonçait l'intention où il était de les rejoindre à Bath, pour leur demander leur consentement à son mariage avec Grace, vint heureusement faire quelque diversion à l'accablement général. M. Benfield seul semblait insensible. Il aimait John comme son neveu, et il trouvait que Grace ferait une très-bonne petite femme ; mais ni l'un ni l'autre n'occupaient dans son cœur la même place qu'Emilie et que Denbigh.

— Peter, dit-il un jour après s'être épuisé en conjectures pour découvrir ce qui avait pu faire avorter si subitement un mariage qui lui semblait immanquable, n'avais-je pas raison de vous dire que la Providence bouleverse parfois tous nos projets, pour nous apprendre à nous humilier dans cette vie ? Pourtant, Peter, si lady Juliana n'avait consulté que son inclination en se mariant, elle serait à présent maîtresse de Benfield-Lodge.

— Oui, Votre Honneur ; mais que serait devenu alors l'article de votre testament qui concerne cette chère miss Emmy? Et Peter se retira en songeant à ce qui serait arrivé si Patty Steele avait montré plus de bonne grâce lorsqu'il avait voulu en faire Mrs Johnson; association d'idées qui n'était nullement rare dans l'esprit du bon intendant; car si Patty avait jamais eu une rivale dans son cœur, c'était dans la personne d'Emilie Moseley, pour laquelle Peter éprouvait le plus tendre attachement.

Mrs Wilson et Emilie avaient continué d'aller voir Mrs Fitzgerald; et comme il n'y avait plus d'étrangers dont la présence pût les gêner, toute la famille, en y comprenant sir Edward et M. Yves, avait été rendre visite à la jeune veuve.

Les Jarvis étaient partis pour Londres, où ils devaient retrouver leur fille, qui était alors repentante sous plus d'un rapport, et sir Edward apprit avec plaisir que la réconciliation avait été complète, et qu'Egerton était reçu avec son épouse dans la maison du marchand.

Sir Edgar mourut subitement, et le colonel, à présent sir Henry, hérita de son titre et des biens qui y étaient substitués; mais la plus grande partie de la fortune du défunt se composait de biens-meubles dont sir Edgar avait pu disposer à son gré, et qu'il avait légués à un autre de ses neveux qui venait d'entrer dans les ordres.

Mrs Jarvis fut indignée de voir ravir à sa fille une partie de l'héritage auquel il lui semblait qu'elle avait des droits incontestables; mais elle se consola en songeant au nouveau titre de son gendre, et au plaisir qu'elle aurait à entendre appeler Marie lady Egerton. Sa fille partageait son ivresse, et son plus grand désir était de se trouver avec les Moseley dans quelque endroit où l'on observât les lois du cérémonial, afin de pouvoir prendre le pas sur eux. Elle ne se sentait pas d'aise lorsque, dans quelque grande assemblée, on venait annoncer : — La voiture de lady Egerton est à la porte; et cependant lady Egerton n'avait pas de voiture à elle. Ce fut même l'objet d'une discussion assez plaisante qui eut lieu quinze jours après la réconciliation de Marie avec sa famille.

Mrs Jarvis avait une fort jolie voiture que son mari lui avait donnée pour son usage personnel. Convaincue que le baronnet, titre dont le colonel jouissait depuis vingt-quatre heures, n'avait pas le moyen de donner un carrosse à son épouse, elle forma la résolution magnanime de lui abandonner le sien, pour aider sa fille à soutenir dignement sa nouvelle grandeur. En conséquence il s'établit une consultation entre les deux dames sur les changements qu'il faudrait faire à la voiture. — D'abord, dit lady Egerton, il est de nécessité absolue de changer les armes pour y substituer celles de sir Henry, avec la main sanglante et les six quartiers : ensuite il fallait commander de nouvelles livrées.

— Oh! mon Dieu, Milady, si les armes sont changées, M. Jarvis s'en apercevrait infailliblement; il ne me le pardonnerait jamais, et peut-être...

— Eh bien! peut-être? s'écria la jeune dame en secouant dédaigneusement la tête.

— Ma foi, il pourrait bien ne pas me donner les cent guinées qu'il m'a promises pour la faire peindre à neuf, reprit la mère avec quelque chaleur.

— Comme il vous plaira, Mrs Jarvis, dit la nouvelle lady avec beaucoup de dignité; mais j'entends que ma voiture porte mes armes et la main sanglante.

— En vérité, vous n'êtes pas raisonnable, dit Mrs Jarvis d'un air mécontent; puis elle ajouta après un moment de réflexion : — Est-ce aux armes ou bien à la main sanglante que vous tenez, ma chère?

— Oh! je me soucie fort peu des armes; mais je suis bien résolue, maintenant que je suis l'épouse d'un baronnet, Mrs Jarvis, de faire peindre sur ma voiture l'emblème de mon rang.

— Assurément, Milady, c'est avoir le sentiment de sa dignité. Eh bien donc, nous mettrons la main sanglante au-dessus des armes de votre père, et il n'y fera pas attention, car il ne regarde jamais ces sortes de choses.

Cet arrangement fut adopté, et dès le lendemain la voiture de Mrs Jarvis fut décorée de l'emblème si désiré. Tout alla pour le mieux pendant quelques jours, et Mrs Jarvis s'applaudissait tout bas du succès de sa ruse. Mais, un malheureux jour, le marchand qui était dans l'usage d'aller à la Bourse toutes les fois qu'il devait s'y faire quelque grande opération, rentra brusquement chez lui pour chercher un calcul que le dimanche précédent il avait fait sur son livre de prières pendant le sermon; il le découvrit après quelques recherches, descendit précipitamment, et, trouvant la voiture de sa femme à la porte, il y monta pour se rendre chez son banquier.

M. Jarvis oublia de dire au cocher de ne point l'attendre, et pendant plus d'une heure l'équipage dont les panneaux portaient la main sanglante resta arrêté dans l'une des rues les plus fréquentées de la Cité. Aussi quelle fut sa surprise lorsque, de retour chez lui, il voulut examiner le compte que lui avait remis son banquier, de lire en tête : Compte courant de sir Timothée Jarvis, baronnet, avec John Smith.

Sir Timothée tourna le papier dans tous les sens, et il le relut autant de fois que M. Benfield avait relu le paragraphe relatif au mariage de Denbigh, avant de pouvoir en croire ses yeux. Lorsque enfin il fut bien assuré du fait, il saisit son chapeau, et sortit pour aller trouver l'homme qui avait osé l'insulter, et se permettre de pareilles plaisanteries au milieu d'affaires aussi sérieuses. A peine avait-il fait quelques pas, qu'il rencontra un de ses amis qui l'appela par son nouveau titre. Une explication s'ensuivit, et le baronnet sans le savoir se rendit droit à la remise.

Pour le coup la vérité lui fut dévoilée. Il fit appeler sa femme; et, pour toute punition, la brosse du peintre effaça sous ses yeux le malheureux emblème des panneaux de la voiture.

Tout cela fut fort facile, mais ses amis de la Bourse et de la Cité n'en continuèrent pas moins à l'appeler sir Timothée, et, soit oubli, soit malice, ce nom lui resta.

M. Jarvis n'avait aucune ambition, mais il voulut se venger, et il résolut de mettre les rieurs de son côté.

Un bourg récemment acheté ayant fait une adresse où respirait le dévouement au roi, il se chargea de la présenter lui-même.

Le bon marchand se mettait rarement à genoux, même devant son Créateur; mais dans cette occasion il fléchit respectueusement le genou devant son souverain, et il sortit du palais avec le droit de porter à jamais le titre que ses vieilles connaissances de la Bourse persistaient à lui donner par dérision.

Il est plus facile de se figurer que de décrire les transports de joie que *lady* Jarvis fit éclater. Il n'y avait que le prénom qui la tourmentât un peu; mais, par une licence bien permise, elle le raccourcit de manière à en faire le nom plus doux et plus harmonieux de sir Timo. Deux domestiques furent renvoyés, dès le second jour, parce que, peu habitués aux nouveaux titres, ils l'avaient appelée *mistress*. Quant à son fils le capitaine, qui était alors en voyage, on s'empressa de lui écrire pour lui apprendre cette grande nouvelle.

Pendant ce temps sir Henry Egerton ne paraissait que rarement dans la famille de sa femme ; il avait sa société particulière, et il passait la plupart de ses soirées dans une célèbre maison de jeu. Cependant Londres devenait désert, et lady Jarvis et ses filles, après avoir eu la condescendance d'aller faire des visites de cérémonie à leurs anciennes connaissances de la Cité, pour y faire étalage de leurs titres et de leurs nouvelles grandeurs, dirent à sir Timo qu'elles ne pouvaient tarder davantage à se rendre à Bath, et quelques jours après toute la famille y était établie.

Lady Chatterton était venue avec Grace habiter la maison de son fils. John Moseley les y avait suivies, plus heureux, plus épris que jamais ; et il reçut bientôt une lettre de son père qui le priait de lui retenir un logement pour lui et sa famille.

Lord et lady Herriefield étaient partis pour le midi de la France, et Catherine, éloignée de ses parents et des lieux où se rattachaient les doux souvenirs de ses premières années, se trouvant seule avec un homme qu'elle n'aimait point, pour lequel elle n'avait même pas d'estime, commença à sentir qu'un titre et une grande fortune ne suffisent pas pour assurer le bonheur.

Lord Herriefield était d'un caractère dur et naturellement soupçonneux ; mais la position de sa fille aînée ne donnait aucune inquiétude à la douairière intrigante, qui, croyant avoir tout fait pour elle en lui ménageant un si brillant mariage, s'applaudissait du résultat de ses manœuvres.

Une fois ou deux, l'habitude l'emportant sur la prudence, elle s'était efforcée de faire avancer de quelques jours l'époque fixée pour le mariage de Grace ; mais John avait pris aussitôt l'alarme, et son absence pendant vingt-quatre heures l'avertit du danger de blesser en aucune manière une susceptibilité poussée aussi loin.

Dans ces occasions John se punissait autant que la douairière ; mais le sourire de Grace lorsqu'elle le revoyait, sa main qu'elle posait franchement dans la sienne, ne manquaient jamais d'effacer l'impression désagréable que produisaient les artifices de la mère.

Les Chatterton et les Jarvis se rencontrèrent bientôt dans les assemblées, et l'épouse du baronnet, s'approchant de la douairière, avec ses deux filles, lui fit le salut le plus amical.

Lady Chatterton, qui ne se souvenait réellement pas de l'avoir vue à B***, rougissant de paraître connue d'une personne qui avait un air aussi commun, se retira d'un pas en arrière, en lui rendant son salut d'un air de dignité.

La femme du marchand ne se rebuta pas; elle tenait trop à passer pour l'amie d'une dame de qualité; et, soupçonnant avec raison que la douairière ne la remettait pas, elle ajouta, avec un sourire prétentieux, tel qu'elle en voyait souvent faire avec succès dans le monde :

— Je suis lady Jarvis, Milady, vous savez bien, lady Jarvis du Doyenné, à B***, dans le comté de Northampton. Permettez-moi de vous présenter mes filles, lady Egerton et miss Jarvis.

Lady Egerton baissa à peine la tête, et se redressa aussitôt avec fierté, quoique la douairière eût enfin daigné prendre un air plus gracieux; mais sa jeune sœur, se rappelant qu'il y avait un jeune lord dans la famille, se montra beaucoup plus affable, et elle se fût volontiers inclinée jusqu'à terre, tant il lui tardait de devenir une grande dame comme sa sœur.

— J'espère que sir Edward se porte bien, ajouta lady Jarvis. Combien je regrette que sir Timo, mon époux, sir Henry, mon gendre, et mon fils le capitaine, ne soient pas ici pour vous présenter leurs hommages! Mais heureusement nous nous reverrons plus d'une fois, et c'est une occasion qui n'est que différée.

— Sans doute, Madame, répondit la douairière; et voyant passer une dame de ses amies, elle courut à elle pour éviter une plus longue conversation avec des personnes qui semblaient être sur un pied fort équivoque dans le monde, et avec lesquelles elle rougissait d'être aperçue.

Telle est la tyrannie que l'opinion des autres exerce sur nous, qu'il n'en est ni de plus absolue, ni de plus redoutée. De là l'influence de la mode sur toutes nos actions. Une personne est à la mode, c'est assez : tout le monde la recherche, et personne ne s'informe de son mérite. La mode est changeante, capricieuse, bizarre; quelques fous, quelques oisifs en sont les coryphées : on n'ose appeler de leurs arrêts, et voilà où nous conduit l'erreur que nous commettons de prendre l'homme au lieu de Dieu pour juge de nos opinions et de notre conduite!

CHAPITRE XXXIII.

> O Bath, ville illustrée par le règne de Beau Nash,
> rendez-vous des joueurs, des fripons et des fats,
> je te salue, capitale des mondes !
> **Anstey.** *Le Guide de Bath.*

En prenant congé de Mrs Fitzgerald, Emilie et sa tante lui firent promettre de leur écrire ; l'amitié qu'elles avaient conçue pour la jeune veuve était encore augmentée, et c'était avec peine qu'elles la laissaient dans l'isolement où elle persistait à vouloir se renfermer. Le général Maccarthy était reparti pour l'Espagne sans avoir rien changé à ses premières propositions, et laissant sa nièce livrée à une douleur d'autant plus amère qu'un instant elle avait cru en entrevoir le terme.

M. Benfield, contrecarré dans l'un de ses projets favoris, dans celui que peut-être il avait eu le plus à cœur de voir réussir, et d'où il faisait dépendre le bonheur du reste de sa vie, refusa obstinément d'être du voyage lorsque sir Edward lui proposa de les accompagner à Bath ; et Yves étant retourné à Bolton avec Clara, le reste de la famille descendit à l'hôtel que John lui avait retenu peu de jours après l'entrevue rapportée dans le chapitre précédent. Aucun de ses membres n'était disposé à prendre beaucoup de part aux plaisirs qui se trouvent réunis à Bath dans la saison des bains ; mais lady Moseley avait témoigné le désir de paraître encore une fois sur ce grand théâtre de la mode, au milieu de ce rendez-vous général de la meilleure société ; et ses enfants s'étaient fait, comme son époux, un devoir de lui obéir.

Lady Moseley y trouva un grand nombre de connaissances, qui toutes se firent une fête de revoir son aimable famille ; les visites se succédèrent, et elle se voyait tous les jours entourée d'un cercle aussi brillant que nombreux.

Sir William Harris, le propriétaire du Doyenné, qui autrefois avait été leur voisin, fut des premiers avec sa fille à venir renouer connaissance avec ses anciens amis.

Sir William jouissait d'une grande fortune et d'une réputation irréprochable ; mais il se laissait entièrement gouverner par les caprices et les fantaisies de sa fille unique. Caroline Harris ne manquait ni d'esprit ni de beauté ; mais elle savait qu'elle était riche, et elle avait porté trop haut ses prétentions. Elle avait d'abord visé à la pairie, et comme elle croyait pouvoir consulter son goût aussi bien que son ambition, elle n'avait pu réussir ; aucun cœur n'avait voulu se laisser prendre à ses filets, peut-être parce qu'elle ne les tendait pas avec assez d'adresse : car, loin d'être prude ou coquette, elle s'était fait une réputation toute contraire. Au milieu de ces tentatives inutiles, elle avait atteint l'âge de vingt-six ans, et elle commençait alors à prendre un vol un peu moins élevé, et à ne porter ses vues que sur la chambre des communes.

Sa fortune lui aurait fait aisément trouver un mari de ce côté, mais elle voulait encore choisir ; elle se montrait difficile. Encore quelques années, et ceux qu'elle rebutait alors la dédaigneront à leur tour. Elle connaissait depuis l'enfance les miss Moseley, quoiqu'elle eût quelques années de plus qu'elles, circonstance à laquelle elle ne faisait jamais allusion sans une absolue nécessité.

L'entrevue entre Grace et les Moseley fut tendre et sincère. John ne se sentait pas de joie en voyant celle qui allait devenir sa femme, pressée entre les bras de tous ceux qu'il aimait ; et la rougeur et les douces larmes de Grace ajoutaient encore à sa beauté.

Jane perdit l'air de contrainte et de froideur qui lui était devenu habituel, en embrassant sa sœur future, et elle prit la résolution de reparaître avec elle dans le monde, afin de montrer au colonel Egerton qu'elle n'était pas triste et languissante, comme son amour-propre le lui persuadait sans doute.

La douairière était dans son centre ; elle passait toutes ses journées à régler avec lady Moseley les préparatifs de la noce ; mais cette dernière avait trop souffert des chagrins de Jane et d'Émilie pour la seconder avec la vivacité et la gaieté que lui eût inspirée, six mois auparavant, l'approche du mariage de son fils.

Après un délai bien court, mais que John trouva encore long, toutes les publications se trouvant terminées, Francis et Clara arrivèrent, et John et Grace furent unis dans une des principales églises de Bath.

Chatterton avait aussi assisté au mariage; et la même gazette, qui donnait les détails de la noce, annonçait l'arrivée aux eaux du duc de Derwent et de sa sœur, du marquis d'Eltringham et de ses sœurs, au nombre desquelles était lady Laura Denbigh. La douairière, qui lisait ce paragraphe, ajouta qu'elle avait entendu dire que le mari de cette dernière était resté près d'un vieux parent très-malade, dont il attendait une grande fortune. Emilie avait changé plusieurs fois de couleur en entendant parler de Denbigh, mais elle fit tous ses efforts pour écarter de son imagination des souvenirs trop dangereux, et bientôt elle reprit au moins l'apparence de la sérénité.

Jane et Emilie se trouvaient placées toutes deux dans une position bien délicate; elles avaient besoin d'appeler à leur secours toute leur force de caractère, car elles étaient exposées à rencontrer tous les jours et à toute heure, l'une son ancien amant, l'autre la femme de celui qu'elle avait tant aimé, et que, malgré tous ses efforts, elle aimait encore.

Jane était soutenue par sa fierté, et Emilie par ses principes. L'aînée, dans les lieux de réunion, se tenait toujours à l'écart, pour éviter tout contact avec ceux qu'elle haïssait maintenant, et elle se montrait toujours froide et contrainte. Sa sœur, douce, humble et réservée, n'en était que plus séduisante. Le dépit et le désappointement de l'une étaient soupçonnés de tous ceux qui l'approchaient, tandis que la douleur profonde de l'autre n'était connue que de ses plus chers amis.

La première rencontre que craignaient les deux sœurs eut lieu dans le salon où se réunissaient chaque soir les étrangers que la saison des eaux amenait à Bath, et où les deux mères désirèrent présenter la jeune mariée.

En entrant dans le salon, les premières personnes qu'elles aperçurent furent les Jarvis. Lady Jarvis s'empressa de venir saluer les dames, toute fière de pouvoir faire étalage devant elles de son titre et de son gendre; son mari approcha aussi d'un air respectueux de ses anciens voisins. La première fut reçue avec une politesse froide, et son mari avec une franche cordialité. Egerton, sa femme et miss Jarvis saluèrent de loin; le colonel se retira aussitôt après dans un autre coin de l'appartement, et son absence seule empêcha Jane de s'évanouir. Sa fierté n'eût pu supporter plus longtemps de voir le bel Egerton près de Marie Jarvis, qui avait l'air de la narguer ; et son cœur se révoltait en revoyant l'homme dans lequel elle avait cru trouver le fantôme de perfection idéale qu'elle poursuivait depuis longtemps.

— En vérité, lady Moseley, dit l'ancienne marchande, sir Timo et moi, j'ose dire aussi sir Henry et lady Egerton, nous sommes enchantés de vous voir à Bath. Mrs Moseley, permettez-moi de vous faire mon compliment, ainsi qu'à lady Chatterton ; j'espère qu'elle me reconnaît maintenant ; je suis lady Jarvis. Monsieur Moseley, je regrette bien pour vous que mon fils, le capitaine Jarvis, ne soit pas ici : vous vous aimiez tant, et vous aviez tant de plaisir à chasser ensemble.

— Assurément, milady Jarvis, répondit John d'un air railleur, c'est une très-grande perte pour moi ; mais je présume que le capitaine est devenu maintenant trop bon tireur pour que j'ose aller de pair avec lui.

— Il est vrai qu'il réussit dans tout ce qu'il entreprend, dit la dame d'un air satisfait, et j'espère qu'il apprendra bientôt comme vous à se servir des flèches de Cupidon. L'honorable Mrs Moseley me paraît jouir d'une bien bonne santé.

Grace s'inclinait en ne pouvant s'empêcher de sourire de l'espèce de comparaison que lady Jarvis voulait établir entre son cher John et le lourd capitaine, lorsqu'une personne placée derrière elle attira l'attention de toute la famille en disant :

— Henriette, vous avez oublié de me montrer la lettre de Marianne.

C'était le son de voix de Denbigh. Emilie tressaillit malgré elle, et tous les yeux, excepté les siens, se tournèrent vers celui qui avait parlé.

Il était assez près des Moseley, donnant le bras à deux jeunes dames ; un second coup d'œil fut nécessaire pour leur prouver qu'ils s'étaient trompés. Ce n'était point Denbigh, mais un jeune homme qui avait absolument la même taille, les mêmes manières et presque les mêmes traits que lui ; de plus, il possédait aussi cette voix douce et sonore qu'on ne pouvait oublier dès qu'on l'avait entendue. Ils s'assirent tous trois près des Moseley et continuèrent leur conversation. — Je crois vous avoir entendu dire que vous avez eu aujourd'hui des nouvelles du colonel ? dit le jeune homme à celle de ses compagnes qui s'était placée près d'Emilie. — Oui, mon cousin, et c'est un correspondant très-exact, je vous assure; il m'écrit régulièment tous les deux jours.

— Comment se porte son oncle, Laura? demanda l'autre dame.

— Un peu mieux; mais, mon cher duc, faites-moi le plaisir de voir où est le marquis et miss Howard.

— Ramenez-les-nous, ajouta sa compagne.

—Sans doute, reprit la première en riant, et je vous assure qu'Eltringham vous en sera pour le moins aussi obligé que moi.

Quelques instants après, le duc revint accompagné d'un jeune homme d'environ trente ans, et d'une dame à qui on pouvait en donner cinquante sans lui faire tort.

Pendant cette courte conversation, que les Moseley se trouvaient à portée d'entendre, et qui excitait tout à la fois leur curiosité et leur surprise, Emilie jeta un coup d'œil à la dérobée sur celui qu'on appelait le duc, et elle se convainquit que ce n'était pas Denbigh : elle se sentit un peu soulagée; mais quel fut son étonnement quand elle découvrit que la dame qui était assise près d'elle était la femme de celui dont elle s'était crue aimée! La pauvre Emilie avait une âme trop noble pour éprouver une vile jalousie; et, lorsqu'elle put se tourner sans affectation du côté de lady Laura, elle considéra avec un plaisir mélancolique ces traits charmants qui portaient l'empreinte de la douceur et de la franchise. Au moins, se dit-elle, j'espère qu'il s'amendera; et, s'il s'amende, il peut encore être heureux.

Ce souhait généreux lui était inspiré par l'amour et par la reconnaissance, sentiments bien difficiles à arracher d'un cœur où ils ont pris racine. John ne voyait ces nouveaux venus qu'avec un déplaisir qu'il ne pouvait surmonter, et il se douta que miss Howard était la vieille fille de noce contre laquelle lord Henry s'était vainement récrié lorsqu'on avait soumis ce choix à son approbation.

Lady Jarvis, étonnée de se trouver rapprochée de personnes d'une si haute distinction, se retira à peu de distance pour étudier leurs manières et tâcher d'en faire son profit; tandis que la douairière lady Chatterton, à la vue d'un duc et d'un marquis qui étaient encore à marier, soupirait profondément en pensant qu'il ne lui restait plus de fille à pourvoir. Le reste de la société les regardait avec curiosité et écoutait avec intérêt leurs moindres paroles.

Deux ou trois jeunes personnes, suivies de quelques jeunes gens, vinrent joindre lady Laura et sa compagne, et la conversation devint générale. Les dames refusèrent de danser; mais elles passèrent une heure à causer et à examiner la société qui les entourait.

— O William! s'écria une des jeunes personnes, voilà votre ancien ami, le colonel Egerton.

— Mon ami! répondit son frère en souriant d'un air dédaigneux; heureusement il ne l'est plus.

— Il a une bien mauvaise réputation, dit le marquis d'Eltringham, et je vous conseille, William, de ne pas renouveler connaissance avec lui.

— Je vous remercie, marquis, répondit lord William; je le connais trop maintenant pour devenir sa dupe.

Jane avait eu bien de la peine à maîtriser son émotion pendant ce peu de mots. Tandis que sir Edward et sa femme détournaient la tête par un mouvement simultané, comme accablés sous le poids des reproches qu'ils se faisaient, leurs yeux se rencontrèrent; ils virent qu'ils reconnaissaient en même temps leur imprudence, et ils semblèrent prendre l'engagement tacite d'être moins confiants à l'avenir.

Mrs Vilson avait bien des fois gémi en silence de l'inutilité des conseils qu'elle leur avait donnés sur ce qu'elle regardait comme le devoir des parents envers leurs filles; mais depuis que ses tristes pressentiments s'étaient réalisés, jamais elle n'avait voulu, par des reproches devenus inutiles, ajouter à leurs trop justes angoisses.

— Quand verrons-nous donc Pendennyss? demanda le marquis; j'espérais qu'il viendrait ici avec George. Puisqu'il nous délaisse à ce point, j'ai envie d'aller le surprendre dans le pays de Galles. Qu'en dites-vous, Derwent?

— C'est aussi mon intention, milord, si je puis décider ma sœur à quitter sitôt les plaisirs de Bath. Qu'en pensez-vous, Henriette? êtes-vous disposée à vous mettre si tôt en route? Ces mots furent accompagnés d'un sourire si malin que tous les yeux se portèrent sur celle à qui il était adressé.

— Je suis prête à vous suivre à l'instant si vous le désirez,

Frédéric, se hâta de répondre lady Henriette en rougissant beaucoup.

— Mais où est Chatterton? demanda sir William; il doit être à Bath; une de ses sœurs s'y est mariée la semaine dernière.

Le mouvement que fit Grace en entendant prononcer le nom de son frère attira l'attention du duc et de ses amis sur la famille réunie près d'eux.

— Quelle charmante personne est assise près de vous! dit le duc à l'oreille de lady Laura.

Cette dame sourit en lui faisant signe par un coup d'œil expressif qu'elle partageait son opinion; mais Emilie, qui était trop près pour n'avoir pas entendu la remarque de Derwent, se leva en rougissant, et proposa à sa mère et à sa tante de faire un tour de salon.

Chatterton entra quelques minutes après. Depuis longtemps il avait avoué à Emilie qu'après le refus formel qu'elle avait fait de sa main, tous ses efforts avaient eu pour but d'arracher de son cœur une passion qui ne lui permettait plus le bonheur; mais son estime, son respect et son amitié étaient toujours les mêmes. Il ne lui parla plus de Denbigh, et elle lui sut gré de sa délicatesse.

Les Moseley venaient de commencer leur promenade autour du salon lorsque Chatterton entra. Il s'empressa de se joindre à eux. Bientôt lady Laura et sa société se levèrent à leur tour, et Chatterton courut les saluer; il parut enchanté de les voir. Le duc avait beaucoup d'amitié pour lui, et l'émotion que fit paraître lady Henriette en le voyant fit penser à tous ses amis que son frère ne s'était pas trompé en doutant qu'elle voulût si tôt quitter Bath.

Après quelques moments de conversation, le duc et ses amis députèrent Chatterton auprès de la famille Moseley; et son ambassade ayant été reçue comme elle devait l'être, il se chargea de présenter les deux sociétés l'une à l'autre.

Lady Henriette et lady Laura témoignèrent à Emilie la plus aimable bienveillance; elles se placèrent près d'elle, et Mrs Wilson fut frappée de la préférence qu'elles marquaient pour sa nièce. La beauté touchante et les manières vraiment aimables d'Emilie en étaient-elles seules la cause, ou devait-elle attribuer à des motifs plus puissants le désir que paraissaient avoir les deux cousines de se lier avec sa pupille?

Mrs Wilson avait entendu dire que Chatterton faisait la cour à lady Henriette; lady Laura était la femme de Denbigh : était-il possible qu'elles fussent devenues les confidentes des premières amours des hommes qu'elles aimaient? Cette supposition était au moins singulière, et la veuve jeta un regard d'admiration et de pitié sur l'air de confiance et de bonheur de la jeune femme, qui se croyait si sûre de la tendresse de son mari.

Emilie était un peu embarrassée des prévenances des deux cousines, surtout de celles de lady Laura ; mais elles paraissaient être de si bonne foi, leur amabilité était si entraînante, que bientôt Emilie ne pensa plus qu'à répondre comme elle devait à leur bienveillance.

La conversation devint plusieurs fois embarrassante pour la famille du baronnet, et par moments bien pénible pour ses filles.

Vers la fin de la soirée ils s'étaient assis en cercle tous ensemble à quelque distance du reste de la société, et de manière à voir tout ce qui se passait dans le salon.

— Mon frère, dit lady Sarah Stapleton, dites-moi donc quelle est cette femme qui est assise auprès du colonel Egerton, et qui a un air si commun?

— Ce n'est rien moins que lady Jarvis, la belle-mère de sir Henry Egerton et l'épouse de sir Timo, répondit le marquis avec un ton de gravité comique qui amusa beaucoup ses sœurs.

— Egerton est marié! s'écria lord William; quelle est la malheureuse qui lui a donné sa main? C'est l'amoureux des onze mille vierges, et il se fait un jeu de tromper toutes les femmes. Toutes les richesses de l'Angleterre n'auraient pu me décider à lui laisser épouser une de mes sœurs.

— Ah! pensa Mrs Wilson en entendant cette diatribe, combien nous pouvons être trompées sur le caractère d'un homme, quelques précautions que nous ayons pu prendre; et que sont les travers connus d'Egerton près des vices cachés et de l'hypocrisie consommée de Denbigh!

La manière dont sir William venait de s'expliquer sur Egerton avait été bien pénible à quelques-uns de ses auditeurs, à qui elle avait rappelé de cruels souvenirs de devoirs négligés et d'affections déçues.

Sir Edward Moseley était disposé par caractère à juger toujours favorablement son prochain, et c'était autant par bonté d'âme et par philanthropie que par indolence qu'il avait pris si peu de peine pour connaître ceux qui avaient compromis le bonheur de ses filles ; mais, après avoir vu les fatales conséquences de sa conduite, il était trop bon père pour ne pas prendre la résolution d'être plus prudent à l'avenir ; résolution tardive, puisque celles dont il voulait protéger le bonheur n'avaient que trop appris à leurs dépends à se tenir elles-mêmes sur leurs gardes.

Pendant le reste de la soirée lady Laura continua à s'entretenir avec Emilie, dont le cœur fut mis plus d'une fois à une cruelle épreuve durant cette conversation.

— Mon frère Henry, qui est capitaine de marine, dit lady Laura, a déjà eu le plaisir de se trouver avec vous ; et il m'a parlé tant de fois de miss Emilie Moseley, que je vous connaissais avant de vous avoir vue.

— J'ai dîné à L*** avec lord Henry, répondit Emilie, et j'ai gardé un souvenir fort agréable des attentions sans nombre qu'il a eues pour nous toutes pendant une petite excursion que nous avons faite sur mer.

— Oh ! je suis sûre, quoi que vous en disiez, que ces attentions n'étaient pas les mêmes pour toutes, car il m'assura que, s'il en avait eu le temps, il serait devenu amoureux à en perdre la tête. Il eut même l'audace de dire à Denbigh, en ma présence, qu'il était heureux pour moi qu'il ne vous eût jamais vue, parce que sans cela j'aurais couru grand risque de rester fille toute ma vie.

— Et je suppose que vous n'en doutez plus maintenant, s'écria son frère William en souriant.

Laura sourit à son tour, mais sa douce physionomie exprimait la confiance sans bornes qu'elle avait dans la tendresse de son mari, elle reprit :

— Le colonel répondit qu'il n'avait jamais eu le plaisir de voir miss Moseley : ainsi je ne puis me vanter de mon triomphe. Lady Laura rougit un peu en s'apercevant du penchant qui la portait toujours à ramener la conversation sur son mari, et ajouta : — J'espère, miss Moseley, avoir bientôt le plaisir de vous présenter le colonel Denbigh.

— Je crois, dit Emilie en pâlissant et en faisant un violent effort sur elle-même, que le colonel Denbigh s'est trompé en disant qu'il ne m'avait jamais vue ; il m'a rendu un grand service ; j'ai contracté envers lui la dette de la reconnaissance, et je voudrais pouvoir l'acquitter.

Emilie s'arrêta. Lady Laura l'avait écoutée avec surprise; mais il était question d'un service rendu par son mari; sa délicatesse s'opposait à ce qu'elle demandât en quoi il consistait, et après avoir hésité un moment, elle reprit :

— Henry ne nous parlait que de vous : lord Chatterton, pendant une visite qu'il vint nous faire à la campagne, renchérissait sur ses éloges avec plus de chaleur encore ; et je crois qu'ils ont inspiré une vive curiosité au duc et à Pendennyss de voir leur charmante idole.

— Ce serait une curiosité bien mal justifiée, dit Emilie, confuse de s'entendre faire des compliments si directs.

— Miss Moseley est trop modeste pour savoir à quel point l'imagination la plus vive était encore loin de la réalité, dit le duc de Derwent de ce ton doux et insinuant qui était particulier à Denbigh. Le cœur d'Emilie battit vivement ; bientôt elle se reprocha le plaisir avec lequel elle avait écouté le duc. Avait-il été causé par l'opinion flatteuse qu'il exprimait, ou par le son de sa voix ? Elle craignait de se l'avouer ; mais, reprenant bientôt son empire sur elle-même, elle dit d'un ton de dignité propre à mettre fin aux louanges qui l'embarrassaient :

— Je prie Votre Grâce de ne pas chercher à porter atteinte à la modestie qu'elle veut bien m'attribuer.

— Pendennyss est un homme comme on n'en voit pas, reprit lady Laura ; je voudrais bien qu'il vînt nous joindre à Bath. N'avons-nous plus d'espoir de le voir, Derwent ?

— Je le crains, répondit le duc ; il se tient renfermé dans son vieux château du pays de Galles, ainsi que sa sœur, qui est presque aussi ermite que lui.

— On a fait courir le bruit pendant quelque temps qu'il était amoureux, dit le marquis ; on parlait même d'un mariage secret.

— Calomnie, pure calomnie, dit le duc gravement ; le comte a des mœurs et des principes irréprochables ; il n'aimera jamais qu'une femme qu'il puisse avouer à la face du ciel et de la terre ; je sais d'ailleurs quelle est la personne qu'on cherchait à compromettre par ces bruits injurieux ; c'est la veuve du major Fitzgerald que vous avez connu. Pendennyss ne la voit jamais, et le hasard seul lui a procuré l'occasion de lui rendre un grand service.

Mrs Wilson respira plus librement en entendant la justification de son héros. — Ah! pensait-elle, si le marquis connaissait toute cette affaire, combien il se repentirait de ses soupçons !

— Tout ceci, mon cher duc, n'était qu'une plaisanterie, s'écria le marquis, et j'ai la plus haute opinion de lord Pendennyss.

Les Moseley ne furent pas fâchés de voir arriver l'heure où l'on se séparait ordinairement, et qui mit fin à cette conversation et à leur embarras.

CHAPITRE XXXIV.

>Quoi ! ma nièce, tout de bon, il vous faut un milord !
>Ford. *La Femme galante.*

Les Moseley et leurs nouvelles connaissances continuèrent à se voir presque tous les jours, et l'intimité qui s'était établie entre eux augmenta de plus en plus. Dans le commencement, Emilie éprouvait un embarras qu'elle ne pouvait surmonter ; et, lorsque lady Laura parlait de son mari, le changement de couleur et le tremblement d'Emilie ne prouvaient que trop qu'elle n'avait pu encore triompher d'un sentiment qui était devenu coupable. Cependant, comme sa famille se plaisait beaucoup dans cette nouvelle société, et que sa tante pensait que le meilleur moyen de vaincre un reste de faiblesse était d'entendre souvent parler de Denbigh et de s'accoutumer à l'idée qu'il était le mari d'une autre, Emilie réussit à surmonter sa répugnance. Bientôt la tendresse de lady Laura pour Denbigh, et la haute opinion qu'elle avait de lui, et que son cœur ingénu exprimait de mille manières, inspirèrent à sa jeune amie le plus vif intérêt. Elle eût voulu épaissir encore le bandeau qui couvrait les yeux de la jeune épouse, et la retenir sur le bord de l'abîme où elle la voyait suspendue.

Egerton évitait soigneusement de se trouver avec les Moseley. Une seule fois, il essaya de renouveler connaissance avec John ; mais une réponse froide et dédaigneuse lui ôta pour toujours l'envie de tenter encore un raccommodement.

Nous ne savons ce qu'il avait pu dire à sa femme ; mais elle évitait comme lui la famille du baronnet, quoique, dans le fond de son cœur, elle eût bien désiré paraître sur le pied de l'intimité avec des personnes qui étaient liées avec des ducs et des marquis. Son incorrigible mère, qu'aucune considération ne pouvait retenir, était parvenue à forcer lady Henriette et la douairière à la saluer. Elle se targuait de cette distinction avec sa maladresse ordinaire, et lorsqu'elle les rencontrait dans les salons de réunion, elle ne faisait que passer et repasser devant elles, et devenait une connaissance extrêmement fatigante pour les deux dames.

Le duc cherchait toutes les occasions possibles de se rapprocher d'Emilie, et Mrs Wilson remarqua que sa nièce paraissait le voir avec plus de plaisir que les autres jeunes gens qui lui faisaient la cour. D'abord elle fut surprise de cette préférence, mais bientôt elle en découvrit le motif secret.

Le duc ressemblait d'une manière frappante à Denbigh; le son de la voix, la démarche, les manières étaient les mêmes. Aussi, au premier coup d'œil, était-il facile de s'y méprendre; mais, en l'observant avec plus d'attention, on découvrait des nuances assez marquées qui le faisaient aisément reconnaître. Le duc avait un air de hauteur et de fierté qu'on ne voyait jamais à son cousin. Il ne cherchait pas à cacher son admiration pour Emilie, et comme il ne lui adressait la parole qu'avec ce ton respectueux que Denbigh avait avec les femmes, et auquel le son de sa voix prêtait tant de charme, Mrs Wilson vit bientôt que les restes de son attachement pour l'un étaient les seules causes du plaisir avec lequel elle semblait écouter l'autre.

Le duc de Derwent était loin de posséder toutes les qualités solides que Mrs Wilson trouvait indipensables pour un mari; mais comme elle savait que le cœur d'Emilie était encore trop malade pour concevoir un nouvel attachement, et que d'ailleurs elle avait une confiance entière dans les principes de sa nièce, elle ne voulut point éloigner d'elle un homme aimable qui pouvait la distraire.

— Votre nièce sera un jour duchesse, Mrs Wilson, lui dit tout bas lady Laura, un matin que Derwent et Emilie étaient occupés à parcourir ensemble un nouveau poëme. Derwent en lut un passage avec un feu et des inflexions de voix qui rappelaient tellement à Emilie la dernière lecture que Denbigh lui avait faite, qu'involontairement sa physionomie expressive trahit un sentiment qu'elle eût voulu se cacher à elle-même.

Mrs Wilson soupira en voyant la force d'un attachement que ni les principes les plus solides, ni les efforts les plus constants, ne pouvaient détruire, et elle répondit :

— Je ne crois pas du moins que ce soit la duchesse de Derwent ; et, entraînée par le cours de ses idées, elle ajouta imprudemment :

— Mais c'est étonnant à quel point le duc ressemble par moments à votre mari !

Lady Laura parut un peu surprise et répondit : — Mais oui... un peu ; ils sont enfants de frères, comme vous savez ; et presque tous les membres de cette famille ont ce même son de voix qu'on n'oublie jamais dès qu'on l'a entendu. Pendennyss l'a également, quoiqu'il ne leur soit parent qu'à un degré plus éloigné, et on le retrouve aussi chez Henriette. Il faut qu'il y ait eu jadis quelque syrène dans la famille.

Sir Edward et lady Moseley voyaient avec le plus grand plaisir les attentions du duc pour Emilie ; sans attacher trop de prix au rang et à la fortune, ils trouvaient que ces qualités ne gâtaient rien ; de plus, lady Moseley était persuadée qu'un second attachement pour un objet qui en fût plus digne serait le seul remède aux chagrins de sa fille ; et c'était surtout cette considération qui l'avait portée à répondre aux avances de la famille du duc.

Le colonel Denbigh, cependant, écrivit à sa femme qu'il lui était impossible de penser à quitter son oncle dans l'état précaire où il se trouvait ; et lady Laura partit pour le rejoindre, escortée de lord William.

Denbigh paraissait guidé par ce même sentiment de dévouement et de tendresse qui l'avait porté à entourer des soins les plus touchants un père sur le bord de la tombe. — Cela nous prouve, pensait M. Wilson, que le meilleur cœur ne nous empêche pas de nous égarer, et qu'une conduite irréprochable ne peut être le fruit que de principes solides.

Caroline Harris était de toutes les parties de plaisir, de toutes les promenades et de tous les dîners qui se donnaient à Bath ; et, comme le marquis d'Eltringham avait paru un jour faire attention à elle, elle résolut de tenter un dernier effort pour parvenir jusqu'à la Pairie, avant de condescendre à examiner s'il y aurait moyen de faire quelque chose du capitaine Jarvis. La mère du capitaine avait persuadé à Caroline que son fils était un Apollon ; elle lui avait confié qu'elle avait l'espoir de le voir un jour lord, et que son fils et elle mettaient tous les trois mois une somme en réserve pour lui acheter un titre; expédient ingénieux que le capitaine avait imaginé pour se mettre en possession d'une partie de la pension de sa mère.

Eltringham avait naturellement un esprit caustique, et sans se compromettre lui-même, il trouvait toujours moyen d'amener miss Harris à lui faire quelques avances et à se mettre en scène pour ses menus plaisirs et ceux du duc, qui s'amusait beaucoup de cette mystification, sans vouloir y prendre part.

Une semaine se passa à faire usage, d'un côté, des ruses mal déguisées, et de l'autre, des sarcasmes plus mal déguisés encore; mais Caroline était sous le charme, le marquis aurait pu lui en dire cent fois plus avec impunité; son imagination ne lui retraçait que la gloire du triomphe, lorsqu'un gentilhomme campagnard, ami de son père, vint lui demander sa main. Quelques jours auparavant elle eût accueilli avec plaisir les vœux de cet homme respectable, mais maintenant elle ne rêvait plus qu'à la pairie, et elle rejeta ses offres avec dédain.

Un jour, chez le baronnet, lady Laura s'écria tout à coup : — Le mariage est une loterie, et je crois que ni sir Egerton ni sa femme n'ont pris un bon billet. En entendant ce préambule, Jane quitta le parloir.

— Une loterie, ma sœur! s'écria la marquise, je ne suis pas de votre avis, et je crois que tout homme de goût qui voudra se donner la peine de chercher saura maîtriser la fortune et faire tourner toutes les chances en sa faveur.

— Il me semble, dit Mrs Wilson, que le goût seul est une base bien faible pour recevoir l'édifice du bonheur conjugal.

— Et qui voudriez-vous donc consulter, madame? demanda lady Laura.

— Le jugement.

Laura sourit en disant : — Vous me rappelez tout à fait Pendennyss; il veut tout soumettre, même les passions, à l'influence du jugement et des principes.

— Et trouvez-vous qu'il ait tort, lady Laura? demanda Mrs Wilson, charmée d'apprendre que son jeune favori eût des idées aussi correctes.

— Je ne trouve pas qu'il ait tort, mais je crois ses maximes impraticables. Qu'en pensez-vous, marquis? seriez-vous d'avis de choisir une femme d'après vos principes et sans consulter votre goût?

Mrs Wilson, en riant, voulut entreprendre de lui expliquer que ce n'était pas ainsi qu'elle l'entendait; mais le marquis, qui ne pouvait souffrir une discussion sérieuse, l'interrompit gaiement en disant :

— Oh! mon goût est ma seule loi; et le monde entier fût-il réuni contre elle, la femme que je trouverais à mon goût aurait toujours la palme en dépit de mon jugement.

— Et pourrait-on connaître le goût de Votre Seigneurie? demanda Mrs Wilson, qui voyait Emilie rêveuse et qui voulait la distraire par ce badinage. Dites-nous un peu quelles conditions vous exigez d'une femme pour qu'elle puisse aspirer à vous plaire, et, d'abord, de quelle taille doit-elle être? Faut-il qu'elle soit grande ou petite?

Le marquis n'était pas préparé à subir un interrogatoire en forme. Il jeta les yeux autour de lui, et, rencontrant ceux de Caroline, qui écoutait la conversation avec le plus vif intérêt, il répondit avec un air de sincérité qu'il savait prendre à merveille :

— Mais à peu près de la même taille que miss Harris.

— Et de quel âge? demanda encore Mrs Wilson.

— Oh! pas trop jeune, Madame. J'ai trente-deux ans, ma femme doit en avoir au moins vingt-cinq ou vingt-six; et se penchant à l'oreille de Derwent, il lui dit tout bas : — Ne pensez-vous pas que ce soit à peu près l'âge de miss Harris?

— Mais, oui, à quelques années près, répondit Derwent sur le même ton.

Mrs Wilson continua : — Vous tiendrez, je suppose, à ce que votre femme sache lire et écrire?

— Par ma foi, madame, je ne suis pas amateur de ces femmes qui sont toujours fourrées dans des livres, et encore moins d'une pédante.

— Vous devriez épouser miss Howard, lui dit sir William à voix basse; elle n'a pas le défaut d'être trop jeune, elle ne lit jamais, et elle est précisément de la taille que vous aimez.

— Oh! pour celle-là, William, elle porte toutes ces perfections jusqu'à l'excès. Je veux d'ailleurs que ma femme ait confiance en elle-même, qu'elle ait quelque usage du monde; je voudrais même, s'il était possible, qu'elle eût déjà été à la tête d'une maison avant de se charger de la mienne.

Caroline enchantée ne tenait plus sur sa chaise; elle s'agitait, se tournait de tous côtés, baissait la tête, puis la relevait, puis la rebaissait encore; enfin, ne pouvant se contenir plus longtemps, elle s'écria :

— Vous exigeriez sans doute, milord, qu'elle fût d'une noble extraction ?

— Moi? point du tout. Je crois que les meilleures femmes se trouvent dans la classe mitoyenne. Je voudrais que la mienne me dût son élévation... la fille d'un baronnet, par exemple.

Lady Jarvis, qui était entrée pendant ce dialogue et qui y prenait un vif intérêt, s'aventura à demander s'il ne se contenterait pas de celle d'un chevalier. Le marquis ne s'attendait pas à cette attaque, et, craignant qu'on ne projetât quelque nouvelle tentative contre sa personne, il répondit gravement qu'il craindrait qu'une telle alliance ne l'exposât aux reproches de ses descendants.

Lady Jarvis poussa un soupir, et miss Harris, se tournant vers le marquis, le pria d'une voix douce de sonner pour qu'on fît approcher sa voiture. Comme il l'y conduisait, elle se hasarda à demander si Sa Seigneurie avait jamais rencontré une femme selon son cœur.

— Oh! miss Harris, balbutia-t-il d'une voix qu'il cherchait à rendre tremblante, au moment où elle montait en voiture, comment pouvez-vous me faire une telle question? En vérité, vous êtes trop cruelle... Partez, cocher.

— Cruelle!... Comment! milord, s'écria miss Harris vivement. Arrêtez, John!... Cruelle, milord! Je ne vous entends pas; et elle mettait la tête à la portière pour entrer dans de nouvelles explications, lorsque le marquis, après lui avoir baisé la main, dit de nouveau au cocher de partir, en ajoutant : — N'entendez-vous pas ce que vous dit votre maîtresse, monsieur?

Lady Jarvis les avait suivies par suite de son désir de tout voir et de tout entendre. Le marquis la conduisit aussi à sa voiture, et elle lui demanda s'il n'honorerait pas d'une visite sir Timo et sir Henry Egerton. Après lui en avoir fait la promesse, Eltringham rentra dans le salon.

— Quand pourrai-je saluer une marquise d'Eltringham, lui demanda lady Laura, une surtout qui soit conforme au modèle que vous venez de tracer, et qui remplisse toutes les conditions requises ?

— Aussitôt que miss Harris pourra se résoudre à me faire le sacrifice de sa liberté, répondit-il gravement ; et je rends grâce au Ciel qu'il existe pour les gens timides des personnes de votre sexe qui encouragent la modestie et la réserve du nôtre.

— Je vous souhaite beaucoup de bonheur, milord, s'écria John Moseley. Miss Harris daigna jeter les yeux sur moi pendant une quinzaine de jours ; je crois même, Dieu me pardonne, que j'allais me laisser captiver, lorsqu'un vicomte vint me sauver du danger de tomber dans ses filets.

— Je crois réellement, Moseley, dit le duc en parlant avec feu, et sans se douter qu'il touchât une corde aussi sensible, que s'il doit exister une intrigante dans une famille, il vaut mieux encore que ce soit la mère que la fille.

Toute la gaieté de John s'évanouit un moment, et il répondit à voix basse :—Beaucoup mieux sans doute. Grace jeta un coup d'œil sur le front soucieux de son mari. Elle vit qu'il songeait à sa mère, et elle le regarda tendrement. Ce front si sévère se dérida aussitôt ; les souvenirs fâcheux s'éloignèrent en même temps, et il ajouta :— Je vous conseille, milord, de prendre garde à vous ; il y a longtemps que Caroline Harris s'occupe de semblables spéculations ; elle doit avoir de l'expérience, car dès sa plus tendre jeunesse elle avait les plus belles dispositions pour l'intrigue.

— John, John, dit Edward d'un ton sérieux, sir William est mon ami, et vous devez respecter sa fille.

— Eh bien ! baronnet, dit le marquis, voilà du moins un mérite que je ne lui connaissais pas, et je me tais ; mais comment sir William n'apprend-il pas à sa fille à se respecter elle-même ? Ces femmes qui vont partout quêtant des maris sont de vrais pirates sur l'océan de l'amour ; et d'anciens corsaires comme moi ne peuvent se faire scrupule de leur lâcher quelques bombes. D'abord, j'étais assez simple pour me retirer à mesure que je voyais s'avancer en louvoyant ces petits lougres de mer. Mais vous savez, dit-il, en se tournant vers Mrs Wilson du ton le plus plaisant, que la fuite ne fait qu'encourager à la poursuite, et maintenant je livre bataille pour ma défense personnelle.

— J'espère que vous remporterez la victoire, répondit Mrs

Wilson; miss Harris paraît combattre en désespérée, et ses attaques sont beaucoup moins masquées qu'elles ne l'étaient jadis. Je crois que lorsqu'une jeune personne s'écarte une fois de la réserve et de la modestie qui doit toujours caractériser son sexe, elle s'égare de plus en plus dans la fausse route qu'elle a prise. Si elle ne réussit point, elle en prend de l'humeur, son caractère s'aigrit, elle devient insupportable pour tous ceux qui l'entourent; ou bien, si elle persévère dans ses efforts, elle finit par abjurer toute pudeur, et court à son but avec une effronterie qui l'en éloigne plus que jamais.

Jane s'était retirée dans sa chambre pour s'y abandonner en liberté à ses larmes; et craignant de laisser apercevoir son dépit à tous les yeux, elle formait la résolution désespérée de quitter pour toujours un monde qui ne lui offrait plus que dégoûts. En effet, y avait-il rien de plus mortifiant pour son amour-propre que de voir l'homme que son cœur s'était plu à parer de toutes les perfections, assez déchu dans l'estime générale pour que sa conduite devînt l'objet d'une censure publique? C'était tout à la fois un reproche fait à son goût, à sa délicatesse et à son jugement. Elle se mit à pleurer amèrement sur ses espérances trompées, en se promettant bien de ne plus s'exposer à un danger que la moindre prudence lui eût fait éviter.

Emilie avait remarqué la sortie de Jane, et elle attendait avec impatience que le départ des personnes qui étaient venues leur rendre visite lui permît de la suivre. Dès qu'elle se trouva libre, elle courut à la chambre de sa sœur; mais elle frappa deux ou trois fois avant d'obtenir une réponse.

— Jane, ma chère Jane, dit Emilie du ton le plus doux, ne voulez-vous pas m'ouvrir? Jane ne put résister plus longtemps aux instances de sa sœur; elle ouvrit sa porte, mais dès qu'Emilie voulut lui prendre la main, elle la retira froidement en disant:

— Je m'étonne que vous, qui êtes si heureuse, vous consentiez à quitter le monde où vous vous plaisez, pour venir trouver une infortunée qui ne sait où cacher son humiliation. En finissant ces mots, elle fondit en larmes.

— Heureuse! dit Emilie avec angoisse. Ah! Jane, si vous connaissiez mes souffrances, vous ne me parleriez pas avec cette cruauté.

Jane la regarda un moment d'un air de compassion; mais revenue bientôt à ses propres chagrins, elle s'écria avec énergie:

— Oui, Emilie, vous êtes heureuse auprès de moi, car, quel que puisse être le motif de la conduite de Denbigh, on l'honore, on le respecte généralement ; et si vous l'avez aimé, il était digne de votre tendresse. Mais, hélas ! j'ai laissé surprendre mes affections par un misérable, un fourbe insigne, et je suis malheureuse pour jamais.

— Non, ma chère Jane, dit Emilie en essuyant ses larmes, non, vous n'êtes point malheureuse pour jamais ; il vous reste encore bien des sources de bonheur, même en ce monde. Nos affections... nos affections les plus chères peuvent céder au sentiment de notre devoir. Oh ! combien je désirerais vous voir faire cet effort sur vous-même ! Pendant un moment, la voix de notre jeune moraliste s'affaiblit ; mais le désir d'inspirer à sa sœur un peu de courage lui donna celui de maîtriser son émotion.

— Emilie, dit Jane avec obstination, vous ne savez pas ce que c'est que de nourrir une passion sans espoir, de supporter le mépris du monde, et de voir l'homme que vous avez été sur le point d'épouser marié à une autre femme qui prend plaisir à faire devant vous trophée de son triomphe.

— Ecoutez-moi, Jane, et vous jugerez entre nous. Emilie s'arrêta un instant pour réunir les forces nécessaires à l'accomplissement de la tâche pénible qu'elle s'était imposée, et raconta à sa sœur étonnée l'histoire de ses cruels chagrins. Elle n'affecta pas de cacher son attachement pour Denbigh, et avoua en rougissant que tous ses efforts avaient à peine été capables d'imposer silence à son cœur. Elle conclut en disant :— Vous voyez, Jane, si je n'ai pas aussi mes peines. Vous voyez que, comme vous, j'ai été cruellement trompée dans mes affections. Mais est-ce un motif pour me laisser aller à un sombre désespoir, et me rendre indigne des consolations qu'il peut plaire à la Providence de me réserver ?

— Indigne ? oh non ! vous n'avez pas de reproche à vous faire, vous. Si M. Denbigh a eu l'art de vous cacher sa perfidie, tout le monde a été sa dupe ainsi que vous, et il a du moins fait un choix honorable, et vous pouvez regarder sans rougir celle qu'il vous a préférée. Mais moi, quelle différence ! Je le sens, Emilie, je ne me consolerai jamais.

— Allons, Jane, du courage, lui dit sa sœur avec la tendresse la plus touchante ; réunissons nos efforts pour adoucir mutuellement nos douleurs. J'ai besoin de votre amitié, ma sœur; ne repoussez pas la mienne. Songez que nous avons des devoirs à remplir. Serons-nous assez égoïstes pour ne songer qu'à nous seules? Nous avons des parents, Jane, des parents dont le bonheur dépend de celui de leurs enfants. Pourquoi donc les affliger dans ce qu'ils ont de plus cher? Pourquoi ne pas faire un effort sur nous-mêmes pour reprendre notre train de vie habituel, et leur cacher du du moins ce que nous souffrons?

— Ah! s'écria Jane, comment voulez-vous que je paraisse de nouveau dans le monde, lorsque je sais que tous les yeux sont fixés sur moi avec une curiosité maligne, pour voir comment je supporte mon désappointement? On ne vous soupçonne pas, vous, Emilie; on ne connaît pas votre situation. Il vous est facile d'affecter une gaieté que vous ne ressentez pas.

— Je n'affecte point de gaieté, répondit Emilie avec douceur; mais n'y a-t-il point quelqu'un qui nous regarde, et dont le jugement est pour nous d'une tout autre importance que celui du monde? Nous avons été trompées toutes deux, ma pauvre sœur, efforçons-nous du moins de n'être pas coupables.

— Je donnerais tout au monde pour quitter Bath à l'instant même, s'écria Jane; la ville, ses habitants, tout m'y est odieux.

— Soyons plus charitables, ma chère Jane, et ne rejetons pas sur tous les hommes les torts de quelques-uns d'entre eux.

Jane ne fut pas convaincue, mais cependant elle sortit plus calme de cet entretien. Emilie éprouvait aussi une sorte de soulagement d'avoir ouvert son cœur à son amie; et depuis ce moment les deux sœurs cherchèrent avec plus d'empressement les occasions de se trouver ensemble : la sympathie les avait rapprochées, et se prêtant un appui mutuel, elles éprouvaient moins de gêne et d'embarras dans les sociétés où les convenances les obligeaient de paraître.

Malgré son courage et ses résolutions, Emilie ne craignait rien tant que de revoir Denbigh. Ce fut donc avec le plus grand plaisir qu'elle apprit que lady Laura venait de partir avec son frère pour aller rejoindre le colonel chez son oncle, dont la santé continuait à donner de vives inquiétudes.

Mrs Wilson et Emilie soupçonnèrent que la crainte de les rencontrer l'avait empêché de venir à Bath, comme il l'avait projeté, et elles lui surent gré du moins d'une délicatesse dont Egerton ne paraissait pas susceptible. Il peut encore revenir sur ses erreurs et faire le bonheur de sa femme, se dit Emilie ; puis tout à coup, sentant que l'image de Denbigh se présentait à son imagination, entourée de toutes les vertus domestiques, elle courut auprès de sa mère partager les soins du ménage, pour échapper à des réflexions dont elle sentait tout le danger.

CHAPITRE XXXV.

> Amis, embarquons-nous pour le Portugal ! Ce sont de bons chrétiens qui habitent ce pays.
>
> Prior.

Rien de remarquable ne se passa pendant les premiers jours qui suivirent le départ de lady Laura ; les Moseley menaient une vie assez retirée ; mais dès qu'ils paraissaient dans une réunion, Derwent était aux côtés d'Emilie, à laquelle il semblait faire la cour la plus assidue ; en même temps les attentions de Chatterton pour lady Henriette devenaient de jour en jour plus marquées, et tous les deux jouaient le rôle de véritables amants.

Vers cette époque la douairière reçut une lettre de Catherine, qui la suppliait d'arriver le plus tôt possible à Lisbonne, où son mari, après beaucoup de doutes et d'indécision, venait de fixer sa résidence.

Lady Herriefield, sans expliquer la cause de ses chagrins, faisait entendre qu'elle était malheureuse, et que si sa mère ne venait pas l'aider à supporter ses maux, il lui serait bientôt impossible d'y résister plus longtemps.

Lady Chatterton, qui aimait sincèrement ses enfants, quoiqu'elle n'agît pas toujours dans leurs véritables intérêts, se décida sur-le-champ à partir pour le Portugal par le premier paquebot. Chatterton sentait qu'il devait accompagner sa mère : les yeux de lady Henriette lui disaient de rester ; le devoir et l'amour se combattaient dans son cœur, lorsque John, prenant pitié de ses souffrances et n'étant pas fâché de faire faire ce voyage à sa jeune épouse, offrit ses services à la douairière.

Chatterton se laissa persuader par John que sa mère pouvait en toute sûreté traverser l'Océan sous sa protection; en conséquence, après avoir fait toutes les dispositions nécessaires, le jour fut fixé où la douairière devait partir pour Falmouth avec les jeunes époux.

Lady Chatterton ayant intention de rester en Portugal avec sa fille aînée, Jane offrit à sa belle-sœur de venir avec elle, de lui tenir compagnie au retour; et ses parents, appréciant ses motifs, permirent ce voyage, espérant qu'elle y trouverait une diversion utile à ses chagrins.

Grace ne put s'empêcher de verser quelques larmes en se séparant d'Emilie et de ses autres amis; mais elle ne pouvait ressentir longtemps l'atteinte du chagrin, en voyant l'air de joie et de contentement de son mari. La saison était belle, et nos voyageurs arrivèrent bientôt à Falmouth, où ils devaient s'embarquer.

Le lendemain matin le paquebot mit à la voile, et une brise favorable leur fit bientôt perdre de vue leur pays natal. Pendant quelques jours les dames souffrirent trop du mal de mer pour monter sur le tillac; mais la beauté du ciel et le calme de l'Océan les engagèrent enfin à sortir de la cabane pour respirer un air plus frais.

Le paquebot ne portait que peu de passagers; il s'y trouvait, entre autres, plusieurs femmes d'officiers au service de l'Espagne, qui allaient rejoindre leurs maris; la vie errante qu'elles avaient menée souvent les avait habituées à lier facilement connaissance; nos voyageuses se trouvèrent donc bientôt à l'aise avec leurs compagnes, et leur société contribua à diminuer l'ennui de la traversée.

Tandis que Grace, appuyée sur le bras de son mari, oubliait auprès de lui la frayeur que lui avaient d'abord causée les mouvements du navire, Jane s'aventura, avec une des jeunes dames dont nous avons parlé, à faire quelques pas sur le tillac; mais, peu habituées encore au roulis du vaisseau, elles couraient risque d'être renversées, lorsqu'un jeune homme qu'elles n'avaient point encore vu vint obligeamment à leur secours. Ce léger accident, et le service auquel il avait donné lieu, amenèrent une conversation que le jeune homme sut rendre intéressante, et qu'il saisit avec empressement l'occasion de renouveler. Il se fit présenter par le commandant du vaisseau sous le nom de M. Harland, et lady Chatterton ayant mis en jeu tous les ressorts de son génie pour apprendre ce qu'il était, où il allait, et pour quel motif, parvint bientôt à recueillir les détails suivants :

Le révérend et honorable M. Harland était le plus jeune fils d'un comte irlandais, et il était depuis quelque temps dans les ordres. Il venait de prendre possession d'une belle cure qui était à la nomination de la famille de son père. Le comte vivait encore, et il était dans ce moment avec sa femme et sa fille à Lisbonne, où il avait conduit son fils aîné qu'une lente consomption entraînait dans la tombe, et auquel les médecins avaient recommandé l'air du midi. Le devoir qui retenait le jeune ministre au milieu de ses paroissiens l'avait empêché d'être du voyage ; mais la prière d'un frère mourant, qui lui écrivait de se hâter s'il voulait l'embrasser encore, le désir de porter des consolations à ses malheureux parents l'avaient décidé à ne plus différer de les rejoindre.

La découverte du rang de leur nouvelle connaissance; la probabilité qu'il allait hériter de la pairie, augmentait beaucoup son importance aux yeux de la douairière ; tandis que ses chagrins, sa piété sans affectation, ses vœux désintéressés pour la guérison de son frère, lui assuraient l'estime de ses autres compagnons de voyage.

Il semblait y avoir une sorte de sympathie entre Jane et Harland, quoique leurs chagrins provinssent de causes bien différentes. La mélancolie empreinte sur les traits de Jane ajoutait un nouveau charme à sa beauté, et son image séduisante venait souvent se placer entre le ministre et ses tristes pensées.

Leur voyage ne présenta aucun incident remarquable, et longtemps avant d'avoir atteint le but, la douairière avait assuré à sa fille que Jane serait comtesse avant peu. Grace désirait bien sincèrement qu'elle ne se trompât point dans ses conjectures, et que sa nouvelle sœur fût aussi heureuse que tous les parents de John lui paraissaient le mériter.

Ils entrèrent de grand matin dans la rade de Lisbonne, et comme le vaisseau y était attendu depuis quelques jours, M. Harland y trouva une barque qui avait été envoyée au-devant de lui, et qui lui apportait la triste nouvelle de la mort de son frère. Il s'y jeta précipitamment, et fit faire force de rames pour arriver plus tôt où il avait à remplir un double devoir comme fils et comme ministre de l'évangile.

Lady Herriefield reçut sa mère avec un plaisir mêlé d'amertume; mais elle ne put dissimuler une sorte de frayeur en voyant ses trois compagnons de voyage. Ces derniers n'eurent pas de peine à deviner que leur arrivée n'était point attendue par le vicomte, et qu'il était douteux qu'elle lui fût agréable. Un seul jour passé dans la maison de ces nouveaux époux suffit pour les convaincre que jamais le bonheur n'y avait habité.

Du moment où lord Herriefield soupçonna qu'il avait été dupe des artifices de la douairière et de Catherine, il ne vit plus cette dernière qu'avec la prévention la plus défavorable. Il connaissait trop le monde pour ne pas découvrir bientôt l'égoïsme et la frivolité de sa femme; et comme elle ne croyait avoir aucun défaut, elle ne faisait aucun effort pour les cacher. Son désir de plaire n'avait eu que le mariage pour but; elle avait réussi; que lui restait-il à faire? Si le vicomte avait eu seulement pour elle les égards que tout homme bien né doit à une femme, elle se fût trouvée heureuse de partager son rang et sa fortune. Mais dès qu'ils étaient seuls, Catherine avait beaucoup à souffrir des emportements de son mari, qui voulait la punir d'avoir mis en défaut la connaissance parfaite qu'il croyait avoir du caractère des femmes.

Un des priviléges dont les hommes sont le plus jaloux, c'est celui de se choisir une épouse sans se laisser influencer par qui que ce soit; et ceux même qui souvent n'ont été guidés dans leur choix que par le goût des autres se persuadent qu'ils n'ont suivi que le leur, et ils ne sont heureux qu'autant qu'ils le croient. Mais lord Herriefield avait perdu cette flatteuse illusion; et au mépris qu'il sentait pour sa femme, se joignait beaucoup d'humeur contre lui-même de n'avoir pas été plus clairvoyant.

Comme le malheureux objet de sa colère était complètement en son pouvoir, le vicomte semblait déterminé à ne lui laisser aucun sujet de s'applaudir du succès de ses artifices. Naturellement jaloux, il l'était devenu bien davantage uni à une femme qui ne l'aimait pas, et dont les principes n'étaient point établis sur une base solide.

Privée de tous plaisirs, accablée de reproches qu'elle ne savait point repousser, ne jouissant d'aucun des avantages que sa mère lui avait toujours fait envisager dans l'avenir comme les douces prérogatives des femmes mariées, elle avait écrit à cette dernière de venir la joindre, dans l'espoir que sa présence serait un frein pour son mari, ou que la douairière, par ses conseils l'aiderait à s'opposer avec succès à la conduite outrageante du vicomte.

Elle ne s'était mariée que pour jouir des plaisirs du monde; la douairière le savait, et la réclusion où la tenait son mari lui prouvait plus que les plaintes les plus véhémentes combien Catherine devait se trouver malheureuse. Bientôt il ne put même lui rester aucun doute, et tous les chagrins domestiques de sa fille se montrèrent à découvert à ses yeux.

La présence et l'exemple de John et de Grace avaient forcé le vicomte pendant quelque temps à montrer plus d'égards pour sa femme; mais la glace une fois rompue, il s'abandonna sans contrainte à sa jalousie et à sa brutalité.

Lorsqu'une scène désagréable éclatait entre les époux, Grace, triste et effrayée, se retirait dans sa chambre, et Jane la suivait avec dignité, tandis que John, forcé d'être témoin de ces querelles matrimoniales, avait bien de la peine à comprimer son indignation, et s'échappait à son tour dès qu'il en trouvait l'occasion, pour tâcher d'oublier auprès de sa femme et de sa sœur ces fâcheux différends.

John n'avait jamais aimé ni même respecté Catherine, qui ne possédait aucune des qualités attachantes qui lui faisaient chérir sa sœur; mais elle était femme, elle était devenue sa parente, et il lui était impossible de rester plus longtemps tranquille spectateur des mauvais traitements qu'elle recevait souvent de son mari. Il fit donc tous les préparatifs nécessaires pour quitter le Portugal par le premier paquebot, après un séjour d'environ un mois.

Lady Chatterton s'épuisait en efforts pour rétablir la bonne intelligence entre sa fille et son mari; mais c'était une tâche au-dessus de son pouvoir. Il était trop tard pour remédier à la mauvaise éducation de Catherine, et pour lui apprendre par quelle douceur et quelle soumission elle eût pu reconquérir le cœur de son mari. Après avoir engagé sa fille à se marier dans la seule vue d'acquérir un rang et des richesses, la douairière vit bien qu'il ne lui restait plus qu'un parti à prendre, celui d'amener une séparation décente entre lord et lady Herriefield, et d'assurer du moins à sa fille une partie de la fortune à laquelle elle l'avait sacrifiée.

John désirait profiter du reste de leur séjour à Lisbonne pour en montrer les environs à sa femme et à sa sœur. Dans une de leurs excursions, ils rencontrèrent leur compagnon de voyage, monsieur, maintenant lord Harland. Il fut enchanté de les revoir et d'apprendre leur prochain départ; car il se préparait aussi à quitter le Portugal, où ses parents s'étaient décidés à passer encore l'hiver.

Les deux familles se virent plusieurs fois avant le jour de l'embarquement, et toujours avec un nouveau plaisir.

Lady Chatterton resta avec Catherine, pour l'aider à exécuter les plans qu'elle n'aurait pas été capable de poursuivre seule; et elles se donnèrent toutes deux autant de peine pour rompre ce mariage qu'elles en avaient pris pour le former.

Le désœuvrement qu'on éprouve à bord d'un vaisseau établit des relations plus intimes entre ceux qui, dans d'autres moments, se seraient peut-être bientôt perdus de vue. On sent plus le besoin de faire des frais pour paraître aimable et diminuer ainsi l'ennui de la traversée; et de cette intimité, d'abord presque forcée, naît souvent le désir de se revoir, et bientôt après un attachement qui, pour avoir une cause légère, n'en devient pas moins sérieux.

Lord Harland en offrit une nouvelle preuve. Il s'était embarqué sur le même vaisseau que ses nouveaux amis. A peine était-on en mer qu'il devint passionnément amoureux, et Jane goûtait un plaisir d'autant plus pur qu'elle n'avait pas encore cherché à se rendre compte des sentiments qu'elle avait fait naître. L'amour n'était pas entré un seul instant dans ses pensées; mais il est si doux d'inspirer l'intérêt lorsqu'on éprouve un vide cruel! les compliments, les propos flatteurs, sont un baume si agréable lorsque l'âme est ulcérée, que Jane écoutait avec un plaisir infini le jeune ministre, qui ne laissait échapper aucune occasion de lui adresser la parole.

Cependant la conversation d'Harland roulait quelquefois sur des sujets plus graves et plus sérieux, et Grace alors ne l'écoutait pas avec moins d'attention que sa sœur. C'est un fait digne de remarque que les femmes se sentent plus portées aux sentiments religieux immédiatement après leur mariage qu'à toute autre époque de leur vie. Grace éprouvait cette influence salutaire de l'union qu'elle venait de former. Elevée dans la maison de sa mère, au milieu des distractions sans cesse renaissantes de la société, elle n'avait pas encore réfléchi sur toute l'importance de ses devoirs. Le jeune ministre, sans affectation, et avec une douceur vraiment persuasive, lui en fit sentir toute l'étendue ; et, préparée comme elle l'était à recevoir ses leçons ou plutôt ses conseils, elle en retira les fruits les plus heureux, et dut se rappeler toute sa vie avec plaisir son voyage sur mer.

Tout en s'occupant de porter la conviction dans l'âme si docile de Mrs Moseley, Harland n'en était pas moins sensible aux charmes de sa sœur, qu'il n'avait que trop d'occasions de contempler pour son propre repos ; et lorsque le bâtiment entra dans le port de Falmouth, il était décidé à offrir son cœur et sa main à miss Jane Moseley.

Jane n'aimait pas Egerton, il ne lui inspirait plus que du mépris ; mais le temps n'était pas encore éloigné où l'image du perfide remplissait son cœur, occupait toutes ses pensées, et sa délicatesse se refusait à ce qu'une autre image prît si vite, prît même jamais possession de ce cœur à peine guéri de sa blessure.

Ces objections auraient pu s'affaiblir avec le temps, si elle eût voulu laisser quelque espérance à Harland, et qu'elle eût consenti à recevoir encore ses soins ; mais il était un obstacle qu'elle regardait comme insurmontable, et qui s'opposait à ce que jamais elle se mariât. Elle n'avait point caché au colonel la passion qu'il lui avait inspirée ; il avait reçu de sa bouche même l'assurance de son amour, et elle n'eût pu donner à Harland que les restes d'un cœur qui s'était déjà donné hautement à un autre. Lui en faire mystère, c'eût été manquer à la bonne foi, à la délicatesse ; le lui avouer, c'eût été une humiliation à laquelle la fierté de Jane n'eût jamais pu se résoudre. Harland se déclara : il fut refusé ; cependant elle avait déjà conçu pour lui une estime qui sans doute aurait bientôt donné naissance à un sentiment plus tendre, et l'attachement fondé sur une pareille base aurait été plus solide et plus durable que celui que le colonel Egerton avait su lui inspirer.

Harland éprouva de ce refus une douleur d'autant plus vive qu'il y était moins préparé ; et, osant à peine espérer que le temps apporterait quelque changement à une résolution qui semblait si bien prise, il fit à Falmouth de tristes adieux à une famille dans laquelle il s'était flatté d'entrer. Nos voyageurs continuèrent leur route vers le petit village de B***, où, pendant leur absence, la famille de sir Edward était revenue passer un mois avant d'aller s'établir à Londres pour le reste de l'hiver. Leur retour rendit la vie à Moseley-Hall, et y ramena une gaieté qui depuis quelques mois en était bannie. Jane avait bien des choses à raconter; John bien des observations malignes à faire, et il s'établit de nouveau entre eux une petite guerre dans laquelle Emilie remplit les fonctions importantes de médiatrice.

Comme la saison était alors avancée, et que depuis quelque temps tout le beau monde était de retour dans la capitale, le baronnet se prépara à prendre possession de sa maison de ville, après un intervalle de dix-neuf ans. John fut envoyé en avant pour faire les dispositions nécessaires, retenir des domestiques, acheter des meubles, enfin prendre toutes les mesures indispensables pour que la famille de sir Edward pût reparaître à Londres avec éclat. Il revint bientôt annoncer que tout était prêt pour leur entrée triomphale.

Sir Edward ne voulut pas faire une absence aussi longue sans prendre congé de M. Benfield, à qui son âge faisait trouver les séparations doublement pénibles; il espérait d'ailleurs le décider à les accompagner. Emilie fut chargée d'en faire la première la demande; elle s'y prit avec beaucoup d'adresse, et ses négociations furent couronnées d'un succès qu'elle osait à peine espérer. Seulement le vieillard mit pour condition que Peter serait du voyage, car il ne pouvait se décider à se séparer de lui.

— Vous me faites faire une folie, mon cher neveu, dit M. Benfield lorsqu'il se vit forcé dans ses derniers retranchements; et cependant, après tout, il y a des exemples de bons et dignes gentilshommes qui, sans être du parlement, vont passer l'hiver à Londres. Eh parbleu ! vous-même d'abord; et puis, vous rappelez-vous le vieux sir John Cowell, celui qui ne put jamais entrer dans la chambre, quoiqu'il se mît sur les rangs pour représenter toutes les villes du royaume? eh bien ! l'hiver il n'en retournait pas moins habiter Soho-Square. Oui, tout considéré, la chose est faisable. Si j'avais su plus tôt vos projets, je me serais fait nommer par mon bourg pour son représentant; d'autant plus, ajouta-t-il en branlant la tête, que les ministres de Sa Majesté ont besoin de quelques bonnes têtes dans ces temps critiques. Parbleu ! que voulez-vous qu'un vieillard comme moi aille faire à Londres, si ce n'est point pour aider son pays de ses conseils?

— Et si par sa présence il peut faire le bonheur de ses amis, mon cher oncle? dit Emilie en prenant la main de M. Benfield entre les siennes, et en le regardant avec un doux sourire.

— Ah! ma bonne Emmy, s'écria le vieillard en se retournant vers elle, il est impossible de vous résister. C'est tout comme la sœur de mon vieil ami, lord Gosford : avec ses cajoleries elle me faisait faire tout ce qu'elle voulait. Un jour, il m'en souvient, le comte lui disait devant moi qu'après toutes les dépenses qu'il faisait pour elle il ne pouvait encore lui acheter des boucles d'oreilles de diamant, dont elle avait envie ; elle ne dit pas un seul mot... Emmy..., pas un seul ! mais elle me regarda d'un air...! ah! si vous aviez vu son regard, Emmy! Je n'y pus résister! je courus chez un orfévre pour lui acheter les boucles d'oreille qu'elle désirait.

— Est-ce qu'elle les accepta, mon oncle? lui demanda sa nièce d'un air de surprise.

— Parbleu! si elle les accepta! Je lui dis que si elle me refusait, je les jetterais dans la rivière, parce que personne ne porterait jamais ce qui lui avait été destiné. Ce n'est pas l'embarras, elle fit bien des façons, la pauvre enfant ! Il fallut la convaincre qu'elles avaient coûté trois cents livres sterling ; alors elle pensa que ce serait dommage de jeter trois cents livres sterling dans la rivière. C'eût été une obstination déplacée, c'eût été de l'entêtement, n'est-ce pas, chère Emmy? et elle n'en avait pas; oh! non, elle n'avait aucun défaut.

— Ce devait être une personne bien parfaite en vérité, s'écria le baronnet en souriant; et il prit congé de M. Benfield pour aller donner les ordres nécessaires pour leur départ.

Mais il est temps que nous allions rejoindre la société que nous avons laissée à Bath.

CHAPITRE XXXVI.

Un nouveau lord va paraître à Bath ; c'est un nouveau rival pour les amoureux.
    ANSTEY. *Le Guide de Bath.*

Les lettres de lady Laura avaient appris à ses amis qu'elle était décidée, ainsi que le colonel Denbigh, à rester auprès de son oncle jusqu'à ce qu'il fût tout à fait rétabli, et à se rendre alors à Denbigh-Castle, où ils espéraient voir le duc de Derwent et lady Henriette.

Emilie se sentit soulagée d'un grand poids en apprenant que l'entrevue qu'elle eût désiré éviter toute sa vie était du moins éloignée ; et sa tante remercia le ciel qui lui donnait le temps de combattre des sentiments que la pauvre enfant cherchait en vain à arracher de son cœur.

Le caractère de Denbigh paraissait estimable sous tant de rapports, ses amis parlaient de lui avec un si vif enthousiasme, les lettres du bon docteur Yves respiraient tellement l'affection qu'il portait à son jeune ami, qu'Emilie se surprenait souvent occupée à peser et à examiner toutes les preuves de son crime, et cherchait à se persuader qu'une combinaison de circonstances avait pu la tromper. Mais bientôt l'idée de son mariage venait la tirer d'une dangereuse illusion ; elle se reprochait amèrement sa faiblesse et cherchait à rassembler toutes les preuves qui s'élevaient contre lui, afin de s'en faire une sauvegarde contre de trop chers souvenirs.

Derwent cependant contribuait puissamment à les lui rappeler ; et comme lady Henriette ne semblait se plaire que dans la société des Moseley, il ne se passait pas un jour sans que le duc trouvât l'occasion indirecte de faire sa cour à Emilie.

Celle-ci était loin de se douter de la conquête qu'elle avait faite ; elle se livrait avec ardeur aux distractions que lui offrait la société pour échapper à ses pensées, et elle avait du moins la consolation de voir que la peine qu'elle avait causée bien innocemment à son cousin Chatterton s'effaçait tous les jours, tandis qu'un nouvel amour se glissait insensiblement dans son cœur.

Lady Henriette ne pouvait être comparée à Emilie, ni pour l'esprit ni pour la figure ; cependant elle avait presque effacé l'impression que cette dernière avait faite sur le cœur de son cousin.

On peut se rappeler que Chatterton, au désespoir du refus d'Emilie, avait quitté B***, accompagné de Denbigh.

En arrivant à Londres, il apprit que c'était par la protection du duc de Derwent qu'il avait obtenu la place qu'il sollicitait depuis longtemps. Ne sachant à quoi attribuer l'intérêt que Sa Grâce avait bien voulu prendre à lui, mais pénétré de reconnaissance, il s'empressa de se rendre dans le Westmoreland, où le duc résidait alors, pour la lui exprimer.

Son air triste, si différent de celui qu'ils croyaient voir à un homme qui venait d'obtenir un des plus brillants emplois de la cour, frappa également le duc de Derwent et sa sœur. L'intérêt qu'il lut dans leurs regards, le besoin d'épancher ses chagrins, et sa franchise naturelle, le portèrent à leur en confier la cause ; et un double désir s'alluma dans le cœur de lady Henriette : celui de connaître la femme qui avait pu résister à l'amabilité de Chatterton, et bien plus encore celui de le consoler d'un amour sans espoir. Les manières de lady Henriette, quoiqu'elles n'eussent rien de trop décidé, étaient remarquables par cette aisance que donnent une éducation distinguée et l'habitude du grand monde.

Mrs Wilson avait remarqué que sa conduite avec Chatterton avait quelque chose de plus que l'amabilité qu'elle déployait avec ses autres adorateurs ; et elle pensait que son cœur pourrait bien faire pencher la balance en faveur du jeune baron. Celui-ci, de son côté, avait jugé que le moyen le plus sûr pour éloigner Emilie de ses pensées était de tâcher de les diriger vers une autre femme ; et, pendant le séjour qu'il fit dans le Westmoreland, la présence de lady Henriette, si douce, si compatissante et si aimable, l'avait puissamment aidé à l'exécution de son plan curatif.

Dans sa lettre à Emilie, Chatterton lui parlait des obligations qu'il avait à Denbigh, qui avait contribué à calmer les souffrances d'un amour malheureux ; mais il ne disait pas de quelle nature étaient ces obligations, ni si son ami avait employé d'autres arguments que ceux que devaient lui dicter la raison et le bon sens, et qu'il avait sans doute fait valoir avec la douceur et la persuasion qui le caractérisaient.

Chatterton n'avait point été formé par la nature pour aimer longtemps sans espérance, ni pour résister longtemps à ce qu'avait de flatteur la préférence d'une femme comme lady Henriette.

D'un autre côté, Derwent, quoiqu'il n'eût pas encore osé déclarer son amour à Emilie, en parlait ouvertement à ses amis ; et Mrs Wilson jugea prudent de sonder les dispositions de sa nièce, pour s'assurer si elle ne se trouvait pas de nouveau en danger de former une liaison que n'aurait pu approuver ni la religion ni la morale.

Derwent était un homme du monde, dans toute la force du terme ; mais il n'était chrétien que de nom, et la prudente veuve résolut de quitter Bath à l'instant où elle pourrait entrevoir le moindre fondement à ses craintes.

Environ dix jours après le départ de la douairière et de ses compagnes, lady Henriette, en arrivant un matin chez ses amies, leur dit avec gaieté : — Lady Moseley, j'ai maintenant l'espoir de vous présenter bientôt l'homme le plus estimable du royaume.

— Est-ce comme époux, lady Henriette ? demanda lady Moseley en souriant.

— Oh ! non, Madame, seulement comme cousin.

— Et il se nomme ?... Vous savez que nous sommes curieuses, ajouta Mrs Wilson en plaisantant, il se nomme ?...

— Pendennyss, ma chère dame ; de quel autre pourrais-je parler ? répondit lady Henriette.

— Et vous espérez voir arriver le comte à Bath ? s'écria vivement Mrs Wilson.

— Il nous en donne l'espoir, et Derwent lui a écrit aujourd'hui pour l'engager à hâter son départ.

— Je crains bien que vous ne soyez encore une fois trompée dans votre attente, ma sœur, dit le duc ; Pendennyss s'est pris tout à coup d'une si belle passion pour le pays de Galles, qu'il paraît bien difficile de l'en arracher.

— Sans doute, dit Mrs Wilson, il ira du moins à Londres cet hiver pour les séances du parlement ?

— Je l'espère, Madame, quoique pendant mon absence lord Eltringham ait sa procuration pour voter pour lui.

— Est-ce que Votre Grâce se propose de prolonger aussi son

absence? dit sir Edward; je comptais au nombre des plaisirs que je me promets à Londres celui de vous y voir.

— Vous êtes bien bon, sir Edward, répondit le duc en regardant Emilie; je ne puis dire encore ce que je ferai : cela dépend de circonstances que j'ose à peine espérer.

Lady Henriette sourit, et tout le monde, à l'exception d'Emilie, comprit ce que son frère voulait dire.

— Lord Pendennyss paraît exciter l'admiration générale, dit Mrs Wilson.

— Et c'est à juste titre, s'écria Derwent : il a donné à toute la noblesse un exemple bien rare. Fils unique et possesseur d'une immense fortune, il a voulu ajouter un nouveau lustre au nom qu'il avait reçu de ses aïeux; il a embrassé le parti des armes, et en peu d'années il s'est couvert de gloire. Mais ce n'était pas assez de montrer un courage à toute épreuve; au milieu de ses nobles travaux, il n'a négligé aucun de ses devoirs comme homme.

— Ni comme chrétien, j'espère? dit Mrs Wilson enchantée d'entendre ce pompeux éloge de son héros.

— Ni comme chrétien, continua le duc, du moins si je connais bien tous les devoirs qui sont attachés à ce titre.

— Votre Grâce n'en est-elle pas bien sûre? dit Emilie avec un sourire de bienveillance.

— Non, pas autant que je le devrais, répondit-il en rougissant un peu et en baissant la voix; mais, avec de bons conseils, je crois que je pourrais tout apprendre.

Tout en parlant il avait attiré doucement Emilie dans l'embrasure d'une fenêtre. Lady Moseley ni lady Henriette ne le remarquèrent; Mrs Wilson seule les suivit de l'œil. Elle vit Derwent parler à Emilie avec chaleur; sa nièce avait l'air confus et embarrassé; mais il lui fut impossible de saisir un mot de leur conversation.

CHAPITRE XXXVII.

Ou je serai comtesse, madame, ou je perdrai la tête.
Fond. *La Fille à marier.*

Depuis le départ du marquis d'Eltringham et de sa sœur, Caroline Harris avait perdu l'espoir de voir jamais une couronne sur les panneaux de sa voiture, et, comme dernière ressource, elle avait résolu d'essayer le pouvoir de ses charmes sur le capitaine Jarvis qui venait d'honorer Bath de sa présence.

Elle lui aurait bien préféré, il est vrai, le gentilhomme campagnard que son père lui avait proposé, mais il était trop tard; le bon gentilhomme avait été blessé au dernier point de la manière hautaine dont elle avait rejeté ses vœux; et quoiqu'il eût été grand amateur de sa fortune, ce n'était point un homme qu'elle pût renvoyer ou rappeler au gré de son caprice.

Lady Jarvis avait puissamment contribué à faire naître la soudaine résolution de Caroline, en donnant à entendre qu'elle comptait employer une partie de sa fortune à acheter un titre pour son fils, car miss Harris eût volontiers sacrifié la moitié de la sienne pour être appelée *mylady*. Elle ne s'abusait pas au point de ne pas voir que Jarvis ferait un triste lord; mais elle, avec quelle dignité ne soutiendrait-elle pas le rang auquel elle aspirait! Le vieux Jarvis n'était qu'un marchand, il est vrai, mais il était immensément riche, et ce ne serait pas la première fois que quelques mille livres, employées à propos, auraient fait un baron du fils d'un marchand. Elle résolut donc de profiter de la première occasion pour sonder les intentions du capitaine, et de l'aider de tout son pouvoir à s'élever au-dessus de la roture, s'il lui paraissait disposé à lui faire partager la gloire qu'elle aurait contribué à lui procurer. Jarvis vint l'engager un matin à faire une petite excursion avec lui dans le tilbury de son beau-frère, et elle accepta avec empressement, dans l'espoir de mettre à profit pour ses projets les moments qu'ils allaient passer ensemble.

Au commencement de leur promenade ils rencontrèrent les équipages de lady Henriette et de Mrs Wilson. Jarvis salua ces dames d'un air de connaissance; il n'avait point osé rendre visite à la famille du baronnet; mais, dans tous les endroits publics, il ne manquait jamais de lui présenter ses hommages, tout fier d'avoir un air d'intimité avec des personnes si distinguées sous tous les rapports.

— Connaissez-vous les Moseley, Caroline? demanda Jarvis avec une familiarité que l'inconséquence de sa voisine semblait encourager.

— Oui, répondit-elle en se penchant pour apercevoir encore les voitures; quelles belles armes que celles du duc de Derwent! Que cette couronne est noble et riche! Si j'étais homme..., et elle appuya avec emphase sur ce dernier mot, je voudrais devenir un lord.

— Je crois bien que vous le voudriez, mais le moyen d'y parvenir? reprit le capitaine en riant.

— Le moyen! Ne peut-on point, par exemple, acheter un titre? et quel plus noble usage peut-on faire de ses richesses, à moins que, comme de certaines gens, on ne préfère l'argent à l'honneur?

— Ces certaines gens-là ont parfaitement raison, dit Jarvis étourdiment; après tout, l'argent est l'âme de la vie, et il en faut beaucoup dans notre état. Devinez un peu ce que nous a coûté notre table d'hôte le mois dernier.

— Oh! ne me parlez pas de boire et de manger, s'écria miss Harris en détournant la tête d'un air de dégoût; des soins si vulgaires sont au-dessous de ceux qui se piquent d'avoir quelque noblesse dans les idées.

— Oh! dans ce cas, soit lord qui voudra, dit Jarvis brusquement, si pour l'être il ne faut ni boire ni manger..... Et pourquoi vivons-nous, si ce n'est pour jouir des plaisirs les plus solides et les plus durables que nous offre ce monde?

— Un militaire doit vivre pour combattre, et acquérir par sa valeur des honneurs et des distinctions... Caroline eût ajouté pour sa femme, si elle eût dit toute sa pensée.

— Triste moyen pour un homme de passer son temps! reprit le capitaine; il y a cependant dans notre régiment un capitaine Jones qu'on assure aimer autant à se battre qu'à manger; et si cela est vrai, ce doit être un terrible fier-à-bras.

— Vous savez combien je suis liée avec votre excellente mère, dit Caroline cherchant à en venir à son but ; elle m'a fait connaître son désir le plus cher.

— Son désir le plus cher ! s'écria Jarvis étonné ; et quel est-il ?... Une nouvelle voiture ? de nouveaux chevaux ?

— Non, non, je veux parler d'un souhait qui nous..... qui lui tient bien plus au cœur que toutes les bagatelles dont vous parlez ; elle m'a communiqué son plan.

— Son plan ! dit Jarvis de plus en plus surpris ; de quel plan veut-elle parler ?

— Des moyens et de l'argent qu'elle compte employer pour vous faire parvenir à la pairie. Allons, pourquoi dissimuler avec moi ? Vous pouvez compter sur ma discrétion et sur le vif intérêt que je prends à la réussite de vos projets.

Jarvis jeta sur elle un regard scrutateur, et, clignant de l'œil d'un air significatif, il ajouta :

— Sir William voudrait-il nous aider de son crédit ?

— Oh ! c'est moi qui vous aiderai, si cela est nécessaire, Henry, dit Caroline tendrement ; mes petites économies ne sont pas considérables, mais elles sont à votre disposition.

En s'entendant faire une offre si étonnante, le capitaine chercha d'abord quel pouvait être le motif du désir que montrait miss Harris de le voir devenir haut et puissant seigneur ; puis il se rappela quelques mots échappés à sa mère ; il crut entrevoir un projet tramé contre sa liberté, et résolut de chercher à s'en convaincre.

— Il est possible que ma mère réussisse, dit-il d'une manière évasive, espérant faire parler sa compagne.

— Possible ! s'écria miss Harris ; elle n'y peut manquer... Mais quelle somme croyez-vous qu'il faille pour acheter une baronnie, par exemple ?

— Hem ! vous voulez dire sûrement quelle somme serait nécessaire, outre celle que nous avons déjà ?

— Certainement.

— Mais, dit Jarvis en feignant de calculer, je crois qu'il ne nous manque guère qu'un millier de livres sterling.

— Est-ce là tout ? s'écria Caroline enchantée, et la perspective de voir bientôt le capitaine baronnet le lui fit paraître plus grand au moins de trois pouces, plus noble, plus distingué et plus joli garçon.

Dès ce moment le sort de Jarvis fut fixé..... dans l'imagination de miss Harris, qui résolut de devenir sa femme aussitôt qu'elle pourrait l'amener à lui offrir sa main, victoire qui lui paraissait beaucoup moins difficile à remporter que celle qu'elle venait d'obtenir sur son avarice.

Mais le capitaine était bien loin d'en être où elle le croyait. Comme tous les hommes faibles, il n'y avait rien qu'il craignît autant que le ridicule; vingt fois il avait entendu les jeunes gens de Bath s'amuser aux dépens de miss Harris et de ses manœuvres, et il n'avait pas envie de devenir à son tour le sujet des railleries de ces messieurs. Il ne s'était lié avec Caroline que par une sorte de bravade; il avait voulu prouver à quelques jeunes gens, amis comme lui de la bouteille, et avec qui il passait les trois quarts de sa vie, qu'il pourrait s'exposer aux artifices les mieux combinés de cette beauté célèbre, et que son adresse saurait les déjouer tous. Ainsi toutes les manœuvres de miss Harris n'avaient abouti qu'à en faire le jouet même d'un Jarvis!

Au retour de la promenade, Caroline, se croyant bien sûre de son fait, fit part à lady Jarvis de la conversation qu'elle venait d'avoir avec le capitaine, et lui offrit sa bourse particulière, pour élever ce fils si cher à la dignité de la pairie.

Lady Jarvis désirait acheter une baronnie, sous la condition que si elle parvenait à faire monter à son fils un degré de plus sur la route des honneurs, il ne lui resterait plus qu'à payer la différence. C'était de cette manière qu'elle lui avait acheté son brevet de capitaine. Elle avait plus d'un obstacle à surmonter, car le cher objet de sa sollicitude, ou plutôt de son orgueil maternel, s'opposait à tous les projets qui auraient pu l'obliger à rendre quelques centaines de livres, qu'il avait obtenues de la faiblesse de sa mère; et celle-ci était forcée d'attendre qu'elle eût réuni tout l'argent nécessaire pour atteindre le but que se proposait son ambition. Enchantée d'entrevoir dans l'offre de Caroline un moyen plus prompt d'y arriver, elle voulut donner à son fils un avant-goût du bonheur qu'elle lui préparait, et elle lui abandonna un billet de 60 livres qu'elle avait obtenu le matin de son mari. Le soir même Jarvis le perdit d'un coup de dé contre son beau-frère.

Pendant le séjour à Bath de la famille Moseley, soit qu'Egerton eût été véritablement occupé, ou qu'il eût évité avec soin les endroits où il eût pu la rencontrer, l'entrevue que redoutaient les amis de Jane (car à peine l'avaient-ils aperçu le premier jour de leur arrivée) n'eut heureusement pas lieu.

Le baronnet n'eût pu le voir sans que sa conscience lui fît quelques reproches, et lady Moseley remerciait le Ciel de ce qu'Egerton avait du moins le sentiment de son indignité.

Un mois après le départ de lady Chatterton, sir Edward retourna à B*** avec sa famille, et ils commencèrent les apprêts de leur départ pour Londres.

La veille du jour où ils devaient quitter Bath, lady Henriette leur annonça son prochain mariage avec Chatterton; il devait se célébrer à Derwent-Castle avant que le duc quittât cet antique séjour de ses aïeux pour se rendre dans la capitale.

Emilie éprouva un sentiment de joie auquel elle était étrangère depuis longtemps, en apercevant la tour bien connue de l'église du village de B***. Plus de quatre mois s'étaient écoulés depuis qu'elle avait quitté l'asile où elle avait passé son heureuse enfance; et combien tout était changé, tout jusqu'aux sentiments de ceux qui juraient de s'aimer toujours; tout, jusqu'à l'opinion qu'elle avait du genre humain, et, ce qui était le plus affreux, jusqu'à celle qu'elle avait conçue de l'homme qu'elle aimait!

Les sourires bienveillants, les saluts respectueux qui les accueillirent lorsqu'ils passèrent devant le petit groupe de maisons auquel on voulait bien donner le nom de village, chassèrent pour un moment de tous les cœurs les pensées mélancoliques, et la joie que firent éclater tous les bons serviteurs de Moseley-Hall en les voyant arriver faisait en même temps leur éloge et celui de leurs maîtres.

Francis et Clara les attendaient au château, et bientôt le docteur Yves et sa femme y arrivèrent aussi pour embrasser leurs amis.

En entrant dans le salon où ils étaient rassemblés, le bon ministre jeta un coup d'œil rapide autour de lui, et tressaillit en voyant à quel point Emilie était changée. En effet, la pauvre enfant avait perdu, avec le bonheur, les belles couleurs qui donnaient un éclat si vif à sa beauté; et Mrs Wilson remarqua avec peine qu'en revoyant l'ami de Denbigh, ses joues se couvrirent d'une nouvelle pâleur.

— Où avez-vous vu pour la dernière fois mon cher George?

dit le docteur à Mrs Wilson de manière à n'être entendu que d'elle seule.

— A L***, répondit Mrs Wilson gravement.

— A L***! s'écria le docteur étonné; eh! quoi! ne vous a-t-il pas suivie à Bath?

— Non, j'ai appris qu'il était auprès d'un parent malade, dit Mrs Wilson surprise que son vieil ami choisît un sujet de conversation qu'il devait savoir lui être pénible. Il ne connaissait pas certainement les torts de Denbigh envers Mrs Fitzgerald, mais il ne pouvait ignorer son mariage.

— Il y a quelque temps que je n'ai eu de ses nouvelles, reprit le docteur en la regardant d'un air expressif. Il semblait attendre que Mrs Wilson ajoutât quelque chose; mais elle ne dit rien, et il continua :

— J'espère que vous ne m'accuserez point d'indiscrétion, si je prends la liberté de vous demander si George a jamais exprimé le désir d'être uni à Emilie par des liens plus doux et plus étroits que ceux de l'amitié.

La veuve hésita quelques instants, et répondit à voix basse : — Oui, il a demandé sa main.

— Eh bien! et Emilie?...

— Emilie l'a refusé, répondit Mrs Wilson en levant la tête avec dignité.

Le docteur Yves ne dit rien, mais toute sa contenance exprimait assez le chagrin que lui causait cette nouvelle. Mrs Wilson avait témoigné trop de répugnance à traiter ce sujet pour qu'il osât l'entamer de nouveau; mais elle remarqua que lorsque le baronnet ou lady Moseley prononçaient le nom de Denbigh, les yeux du bon docteur étaient à l'instant fixés sur eux avec l'expression du plus vif intérêt.

CHAPITRE XXXVIII.

Mais on la flatte beaucoup, voudrait-on la tromper ?
Fitzgerald.

— J'aperçois Stevenson ! je vais donc avoir des nouvelles de Henriette ! s'écria la sœur de Pendennyss avec vivacité, en quittant la fenêtre d'où elle guettait le retour du domestique qu'elle avait envoyé à la poste voisine.

— Je crains bien, ma chère sœur, que vous ne vous ennuyiez dans le pays de Galles, dit le comte, qui attendait à la table du déjeuner qu'elle vînt faire le thé, et je désire bien que Derwent et Henriette tiennent la promesse qu'ils nous ont faite de venir bientôt nous voir.

En ce moment le domestique entra, et après avoir déposé sur la table les papiers et les lettres attendus, il se retira respectueusement. Après avoir jeté un coup d'œil sur les adresses, le comte dit à trois ou quatre valets en livrée qui se tenaient derrière lui pour le servir : — Vous pouvez sortir, je sonnerai lorsque j'aurai besoin de quelque chose.

— C'est une lettre du duc pour moi, et une de lady Henriette pour vous, dit Pendennyss à sa sœur, dès qu'il se vit seul avec elle. Si vous voulez, nous les lirons ensemble l'une et l'autre. Par ce moyen notre curiosité mutuelle sera satisfaite, et nous y trouverons tous deux notre avantage.

La jeune comtesse, qui éprouvait le plus vif désir de connaître le contenu de la lettre de Derwent, souscrivit avec empressement à l'arrangement proposé, et Pendennyss en commença la lecture.

« Malgré la promesse que je vous avais faite d'aller vous rejoindre dans le Caernarvon, mon cher Pendennyss, je suis encore ici; incapable de m'arracher à l'attraction qui m'y retient, quoique j'aie payé bien cher le plaisir de me livrer à une dangereuse contemplation. Une vérité qui vous paraîtra sûrement difficile à croire, c'est que ce siècle dégénéré ait pu produire une femme, jeune, libre, et d'une fortune médiocre, qui a refusé un douaire de six mille livres sterling, avec le titre de duchesse. »

Ici le lecteur fut interrompu par le bruit que fit en tombant la tasse que celle qui l'écoutait laissa échapper ; elle s'excusa en rougissant de sa maladresse, et Pendennyss continua :

« Cependant, je vous avoue que mon amour-propre a été cruellement blessé. Je dois admirer son désintéressement ; ses parents désiraient que je réussisse. Je croyais lui être agréable ; elle paraissait m'écouter avec plus de plaisir que tous les autres hommes qui l'entouraient, et lorsque j'osai lui dire, pour justifier ma présomption, que son indulgence m'avait seule encouragé à lui adresser mes vœux, elle convint franchement de la distinction flatteuse dont elle m'honorait ; sans m'expliquer les motifs de sa conduite, elle m'exprima ses regrets de voir que j'eusse pris le change, et que j'éprouvasse des sentiments auxquels elle ne pouvait répondre que par l'estime. Oui, milord, le duc de Derwent a cru nécessaire de chercher une excuse pour avoir osé offrir sa fortune et sa main à Emilie Moseley. Le rang et les richesses perdent toute l'importance dont ils jouissent aux yeux du monde lorsqu'on veut les faire entrer en comparaison avec tant d'amabilité, de grâce, de délicatesse et de vertu.

« J'ai appris dernièrement que George Denbigh lui a sauvé la vie, je ne sais de quelle manière, et j'ai été frappé de l'idée que je devais à sa reconnaissance et à ma ressemblance avec le colonel la préférence que me témoignait miss Moseley. Quoique cette illusion m'ait porté à me bercer de fausses espérances, je ne puis la regretter : elle m'a procuré de si doux moments ! J'ai remarqué que le nom de Denbigh lui causait une émotion que tous ses efforts ne pouvaient réussir à cacher. Cependant George est marié ; je suis refusé, et Votre Seigneurie a maintenant le champ libre. Vous entrerez dans la carrière avec un grand avantage ; comme moi, vous ressemblez à votre cousin, et ni lui ni moi, votre humble serviteur, nous n'avons la prétention de posséder au même degré ce son de voix si séduisant qui vous a fait faire, sans le vouloir, la conquête de bien des cœurs. »

Le comte s'arrêta ; il paraissait absorbé dans ses méditations ; enfin, sa sœur, impatiente d'entendre la fin de la lettre de Derwent, l'engagea à reprendre sa lecture; Pendennyss tressaillit, changea de couleur, et continua :

« Mais cessons de plaisanter sur un sujet qui peut-être a décidé de mon avenir. Oui, il y a des moments où je pense que le refus d'Emilie a assuré à Denbigh ou à son fils le duché de Derwent. Cette charmante fille ne paraît pas heureuse; la nature lui a donné le caractère le plus vif et le plus enjoué, et une peine secrète semble oppresser son cœur. Henriette, qui admire miss Moseley presque autant que moi, et qui a partagé le chagrin que m'a fait son refus, a voulu intercéder en ma faveur; mais la charmante Emilie, après lui avoir témoigné toute sa reconnaissance, s'expliqua d'une manière si ferme et si positive, qu'il m'est impossible de conserver la moindre lueur d'espérance.

« Comme Henriette avait appris que miss Moseley avait reçu de sa tante des principes très-rigides en fait de religion, elle en glissa quelques mots dans l'entretien qu'elle eut avec elle; mais sa jeune amie lui répondit — que d'autres considérations la forçaient à refuser l'honneur que je voulais lui faire; mais que si elles n'eussent pas existé, jamais elle n'eût pensé à accepter ma main ni celle de tout autre homme, sans s'être préalablement assurée de ses principes. — Que pensez-vous de cela, Pendennyss? Les principes d'un duc! dans un siècle où un duché et quarante mille livres de revenu feraient d'un Néron l'homme le plus accompli !

« J'espère que vous me pardonnerez de vous avoir manqué de parole, lorsque vous en apprendrez la cause; et à moins que la jolie Espagnole ne vous ait ravi votre liberté, c'est très-sérieusement que je souhaite avoir, du moins par vous, un lien de parenté avec la charmante famille de sir Edward.

« La tante, Mrs Wilson, parle souvent de vous avec le plus vif intérêt, et paraît être fortement prévenue en votre faveur; miss Moseley paraît aussi désirer de vous voir. Votre religion et vos principes ne peuvent être contestés. Vous pouvez offrir une fortune encore plus brillante, un nom que votre valeur a rendu plus illustre, et un mérite personnel bien supérieur à celui que peut avoir

« Votre très-indigne cousin,

« DERWENT. »

Le frère et la sœur paraissaient plongés dans leurs réflexions ; la jeune comtesse rompit la première le silence en disant :

— Il faut chercher à faire connaissance avec Mrs Wilson ; je sais qu'elle désire vivement vous voir, et l'amitié qui vous unissait au général exige que vous ayez des égards pour sa veuve.

— Je dois beaucoup au général Wilson, répondit Pendennyss d'un air pensif ; et lorsque nous serons à Annerdale-House, j'espère que vous ferez connaissance avec les dames de la famille Moseley, si elles viennent à Londres cet hiver ; mais vous oubliez, chère sœur, que vous avez aussi une lettre à me lire. La jeune comtesse jeta un coup d'œil rapide sur le contenu de l'épître d'Henriette, et se disposa à remplir sa part des conditions du traité.

« Ma chère cousine,

« Frédéric a été si occupé de ses propres affaires, qu'il a oublié qu'il y eût dans le monde une créature qui se nomme sa sœur, ou plutôt il a tout oublié, à l'exception d'une certaine miss Emilie Moseley, de sorte qu'il m'a été impossible de venir vous voir comme je vous l'avais promis, puisque je n'avais point d'autre mentor convenable pour me conduire dans le pays de Galles..... et... et... pour d'autres raisons que je ne vous dirai point, parce que je suis sûre que vous montrerez cette lettre au comte.

« Oui, ma chère, Frédéric Denbigh a supplié la fille d'un baronnet campagnard de devenir duchesse de Derwent, et, écoutez bien cela, mères qui faites la chasse aux maris pour vos filles, et vous, filles et veuves qui en cherchez pour votre compte, il l'en a suppliée en vain !

« Je vous avoue que lorsque j'entendis parler pour la première fois de ce mariage, tout mon sang aristocratique bouillonna dans mes veines ; mais après un plus mûr examen, apprenant que la noblesse de sir Edward est ancienne et respectable, qu'il est de la famille des Chatterton, et trouvant dans la jeune personne tout ce que j'aurais pu désirer dans une sœur, mes scrupules orgueilleux s'évanouirent avec la sotte vanité qui les avait fait naître.

« D'ailleurs il était bien inutile de prendre l'alarme : Émilie refusa positivement la main de Derwent, et, ce qui est bien pis, elle fut sourde à toutes les sollicitations que je lui fis en sa faveur.

« Vingt fois depuis je me suis demandé comment j'avais pu avoir tant de condescendance ; et, en ce moment même, je ne sais pas encore si j'ai cédé au mérite d'Emilie, au désir d'assurer le bonheur de mon frère, ou à l'ascendant du nom des Chatterton.

« Hélas! ce Chatterton est certainement beaucoup trop beau pour un homme! mais j'oublie que vous ne l'avez jamais vu. »

Ici le comte ne put retenir un sourire malin, et sa sœur continua :

« La noblesse est certainement une belle chose pour ceux qui jouissent de cet avantage ; mais je défierais la vieille comtesse la plus entichée de la sienne de s'en prévaloir auprès d'Emilie ; elle a tant de grâces et tant d'attraits, il y a une dignité naturelle si empreinte dans toutes ses manières, qu'on ne se souvient plus en la voyant que des distinctions qu'elle tient de la nature.

« Je commençais à espérer qu'elle céderait à mes instances, lorsqu'elle m'interrompit pour me dire d'une voix douce et tremblante : — Je m'aperçois, mais trop tard, que mon imprudence a dû faire croire à mes amis que j'encourageais les espérances du duc, et que j'accepterais l'offre de sa main ; mais chère lady Henriette, c'est bien innocemment ; et j'espère que vous croirez à l'assurance que je vous donne que jamais je ne me suis permis de regarder votre frère autrement que comme un ami dont la connaissance nous était agréable. Elle prononça ces mots avec un tel accent de vérité, qu'il eût été impossible de ne pas la croire. Nous causâmes encore une demi-heure, et cette charmante fille me montra tant de délicatesse, d'ingénuité et de sentiments religieux, que si j'entrai dans sa chambre avec un peu de répugnance pour le rôle de suppliante que j'allais jouer, j'en sortis avec un véritable chagrin de n'avoir pu la décider à épouser mon frère. Oui, je dois l'avouer, incomparable sœur de l'incomparable Pendennyss, j'ai pensé quelquefois que vous pourriez devenir la femme de Derwent ; mais ni votre naissance, ni vos cent mille livres, ni votre mérite, ni même l'amitié qui nous unit, n'auraient pu me décider à détourner mon frère d'épouser Emilie pour vous offrir sa main.

« Vous jugerez de son ascendant sur tous les cœurs et de son indifférence pour les conquêtes les plus flatteuses, quand je vous dirai qu'elle a refusé lord......; mais j'oublie que vous ne le connaissez pas, et que vous ne pouvez juger à quel point ce refus est étonnant.

« Il est décidé que nous allons retourner dans le Westmoreland ; et la semaine prochaine les Moseley reprendront la route du Northampton. Je ne sais pas quand je pourrai aller vous voir, mais je crois que je puis sans danger vous engager à venir à Denbigh-Castle, ce que je n'aurais pas osé faire il y a un mois. Mes amitiés au comte, et croyez à l'inaltérable attachement de votre affectionnée

« Henriette Denbigh. »

P. S. « J'oubliais de vous dire que Mrs Moseley, sœur de lord Chatterton, est partie pour le Portugal ; et que ce dernier doit nous accompagner à la campagne. »

Après quelques moments de silence, la jolie comtesse dit avec un sourire malin :

— Je crois qu'avant peu Henriette sera l'épouse d'un noble pair.

— Je le souhaite pour son bonheur, dit Pendennyss.

— Connaissez-vous lord Chatterton ?

— Oui, ma chère sœur, c'est un seigneur fort aimable, et ses manières un peu sentimentales contrastent admirablement avec la gaieté folâtre d'Henriette.

— Vous pensez donc que nous aimons nos contrastes ? lui répondit-elle en souriant ; je ne partage pas votre opinion, je vous en avertis ; ainsi donc, Pendennyss, ajouta-t-elle en lui tendant affectueusement la main, il faut que vous me donniez pour sœur une personne qui vous ressemble.., autant qu'il est possible de vous ressembler.

— Si vous voulez diriger mon choix, me sera-t-il permis à mon tour de guider le vôtre ? J'ai envie de vous faire le portrait de celui que vous devez choisir pour votre seigneur et maître, si toutefois ce choix n'est pas déjà fait.

La jeune comtesse devint toute rouge, et, paraissant désirer changer de conversation, elle prit deux ou trois lettres cachetées qui restaient encore sur la table, en lut les adresses, et s'écria vivement :

— En voici une de dona Julia. Le comte rompit aussitôt le cachet, et lut la lettre à haute voix. Il n'y avait pas de secrets entre eux sur ce qui concernait leur amie mutuelle.

« Milord,

« Je m'empresse de vous faire part des agréables nouvelles que je viens de recevoir, persuadée que vous partagerez la joie qu'elles m'ont fait éprouver. Mon oncle, le général Maccarthy, m'écrit que mon père consent à recevoir sa fille unique, sans réclamer d'elle d'autres sacrifices que la promesse d'assister aux offices de l'église catholique. Il n'y demande que ma seule présence, n'exigeant du reste aucune profession de foi, ni même que je paraisse en adopter les usages et les principes.

« Ce n'est donc plus qu'une simple formalité, qui pourtant pourra parfois m'être encore assez pénible; mais lorsque le cœur s'humilie sincèrement, ne peut-on adorer Dieu en tout lieu, et ne dois-je pas à mon père ce faible dédommagement de toutes les peines que je lui ai causées malgré moi? J'ai donc répondu sur-le-champ à mon oncle que j'étais prête à faire ce que désirait mon père, et que je n'attendais que son ordre pour me rendre auprès de lui.

« Je devais à votre amitié, à l'intérêt touchant que Votre Seigneurie m'a toujours témoigné, de vous apprendre mon prochain départ, d'autant plus que j'ai tout lieu de croire que c'est à votre puissante intercession, à vos efforts constants et réitérés, que je dois ce résultat que mes vœux les plus ardents n'osaient encore espérer de si tôt.

« Je sens qu'il me sera impossible de quitter l'Angleterre sans aller vous voir, vous et votre sœur, pour vous remercier personnellement de toutes les bontés que vous avez eues pour moi l'un et l'autre. S'il y a quelque temps que je n'ai parlé à Votre Seigneurie de mes tristes affaires, c'est que je ne voulais pas vous importuner sans nécessité. J'avais auprès de moi une dame qui, sans vous connaître, a pour vous l'estime et l'admiration la plus sincère, et qui a bien voulu vous remplacer en m'aidant de ses conseils. Cette dame et sa charmante nièce, miss Emilie Moseley, seront toujours présentes à ma mémoire : je leur dois ainsi qu'à vous les plus douces consolations que j'aie éprouvées dans mon exil, et mes généreux amis ne seront jamais oubliés dans mes prières.

« Je vous dirai en deux mots, me réservant de vous raconter

les détails lorsque je vous verrai à Londres, que j'ai reçu la visite du misérable des mains duquel vous m'avez délivrée en Portugal, et le hasard m'a fourni les moyens de découvrir son nom. Vous m'indiquerez ce que je dois faire ; car vous êtes mon guide, mon appui, et je veux surtout empêcher qu'il ne lui prenne fantaisie de me suivre en Espagne. Il paraît que les détails de ma triste aventure sont parvenus jusqu'aux oreilles de mes parents, et s'il était découvert, sa mort seule pourrait apaiser leur ressentiment.

« Puissent Votre Seigneurie et son aimable sœur être aussi heureux qu'ils le méritent ! Croyez tous deux à l'affection sincère et à l'éternelle reconnaissance de

« Julia Fitzgerald. »

— Oh oui ! s'écria la jeune comtesse après avoir entendu lire cette lettre, il faut absolument que nous la voyions avant son départ. Mais que pensez-vous de son persécuteur ? Mon Dieu ! le vilain homme ! comment peut-il s'acharner ainsi après cette pauvre femme ?

— C'est en effet une effronterie dont je n'avais pas encore d'idée ; mais qu'il prenne garde d'aller trop loin ! S'il recommençait ses poursuites, les lois sauraient l'atteindre et protéger sa victime.

— Si je me rappelle bien cette affreuse histoire, il a tenté, je crois, de vous ôter la vie, mon bon frère, s'écria la comtesse en frissonnant d'horreur.

— C'est une imputation dont j'ai toujours cherché à le garantir, répondit son frère d'un air rêveur ; il tira un coup de pistolet, il est vrai ; comme il n'atteignit que mon cheval, et à une assez grande distance de moi, j'aime à croire que son intention était de m'empêcher de le poursuivre, et non pas de m'assassiner. Je n'ai jamais pu comprendre comment il est parvenu à s'échapper ; il faut qu'il se soit enfoncé seul dans le bois ; car Harmer, qui me suivait d'assez près, et qui était parfaitement monté, fut en moins de dix minutes à sa poursuite avec toute mon escorte. Au surplus, c'est peut-être un bonheur qu'il n'ait pas été pris, car je suis sûr que mes dragons l'auraient sabré sur la place, et peut-être appartient-il à une famille respectable pour qui la nouvelle de son infortune aurait pu être le coup de la mort.

— Il faut que cette Emilie Moseley soit une personne accomplie, s'écria sa sœur en parcourant de nouveau la lettre de Julia : trois lettres différentes qui toutes trois contiennent son éloge!

Le comte ne répondit rien, mais, rouvrant la lettre du duc, il parut en étudier avec soin le contenu. Ses traits subissaient une légère altération, tandis qu'il commentait le sens de quelques passages. Enfin, se tournant vers sa sœur, il lui demanda en souriant si elle n'avait pas envie d'aller respirer l'air du Westmoreland pendant une couple de semaines.

— Comme vous voudrez, milord, répondit-elle tandis que ses joues se couvraient du plus vif incarnat.

— Eh bien! nous irons donc, puisque vous me laissez maître. Je désire beaucoup voir Derwent, et j'ai un certain pressentiment qu'il se célébrera une noce pendant notre visite. Il sonna pour qu'on vînt emporter le déjeuner auquel ils avaient à peine touché. Après avoir donné ordre qu'on lui préparât un cheval, il quitta sa sœur pour faire, lui dit-il, une courte promenade dans les environs ; et il s'éloigna suivi d'un seul domestique, ancien militaire qui l'avait accompagné dans toutes ses campagnes.

Le jeune pair, livré à ses réflexions, laissa prendre à son cheval le chemin qu'il préférait, et il le laissait errer à l'aventure au grand étonnement de son fidèle serviteur, qui ne concevait pas que son maître, l'un des meilleurs cavaliers d'Angleterre, ne mît pas plus de soin à soutenir la réputation qu'il s'était faite. Cependant dès que le comte fut hors de son parc, et qu'il se vit au milieu des fermes et des chaumières qui entouraient le château, il sortit de sa rêverie, et parut jouir du beau spectacle que lui offrait la nature.

Pendant trois heures, il parcourut la vallée magnifique qui se prolongeait devant le château ; et si des visages rayonnants de joie et de plaisir à la vue du jeune lord, si des questions adressées du fond du cœur sur sa santé et sur celle de sa sœur, si le détail fait avec autant de franchise que de respect de leur prospérité ou de leurs infortunes, peuvent donner une juste idée des sentiments des paysans et des fermiers pour leur seigneur, jamais seigneur ne fut plus aimé et ne fut plus digne de l'être.

L'heure du dîner approchait, et le comte reprit le chemin du château. En rentrant dans le parc, n'ayant plus sous les yeux le spectacle animé de l'industrie laborieuse, il retomba dans ses rêveries. Tout à coup il s'arrêta, réfléchit un instant, puis appela Harmer. Le vieux serviteur, qui se tenait à une distance respectueuse, piqua des deux, et en un instant il était à côté de son maître. — Il faut, dit Pendennyss, que vous vous teniez prêt à partir au premier moment pour l'Espagne, où vous accompagnerez Mrs Fitzgerald.

Harmer reçut cet ordre avec l'indifférence d'un homme accoutumé aux voyages et aux aventures, et, inclinant respectueusement la tête, il alla reprendre sa place à l'arrière-garde.

CHAPITRE XXXIX.

> Dites, quel discours peut charmer de si cruels regrets?
> GOLDSMITH.

LE lendemain de l'arrivée des Moseley à la résidence de leurs ancêtres, Mrs. Wilson remarqua qu'Emilie mettait sa pelisse en silence, et que sans rien dire elle sortait seule, presque furtivement. Il y avait dans son air, sur tous ses traits, une teinte de mélancolie qui fit soupçonner à sa tante pleine de prudence, qu'elle ne faisait cette promenade que pour se livrer plus librement à des sentiments qu'elle devait au contraire combattre de tout son pouvoir; et ses soupçons prirent une nouvelle force lorsqu'elle la vit se diriger vers le berceau, vers ce même lieu où Denbigh s'était jeté au-devant du coup qui la menaçait. Mrs Wilson mit précipitamment son manteau, et elle suivit sa nièce dans le double motif d'éclaircir ses doutes, et d'interposer en même temps son autorité s'il était nécessaire, pour prévenir à l'avenir de pareilles excursions qui, pour de jeunes imaginations, ont toujours leur danger.

Emilie, en approchant du berceau (car elle s'y rendait en effet), vit que la verdure était flétrie, et que tout autour d'elle était triste et désolé. Quelle différence avec le spectacle que le même lieu lui avait offert, la dernière fois qu'elle y était venue! Comme tout alors était riant et animé! Hélas! la même révolution s'était opérée dans son cœur; le doux espoir avait fait place à de tristes réalités! Puis elle se rappelait la conduite de Denbigh sur ce lieu même, ses attentions toujours si délicates, si prévenantes, surtout lorsqu'elle en était l'objet. Tous ces souvenirs venaient l'assaillir à la fois, et, oubliant le motif pour lequel elle était venue, subjuguée par son émotion, elle se laissa tomber sur un banc de gazon, et donna un libre cours à ses sanglots.

Tout à coup elle entend marcher auprès d'elle. A peine a-t-elle le temps de s'essuyer les yeux et de rassembler ses pensées en désordre, que Mrs Wilson entre sous le berceau. Regardant sa nièce d'un air sévère que jamais elle n'avait pris avec elle, et qui fit trembler Emilie :

— La religion nous impose l'obligation, lui dit-elle, et cette obligation, nous devons nous l'imposer à nous-mêmes, de chercher à étouffer les passions qui sont incompatibles avec nos devoirs, et que condamnent nos principes, et il n'y a point de faiblesse plus grande que de chercher à les nourrir lorsque nous sommes convaincus de notre erreur. C'est un aveuglement qui peut avoir pour nous les conséquences les plus funestes que de persévérer à croire innocents ceux que l'évidence nous a démontrés coupables. Plus d'une femme a mis elle-même le sceau à son malheur par cette obstination volontaire. Que sera-ce si l'on y joint la vanité impardonnable de penser qu'on exercera une influence salutaire sur un homme que la crainte de Dieu n'a pu retenir dans le devoir!

— O ma chère tante! ne me parlez pas avec cette rigueur, s'écria la pauvre fille en sanglotant ; je n'ai point cette faiblesse dont vous m'accusez; puis, levant sur sa tante ses grands yeux où se peignait la plus touchante résignation, elle ajouta : — Ici, à l'endroit même où il me sauva la vie, je venais prier pour que son âme s'ouvrît au repentir, et qu'il revînt de toutes ses erreurs.

Mrs Wilson, attendrie presque jusqu'aux larmes, la considéra un moment avec un mélange de joie à la vue de sa pieuse ferveur, et de pitié à l'aspect de cette trop grande sensibilité dont elle était la victime.

— Je vous crois, ma chère, lui répondit-elle d'un ton plus doux, je ne doute pas que, quel que soit l'amour que vous ayez pu ressentir pour Denbigh, vous n'aimiez encore plus votre Dieu et ses commandements, et je suis sûre que lors même qu'il serait libre, et que vous fussiez seule au monde, sans autre guide que vous-même, vous ne vous oublieriez jamais au point de consentir à lui donner votre main. Mais ce n'est pas assez ; ne sentez-vous pas comme moi que tous vos efforts doivent tendre à bannir à jamais de votre cœur un homme qui ne mérite pas d'y occuper plus longtemps la place qu'il a indignement usurpée ?

— Oui, sans doute, dit Emilie d'une voix tremblante et qu'on entendait à peine, et c'est l'objet de toutes mes prières.

— Très-bien, mon enfant, dit Mrs Wilson en l'embrassant ; avec de tels moyens, et grâce à de constants efforts, vous finirez infailliblement par triompher de vos plus grands ennemis, de vos passions. Les obligations qui sont imposées à notre sexe sont bien pénibles, je le sais, mais nous n'en avons que plus d'honneur à les remplir.

— Oh ! comment ne serait-on pas trompé par les apparences, si... s'écria Emilie en serrant ses mains l'une contre l'autre avec énergie, si un homme tel que Denbigh a pu se laisser aller... à autant de bassesse, voulait-elle dire, mais la honte lui imposa silence.

— Il est heureusement peu d'hommes qui sachent se couvrir aussi habilement du voile de l'hypocrisie. L'exemple de Denbigh fait exception à une règle sacrée : que l'on reconnaît l'arbre à ses fruits. Il nous prouve que, malgré nos précautions et notre prudence, nous pouvons nous tromper encore. Le seul moyen de diminuer le danger, c'est d'être continuellement sur nos gardes ; et si c'est un devoir pour les jeunes personnes, c'en est un bien plus impérieux encore pour leurs parents, qui ne peuvent jamais le négliger sans crime.

Emilie, qui pendant ce discours avait repris quelque empire sur ses sentiments, pressa en silence la main de sa tante contre ses lèvres, et s'éloigna la première d'un lieu où tout lui parlait trop de celui dont il lui fallait bannir l'image de son cœur.

Elles reprirent sans se parler le chemin de la maison, et à leur retour elles trouvèrent heureusement une lettre de Julia, qui fit quelque diversion aux tristes pensées qui les occupaient. Elle leur annonçait son prochain départ, et le désir qu'elle avait de prendre congé d'elles à Londres avant de quitter l'Angleterre. Comme elle indiquait l'époque probable où le vaisseau sur lequel elle devait s'embarquer mettrait à la voile, la tante et la nièce virent avec joie que cette époque était postérieure à celle que sir Edward avait fixée pour leur voyage à Londres.

Si Jane eût été à la place d'Emilie, en se rappelant que Mrs Fitzgerald avait été la cause, bien innocente sans doute, de ses peines, ses passions violentes et aveugles lui auraient fait confondre dans son ressentiment l'innocent avec le coupable, ou, si la réflexion eût justifié cette dame à ses yeux, cependant son orgueil et une délicatesse mal placée lui auraient fait regarder son nom seul comme un reproche, et l'auraient empêchée d'avoir jamais aucune relation avec elle.

Il n'en était pas ainsi d'Emilie. Les malheurs de Mrs Fitzgerald lui avaient inspiré le plus tendre intérêt. Malheureuse elle-même, elle n'en avait pour cette dame que plus de compassion encore. Si son nom seul lui rappelait le souvenir de Denbigh, elle avait trop de raison pour lui en faire un crime, et elle espérait que le temps guérirait sa faiblesse. Une première passion ne s'efface pas en un instant ; elle laisse dans le cœur des traces profondes qu'il est bien difficile de faire disparaître entièrement.

L'arrivée de John avec sa femme et sa sœur répandit un peu de gaieté dans la famille. M. Haughton fut un des premiers à venir féliciter les jeunes époux.

Quelques jours avant celui où ils devaient partir pour Londres, John, dans un de ses accès de folie, dit à M. Benfield avec un grand sérieux, que, quoiqu'il admirât toujours le goût que Peter Johnson déployait dans sa toilette, il ne savait pas trop si le costume de l'honnête intendant qui semblait narguer la mode, ne causerait pas un véritable scandale dans la capitale.

John avait en effet remarqué, lors du premier voyage que Peter avait fait à Londres, qu'une troupe de polissons s'étaient mis à ses trousses en le poursuivant de leurs railleries et de leurs propos injurieux ; que des injures ils en étaient venus aux menaces, et que peut-être même ils se seraient permis des voies de fait si le prudent vieillard n'avait battu en retraite et ne s'était réfugié dans un fiacre. C'était donc pour lui éviter à l'avenir de semblables désagréments qu'il faisait cette observation.

On était alors à dîner et l'intendant était à son poste auprès du buffet. En entendant prononcer son nom, il s'approcha, jeta un coup d'œil sur toute sa personne pour voir si tout y était en règle, puis s'inclinant d'un air modeste, il rompit le silence, déterminé à plaider lui-même sa cause.

— En vérité, monsieur John! monsieur John Moseley! s'il m'est permis de dire ma façon de penser, il me semble que pour un homme de mon âge, pour un ancien serviteur, ma mise n'a rien qui puisse faire rougir mon respectable maître.

Le plaidoyer de Johnson en faveur de son costume attira sur lui les regards de tous les convives; et un sourire involontaire dérida toutes les figures à la vue de l'accoutrement bizarre du vieil intendant.

— Je pense comme John, mon cher oncle, dit à son tour sir Edward; votre intendant pourrait introduire quelque amélioration dans sa toilette sans mettre à la torture l'adresse de son tailleur.

— Sir Edward... mon cher maître..., permettez-moi, messieurs..., s'écria le vieillard tout ému, qui commençait à trembler pour ses vieux compagnons, ces jeunes gens peuvent aimer leurs habits à la mode, mais mon maître et moi nous sommes accoutumés aux vêtements que nous portons, et nous y tenons parce que nous y sommes accoutumés.

Johnson parlait avec une gravité et en même temps avec un feu vraiment comique. Son maître l'examina à son tour de la tête aux pieds; après avoir réfléchi en lui-même que jamais il n'avait vu à aucun membre de la chambre un domestique affublé de la sorte, il crut qu'il était temps d'émettre aussi son opinion.

— Je me souviens, dit-il, que le valet de chambre de lord Gosford ne portait jamais la livrée; mais en vérité, Johnson, je vous assure que je ne l'ai jamais vu se mettre comme vous. Chaque membre avait son domestique, et assez souvent on prenait le valet pour le maître. Lady Juliana, après la mort de son neveu, avait aussi un ou deux domestiques sans livrée, mais qui étaient habillés d'une tout autre manière. Ainsi, Peter, je suis de l'avis de John Moseley; il faut faire quelque changement à votre toilette, par égard pour les convenances.

— Et vous aussi, Votre Honneur! balbutia Johnson, plus alarmé que jamais en voyant que son maître se rangeait contre lui. Que M. John Moseley, que tous ces jeunes seigneurs suivent la mode, rien de mieux, c'est de leur âge. Ah! Votre Honneur, ajouta-t-il en se tournant vers Grace, et en s'inclinant presque jusqu'à terre, si j'avais une jeune et jolie dame à qui je voulusse plaire, je pourrais alors désirer de changer; mais, Monsieur, à mon âge on tient à ses vieilles habitudes, et mes beaux jours sont passés. Et Peter soupira au souvenir de Patty Steele et de ses amours. Grace le remercia de son compliment par un sourire, et elle dit avec gaieté qu'un homme aussi galant devait mettre plus de soin à sa toilette.

— Peter, lui dit son maître d'un ton décisif, je crois que Mrs Moseley a raison. Si j'allais rendre visite à la vicomtesse (lady Juliana avait alors plus de soixante-dix ans), vous m'y suivriez, et votre bizarre accoutrement ne pourrait manquer de choquer son goût délicat. Maintenant que je vous regarde avec attention, vous me rappelez le vieil Harris, le garde-chasse du comte, un des hommes les plus insupportables que j'aie jamais connus.

Peter ne balança plus; il connaissait l'antipathie que son maître avait conservée contre le vieil Harris, qui, au lieu d'aider lady Juliana à passer au-dessus d'une barrière, dans un moment où elle était poursuivie par un taureau furieux, s'était amusé à poursuivre un braconnier. Le fidèle intendant n'eût voulu pour rien au monde conserver un vêtement qui rappelait de fâcheux souvenirs à son excellent maître; cependant il pensa un moment à ne faire d'innovations que dans la partie inférieure de son costume, car, quoiqu'il se creusât la tête pour se rappeler celui du coupable garde-chasse, il n'y pouvait trouver de rapport que dans une vieille culotte de peau qu'il portait depuis une trentaine d'années.

Mais, craignant d'être trahi par sa mémoire, il s'offrit à l'inspection de John, et se soumit à tous les changements qu'il lui indiqua. Trois jours après la conversation à laquelle sa toilette avait donné lieu, il parut vêtu à la mode, d'un habit complet couleur tabac d'Espagne.

Lorsque ce grand changement fut opéré, Peter s'admira longtemps dans une glace, et pensa que si le goût de M. John eût pu diriger sa toilette dans sa jeunesse, le cœur endurci de Patty Steele n'eût pas toujours été inaccessible.

Sir Edward désirait réunir encore une fois ses bons voisins avant de les quitter pour tout l'hiver; et la veille du départ de toute la famille pour la capitale, le docteur Yves et sa femme, Francis et Clara, et les Haughton, vinrent dîner à Moseley-Hall. Les hommes venaient de quitter la table pour rejoindre les dames, lorsque Grace rentra dans le salon, avec une physionomie rayonnante.

— Votre air de satisfaction semble nous annoncer quelque bonne nouvelle, dit le docteur en voyant sa figure épanouie.

— Une bien bonne, sans doute, répondit Grace, du moins je l'espère et je le crois sincèrement. Une lettre de mon frère m'annonce son mariage et me donne l'espoir de le voir arriver bientôt à Londres.

— Son mariage ! s'écria M. Haughton en jetant involontairement les yeux sur Emilie ; lord Chatterton marié ! Oserai-je vous demander avec qui ?

— Avec lady Henriette Denbigh, au château de Denbigh dans le Westmoreland. Ils se sont mariés sans bruit et bien secrètement, je vous assure, puisque Moseley et moi nous sommes ici; mais rien ne pouvait me faire plus de plaisir que cette nouvelle.

— Lady Henriette Denbigh ! répéta M. Haugthon... quoi ! une parente de notre ancien ami... de votre ami, miss Emilie, ajouta-t-il en se rappelant la scène du berceau. Emilie eut assez d'empire sur elle-même pour répondre : — Je crois, Monsieur, que c'est sa cousine germaine.

— *Lady* Henriette ? comment donc a-t-elle obtenu ce titre ? ajouta l'ami indiscret, qui ne se doutait pas qu'il marchait sur un terrain glissant.

— Elle est fille du feu duc de Derwent, répondit Mrs Moseley, qui aimait autant que lui à parler de sa nouvelle sœur.

— Comment se fait-il donc que la mort du vieux M. Denbigh ait été annoncée tout uniment comme celle de George Denbigh, écuyer, s'il était le frère du duc? dit Jane, oubliant la présence du docteur et Mrs Yves, dans sa rage de connaître toutes les généalogies. N'aurait-il pas dû recevoir le titre de lord, ou du moins celui d'honorable ?

C'était la première fois qu'on s'oubliait au point de faire allusion devant la famille du docteur à la mort de leur ami ; et la pauvre Jane, s'apercevant de son inadvertance, n'osait plus ni parler ni lever les yeux. Le bon ministre, voulant rompre le silence embarrassant qui avait suivi l'indiscrétion de Jane, et prévenir d'autres questions, répondit doucement :

— Je présume que c'est parce que le feu duc succéda au titre d'un cousin germain. Mais, Emilie, j'espère que vous me tiendrez au courant de tous les plaisirs dont vous jouirez dans la capitale. Emilie le lui promit volontiers, et la conversation prit un autre tour.

Dans ses entretiens avec le docteur, Mrs Wilson avait soigneusement évité tout ce qui aurait pu l'amener à parler de son jeune ami, et le docteur de son côté paraissait craindre autant qu'elle que la conversation tombât sur Denbigh.

— Les espérances qu'il avait conçues sont trompées comme les nôtres, pensait la veuve, et il craint tout ce qui pourrait lui rappeler un souvenir pénible. Il a été témoin de ses attentions pour Emilie, il est instruit de son mariage avec lady Laura, et, comme il a beaucoup d'attachement pour nous tous, et en particulier pour Emilie, il est blessé d'une telle conduite.

— Sir Edward ! s'écria M. Haugthon en riant, savez-vous que, si cela continue, les barons vont devenir très-communs? Avez-vous entendu dire combien nous avons été près d'en avoir un de de nouvelle fabrique dans notre voisinage ?

Sir Edward ayant répondu négativement, son vieil ami ajouta :
— Ce n'était rien moins que le capitaine Jarvis qui ambitionnait ce titre.

— Le capitaine Jarvis ! répéta-t-on autour de lui ; expliquez-vous, monsieur Haughton.

— Mon plus proche voisin, le jeune Walker, ayant été à Bath pour sa santé, n'a pas voulu revenir à B*** sans y rapporter quelques nouvelles bien surprenantes, ou quelque histoire bien scandaleuse.

Lady Jarvis, car elle a pris ce titre depuis qu'elle nous a quittés, voulait à toute force faire un lord de son héritier, et pendant six mois ils unirent tous leurs efforts pour économiser une somme capable de séduire le ministre, et de l'engager à honorer la pairie d'un illustre personnage.

Bientôt après, la fille de notre ancien ami, William Harris, entra dans le complot, et avança même environ 200 livres pour concourir à une si belle œuvre. Quelques circonstances cependant venant éveiller les soupçons de Caroline, elle demanda à être mise plus au courant des affaires. Le capitaine avait prévariqué ; miss Harris se plaignit, jusqu'à ce que celui-ci, avec plus de véracité que de politesse, lui dit qu'elle était folle ; que l'argent, il l'avait dépensé ou perdu au jeu, et qu'elle ne devait pas croire que le ministre et lui fussent assez sots, le premier pour le faire baron, et lui pour l'épouser. Enfin elle vit qu'il l'avait prise pour dupe.

John écoutait cette histoire avec un véritable délice, et impatient de tout savoir il dit :

— Mais cela est-il bien vrai, et comment le public en a-t-il été informé ?

— Miss Harris eut l'imprudence de se plaindre, et le capitaine, pour mettre les rieurs de son côté, raconta toute l'affaire, de sorte que la première est devenue l'objet des sarcasmes de tout Bath, et Jarvis celui du mépris général.

— Pauvre sir William! dit le baronnet avec compassion, que je le plains!

— Je crains bien qu'il ne doive tous ses malheurs qu'à sa faiblesse, répondit le docteur.

— Mais vous ne savez pas tout encore, reprit M. Haughton, nous ne sommes au monde que pour souffrir. Lady Jarvis pleura, et tourmenta sir Timo pour qu'il résiliât son bail : celui-ci se fâcha d'abord, puis il finit par consentir à prendre une autre maison dans une partie du royaume où ni le nom ni l'histoire de miss Harris ne seraient connus.

— Ainsi donc voilà encore sir William obligé de chercher un locataire, dit lady Moseley, qui ne regrettait guère ses derniers voisins.

— Non, Milady, continua M. Haughton en souriant; vous savez que Walker est procureur, et de temps en temps il travaille pour sir William. Lorsque Jarvis résilia son bail, le baronnet se trouvait justement à court d'argent, et il pensa que, puisque le Doyenné ne lui était pas utile, il n'avait rien de mieux à faire que de le mettre en vente. Le lendemain, tandis que Walker était avec sir William, un jeune lord vint voir ce dernier; et, sans marchander, il promit de lui en compter tout de suite 30 mille livres sterling.

— Et quel est ce jeune homme? demanda lady Moseley avec empressement.

— Le comte de Pendennyss.

— Le comte de Pendennyss! s'écria Mrs Wilson enchantée.

— Pendennyss! dit le docteur en regardant avec un sourire Mrs Wilson et Emilie.

— Pendennyss! répétèrent d'un air de surprise toutes les personnes qui se trouvaient dans la chambre.

— Oui, dit M. Haughton, le Doyenné appartient maintenant au comte, qui, dit-on, l'a acheté pour sa sœur.

CHAPITRE XL.

> Vous la trouvez aujourd'hui fraîche et belle ; attendez encore quelques années ; hélas ! elles s'écoulent si vite ! Vous verrez l'hiver de la vieillesse blanchir ces cheveux ondoyants qu'on se hâtera de cacher sous une coiffe complaisante. Alors la table de jeu sera préférée aux danses de la prairie : plus de tricheries en amour, mais faites attention à vos cartes. Th. Brown.

Le lendemain, avant de quitter Moseley-Hall, Mrs Wilson trouva le temps de s'assurer de la vérité de l'histoire que lui avait racontée M. Haugthon.

Le Doyenné avait changé de maître, et un nouvel intendant était déjà arrivé pour en prendre possession au nom du nouveau propriétaire. Quel motif avait pu engager lord Pendennyss à faire cette acquisition ? Mrs Wilson l'ignorait. Peut-être était-ce le désir de se rapprocher de lord Bolton ; mais quelle qu'en fût la cause, elle se croyait sûre d'avoir le jeune comte pour voisin au moins pendant l'été suivant, et cette certitude lui causait un plaisir auquel elle était depuis longtemps étrangère. La satisfaction qu'elle en ressentait augmentait encore lorsqu'elle jetait les yeux sur sa chère Emilie, qui était sa compagne de voyage.

Le Doyenné se trouvait sur la route de Londres. Mrs Wilson vit près de la porte un domestique qui lui parut porter la même livrée que ceux qu'elle avait vus suivre l'équipage du comte ; et, impatiente de savoir quand elle pourrait espérer de voir son maître, elle fit arrêter sa voiture, et fit signe au domestique qu'elle désirait lui parler.

— Je voudrais savoir, Monsieur, quel est le nouveau propriétaire du Doyenné.

— Lord Pendennyss, répondit-il en ôtant respectueusement son chapeau.

— Le comte n'est pas ici ? demanda Mrs Wilson avec intérêt.

— Non, Madame ; je suis venu apporter quelques ordres à son intendant. Milord est dans le Westmoreland avec le duc de Derwent, le colonel Denbigh et ces dames.

— Doit-il y rester longtemps?

— Je ne le crois pas, Madame ; presque tous les gens de Milord sont déjà à Annerdale-House, et il est attendu à Londres avec le duc et le colonel.

Le domestique était un homme âgé qui paraissait bien instruit de tous les projets de son maître, et Mrs Wilson fut enchantée de la perspective qui s'offrait de voir le jeune lord beaucoup plus tôt qu'elle ne l'avait espéré d'abord.

— Annerdale-House est donc la maison de ville du comte? demanda Emilie dès que le domestique se fut éloigné.

— Oui, ma chère ; il a hérité de toute la fortune du dernier duc de ce nom : je ne sais pas précisément de quel côté, mais je crois que c'est du côté de sa mère. Le général Wilson ne connaissait pas sa famille ; cependant je crois que Pendennyss porte encore un autre titre. Mais, ma chère, n'avez-vous pas remarqué à quel point ses domestiques sont honnêtes et respectueux? C'est encore une présomption favorable en faveur du comte.

Emilie sourit à ce nouveau témoignage de la partialité de sa tante, et elle répondit :

— Votre superbe voiture et vos valets galonnés vous attireront le respect de tous les serviteurs que vous rencontrerez, quel que soit le rang de leur maître.

Pendant le reste du voyage la tante et la nièce reprirent bien des fois cet entretien. La première nourrissait, presque à son insu, des espérances dont elle aurait ri elle-même si un autre eût voulu les lui faire concevoir ; et la seconde, quoiqu'elle eût beaucoup de respect pour le caractère connu du jeune comte, n'en parlait souvent que parce qu'elle était sûre de faire plaisir à sa tante.

Après trois jours de voyage ils arrivèrent à la belle maison que possédait le baronnet dans Saint-James-Square, et que le bon goût et la prévoyance de John avaient abondamment fournie de tout ce qui pouvait la rendre agréable et commode.

C'était la première fois que Jane et Emilie venaient à Londres ; et sous les auspices de John et de leur mère, qui, retirée depuis longtemps à la campagne, n'était pas moins curieuse que ses filles, elles résolurent de voir toutes les curiosités de la capitale pendant qu'elles en avaient le temps. Les deux premières semaines se passèrent dans cette occupation, que les merveilleux et les petites-maîtresses eussent trouvée si vulgaire et de si mauvais ton, et la variété des objets vint faire une diversion favorable aux tristes pensées auxquelles les deux jeunes personnes étaient livrées depuis plusieurs mois.

Tandis que sa sœur et ses nièces couraient après le plaisir, Mrs Wilson, aidée de Grace, s'occupait à établir le plus grand ordre dans toutes les branches de l'économie domestique, dans la maison de son frère, afin que l'hospitalité dont la famille du baronnet avait toujours fait gloire n'amenât pas la prodigalité et le désordre.

La seconde semaine après leur arrivée, toute la famille était rassemblée dans le parloir après le déjeuner, lorsque Mrs John Moseley eut le plaisir de voir arriver son frère donnant le bras à sa jeune épouse. Après avoir reçu les compliments et les félicitations sincères de tous ses amis, celle que nous devons appeler maintenant lady Chatterton s'écria gaiement : — Vous voyez, ma chère lady Moseley, que j'ai voulu bannir toute cérémonie entre nous ; et au lieu de vous envoyer une carte, j'ai trouvé plus simple et plus agréable de venir vous annoncer moi-même mon arrivée. A peine Chatterton m'a-t-il permis de mettre bien vite un châle et un chapeau, tant il était impatient de venir.

— Vous ne sauriez me faire plus de plaisir, et je voudrais que tous nos amis en agissent de même, répondit lady Moseley du ton le plus aimable ; mais qu'avez-vous donc fait du duc? n'est-il pas arrivé avec vous?

— Oh! il est parti pour Cantorbéry avec George Denbigh, Madame, dit Henriette en lançant à Emilie un regard qui peignait à la fois le reproche et l'amitié. — Il dit qu'il ne saurait supporter en ce moment le séjour de Londres, et le colonel étant obligé de quitter sa femme pour les affaires de son régiment, Derwent a été assez bon pour lui tenir compagnie pendant son exil.

— Et ne verrons-nous pas lady Laura? demanda lady Moseley.

— Pardonnez-moi, elle est ici ; nous attendons Pendennyss et sa sœur dans quelques jours ; ainsi vous voyez que tous les acteurs seront bientôt sur la scène.

Les visites et les engagements se succédèrent bientôt chez les

Moseley, et ils s'applaudirent d'avoir profité de leurs premiers loisirs pour satisfaire une curiosité bien excusable.

Mrs Wilson avait adopté pour sa pupille et pour elle une règle de conduite qui conciliait tous les devoirs d'un chrétien et ceux qu'impose la société.

Elles allaient dans le monde lorsque les convenances l'exigeaient, et se trouvaient à toutes les réunions où leur absence eût été remarquée; mais la pratique de la religion n'en souffrait jamais, et surtout elles observaient religieusement le jour du sabbat, obligation qu'il n'est pas toujours facile d'accomplir au milieu des distractions du monde, dans une capitale, et même partout ailleurs, où l'influence de la mode l'emporte sur les lois de l'Eternel.

Mrs Wilson ne poussait pas la piété jusqu'à la bigoterie; mais elle connaissait son devoir et l'observait rigidement. Elle y trouvait un plaisir extrême, et la moindre déviation à la règle qu'elle s'était faite eût été pour elle un supplice insupportable. Emilie, dans l'abandon de son cœur, et avec la douce confiance de son âge, suivait en tout l'exemple de sa tante, et imitait ses pratiques religieuses. Sachant toutes deux que les tentations sont plus grandes à la ville qu'à la campagne, elles s'observèrent encore davantage pendant leur séjour à Londres, et leur vigilance faisait leur sécurité.

Un dimanche, après l'office divin, une partie de la famille s'était réunie dans le parloir pour y faire une lecture pieuse, lorsque John, qui le matin avait accompagné ses parents à l'église, entra précipitamment; il venait chercher sa femme; il avait fait mettre ses chevaux bais à son phaéton, et il avait l'intention d'aller faire un tour à Hyde-Park, où tout le beau monde était rassemblé.

Grace, comme nous l'avons dit, depuis son voyage en Portugal, avait une véritable religion, tandis qu'auparavant, élevée sous ce rapport avec une indifférence coupable, elle n'en avait eu que les apparences. Sa ferveur s'était encore augmentée depuis lors par la sage direction du docteur Yves et de Mrs Wilson; mais elle n'était pas encore assez vive pour être à l'abri de toute atteinte, et il n'eût pas fallu de trop fortes secousses pour l'ébranler. A la proposition de son mari elle répondit avec douceur: — Mais c'est dimanche, mon cher Moseley.

—Croyez-vous que je ne le sache pas ? s'écria John avec gaieté ; c'est le beau jour, tout Londres y sera ; quel plaisir nous allons avoir !

Grace déposa son livre. — Ah ! Moseley, lui dit-elle en le regardant tendrement, vous devriez donner un meilleur exemple !

— Et quel meilleur exemple voulez-vous que je donne ? repartit John avec affection. En montrant partout une épouse accomplie, n'est-ce pas indiquer la route qui conduit au bonheur ?

Ces paroles furent prononcées avec ce ton de sincérité qui distinguait Moseley. Grace fut plus flattée du compliment qu'elle n'aurait voulu l'avouer, et John ne disait que ce qu'il pensait ; car son unique pensée, pour le moment, était de produire sa femme, et de faire partager à tout le monde l'admiration qu'elle lui inspirait.

Le mari avait trop d'éloquence pour ne pas l'emporter ; d'ailleurs Grace l'aimait si tendrement ! Elle monta dans le phaéton à côté de lui, à peu près résolue à profiter de l'occasion pour lui faire un beau sermon sur des objets sérieux ; mais cette résolution eut le sort de toutes celles qui sont formées par suite d'une espèce de compromis avec nos devoirs... Elle fut oubliée l'instant d'après.

Grace voulut essayer, en abandonnant ses occupations sérieuses pour se prêter à ses folies, de le ramener à ses sentiments ; mais l'épreuve eut une issue bien différente. Au lieu de le convertir, ce fut elle qui se laissa entraîner, et le sermon qu'elle avait préparé expira sur ses lèvres.

Mrs Wilson avait écouté attentivement la conversation de John et de Grace, et dès qu'ils furent partis, elle dit à Emilie, avec laquelle elle était restée seule :

—Voilà pourtant ce qui arrive, mon enfant, lorsque le mari et la femme n'ont pas les mêmes principes religieux. John, au lieu d'encourager Grace à remplir son devoir, parvient, comme vous le voyez, à l'en détourner.

Emilie sentit la force de la remarque de sa tante ; elle en reconnaissait la justesse ; cependant son amour pour le coupable lui fit hasarder de dire :

— John respecte la religion, ma tante ; il est incapable de pervertir Grace, et cette offense n'est pas impardonnable.

—Non, sans doute, mais ce n'en est pas moins une infraction

expresse aux ordres du Seigneur ; c'est ne vouloir pas même observer les dehors de la religion. J'aime à croire que John n'a écouté que sa légèreté naturelle, et qu'il n'a pas vu les conséquences de sa conduite. S'il ne change pas, et qu'il ne se montre pas bon chrétien, j'ai bien peur que la pauvre Grace n'ait de la peine à se maintenir dans ses bonnes résolutions. Mrs Wilson secoua la tête d'un air pensif, et Emilie fit une prière mentale pour ce qu'elle appelait la conversion de son frère.

A son arrivée, lady Laura s'était empressée de venir rendre visite aux Moseley; elle leur avait appris que son mari était nommé membre du parlement, et qu'il venait de prendre une maison à Londres. Ils virent bien qu'il serait presque impossible d'éviter de le rencontrer, puisqu'ils ne pouvaient s'empêcher de répondre, au moins par des visites éloignées, à l'empressement que lady Laura leur témoignait, et ils n'auraient pu se conduire autrement sans se faire tort à eux-mêmes; car le monde, toujours disposé à médire, n'eût pas manqué de publier bientôt que la manière d'être de la famille Moseley envers un homme auquel elle avait de si grandes obligations ne venait que du dépit qu'elle éprouvait de ce qu'il n'avait pas choisi une femme dans son sein.

Si le baronnet eût été instruit de la fatale découverte que sa sœur avait faite, il eût cherché à éloigner tout rapprochement avec la famille de Denbigh ; mais la discrétion dont Mrs Wilson et Emilie s'étaient fait un devoir les exposait non seulement aux avanies de lady Laura, mais encore au désir qu'éprouvait toute la famille d'y répondre, et elles se soumirent aux épreuves qui peut-être les attendaient, avec un chagrin qu'adoucissait un peu leur respect pour lady Denbigh et leur pitié pour sa confiance abusée.

Une parente éloignée de lady Moseley désirant donner une fête où elle comptait rassembler ses amis, s'empressa d'y faire inviter son vénérable parent, M. Benfield, aussitôt son arrivée à Londres. Si ce fut seulement parce que la dame se rappela qu'il était cousin de son père, ou si ce souvenir fut appuyé de celui des codiciles que les gens âgés ajoutent quelquefois à leur testament, c'est ce que nous n'entreprendrons pas de décider : quoi qu'il en soit, le vieillard fut flatté de l'invitation qu'il reçut ; il était encore trop galant pour ne pas se rendre à l'appel d'une dame, et il consentit à accompagner chez elle le reste de sa famille.

Lorsqu'ils arrivèrent, toute la société était déjà rassemblée; lady Moseley fut mise à une partie de quadrille, et les jeunes gens se livrèrent aux plaisirs de leur âge. Emilie, désirant se soustraire à la gaieté bruyante d'une foule de jeunes gens qui s'étaient rassemblés autour de sa tante et de sa sœur, offrit son bras à M. Benfield, qui désirait faire le tour des salons.

Ils erraient de l'un à l'autre sans s'apercevoir de l'étonnement qu'excitait la vue d'un homme de l'âge et du costume de M. Benfield, appuyé sur le bras d'une jeune et charmante personne, et sans même entendre les exclamations de surprise et d'admiration qu'on laissait échapper autour d'eux, lorsque enfin Emilie, craignant que la foule n'incommodât son oncle, l'entraîna doucement vers un salon écarté, destiné aux tables de jeu, où l'on circulait un peu plus librement.

— Ah! chère Emmy, dit le vieux gentilhomme en s'essuyant le front, que les temps sont changés depuis ma jeunesse! on ne voyait point alors une foule semblable resserrée dans un si petit espace, les hommes coudoyant les femmes, et, oserai-je le dire, chère Emmy, les femmes elles-mêmes coudoyant les hommes, comme je viens d'en être témoin.

M. Benfield prononça cette dernière phrase à voix basse, comme s'il eût craint qu'on entendît un tel blasphème.

— Je me rappelle, continua-t-il, que pendant une fête donnée par lady Gosford, quoique je puisse dire, sans vanité, que j'étais un des hommes les plus galants de la société, il ne m'arriva pas d'effleurer même du bout du doigt la robe ou même le gant d'aucune dame, si ce n'est pourtant que je donnai la main à lady Juliana pour la conduire à sa voiture.

Emilie sourit, et ils se promenèrent lentement au milieu d'une longue rangée de tables, jusqu'à ce qu'ils fussent arrêtés par une partie de wisk qui interceptait le passage, et qui attira leur attention par la différence d'âge et d'humeur qui se faisait remarquer entre ceux qui la composaient.

Le plus jeune des joueurs était un homme de vingt-cinq à vingt-six ans, qui jetait ses cartes avec un air de négligence et d'ennui, et qui jouait avec les guinées qui servait à marquer les points. Il lançait à la dérobée des regards d'envie sur les scènes plus animées qui se passaient dans les salons voisins, et l'impatience qu'exprimaient toutes ses manières prouvait assez qu'il n'attendait qu'une occasion de s'échapper de sa prison, et de quitter une ennuyeuse partie pour rejoindre les jeunes gens de son âge dont la vue lui faisait éprouver le supplice de Tantale.

Son partner était une femme dont il eût été difficile de dire l'âge : on lisait dans ses yeux qu'elle n'était pas disposée à résoudre ce problème, et qu'il n'aurait sa solution que lorsque son extrait mortuaire viendrait divulguer au monde une vérité si longtemps contestée. Son regard errait aussi de temps en temps dans les autres salons, mais c'était pour avoir occasion de censurer des plaisirs qu'elle ne pouvait plus partager, et ces moments de distraction ne l'empêchaient pas de tâcher de réparer par son adresse la négligence de son associé. Elle comptait d'un air de convoitise les points de ses antagonistes, et l'attention que portait son voisin de droite à tous ses mouvements prouvait qu'il croyait sa surveillance utile aux intérêts communs.

Ce voisin pouvait avoir environ soixante ans, et la forme de son vêtement noir annonçait qu'il était ecclésiastique. L'attention qu'il apportait au jeu venait plutôt de l'habitude qu'il avait de réfléchir, que du désir de gagner ; et si un léger sourire animait sa physionomie, ordinairement grave, lorsqu'il remportait quelque avantage, on pouvait l'attribuer à la satisfaction qu'il éprouvait en voyant déjouer les artifices de miss Wigram.

Le quatrième acteur d'une partie si singulièrement composée était une vieille dame qui avait la manie de porter un costume qui eût été plus convenable pour sa petite-fille. Elle paraissait mettre au jeu le plus vif intérêt ; et entre elle et le jeune homme s'élevait une haute pile de guinées qui paraissait être sa propriété exclusive ; car plusieurs fois elle en jeta une ou deux sur la table, comme son enjeu des paris qu'elle proposait sur le point ou sur la partie, paris que la négligence du jeune homme lui faisait presque toujours gagner.

— *Double et rob !* mon cher docteur, s'écria la vieille dame d'un air de triomphe. — Sir Villiam, vous me devez dix guinées.

Elles furent payées avec autant de facilité qu'elles avaient été gagnées, et l'antique douairière se mit à régler les dernières gageures qu'elle avait faites avec miss Wigram.

— C'est encore deux guinées, je crois, Madame, dit-elle après avoir compté avec soin la rétribution de cette dernière.

— Je crois vous avoir donné votre compte, Milady, répondit

miss Wigram avec un regard qui voulait dire : Prenez cela, ou vous n'aurez rien.

— Je vous demande pardon ; ma chère, mais vous ne me donnez que quatre guinées, et vous devez vous rappeler que vous m'en devez cinq pour le rob et une pour notre dernier pari. Docteur, oserais-je vous prier de m'avancer deux guinées sur celles que miss Wigram a mises en réserve auprès de vous? je suis impatiente de me rendre à la soirée de la comtesse.

Le docteur, pour se faire payer, avait été obligé d'avoir recours à la réserve dont parlait la vieille dame, et il s'applaudissait d'avoir réussi à empêcher par sa surveillance la tricherie qu'il soupçonnait ; mais miss Wigram, qui n'avait pas osé s'opposer à ce que le docteur se payât, voulut essayer au moins de défendre le reste de son enjeu, et elle s'écria avec véhémence :

— Mais Votre Seigneurie oublie les deux guinées qu'elle a perdues contre moi chez Mrs Howard.

— Non, ma chère, si je les ai perdues, je vous les ai payées, répondit la vieille très-vivement ; et, malgré les efforts de son adversaire, elle s'empara des deux guinées contestées.

M. Benfield et Emilie étaient restés les témoins silencieux de toute cette scène, la jeune fille, ne pouvant revenir de la surprise que lui causaient de semblables manières, et son oncle accablé sous le poids de sentiments difficiles à décrire, car dans les traits flétris et enflammés par la colère de la vieille joueuse, il avait reconnu les restes de sa Juliana, maintenant la vicomtesse douairière d'Haverford.

— Sortons, chère Emmy ! dit le vieillard en poussant un profond soupir, comme s'il se fût éveillé d'un long sommeil, et qu'il eût regretté le songe qui l'avait charmé, sortons à l'instant. Le fantôme qu'il avait adoré pendant quarante ans s'était évanoui devant la réalité ; et son cœur souffrait d'avoir reconnu dans cette vieille joueuse acariâtre celle que son imagination malade se plaisait depuis si longtemps à parer de toutes les vertus.

CHAPITRE XLI.

> Tout n'est pas gain dans le jeu caché d'une fausse modestie; supposez qu'on vous prenne au mot: il a donc des aïeux! Pourquoi n'en rien dire, s'il vous plaît? Il s'exposait vraiment à passer pour un sot.   Ford.

La famille du baronnet voyait très-souvent lady Henriette, que son mariage avec Chatterton et ses qualités aimables lui avaient rendue également chère. Le jeune lord, se voyant obligé d'aller à Windsor où l'appelaient les devoirs de sa charge, pria Mrs Wilson et Emilie, qui était devenue la favorite de sa nouvelle cousine, de venir passer quelques instants avec la pauvre veuve. Elles le lui promirent volontiers, et le jour même de son départ elles se rendirent chez Henriette à l'heure du déjeuner. Chatterton prit congé d'elles, après leur avoir exprimé combien il regrettait d'être forcé de les quitter, et les avoir remerciées de vouloir bien tenir compagnie à sa femme.

Lady Henriette avait apporté une fortune assez considérable à son mari; et celui-ci, ayant pourvu libéralement à l'établissement de ses sœurs, jouissait d'une aisance et d'un bonheur auxquels il était depuis lontemps étranger. Ses revenus lui permettaient d'avoir un grand train, et de prévenir tous les désirs de sa femme; et Henriette, qui unissait aux qualités les plus brillantes des avantages plus solides, avait établi le plus grand ordre dans toute sa maison.

— Mrs Wilson, dit sa jeune hôtesse en lui versant une tasse de thé, et après avoir jeté un dernier regard sur Chatterton qui s'éloignait, savez-vous que je suis au moment de marcher sur les traces de miss Harris et de me faire entremetteuse de mariages?

— Et pour qui donc? demanda la veuve en souriant.

— Pour qui? pouvez-vous me le demander? pour notre chère petite Emilie.

— Pour moi! s'écria Emilie en tressaillant, et sortant d'une profonde rêverie sur la perspective du bonheur qui s'ouvrait pour lady Laura, vous êtes trop bonne, Henriette; mais pourrais-je savoir à qui votre imagination me destine? ajouta-t-elle en s'efforçant de sourire.

— A qui, mon Emilie? au seul homme qui soit digne de vous, à mon cousin Pendennyss. Ah! dit-elle en riant et en lui prenant la main, il y a longtemps que Derwent et moi nous avons arrangé cette affaire, et je suis sûre que vous serez de notre avis, dès que vous le connaîtrez.

— Le duc de Derwent! s'écria l'innocente Emilie avec surprise, et ses joues se couvrirent d'une vive rougeur.

— Oui, le duc, reprit la jeune lady Chatterton; vous trouvez singulier, je le vois, qu'un amant rebuté dispose si vite de sa maîtresse, mais nous avons pris cette affaire à cœur. Le comte est arrivé la nuit dernière, et sa sœur et lui doivent dîner aujourd'hui familièrement avec nous. Eh bien! ma chère miss Wilson! ne vous avais-je pas préparé une agréable surprise?

— Oh! bien agréable, je vous assure, répondit la veuve enchantée, et pouvant à peine se persuader qu'elle allait voir enfin celui qu'elle désirait connaître depuis si longtemps. Mais d'où arrive-t-il?

— Du comté de Northampton, où il vient d'acheter un joli manoir... mon Dieu, tout près de chez vous, à ce qu'on m'a dit, et vous voyez qu'il entre d'avance dans nos vues.

— Il est vrai, dit Emilie en plaisantant, que l'acquisition du Doyenné m'en paraît une preuve convaincante; mais le comte manquait-il donc de maisons, pour acheter celle-là?

— Non, certainement: sans parler de son hôtel à Londres, qui est un véritable palais, il a trois châteaux qu'il tient de ses ancêtres, et qui, plus grands, plus magnifiques les uns que les autres, sont situés dans les contrées les plus pittoresques du royaume; mais il n'en avait point dans le Northampton, dit Henriette en riant. A dire vrai, il offrit à George Denbigh d'aller habiter le Doyenné pendant l'été prochain; mais le colonel désire ne pas s'éloigner d'Eltringham; Pendennyss le sait, et je pense que cette offre n'était qu'une ruse pour mieux cacher ses projets. Maintenant que vous connaissez aussi les nôtres, Emilie, vous devez juger que nous lui avons épargné vos louanges, pendant que nous étions avec lui dans le Westmoreland.

— Et le colonel Denbigh est-il à Londres? demanda Mrs Wilson en jetant un coup d'œil inquiet sur Emilie, qui changeait de couleur en dépit de tous ses efforts.

— Oui, Madame, et Laura est aussi heureuse…, aussi heureuse que moi, dit Henriette. Et sa femme de charge étant venue lui demander ses ordres, elle sortit du salon avec elle.

Tandis que ses deux amies, assises en silence, étaient plongées dans leurs réflexions, elles entendirent frapper à la porte de la maison; on l'ouvrit, et les pas parurent se diriger vers l'appartement où elles étaient. Un domestique en ouvrit la porte, et avant d'entrer quelqu'un lui dit :

— C'est très-bien; ne dérangez pas votre maîtresse, je ne suis pas pressé.

Au son de cette voix bien connue, les deux dames tressaillirent; elles ne pouvaient se tromper : ici ce n'était plus l'effet de la ressemblance; c'était bien sa voix; il était impossible de s'y méprendre. A peine avaient-elles eu le temps de faire ces réflexions rapides que leurs doutes furent dissipés : celui qui avait parlé entra : c'était Denbigh.

Il s'arrêta et resta un moment immobile comme une statue; il était évident que la surprise était mutuelle. Il devint très-pâle, puis un instant après ses joues se couvrirent d'une vive rougeur; il s'approcha de celles qu'il s'attendait si peu à voir, et leur dit d'une voix douce et tremblante.

— Que je suis heureux!… Combien je remercie le ciel d'une rencontre si agréable et si inespérée! et il demanda avec empressement des nouvelles de la famille du baronnet.

Mrs Wilson le salua sans rien répondre; et Emilie, pâle comme la mort, se laissa retomber sur le sopha sans lever les yeux, et sans oser essayer de prononcer un seul mot, dans la crainte de trahir son émotion.

Après avoir lutté un moment pour surmonter la douleur que lui causait un semblable accueil, Denbigh quitta vivement le siége qu'il avait pris, et, se rapprochant des deux dames, il dit avec énergie, mais d'un ton suppliant :

— Chère Mrs Wilson, et vous, aimable… trop aimable Emilie, une seule imprudence, une supercherie que je croyais bien innocente me fera-t-elle perdre pour toujours votre amitié? Derwent m'avait laissé espérer que vous aviez encore quelque estime pour moi.

— Le duc de Derwent! monsieur Denbigh?

— Oh! chère Mrs Wilson; je vous en prie, ne me donnez plus un nom qui m'est devenu presque odieux.

— Si vous ne pouvez plus entendre prononcer votre nom sans rougir, je vous plains, dit Mrs Wilson d'un air grave, mais...

— De grâce, ne me rappelez pas ma folie, interrompit-il vivement; n'en ai-je pas été assez puni? Daigner m'appeler par mon titre.

— Votre titre! s'écria Mrs Wilson étonnée. Emilie leva la tête et lui montra ses traits décomposés, sur lesquels une vive rougeur venait de remplacer une pâleur mortelle. Ses yeux, fixés sur lui dans l'attente de ce qu'il allait répondre, semblaient lancer des éclairs.

— Que voulez-vous dire? demanda Denbigh; y a-t-il encore entre nous quelque fâcheuse erreur que j'ignore? et prenant la main de Mrs Wilson, il la pressa tendrement entre les siennes en ajoutant : — Par pitié ne me laissez pas dans cette cruelle incertitude!

— Pour l'amour de la vérité, par égard pour moi, pour notre bonheur à tous, répondez sincèrement : — Qui êtes-vous? dit Mrs Wilson d'un ton solennel.

En retenant toujours sa main, il fléchit le genou devant elle, et répondit sur le même ton :

— Je suis l'élève, le fils d'adoption de votre mari, le compagnon de ses dangers, celui qui partagea tous ses plaisirs et toutes ses peines, je suis le comte de Pendennyss.

Mrs Wilson posa sa tête sur l'épaule du jeune homme agenouillé devant elle; elle le serra contre son cœur et fondit en larmes; pendant quelques moments ils furent tout entiers à leurs souvenirs; mais un cri de Pendennyss rappela la veuve à la situation de sa nièce.

Emilie était tombée évanouie sur le sopha.

Une heure se passa avant que lady Chatterton parvînt à se débarrasser des importuns qui l'empêchaient de rentrer dans le salon, où elle fut très-étonnée de trouver le comte. Après les avoir tous regardés avec surprise, Henriette s'écria :

— A merveille! il me paraît que vous ne vous gênez pas. Depuis combien de temps Votre Seigneurie honore-t-elle ma maison de sa présence, et comment avez-vous pris la liberté de vous présenter vous-même à Mrs Wilson et à miss Moseley?

— Point de gêne et liberté entière, c'est la devise du jour, vous le savez, ma chère cousine ; aussi y a-t-il une heure que je suis ici, et que, ne vous voyant pas là pour faire les honneurs de votre maison, j'ai pris la liberté de me présenter moi-même à Mrs Wilson et à miss Moseley...

En prononçant ces derniers mots avec une gravité comique, un sourire expressif vint animer les traits de Pendennyss, et Emilie jeta sur lui un regard où la malice se mêlait à la joie : elle sentait son cœur pénétré du même bonheur qui avait marqué tous les jours de son heureuse enfance.

Lady Chatterton les regardait tour à tour, étonnée de l'expression singulière qu'elle remarquait sur toutes les physionomies, et surtout du changement qui s'était opéré depuis une heure dans les manières de ses deux amies. Après avoir écouté quelque temps leur conversation, dans l'espoir de s'instruire de la cause d'une transition si subite, elle s'écria tout à coup :

— Sur ma parole, vous êtes tous des êtres incompréhensibles ; je laisse ces dames seules, et je les retrouve avec un beau jeune homme ; elles avaient encore des figures graves et sérieuses, sinon mélancoliques, je les revois rayonnantes de gaieté et de bonheur. Je les surprends avec un homme qu'elles n'ont jamais vu, et elles lui parlent de promenades faites ensemble, d'amis communs, de plaisirs passés : de grâce, chère Mrs Wilson, et vous, Milord, vous connaissez la curiosité des femmes, ne prolongez pas plus longtemps mon supplice.

— Non, s'écria le comte avec gaieté, pour punir cette curiosité, que vous n'avouez que pour nous engager à la satisfaire, je ne vous dirai pas le mot de l'énigme ; mais ma sœur m'attend chez votre voisine, Mrs Wilmot, et il faut que je la rejoigne : nous serons ici tous deux à cinq heures. Et se levant avec vivacité, il prit la main que lui tendait Mrs Wilson et la porta à ses lèvres ; puis s'arrêtant devant Emilie, dont les joues auraient pu disputer l'éclat avec la rose, il prit aussi sa main, la posa quelques instants sur son cœur, la baisa avec respect, et s'enfuit précipitamment pour cacher son émotion. Emilie, ne pouvant réussir à maîtriser la sienne, se retira un moment dans la chambre voisine, pour y verser en liberté quelques larmes. Celles-là du moins étaient sans amertume ; elles provenaient d'un excès de bonheur.

L'étonnement d'Henriette allait toujours croissant, et son inquiétude serait devenue trop pénible, si Mrs Wilson ne se fût empressée de lui témoigner une confiance dont son amitié pour Emilie la rendait si digne ; elle lui raconta en peu de mots le changement de nom du jeune comte, dont elle ignorait encore le motif, et les quiproquo fâcheux qui en étaient résultés.

— N'est-il pas désagréable, dit lady Chatterton gaiement, tandis qu'une larme brillait dans ses yeux, que des plans aussi bien combinés que ceux que nous avions formés avec Derwent deviennent tout à coup inutiles et soient perdus pour la postérité ! Emilie en aurait trompé de plus fins avec son petit air posé ; mais mon rigide cousin !..... oh ! comme je vais le gronder de sa supercherie !

— Je crois qu'il se repent déjà sincèrement de l'avoir employée, dit Mrs Wilson en souriant, et son erreur est assez punie par les suites qu'elle a eues pour son repos : quatre mois de souffrances sont un châtiment bien sévère pour un amant.

— Oui, répondit Henriette avec un sourire malin, s'il avait souffert seul ; mais une autre a partagé la peine qu'elle n'avait point méritée, et il peut compter que je ne l'épargnerai pas.

L'intérêt qu'Henriette prenait à son amie était encore augmenté par la découverte inattendue de l'amour mutuel qui l'unissait à Pendennyss ; et, quoique ce dernier fût absent, les heures qui s'écoulèrent jusqu'à celle de son retour ne parurent aux trois amies qu'un rapide enchantement. Lady Chatterton déclarait que, malgré son amitié pour son frère, elle préférait qu'Emilie devînt la femme de Pendennyss, qui seul était digne d'elle. Mrs Wilson se sentait mille fois plus heureuse qu'elle n'avait jamais espéré l'être en voyant se réaliser des souhaits que son âge, sa philosophie, et même la religion, n'avaient pu l'empêcher de former. Les yeux d'Emilie brillaient d'un nouvel éclat, et son cœur battait d'espérance et de bonheur.

A l'heure indiquée, le bruit d'une voiture annonça l'arrivée du comte et de sa sœur.

Pendennyss entra dans le salon en donnant le bras à une jeune personne très-délicate, mais douée d'une grande beauté ; il la présenta à Mrs Wilson, comme lady Marianne Denbigh, sa sœur ; et la douceur et l'affabilité de Marianne firent bientôt oublier à ses nouvelles connaissances qu'elles la voyaient pour la première fois. Quoique Emilie eût une confiance entière dans l'honneur et la véracité de son amant, elle éprouva un vif sentiment de joie en l'entendant donner à sa sœur le nom de Marianne. L'amour est une passion si inquiète, si tyrannique, qu'il veut régner en despote sur le cœur qu'il asservit; il est jaloux même des apparences, et le seul remède des soupçons inquiets qui l'agitent continuellement ne se trouve que dans une confiance mutuelle, charme le plus doux d'une union bien assortie.

Lorsque cette Marianne, qu'elle avait trouvée longtemps si formidable, s'approcha pour la saluer, Emilie se leva, les yeux brillants de joie, pour serrer la main qu'elle lui offrait. Marianne la regarda un moment avec attention, et jetant ses bras autour du cou d'Emilie, elle la pressa sur son cœur, et lui dit tout bas et du ton le plus tendre : — Ma sœur, ma sœur bien-aimée !

Emilie se sentait émue jusqu'aux larmes; Pendennyss sépara doucement les deux êtres qu'il chérissait le plus au monde, et elles eurent bientôt repris assez de calme pour se mêler à la conversation.

Lady Marianne ressemblait beaucoup à son frère, elle avait aussi un air de famille avec sa cousine Henriette; mais ses manières étaient plus douces et plus réservées, et ses jolis traits avaient presque toujours une expression de mélancolie.

Dès que son frère parlait, elle se taisait aussitôt, non par crainte, mais par suite de l'admiration qu'elle avait pour lui; elle le regardait comme le meilleur et le plus parfait des hommes, et son attachement était payé du plus tendre retour.

La tante et la nièce examinaient attentivement les manières du comte, et elles trouvaient quelque différence entre ce qu'il était et ce qu'il avait été. N'étant plus soumis à une dissimulation qui était hors de son caractère, il déployait cette amabilité, cette aisance que donne l'habitude du grand monde, sans rien perdre cependant de cette sincérité qui était empreinte dans toutes ses actions.

Si Pendennyss avec son air franc et ouvert eût dit à Mrs Wilson : Je suis innocent, elle n'aurait pu s'empêcher de le croire, et une explication bien simple leur eût épargné quatre mois de chagrins; mais, s'imaginant que le mécontentement de la veuve ne provenait que de la découverte de sa supercherie (découverte qu'elle aurait faite si elle eût continué l'examen du portefeuille), le sentiment de ses torts et de la ruse qu'il s'était permise l'empêcha de rien dire pour sa défense.

Il avait perdu cet air d'embarras et d'inquiétude qui bien des fois avait alarmé la tante, mais il avait encore cette douceur, ce respect, cette noble modestie, qui lui avaient assuré son amitié et son estime.

Ce léger changement enchantait Mrs Wilson; Emilie, au contraire, habituée à voir à son amant un air timide et réservé, fut quelques jours à s'habituer à la gaieté et à l'aisance du comte. Denbigh lui avait paru l'idéal de la perfection, comment aurait-elle pu désirer qu'il changeât?

Lady Marianne, ne prévoyant pas le plaisir qui l'attendait chez Henriette, avait promis à sa cousine lady Laura de l'accompagner à une fête qu'on donnait le soir même, et elle avait demandé sa voiture de bonne heure. Désirant rester le plus tard possible avec ses nouvelles amies, elle les supplia d'y monter ainsi que Henriette, et de l'accompagner à Annerdale-House, où lady Laura devait venir la prendre; Henriette y consentit, et après avoir laissé un billet pour Chatterton, ils partirent tous ensemble.

Annerdale-House était un des plus beaux hôtels de Londres; il avait été bâti dans le dernier siècle, et en traversant ses grands et riches appartements Emilie sentit un moment son cœur se serrer; mais un coup d'œil jeté sur Pendennyss la réconcilia avec une magnificence à laquelle elle avait été jusqu'alors étrangère. En le voyant dans ces beaux lieux, on ne pouvait douter qu'il n'en fût le maître; mais il en exerçait la domination avec tant de douceur et de bonté; il était si aimable, si attentif pour elle, qu'avant de quitter la maison, Emilie commençait à croire qu'on pouvait goûter le bonheur au sein de la splendeur et du luxe.

Bientôt après leur arrivée, on annonça le colonel Denbigh et lady Laura; et l'homme dont la veille encore le nom seul eût fait pâlir Emilie entra dans le salon. Il ressemblait encore plus à Pendennyss que le duc de Derwent, et il paraissait à peu près du même âge.

Mrs Wilson vit bientôt qu'elle n'avait plus besoin de plaindre lady Laura, comme elle l'avait fait bien des fois, depuis qu'elle la croyait la femme du lâche suborneur de Julia. Le colonel était un homme du meilleur ton, aimable, spirituel, et qui paraissait adorer sa femme. Tous ses parents l'appelaient George, et il donnait souvent au comte ce nom qui leur était commun.

La conversation étant tombée sur un buste de grand prix que

possédait Pendennyss, les dames, qui ne le connaissaient pas, manifestèrent le désir de le voir, et l'on passa dans la grande et magnifique bibliothèque du comte. Emilie parcourait les titres des beaux ouvrages qu'elle renfermait, lorsque ses yeux en rencontrèrent un qui attira son attention; souriant et rougissant tout à la fois, elle se tourna vers Pendennyss, qui suivait tous ses mouvements, et elle lui dit avec enjouement : —Ayez pitié de mon embarras, et permettez-moi de vous emprunter ce volume.— Très-volontiers, répondit-il ; quel est l'ouvrage que vous désirez lire? Mais Emilie avait pris le volume, et l'avait caché dans son mouchoir. Le comte remarquant que, tout en plaisantant, Emilie voulait lui dérober l'objet de sa curiosité, jeta les yeux sur la case d'où elle avait tiré le tome en question ; il devina aussitôt son motif, il sourit, et lui dit en lui présentant un autre livre :

—Je ne suis pas pair d'Irlande, mais pair d'Angleterre, Emilie, et vous vous êtes trompé de volume. Celle-ci ne put s'empêcher de rire à son tour en se voyant découverte, tandis que le comte, ouvrant le livre qu'il tenait à la main, et qui n'était autre que le premier tome de la Pairie[1], de Debrett, lui indiqua l'article où il était question de sa famille, et dit à Mrs Wilson qui s'approchait d'eux :

— Demain, ma respectable amie, je solliciterai votre attention pour une histoire bien triste, mais qui, je l'espère, atténuera un peu ma faute à vos yeux. En disant ces mots, il alla rejoindre le reste de la compagnie pour détourner son attention, tandis qu'Emilie et sa tante lisaient le paragraphe suivant.

— George Denbigh, comte de Pendennyss, baron Lumley, de Lumley-Castle, baron Pendennyss, Beaumaris et Fitzwalter, né le..., de..., dans l'année de...

La liste des comtes et des barons remplissait plusieurs pages, mais le dernier article était ainsi conçu :

« George, vingt-unième comte du nom, succéda à sa mère Marianne, comtesse de Pendennyss, de son chef, étant né de son mariage avec George Denbigh, écuyer, cousin-germain de Frédéric, neuvième duc de Derwent, héritier présomptif. » Le titre et le domaine de Pendennyss n'étant point substitués passeront

---

[1]. C'est une espèce de registre généalogique, où l'on trouve l'histoire et le titre de chaque famille dans laquelle la pairie est héréditaire. Il y a un livre semblable pour les *baronnets*.

à Marianne Denbigh, sœur du comte, si Sa Seigneurie meurt sans laisser d'enfants. »

Ces derniers paragraphes ayant expliqué, en grande partie, ce qui a pu paraître mystérieux dans cette histoire, nous allons maintenant raconter à nos lecteurs, d'une manière suivie, les détails que Pendennyss donna en différentes fois à ses amis sur sa famille et sur ses ancêtres.

CHAPITRE XLII.

> C'est un marin ! Voyez-le fier et dédaigneux. Il n'est rien qui le charme que le bruit des vagues. Son oreille n'est plus faite aux doux propos d'amour. Sa maîtresse, c'est sa frégate.— LOGAN.

C'ÉTAIT à la fin de cette lutte malheureuse qui priva l'Angleterre de ses plus riches et de ses plus belles colonies, qu'une flotte nombreuse revenait d'une longue croisière au milieu des îles du Nouveau-Monde, pour réparer dans la mère-patrie les dommages que lui avaient causés la tempête et les efforts des insulaires révoltés.

Le cri de : Terre ! le plus agréable de tous les sons pour les oreilles d'un marin, avait rassemblé indistinctement, sur le gaillard d'avant du vaisseau amiral, tous les officiers et les matelots qui le montaient. Ils contemplaient la terre natale avec des émotions diverses, mais tous avec un vif sentiment de joie de revoir encore une fois les bords de la vieille Angleterre.

Le bruit des vagues, que l'approche du rivage rendait plus furieuses, et qui battaient les flancs du vaisseau avec une force toujours croissante, réjouissait le cœur du vétéran, et il jetait le coup d'œil de l'expérience sur les voiles déployées du navire, pour s'assurer si rien ne pouvait aider à franchir plus vite la distance qui les séparait encore de sa patrie.

Tous les yeux étaient fixés sur le pays natal, tous les cœurs battaient d'espoir et de joie aux souvenirs d'amour et de bonheur domestique que cette vue si chère venait leur rappeler; mais personne ne s'oublia au point de rompre par un seul mot le silence qu'exige la discipline d'un navire, et on n'entendait que le roulis des vagues et le sifflement du vent qui les portait avec rapidité vers l'objet de leurs vœux.

A l'extrémité du grand mât flottait un petit pavillon bleu, symbole du commandement, et immédiatement en dessous, sur le tillac, se promenait, d'un pas lent et régulier, un homme dont la taille carrée, les formes athlétiques et les traits basanés, attestaient à la fois la force et les longs services.

Chaque fois que sa promenade régulière le ramenait en vue de la terre où il avait reçu la vie, un sourire qu'il cherchait vainement à cacher venait animer sa figure martiale, et il jetait un coup d'œil satisfait sur la nombreuse escadre qui était sous ses ordres, et qu'il ramenait victorieuse dans sa patrie.

Près de lui était un officier portant un uniforme différent de tous ceux qui montaient le vaisseau. Il était petit de taille, et ses yeux vifs et perçants étaient aussi fixés sur ce rivage où il aurait bien voulu ne jamais aborder.

L'anxiété et la mortification qui étaient peintes sur sa figure le désignaient assez pour le commandant de ces vaisseaux que l'Anglais ramenait en triomphe, et dont le double pavillon apprenait à tout marin expérimenté qu'ils venaient de changer de maître. Tout à coup l'amiral vainqueur s'arrêta, et par quelques mots de civilité franche, mais maladroite, il essaya de consoler celui qu'il appelait honnêtement son hôte. Cette attention fut reçue avec toute la politesse qu'aurait pu exiger l'étiquette la plus ponctuelle, mais avec une contrainte visible qui prouvait à quel point elle lui était pénible.

C'était peut-être en effet le moment le plus mal choisi de tous ceux qu'ils avaient passés ensemble depuis deux mois, pour échanger quelques mots de bienveillance. L'excellent cœur de l'Anglais avait peine à cacher la joie qui le remplissait en voyant s'approcher le terme des travaux qui l'avaient arraché du sein de sa famille; et sa gaieté, sa brusquerie amicale et son sourire, qui n'étaient cependant que l'expression des sentiments d'un père et d'un ami, étaient autant de coups de poignard pour son rival vaincu.

En ce moment un troisième personnage sortit de la cabane, et se dirigea vers l'endroit où les deux amiraux venaient d'entrer en conversation avec des dispositions bien différentes.

La tournure et le costume de ce dernier différaient totalement de ceux des deux autres. C'était un militaire, et un militaire du plus haut grade; sa taille haute et gracieuse était remplie de dignité. Ses cheveux, arrangés avec soin, cachaient les outrages du temps; et sur le tillac d'un vaisseau du premier rang, sa tenue et ses manières auraient pu faire croire qu'il se disposait à se rendre à la parade.

— J'exige, Monsieur, dit l'amiral anglais d'un ton de franchise et de bonne humeur, que vous preniez place dans ma voiture jusqu'à Londres; vous êtes étranger dans ce pays, et je tâcherai de vous sauver quelques-uns des ennuis de la route.

— Vous êtes trop bon, monsieur Howell, répondit l'amiral français en le saluant avec un sourire forcé (car, interprétant mal l'offre bienveillante de son rival, il n'y voyait que le désir de l'emmener en triomphe, et de faire trophée de son malheur); mais j'ai accepté l'offre que M. le général Denbigh a bien voulu me faire.

— Le comte m'a promis de venir avec moi, Howell, dit le général avec un sourire obligeant, et en vérité vous ne seriez pas un compagnon de voyage très-commode, car vous devez quitter le vaisseau cette nuit même, dès qu'on aura jeté l'ancre, tandis que je ne compte débarquer que demain au point du jour.

— Bien, bien, Denbigh, s'écria l'amiral se frottant les mains de plaisir en voyant que le vent augmentait et les portait vers le rivage avec une vitesse toujours croissante; dès que vous êtes tous deux contents, je le suis aussi.

Quelques heures se passèrent encore cependant avant qu'ils entrassent dans la rade de Plymouth, et l'heure du dîner réunit encore une fois les deux amiraux. A peine était-il fini que le comte, sous prétexte de faire les préparatifs nécessaires à son débarquement, se retira dans sa chambre pour cacher sa mortification; et le capitaine du vaisseau monta sur le pont afin d'en surveiller la manœuvre et de juger de l'endroit le plus favorable pour jeter l'ancre. Deux ou trois flacons de vin restaient encore; mais comme on avait épuisé les santés de chaque membre de la famille de Brunswick, sans oublier celles de Louis XVI et de Marie-Antoinette, que le général Denbigh avait portées par égard pour le comte, personne n'était disposé à boire.

— *Le Foudroyant* est-il à son poste? dit l'amiral au lieutenant chargé des signaux, qui venait lui faire son rapport.

— Oui, Monsieur, et il a répondu.

— Très-bien ; faites le signal pour qu'il se prépare à jeter l'ancre. — Ecoutez, Bennet, rappelez tous les bâtiments de transport, qu'ils viennent bord à bord.

— Trois cent quatre-vingt-quatre, Monsieur? dit l'officier en consultant son livre de signaux. L'amiral jeta les yeux sur le livre et fit un signe d'assentiment.

— Ah! que *la Syrène, la Flore, la Belette*, et tous les sloops se tiennent au large, jusqu'à ce que nous ayons débarqué les troupes.

Le lieutenant se retirait pour aller exécuter ces ordres, lorsque l'amiral Howell, saisissant un flacon, le rappela d'une voix de stentor : — Eh! Bennet, j'oubliais... Prenez un verre de vin, et videz-le en l'honneur du succès de nos armes et de la déroute des Français.

Le général mit un doigt sur ses lèvres en désignant la porte de la chambre voisine, où s'était retiré l'amiral français.

— Vous avez raison, dit l'amiral Howell en baissant la voix; respectons le malheur, et que votre cœur seul porte ce toast.

Bennet s'inclina, vida d'un trait le verre de vin qui lui était présenté, et en remontant sur le pont, il chercha à recueillir sur ses lèvres les moindres restes de cette précieuse liqueur, en se disant que ces nababs étaient bien heureux d'avoir d'aussi bon vin.

Quoique le général Denbigh eût plus de pouvoir sur lui-même que son ami pour cacher des sentiments qui eussent pu blesser un ennemi malheureux, il n'en ressentait pas moins la joie la plus vive de penser qu'il se retrouverait bientôt dans ses foyers, dans sa patrie, où les honneurs l'attendaient. Si l'amiral s'était emparé d'une flotte, le général avait pris une ile, et pendant cette campagne périlleuse, ils s'étaient entr'aidés pour surmonter toutes les difficultés qui s'opposaient à leurs efforts.

Cette heureuse harmonie, cette coopération mutuelle, si rares dans ces temps malheureux, étaient dues à l'amitié sincère qui unissait les deux commandants. Dès leur enfance ils avaient été compagnons de jeux et d'études, quoique leurs caractères et leurs habitudes fussent opposés en tout ; et le hasard vint cimenter encore leur intimité quand ils entrèrent au service, car depuis leur premier pas dans la carrière, ils montèrent toujours le même vaisseau, et les deux vétérans, dont l'un commandait maintenant une flotte et l'autre une armée, étaient déjà revenus ensemble en Angleterre, il y avait bien des années, lorsque l'un n'était encore que colonel, et son ami capitaine de frégate.

L'influence de la famille du général, l'harmonie parfaite qu'on savait régner entre les deux amis, et qui les avait déjà mis à même de rendre d'importants services à l'État, leur avaient fait confier l'expédition périlleuse d'où ils revenaient, et leur âge et leurs longs services leur faisaient espérer qu'on les laisserait maintenant jouir au sein de leur famille des honneurs et des récompenses que leur avaient valus leurs travaux. En se versant un verre de madère, le général, qui suivait les préceptes du sage et réfléchissait toujours longuement avant de parler ; s'écria : — Peter ! nous avons été amis dès l'enfance.

— Sans doute, dit l'amiral en le regardant avec un peu de surprise à cette exclamation inattendue, et ce ne sera pas ma faute, Frédéric, si nous ne mourons pas de même.

Quoique le général fût d'un courage éprouvé sur le champ de bataille, la pensée de la mort, considérée de sang-froid, lui était toujours désagréable, et il ne répondit point à son ami, afin de marcher plus droit à son but.

— Quoique j'aie regardé bien souvent notre arbre généalogique, Howell, je n'ai jamais pu découvrir la moindre parenté entre nous.

— Je crois qu'il est trop tard pour corriger maintenant cette méprise de la nature, dit l'amiral d'un air pensif.

— Pourquoi cela ?... Hem..... cela serait possible, Howell..... Prenez un verre de bourgogne.

L'amiral secoua la tête, et, après avoir exprimé par un jurement énergique sa résolution de ne jamais toucher à rien de français, il se versa une rasade de madère, et répondit :

— Je voudrais bien savoir, Denbigh, comment vous vous y prendriez pour opérer maintenant ce prodige.

— Quelle dot comptez-vous donner à votre fille, Peter ? dit l'autre cherchant une manière évasive d'en venir à ses fins.

— Quarante mille livres sterling comptant, mon ami, et le double après ma mort, s'écria le bon marin d'un air ouvert et joyeux.

— George, mon plus jeune fils, ne sera pas riche; mais Francis sera duc et possédera des biens considérables... Cependant, continua le général en paraissant réfléchir, il est si gauche et si peu aimable que je n'oserais l'offrir pour époux à votre charmante fille.

— Isabelle épousera un homme franc et loyal comme son père, ou elle ne se mariera pas, dit l'amiral d'un ton positif, mais ne soupçonnant point le motif de son ami, qui ne pensait à rien moins qu'au bonheur d'Isabelle.

Francis, son fils aîné, était bien tel qu'il l'avait dépeint; mais le seul but du général était d'assurer un parti avantageux à George, son second fils et son favori. Un duc, quelque maussade qu'il soit, ne manque jamais de femme; mais un capitaine des gardes, sans fortune, pourrait ne pas être aussi heureux.

— George est bien le plus aimable garçon du monde, dit le général avec des yeux étincelants de plaisir; tous ceux qui le connaissent en sont enchantés. Pourquoi n'est-ce pas lui qui doit hériter des richesses et des honneurs de la famille?

— Voilà encore un de ces événements qu'il est trop tard pour empêcher, s'écria l'amiral en riant et en regardant dans les yeux de son ami si son génie lui suggèrerait aussi un remède à ce mal.

— Hélas! oui, il est trop tard, répondit l'autre avec un profond soupir. Mais, Howell, que pensez-vous du projet de marier Isabelle avec mon bien-aimé George?

— Denbigh, dit l'amiral en jetant sur son ami un coup d'œil pénétrant, Isabelle est mon unique enfant; c'est une bonne fille, soumise et tendre, qui m'obéira avec la même rapidité qu'un mousse obéit à son capitaine. Je pensais à la marier à un honnête et franc marin, dès que j'en rencontrerais un qui me convînt: mais votre fils est militaire, et c'est toujours quelque chose. Si vous l'aviez amené à bord, comme je vous y avais engagé, il ne me resterait aucune objection. Toutefois, lorsque l'occasion s'en présentera, je signalerai le jeune homme, et si je le trouve tel que je le désire, il pourra faire voile de conserve avec ma petite Bell.

Ces mots furent prononcés avec un ton de simplicité et de bonhomie qui engagea le général à continuer, et il allait exprimer à son ami combien il était charmé de le voir si bien disposé, lorsqu'ils entendirent un coup de canon tiré de leur bord.

— C'est sûrement un nouvel avertissement donné à quelques vaisseaux de transport en retard ; ils ont eu si longtemps des soldats à bord qu'ils sont devenus presque aussi paresseux et aussi maladroits que ces habits rouges, murmura l'amiral en se hâtant de monter sur le pont pour s'assurer du fait.

Il ne se trompait pas, et deux ou trois coups de canon tirés dans la direction des traîneurs, mais de manière à ne pas les atteindre, les eurent bientôt fait rentrer dans le devoir ; et une heure après quarante vaisseaux de guerre et cent bâtiments de transport étaient rangés dans le meilleur ordre, prêts à entrer successivement en rade.

Lorsque les deux vétérans furent présentés au roi, il récompensa leurs services du cordon de l'ordre du Bain ; et tandis que la renommée, sous la forme d'une gazette, instruisait l'Angleterre de leurs exploits, les nouveaux chevaliers commencèrent à penser sérieusement à élever un monument durable de leurs victoires en unissant leurs enfants. L'amiral cependant était bien décidé à ne rien conclure les yeux fermés, et il demanda à faire ce qu'il appelait une reconnaissance.

— Je voudrais voir d'abord le jeune homme qui doit être duc, s'écria-t-il un jour où son ami le pressait d'exécuter leur projet. Bell a aussi du sang noble dans les veines : c'est une petite frégate toute neuve qui n'a pas encore été lancée et qui ferait une aussi jolie duchesse que toutes celles qui portent ce titre ; ainsi, Denbigh, je commencerai par examiner le plus âgé des deux pilotes que vous m'offrez pour manœuvrer mon petit bâtiment.

Le général n'avait aucune objection à faire, car il savait bien que Francis serait loin de plaire à un homme simple et franc comme le marin, et ils convinrent de se réunir chez le général, pour faire ce que celui-ci appelait une revue, et ce que son ami nommait une reconnaissance. A l'heure indiquée les jeunes gens furent soumis à l'inspection de l'amiral.

Francis Denbigh, à l'âge de vingt-quatre ans, était de la constitution la plus faible, et ses traits pâles étaient encore défigurés par la petite-vérole ; son œil noir était vif et brillant, mais souvent il errait sur tous les objets qui l'entouraient sans se fixer sur aucun, et il avait quelque chose de vague et presque de sauvage ; ses manières étaient gauches, contraintes et timides.

Quelquefois une expression extraordinaire animait sa figure ; sa physionomie pétillait d'esprit et d'intelligence ; mais c'était un éclair qui ne durait qu'un instant, et il reprenait son air pensif et mélancolique dès que son père paraissait ou qu'il lui adressait la parole.

Un observateur attentif, comme Mrs Wilson, aurait pu remarquer que le père et le fils n'avaient pas l'un pour l'autre les sentiments que la nature aurait dû graver dans leurs cœurs. Mais l'amiral, en voyant un être si chétif et si débile, se contenta de murmurer entre ses dents : — Il y a peut-être l'étoffe d'un duc ; mais je n'en voudrais pas pour contre-maître.

George était plus jeune d'un an que Francis ; sa taille, sa tournure, la grâce de ses moindres mouvements le rendait le portrait frappant de son père : ses yeux étaient moins vifs, mais d'une expression plus agréable que ceux de son frère ; il avait l'air mâle et robuste, et sa physionomie respirait à la fois la bienveillance et la franchise.

— Mille bombes ! se disait en lui-même le vieux marin après avoir achevé un examen si satisfaisant, quel dommage que Denbigh ne l'ait pas envoyé sur mer !

Les intentions de l'amiral furent bientôt conformes aux désirs de son ami, et il resta à dîner avec lui pour conclure, le verre à la main, les arrangements préliminaires pour le mariage de George et d'Isabelle. Ils étaient seuls ; lady Denbigh et ses fils devaient dîner chez leur oncle le duc de Derwent.

— Eh bien ! Denbigh, s'écria l'amiral dès que les domestiques se furent retirés, quand mettrons-nous ces jeunes gens dans la même chaloupe, pour qu'ils voguent ensemble sur l'océan de la vie ?

— Mais le meilleur moyen, dit le prudent général, qui savait qu'il ne pouvait pas compter, comme son ami, sur une obéissance passive ; le meilleur moyen serait, je crois, de les réunir souvent, afin qu'ils pussent faire connaissance.

— Les réunir !... faire connaissance ! s'écria l'amiral avec surprise ; mais il me semble que le meilleur moyen de les réunir est de les conduire devant un prêtre, et qu'ils auront bientôt fait connaissance, lorsqu'ils se trouveront dans le même hamac !

— C'est une manière plus expéditive sans doute d'arriver au

même but, dit le général en souriant ; mais il me semble que nous devons d'abord procurer à nos enfants de fréquentes occasions de se voir, et les abandonner quelque temps à l'impulsion de leurs cœurs.

— L'impulsion de leurs cœurs! reprit sir Peter brusquement; et où avez-vous trouvé, Frédéric, qu'on dût abandonner une femme à un pilote si prudent?

— Non pas toutes les femmes, certainement, mon bon ami ; mais une jeune personne telle que celle que je brûle de nommer ma fille doit faire exception.

— Je n'en sais rien; Bell est une bonne fille, mais, comme tout son sexe, elle a ses fantaisies et ses caprices.

— Je crois cependant qu'elle ne vous a jamais donné aucun sujet de chagrin, Howell, dit sir Frédéric en jetant sur son ami un regard inquiet.

— Non, pas encore, et je ne crois pas qu'elle ose se mutiner; mais depuis notre retour, un certain jeune homme m'a déjà témoigné le désir de la prendre sur son bord.

— Comment! dit son ami alarmé... Quel est-il?... quelque officier de marine, je suppose?

— Non, c'est une espèce de chapelain, un docteur Yves, un bon garçon en vérité, le favori de ma sœur, lady Hawker.

— Eh bien! qu'avez-vous répondu, Peter? s'écria le général dont l'inquiétude allait toujours croissant; l'avez-vous refusé?

— Certainement; croyez-vous que j'aie envie d'avoir pour gendre un rat d'église? Non, non, Denbigh, c'est bien assez d'avoir consenti à donner ma fille à un officier de terre.

Le général se mordit les lèvres en entendant une attaque si directe contre une profession qu'il regardait comme la plus noble de toutes; mais, se rappelant les quatre-vingt mille livres du marin, et accoutumé aux brusqueries de son ami, il fit taire son ressentiment, et lui dit :

— Mais que pense miss Howell de ce jeune ministre?

— Comment?... ce qu'elle en pense?... mais... mais... je ne le lui ai jamais demandé.

— Vous ne le lui avez jamais demandé?

— Vraiment non. Elle est ma fille; elle obéit à mes ordres, et je ne permettrai pas qu'elle épouse un ministre. Mais une fois pour toutes, à quand la noce?

Le général Denbigh avait eu pour son second fils une indulgence trop entière et trop aveugle pour en espérer l'obéissance implicite que l'amiral se croyait sûr de trouver dans sa fille.

Isabelle Howell était jolie, douce et timide, et jamais elle ne s'était opposée aux volontés de son père. George Denbigh, au contraire, était hautain et volontaire, et son père savait que jamais il ne le déciderait à ce mariage s'il pouvait seulement soupçonner que c'était une affaire convenue d'avance.

Il savait qu'il en obtiendrait tout avec le temps et en s'y prenant avec adresssse, mais que la moindre apparence de contrainte gâterait tout; et le général vit que le seul plan de campagne qui pût réussir était de garder une sorte de neutralité, et d'engager adroitement son fils à faire le siége régulier du cœur d'Isabelle.

Sir Peter s'emporta et jura en voyant que son ami voulait louvoyer; il dit que c'était une affaire qui pouvait être coulée à fond en une semaine tout aussi bien qu'en un an; et les deux vétérans, qui par une espèce de miracle avaient toujours été d'accord en exerçant des fonctions rivales, même dans les circonstances les plus délicates, furent au moment de se brouiller, et pourquoi? faute de pouvoir s'entendre sur le meilleur moyen à prendre pour marier une fille de dix-neuf ans.

A la fin, sir Peter, qui aimait le général, et qui avait pris pour George une affection subite, prit le parti de céder.

— Voilà comme vous êtes toujours, s'écria-t-il au moment de quitter son ami; au lieu d'aller droit au but, vous préférez louvoyer et doubler le fort; lorsque vous prîtes cette batterie, si vous l'eussiez attaquée de front comme je vous le conseillais, vous l'auriez emportée en dix minutes au lieu de cinq heures.

— Oui, lui répondit son ami en lui secouant amicalement la main, mais j'aurais perdu soixante hommes au lieu d'un par cette précipitation.

CHAPITRE XLIII.

> Connaissez-vous une amitié plus douce que celle
> de deux frères ?   Cowper.

Le général Denbigh était le plus jeune de trois frères. Ses aînés, Francis et George, n'étaient point encore mariés. La mort d'un cousin avait fait hériter Francis du titre de duc de Derwent, tandis qu'il était encore enfant, et il avait pris la résolution, ainsi que George, de vivre au sein des plaisirs et de l'oisiveté, et de rester garçon.

— Lorsque je mourrai, frère, disait le duc, vous me succéderez, et Frédéric peut travailler à nous donner des héritiers.

Cet arrangement avait été accepté par toutes les parties, et les deux frères aînés avaient atteint l'âge, l'un de cinquante-cinq ans, l'autre de cinquante-six, sans avoir été tentés d'y déroger. Lorsqu'il avait été en âge de s'établir, Frédéric avait épousé une jeune femme noble et riche, et les fruits de cette union étaient les deux prétendants, sans le savoir, à la main d'Isabelle Howell.

Francis Denbigh, le fils aîné du général, était naturellement timide et défiant ; il savait qu'il était d'une laideur presque repoussante. La petite vérole, dont la violence avait encore été augmentée par l'ignorance des médecins qui l'avaient traité, avait laissé sur toute sa figure des traces profondes et ineffaçables. Son frère avait heureusement échappé à cette affreuse maladie, et leur mère détournait ses regards des traits défigurés de son fils aîné, pour les arrêter avec complaisance sur les beaux traits et la superbe carnation de George. La vue de Francis relevant de maladie devait inspirer la pitié ou le dégoût, et malheureusement pour le pauvre enfant, la tendresse maternelle ne fut pas assez puissante pour contrebalancer ce dernier sentiment. George devint le favori de sa mère ; Francis fut compté pour rien. L'effet d'une si injuste préférence fut prompt et ineffaçable; il influa sur toute l'existence des deux frères.

Francis était doué pour son malheur d'une extrême sensibilité. Il avait plus de vivacité et de pénétration que son frère, mais toutes ses qualités ne servaient qu'à lui faire sentir d'une manière plus aiguë la pointe acérée de la douleur; et les tendres regards que sa mère ne prodiguait qu'à George se gravaient en traits de feu sur son cœur déchiré.

Les devoirs du général envers son pays l'avaient empêché de veiller lui-même à l'éducation de ses enfants; mais il se glorifiait d'avoir donné naissance à deux fils.

Au retour d'une expédition lointaine, après deux ans d'absence, il les fit venir du collége pour les embrasser; ils avaient alors onze et douze ans. Francis était grandi sans en être plus beau; George avait gagné sous tous les rapports. La défiance que l'aîné avait toujours eue était encore augmentée. Il voyait qu'il n'était le favori de personne, et l'effet de cette pénible conviction se faisait remarquer jusque dans ses manières, qui étaient timides et contraintes. Il aborda son père avec la crainte de ne pas faire sur lui une impression favorable, et son cœur fut pénétré d'une mortelle angoisse en remarquant que son frère avait reçu un accueil plus tendre que lui.

— Lady-Margaret, dit le général à sa femme en suivant des yeux les deux enfants qui se levaient de table après le dîner, quel dommage que George ne soit pas l'aîné! il parerait un duché et même un trône; Francis n'est bon qu'à faire un ministre de paroisse.

Ce jugement injuste et prématuré fut prononcé assez haut pour être entendu des deux jeunes gens, et il causa la joie la plus vive à celui qu'il flattait. Son père, son cher père l'avait jugé digne d'être roi; et son père devait être un bon juge, lui disait sa vanité naissante. Dans ce moment, les droits de son frère ne se retracèrent point à sa pensée; George l'aimait trop pour s'arrêter un seul instant à une pensée qu'il eût su devoir lui faire de la peine, et sa petite fierté était aussi innocente qu'elle était naturelle.

On peut juger de l'effet différent que ces paroles imprudentes produisirent sur l'esprit de Francis. Son orgueil fut mortifié, sa délicatesse alarmée, et son excessive sensibilité fut blessée à un tel point, qu'il résolut de se retirer du monde dès qu'il serait plus grand et d'abandonner son droit d'aînesse à celui que son père avait jugé plus digne que lui de le posséder.

Dès ce moment, Francis conçut l'idée qui le poursuivit sans cesse depuis, que son existence n'était qu'une injustice prolongée envers un frère, et un frère qu'il chérissait tendrement. S'il eût trouvé dans le cœur de ses parents la tendresse qu'il avait droit d'en attendre, et dans ses jeunes compagnons le retour qu'appelait son âme aimante, ses idées sombres et importunes, fruit d'une imagination malade, se seraient dissipées d'elles-mêmes; mais ses parents l'oubliaient pour ne penser qu'à son frère, et sa tristesse habituelle repoussait ses compagnons de jeux, et engageait à le quitter pour son frère dont la gaieté inaltérable était plus d'accord avec l'insouciance de l'enfance.

Si Francis, dans l'âge des passions, eût rencontré un ami, un guide sûr, qui eût sondé les blessures de son cœur, et l'eût rappelé à ce qu'il devait à son pays et à sa naissance, il serait devenu un membre utile de la société, et aurait peut-être illustré son nom et sa patrie; mais il resta seul, livré aux sombres méditations d'un cœur ulcéré. Dans la position où il se trouvait, ses guides naturels étaient les plus grands ennemis de son repos; et les jeunes gens quittèrent le collége pour l'université, l'un devenant de jour en jour plus séduisant, l'autre de jour en jour plus concentré en lui-même et plus malheureux.

Il n'est peut-être rien de plus funeste que la prédilection qu'un père a pour l'un de ses enfants au détriment des autres; il a beau chercher à la cacher à tous les yeux, ce sentiment perce malgré lui, et se manifeste jusque dans ses moindres actions. L'enfant qui se voit négligé s'en est bientôt aperçu : l'amour est si clairvoyant ! Il se méfie alors des caresses de son père, il sent qu'il n'a plus la même place dans son cœur; et c'est au milieu des angoisses qu'il éprouve que doit se former son caractère, ce caractère qui aura tant d'influence sur toute sa vie, et qui le suivra jusqu'au tombeau.

Avec la disposition d'esprit de Francis Denbigh, les conséquences étaient doublement funestes. Doué d'une extrême sensibilité, il eût fallu lui témoigner de la douceur, de l'affection; il ne trouvait partout que froideur et qu'indifférence. George seul faisait exception; il aimait son frère, lui, mais encore, plein d'enjouement et de gaieté, avait-il peine à supporter sa mélancolie et son abattement continuel.

Francis se trouvait seul au milieu de la foule des étudiants, et son unique plaisir était de faire des vers et de les chanter. Il avait cette voix douce et suave qui était particulière à sa famille, comme nous avons déjà eu plus d'une fois occasion de le remarquer. Lorsque le soir, assis à sa fenêtre, il se mettait à chanter les vers qu'il avait composés le matin, la foule se rassemblait souvent pour écouter des accents aussi mélodieux que mélancoliques. Ses essais poétiques portaient l'empreinte de son caractère; ils avaient quelque chose de triste, de vague et en même temps de religieux.

George se plaisait à se mêler aux auditeurs charmés qui se rassemblaient sous les fenêtres de son frère, et lorsqu'il entendait sa voix douce et plaintive, son cœur ému volait vers celui du pauvre Francis. Mais George était trop jeune, trop léger, pour deviner le sentiment qui blessait ce cœur trop tendre, ou pour chercher à le vaincre. C'eût été le devoir de ses parents, mais le monde et les occupations que lui donnait son grade prenaient tout le temps du père; tandis que la mode, la dissipation et les parties de plaisir, venaient distraire la mère de toute idée sérieuse. Lorsqu'ils pensaient à leurs enfants, ils écartaient bientôt le souvenir pénible de Francis, pour ne s'occuper que de leur favori.

George Denbigh avait un cœur franc et ouvert; il était généreux jusqu'à la prodigalité et confiant jusqu'à l'imprudence; on peut juger d'après ce portrait que, malgré l'argent qu'il obtenait sans cesse de la faiblesse de sa mère, il manquait souvent des moyens d'exercer sa libéralité. La fortune du général, quoique belle, suffisait à peine à ses dépenses; il devait être duc un jour, et il ne voulait pas que son état de maison déshonorât sa dignité future : en conséquence, il avait résolu d'habituer ses fils à une économie bien entendue, et ils recevaient une pension fixe et égale.

Le vieux duc avait offert de faire élever son héritier sous ses yeux; mais lady Margaret avait trouvé, pour refuser, un prétexte ingénieux dont le monde avait fait honneur à son amour maternel, quoique, s'il eût été question de George, toutes ses objections eussent cédé au désir d'assurer la fortune de ce fils chéri, et de satisfaire son goût pour la dépense. De tels exemples ne sont pas rares : lorsque des parents prévenus ont décidé qu'un de leurs enfants manque d'esprit ou de jugement, ils ne peuvent souffrir qu'un tiers impartial vienne s'entremettre entre eux et l'innocent objet de leur censure, de crainte qu'un œil clairvoyant ne découvre leur erreur ou leur injustice.

La profusion imprudente de George le laissait souvent sans argent. Un jour qu'il venait de voir disparaître sa dernière guinée, il fut entraîné à une table de jeu par un de ses camarades qui connaissait sa confiance et qui avait résolu d'en profiter. En peu de temps il perdit quarante guinées sur parole. Comment sortir d'un tel embarras? deux mois devaient encore s'écouler avant qu'il reçût le premier quartier de sa pension. Souvent il avait obtenu de sa mère de petites sommes, soit pour ajouter quelque chose à sa toilette, soit pour satisfaire quelque autre fantaisie; mais quarante guinées! où les trouver? Sa fierté et sa franchise naturelle s'opposaient également à ce qu'il cachât la manière dont il les avait perdues, s'il avait recours à ses parents. Sa situation était affreuse, sa conscience lui faisait de continuels reproches, et il en craignait encore de plus amers et d'aussi mérités. Combien de fois n'avait-il pas été témoin de la violente colère où sa mère se mettait contre Francis, pour des fautes que George trouvait bien légères! et que n'avait-il pas à craindre s'il risquait un pareil aveu!

Ne sachant à quoi se résoudre, George entra dans la chambre de son frère, et, se jetant sur une chaise, il cacha sa figure dans ses mains, et resta plongé dans ses tristes rêveries.

—George! lui dit son frère avec douceur, qui peut vous affliger? Ne puis-je vous consoler?

— Oh! non..., non, Francis, cela est tout à fait hors de votre pouvoir.

— Peut-être vous trompez-vous, cher frère; ayez un peu de confiance en moi, reprit Francis en cherchant à prendre une de ses mains dans les siennes.

— Non..., cela est impossible..., dit George. Et, s'élançant de sa chaise avec un mouvement de désespoir, il s'écria: —Et je vis! et je puis mourir!

— Mourir! s'écria Francis en reculant d'horreur; que voulez-vous dire par un tel langage? Ah! George, ne suis-je plus votre frère, votre frère et votre meilleur ami?

Le pauvre Francis pensait que si George n'était plus son ami, le monde entier ne renfermerait plus un cœur qui battît à l'unisson du sien. Ses joues se couvrirent d'une pâleur mortelle, et des larmes d'angoisse sortirent de ses yeux.

George ne put résister à un appel aussi touchant; il se jeta dans les bras de son frère, et lui confia l'embarras où il se trouvait. Non-seulement il fallait qu'il trouvât de suite les quarante guinées qu'il devait à son dangereux compagnon, mais il ne lui restait rien pour vivre jusqu'à ce qu'il eût reçu le prochain quartier de sa pension.

Francis réfléchit un moment; enfin il demanda à son frère :

— Combien vous faudrait-il pour attendre ce terme?

— Oh! il me faudrait au moins quarante guinées encore, ou autant vaudrait ne pas vivre du tout. — George était habitué à n'estimer de la vie que ses plaisirs.

Après quelques moments d'hésitation, Francis se tourna vers lui, et lui dit :

— Mais dans les circonstances présentes ne pourriez-vous vous contenter de moins?

— De moins...! c'est impossible, s'écria George avec véhémence : à peine cela me suffirait-il. Si lady Margaret ne nous envoyait de temps en temps quelques guinées, nous serions souvent fort embarrassés. Ne trouvez-vous pas, Francis, que ces attentions maternelles arrivent toujours fort à propos?

— Je le crois, répondit son frère d'un air embarrassé et en soupirant.

— Vous le croyez! s'écria George en voyant le trouble de Francis. Ne recevez-vous pas comme moi des preuves réitérées de la tendresse de notre mère?

Francis ne répondit rien, mais sa pâleur et son silence instruisirent George de la vérité. — Cher frère, s'écria-t-il, à l'avenir je ne recevrai pas un schelling que vous ne le partagiez avec moi; je l'exige de votre amitié.

— Eh bien! reprit Francis avec un triste sourire, j'y consens, c'est un marché conclu, et je vais faire pour vous ce qu'à l'avenir vous ferez pour moi.

Sans attendre la réponse de son frère, Francis courut dans la chambre voisine, et en revint avec la somme dont George avait besoin. Celui-ci refusa d'abord de la prendre, mais Francis l'exigea : c'était le fruit de ses épargnes, et il lui restait assez d'argent pour contenter la simplicité de ses goûts jusqu'au terme prochain.

— D'ailleurs, cher frère, vous oubliez que maintenant nos intérêts sont communs, et qu'en définitive c'est moi qui gagnerai à cet arrangement. Les vives instances de son frère et la nécessité forcèrent George à céder, et il quitta Francis pénétré de reconnaissance. Plusieurs semaines se passèrent sans qu'ils fissent la moindre allusion à ce sujet désagréable, qui eut au moins le résultat heureux de rendre George un peu plus prudent, et de le ramener à des études que le goût des plaisirs lui faisait négliger.

Les deux frères reprirent avec plus d'ardeur que jamais leurs occupations ordinaires, et George acquit avec la plus heureuse facilité ces talents superficiels auxquels on attache tant de prix dans le monde. Il devenait de jour en jour plus aimable et plus séduisant. Le pauvre Francis faisait tous ses efforts pour l'imiter ; mais il semblait au contraire s'éloigner toujours davantage du but qu'il voulait atteindre.

Le général Denbigh avait conservé une apparence d'impartialité dans l'éducation de ses fils ; il les avait mis au même collége, il leur faisait la même pension : était-ce sa faute s'ils ne faisaient pas les mêmes progrès ?

Le duc, sortant quelquefois de sa léthargie, faisait au père de vives remontrances. Il ne concevait pas que son futur héritier se laissât ainsi surpasser par son jeune frère, et il accusait ses parents de ne pas donner le moindre soin à son éducation. Le général lui exposait alors superficiellement le système qu'il s'était tracé : ses deux fils lui coûtaient le même argent, et si Francis ne profitait pas des leçons qui leur étaient données à tous deux, il ne fallait en accuser que son peu d'intelligence et son esprit borné.

Non, ce n'était pas son intelligence, c'était l'aveugle partialité de ses parents qu'il fallait en accuser : autrement cette âme noble et généreuse se serait développée ; elle était susceptible des plus heureuses inspirations ; mais la froideur, l'indifférence de tout ce qui l'entourait l'avait comme glacée, et elle faisait de vains efforts pour sortir de la sphère étroite dans laquelle elle se trouvait circonscrite. Oh! si Francis eût obtenu les mêmes encouragements que son frère, s'il eût été aimé comme lui, quel essor il aurait pris en un instant! comme ses facultés engourdies se seraient réveillées tout à coup! Il ne fallait qu'une étincelle pour allumer le feu divin qui couvait secrètement dans son cœur; mais, hélas! tout semblait au contraire conspirer pour l'étouffer.

L'époque approchait où George s'attendait à recevoir quelque présent de sa mère; son espoir ne fut pas trompé, et, le cœur rempli de joie, il courut à la chambre de Francis, résolu de lui faire accepter de gré ou de force les vingt guinées qui venaient de lui être envoyées.

En ouvrant précipitamment la porte, il vit que son frère s'efforçait de cacher quelque chose derrière ses livres. C'était l'heure du déjeuner, et George avait le projet de surprendre son frère en venant partager avec lui son modeste repas. Ils dînaient tous les jours ensemble, mais ils avaient coutume de déjeuner chacun dans leur chambre. George regarda autour de lui, il ne vit pas de couvert mis ni de table préparée.

Il commença à soupçonner la vérité; il écarta les livres...; un morceau de pain et un verre d'eau frappèrent ses yeux. Il ne pouvait plus lui rester aucun doute.

— Francis! mon frère! voilà donc où vous a réduit ma folle extravagance! s'écria-t-il en éprouvant une émotion telle qu'il n'en avait jamais ressenti. Francis voulut chercher quelque défaite; mais l'amour qu'il avait toujours eu pour la vérité lui enchaîna la langue, et, penchant la tête sur l'épaule de George, il lui dit avec affection : — Ce n'est rien, mon frère, auprès de ce que je voudrais faire pour vous.

George éprouva le remords le plus cuisant, et, trop généreux pour cacher plus longtemps sa faute, il écrivit à lady Margaret le récit détaillé de toute cette aventure.

Pendant quelques jours Francis fut un nouvel être. Il avait agi noblement; sa conscience approuvait sa conduite; il sentait qu'il pouvait se rendre utile aussi bien que son frère, qui, dès ce moment, s'attacha davantage à lui, et sut mieux apprécier son caractère.

Les regards de Francis pouvaient alors rencontrer ceux de George avec assurance; ils y trouvaient l'expression d'une amitié fraternelle. Sa mélancolie se dissipa en partie, et parfois un sourire venait embellir ses lèvres.

La réponse de lady Margaret à George arrêta tout à coup cet heureux essor, et l'âme de Francis se replia sur elle-même avec encore plus d'humilité qu'auparavant.

« Je suis surprise, mon fils, que vous ayez pu, sans égard pour la famille à laquelle vous appartenez, vous oublier au point de fréquenter ces maisons de jeu qu'on ne devrait pas souffrir dans le voisinage des universités. Lorsque vous serez dans le monde, que vous preniez part quelquefois à un jeu modéré, j'y consens; c'est un amusement que votre père et moi nous nous permettons nous-mêmes sans scrupule, mais jamais en mauvaise compagnie. Les gens que vous hantez sont du plus bas étage; c'est, mon fils, permettez-moi de vous le dire, le rebut de la société. Qu'en résulte-t-il? c'est que vous êtes leur dupe, que vous le serez toujours, tant que vous ne choisirez pas des compagnons plus dignes de vous et du nom illustre que vous portez.

« Quant à Francis, je ne puis m'empêcher de blâmer sous tous les rapports ce qu'il a fait. Il aurait dû, lui qui est votre aîné d'un an, vous empêcher de former de pareilles liaisons; il aurait dû surtout m'apprendre sur-le-champ la perte que vous aviez faite, au lieu de blesser votre orgueil en vous exposant à l'humiliation de recevoir de l'argent d'un frère qui est presque de votre âge, et de compromettre sa santé en vivant, comme vous me l'écrivez, de pain et d'eau pendant plus d'un mois. Dites-lui que le général et moi nous sommes très-mécontents; nous ne saurions approuver une semblable conduite, et nous finirons par vous séparer, puisque vous êtes de connivence pour faire des folies.»

George, dans un mouvement d'indignation, porta la lettre à son frère, et les réflexions qu'elle suggéra à Francis furent terribles.

Dans le premier moment il voulut se tuer, afin d'écarter ainsi l'obstacle que son existence apportait à l'avancement de son frère plus favorisé; et, sans les preuves multipliées d'attachement que George lui donna, peut-être aurait-il eu recours, en dernier ressort, à l'expédient que lui suggérait le désespoir.

Au sortir de l'université les deux jeunes gens se séparèrent : l'un partit pour l'armée, l'autre alla habiter le château de son oncle. George obtint un brevet de capitaine, et c'était l'officier le plus franc, le plus gai, le plus aimable de son régiment. Francis arpentait du matin au soir les vastes domaines dont il devait hériter un jour. Plus misanthrope que jamais, il se haïssait lui-même, et sa présence seule pesait à tous ceux qui l'entouraient.

Voilà pourtant où l'avait réduit cette partialité injuste dont les funestes conséquences se font sentir plus ou moins vite, et ne manquent jamais de causer aux parents d'amers, mais de trop tardifs regrets.

CHAPITRE XLIV.

Je veux que mes enfants soient marins comme moi.
DIBDIN.

Ce n'était qu'avec beaucoup de peine, et après s'être récrié plus d'une fois, que l'amiral avait consenti à adopter le plan que son ami lui avait proposé pour amener naturellement et sans secousse le mariage de George et d'Isabelle. Il lui promit de le laisser louvoyer tant qu'il le voudrait, puisqu'il ne voulait pas tenter tout d'un coup l'abordage, et le général commença aussitôt ses opérations.

Sir Frédéric Denbigh était de la même école que la douairière, lady Chatterton; il aimait assez à diriger une intrigue; mais il connaissait mieux le cœur humain.

En officier prudent, il avait soin que toutes ses attaques fussent masquées; aussi le succès couronnait-il presque toujours ses entreprises.

Les jeunes gens se rencontrèrent dans le monde comme par hasard; Isabelle était douce, modeste et sensible; George était plein d'ardeur et de vivacité; et l'on pense bien qu'il ne put la voir longtemps impunément. En moins de deux mois il crut être éperdument amoureux d'Isabelle, et en effet il avait quelque raison de le croire.

Le général, qui suivait d'un œil attentif tous les mouvements de son fils, avait soin de temps en temps d'alimenter sa flamme, en lui parlant de projets de mariage, de vues qu'il avait sur lui, des partis brillants qui se présentaient. George, menacé dans ses amours, vit que bientôt sa constance aurait plus d'un assaut à soutenir; il sentit redoubler sa passion pour Isabelle, et il s'arma d'avance de courage pour refuser obstinément toutes les offres qui lui seraient faites, et résister aux persécutions de son père.

L'amiral compromit plus d'une fois le succès de l'entreprise en prodiguant les encouragements au jeune homme. Heureusement celui-ci ne voyait dans ces espèces d'avances que l'effusion d'un bon cœur qui aimait en lui le fils de son vieil ami.

Sir Frédéric, après avoir sondé avec soin le terrain, et s'être convaincu que son fils s'était laissé prendre au piége qu'il lui avait tendu, crut qu'il était temps de faire feu de l'une de ses batteries couvertes, pensant avec raison qu'il en résulterait un engagement général. Un jour qu'ils se trouvaient seuls après le dîner, le nom de miss Howell vint à être prononcé par hasard ; le général en profita pour dire à George !

— A propos, mon garçon, l'amiral trouve singulier que vous soyez toujours avec sa fille ; il m'en a dit deux mots hier. Faites-y attention, George ; l'amiral est mon ami, et il faut prendre garde de le mécontenter.

— Je ne vois pas ce qu'il a tant à craindre, s'écria George en rougissant d'orgueil et de dépit. Il me semble que je ne suis pas un parti si méprisable pour la fille de sir Peter Howell.

— Oh ! sans doute, mon enfant ; il n'est pas de famille plus ancienne que la nôtre dans le royaume, et il n'en est pas en même temps de plus noble ; mais l'amiral a des idées singulières, et peut-être a-t-il des vues sur quelque officier de marine pour son gendre. De la prudence, c'est tout ce que je vous demande.

Et le général, content de l'effet qu'il avait produit, se leva d'un air d'indifférence, et alla rejoindre lady Margaret dans le salon.

George resta quelques minutes à réfléchir à la demande singulière de son père, et aux alarmes plus surprenantes encore de l'amiral ; puis, se levant tout à coup, il prit son épée et son chapeau, et en moins de dix minutes il était à la porte de sir Howell, dans Grosvenor-Square.

En montant l'escalier, il rencontra l'amiral qui allait sortir. Il n'entendait rien, lui, à toute la finesse du général, et charmé de voir George sur le champ de bataille, il lui montra du doigt d'un air d'intelligence la porte de la chambre où était Isabelle, et il dit avec enjouement en lui frappant sur l'épaule:

— Elle est là, mon garçon ; crois-moi, ne fais pas plusieurs bordées, va droit à l'abordage, et du diable si elle n'est pas obligée d'amener. Point de timidité, George ; les femmes n'aiment point cela. Un cœur, mon garçon, se prend comme un vaisseau.

Jetez le grapin, attaquez vivement, ne laissez pas le temps de se reconnaître, et la victoire est à vous.

George aurait eu de la peine à concilier ce discours avec celui que lui avait tenu son père, s'il avait eu le temps de faire des réflexions ; mais l'amiral lui ouvrit lui-même la porte, et, le poussant dant l'appartement, il la referma sur lui pour lui laisser le champ libre, en lui recommandant de nouveau de commencer sur-le-champ l'attaque.

L'amiral, que toutes les tergiversations de son ami impatientaient, avait cru avancer les affaires et préparer les voies à George en faisant son éloge à Isabelle en plusieurs occasions. Il pensait qu'après tout il valait autant qu'elle fût disposée à l'aimer, puisque de toute manière il devait être son époux ; et depuis quelque temps il lui tenait souvent des discours tels que ceux-ci :

— C'est un joli garçon que ce George Denbigh, n'est-ce pas, Isabelle ? Et puis il est brave. Son père est rempli de courage, et je sais que le fils chasse de race. Ce sera là un bon mari ! Il est plein d'attachement pour son roi et pour son pays. Ce n'est pas un de ces novateurs qui voudraient tout bouleverser ; il a de la religion, autant du moins que vous pouvez vous attendre à en trouver dans un capitaine des gardes. Ce n'est pas un méthodiste, j'en suis certain. Quel dommage qu'on n'en ait pas fait un marin ! Ne pensez-vous pas comme moi, mon enfant ? Mais, bah ! tout n'est pas désespéré pour cela ; il peut encore lui prendre fantaisie de jeter les yeux sur vous quelque jour.

Isabelle, à qui ses craintes faisaient deviner le but de ces éloges réitérés du capitaine Denbigh, les écoutait en silence ; elle se livrait à des réflexions qui souvent étaient accompagnées de bien des larmes.

George s'approcha du sopha sur lequel elle était assise ; elle avait les yeux rouges et enflés. Il lui prit doucement la main, et lui dit d'une voix émue :

— D'où peut provenir la tristesse de miss Howell ? Si les consolations de la plus tendre amitié ; si une voix consacrée à son service peuvent apporter quelque adoucissement à la douleur, elle n'a qu'à ordonner ; avec quelle ardeur ne m'empresserai-je pas de lui obéir !

— Il faut peu de chose pour nous affliger, faibles créatures que nous sommes, répondit Isabelle en s'efforçant de sourire ;

heureusement il ne faut pas non plus de grands efforts pour nous consoler.

George la regardait fixement pendant qu'elle parlait, et son air d'abattement démentait ses paroles. Jamais elle ne lui avait paru si intéressante; il se rappelait les exhortations de son père. Entraîné en même temps par ses sentiments, il lui fit, avec autant de franchise que d'éloquence, l'aveu de son amour, et la pria d'accepter son cœur et sa main.

Isabelle l'écouta dans un morne silence. Elle avait pour lui beaucoup d'estime, et elle craignait l'ascendant qu'il paraissait avoir sur l'esprit de son père. Que faire néanmoins? fallait-il renoncer aux plus chères espérances de son cœur, et voir s'évanouir sans retour les rêves de bonheur dont elle aimait à se bercer? Non, c'était un effort dont elle ne se sentait pas capable. Denbigh était généreux, sensible; elle résolut de s'abandonner à sa générosité.

Pendant le dernier voyage de son père, Isabelle avait fait la connaissance d'un jeune ecclésiastique, fils cadet d'un baronnet, à présent le docteur Yves. Ils avaient pris de l'attachement l'un pour l'autre, et lady Hawker, chez qui Isabelle était restée depuis la mort de sa mère, sachant que son frère ne tenait nullement à l'argent, ne vit pas de raison pour s'opposer à cette passion naissante qui s'était formée sous ses yeux.

Lorsque l'amiral fut de retour, Yves avait demandé la main d'Isabelle, comme nous l'avons déjà dit, et quoique la tante se fût prononcée très-fortement en sa faveur, il avait été rejeté. Yves avait eu la délicatesse de ne point faire entendre qu'Isabelle le payait du plus tendre retour, de sorte que l'amiral, en l'éconduisant, avait cru tenir simplement la promesse qu'il avait faite au général, sans compromettre en aucune manière le bonheur de sa fille. Mais les sentiments qui l'avaient porté à se déclarer continuèrent à régner dans toute leur force dans l'âme des deux amants; et c'est ce dont Isabelle, après bien de l'hésitation et en rougissant plus d'une fois, se décida à instruire George. Elle lui peignit franchement l'état de son cœur, implora sa compassion, et lui donna à entendre qu'il était le seul obstacle à son bonheur.

On suppose aisément qu'un pareil aveu surprit George autant qu'il l'affligea. C'était une mortification pénible pour son amour-propre, et il lui fallut un instant lutter contre lui-même. Mais sa générosité l'emporta, et il assura Isabelle qu'elle n'avait rien à craindre à l'avenir de ses importunités. La pauvre fille l'accabla de remerciements ; mais il se hâta de se soustraire aux témoignages de sa reconnaissance, car il sentit que, s'il restait un moment de plus, il pourrait se repentir de son généreux dévouement, et peut-être rétracter sa parole.

Miss Howell lui avait fait entendre, dans le cours de son récit, que leurs parents étaient de meilleure intelligence que le malin général ne l'avait laissé croire à son fils, et George résolut d'éclaircir tout d'un coup ce mystère.

Au souper, il dit d'un ton d'indifférence que, docile aux ordres de son père, il avait été prendre congé de miss Howell, puisque ses visites semblaient donner de l'ombrage à l'amiral. — Au surplus, ajouta-t-il en étendant les bras pour se donner un air plus dégagé, je crois bien que je n'irai plus dans cette maison.

— Et pourquoi cela, s'il vous plaît? reprit sir Frédéric un peu alarmé du ton que prenait son fils. Ce n'est pas là ce que je voulais dire. Ni l'amiral, ni moi, nous ne nous opposons à ce que vous alliez voir sa fille de temps en temps. Parbleu! épousez-la même si vous voulez; nous y consentons de tout notre cœur, si vous pouvez vous convenir.

— Oui ; mais nous ne nous convenons pas, dit George en regardant le plafond.

— Comment, diable! que voulez-vous dire? reprit vivement son père.

— Je veux dire seulement qu'elle ne me plaît pas, dit le fils en vidant d'un trait un verre de vin qui manqua de l'étouffer.

— Elle ne vous plaît pas! s'écria le général que cette déclaration inattendue avait jeté hors des gonds; et pourrais-je prendre la liberté de vous demander pourquoi miss Howell ne vous plaît pas, Monsieur?

— Vous savez, mon père, que ce sont des sentiments qu'il est impossible d'expliquer, dit George avec un sang-froid désespérant.

— Eh bien, Monsieur! s'écria son père avec une chaleur toujours croissante, permettez-moi de vous dire que je vous conseille de vous débarrasser de ces sentiments-là, et le plus tôt sera le mieux, entendez-vous? Ah! miss Howell ne vous plaît pas! eh bien! je prétends, moi, qu'elle vous plaise ; je vous ordonne même de l'aimer, Monsieur, et apprenez que j'ai promis à son père que cela serait.

— Si je vous ai bien compris ce matin, il me semble pourtant que l'amiral désapprouvait hautement les visites que je rendais à sa fille.

— Peu vous importe qu'il les approuve ou non, Monsieur; ce ne sont pas vos affaires. Il est convenu qu'Isabelle sera votre femme, j'en ai donné ma parole, et si vous voulez que je vous regarde encore comme mon fils, vous voudrez bien, Monsieur, ne pas m'y faire manquer.

George s'attendait bien à découvrir que son père avait eu quelques vues sur lui, mais non pas qu'il eût disposé de sa main d'une manière aussi formelle, sans même le consulter, et son ressentiment fut égal à la dissimulation qu'on avait montrée à son égard.

Importuner davantage Isabelle, c'eût été manquer à sa promesse; trahir sa confiance, c'eût été une lâcheté... Il sortit le lendemain de grand matin, et, sans rien dire à son père, il alla trouver le duc de Derwent, son oncle; il lui témoigna le désir d'être employé à un service actif, mais il lui fit entendre que la tendre sollicitude de lady Margaret ne voulait pas lui permettre d'en faire la demande. C'était la vérité, et George supplia son oncle de vouloir bien employer son crédit pour lui faire obtenir ce qu'il désirait.

Les bourgs appartenant au duc de Derwent étaient représentés au parlement par des membres entièrement dévoués à l'administration. La recommandation d'un homme qui envoyait six membres à la chambre des communes, et qui siégeait lui-même dans celle des pairs, devait être toute puissante. En moins de huit jours, George avait cessé d'être capitaine des gardes, et il avait été nommé lieutenant-colonel d'un régiment qui allait s'embarquer pour l'Amérique.

Sir Frédéric reconnut bientôt qu'il avait eu tort de s'emporter; il voulut revenir sur ses pas, et il chercha, à force d'indulgence et de caresses, à regagner le terrain que son imprudence lui avait fait perdre. Mais quel fut son courroux lorsque son fils lui annonça qu'il allait partir pour l'Amérique avec son nouveau régiment! Il l'accabla des reproches les plus amers. Le fils chéri, qui n'était pas habitué à s'entendre traiter de la sorte, répondit un peu vivement, la querelle s'échauffa, et ils se séparèrent également mécontents l'un de l'autre. Les adieux de George avec sa mère furent plus tendres; et comme lady Margaret avait toujours pensé qu'Isabelle n'était pas un parti qui convînt au descendant de plusieurs ducs, elle lui pardonna presque son offense en faveur du motif.

— Qu'est-ce que je vois là! s'écria sir Peter Howell en parcourant les journaux pendant son déjeuner; le capitaine des gardes Denbigh vient d'être nommé lieutenant-colonel d'un régiment d'infanterie, et il part demain pour aller rejoindre son régiment qui va s'embarquer pour l'Amérique! — C'est un mensonge, Isabelle! c'est un infâme mensonge! Ce n'est pas que je le blâmerais d'aller servir son roi et son pays; mais il ne voudrait pas vous jouer un pareil tour, Isabelle.

— Comment? dit Isabelle qui avait peine à contenir son émotion en voyant que George avait si noblement tenu sa parole, et qu'elle n'avait plus rien à craindre: qu'ai-je de commun avec le départ de M. Denbigh?

— Parbleu! s'écria son père étonné, ne devez-vous pas être sa femme? Tout n'est-il pas convenu entre vous... c'est-à-dire entre sir Frédéric et moi, ce qui revient au même, comme vous savez?

Il fut interrompu dans ce moment par l'arrivée soudaine du général, qui venait dans le double motif d'instruire le premier son ami de la fatale nouvelle, et de chercher à faire sa paix avec lui. Isabelle se retira dès qu'elle le vit entrer.

— Tenez, Denbigh, lisez! s'écria l'amiral qui, lui montrant du doigt le paragraphe, entra brusquement en matière : — Que dites-vous de cela?

— Ce n'est que trop vrai, que trop vrai, mon cher ami, répondit le général en baissant tristement la tête.

— Ecoutez, sir Frédéric Denbigh, dit l'amiral avec fierté, ne m'avez-vous pas promis que George épouserait ma fille?

— Oui, sans doute, Peter, reprit son ami avec douceur; et j'ai le regret de vous annoncer que, malgré mes prières et mes menaces, il a déserté la maison, et que je suis décidé à ne le revoir jamais.

— Eh bien! Denbigh, s'écria l'amiral, que cette déclaration adoucit un peu, n'avais-je pas raison de vous dire que vous autres gens de terre vous n'entendiez rien à la discipline? Moi, Monsieur, si j'avais un fils, il faudrait bien qu'il prît l'épouse que je lui aurais choisie, fût-ce même les yeux bandés. Je voudrais voir que quelqu'un demandât la main de ma fille, et qu'elle osât le refuser!

— Vous oubliez le rat d'église, comme il vous a plu de l'appeler, dit le général que le ton de suffisance de son ami commençait à échauffer.

— Vous croyez plaisanter, Monsieur, mais sachez que si je mettais dans ma tête de lui donner ma fille, elle obéirait à l'instant même.

— Ah! mon cher ami, dit le général qui cherchait à détourner la conversation, je crains bien qu'il ne nous soit plus difficile à tous deux de diriger les affections de nos enfants que nous ne l'avions pensé d'abord.

— Vous croyez, général? dit sir Peter avec un sourire ironique; c'est ce que nous allons voir.

Il tira violemment le cordon de la sonnette, et dit au domestique de lui envoyer sa fille. Dès qu'elle parut, son père lui demanda d'un ton brusque où demeurait le jeune M. Yves. C'était à deux pas, et l'amiral lui envoya dire qu'il le priait de passer chez lui sans perdre un instant.

— Nous verrons, nous verrons, mon vieil ami, qui de nous deux sait le mieux maintenir la discipline, dit-il à voix basse et en se frottant les mains. Et il arpenta la chambre à grands pas, attendant avec impatience le retour de son messager.

Le général regardait son ami d'un air stupéfait, comme pour s'assurer qu'il parlait sérieusement. Il savait bien qu'il était vif comme la poudre, que former une résolution et l'exécuter, était pour lui l'affaire d'un instant, et que, par-dessus tout, il était d'une obstination sans égale. Mais il ne pouvait croire que sa frénésie, car c'en était une, allât jusqu'à jeter sa fille à la tête du premier venu, parce qu'il lui prenait une boutade. Sir Frédéric ne réfléchissait pas que l'engagement qu'il avait pris lui-même n'était ni plus juste, ni plus raisonnable, quoiqu'il eût agi avec plus de sang-froid et plus de réflexion; circonstance qui aurait pu le faire paraître plus coupable aux yeux d'un juge impartial.

Isabelle, assise dans un coin, attendait toute tremblante le dénouement de cette scène singulière, et Yves parut au bout de quelques minutes, ni moins tremblant, ni moins alarmé.

Dès qu'il entra, l'amiral alla droit à lui, et lui demanda brusquement s'il désirait encore épouser cette fille, en lui montrant du doigt Isabelle. La réponse ne se fit pas attendre, et l'amant transporté allait se répandre en protestations de reconnaissance, lorsque sir Peter lui ordonna de se taire. Il appela sa fille, qui s'approcha le front couvert d'une vive rougeur ; il lui prit la main, la plaça dans celle de son amant, et de l'air le plus solennel il leur donna sa bénédiction. Il leur dit d'aller renouveler connaissance dans une autre chambre, et se tournant vers son ami, il s'écria ravi du coup d'autorité qu'il venait de faire :

— Voilà, Denbigh, voilà ce qui s'appelle montrer du caractère !

Le général avait assez de pénétration pour voir que ce dénouement était du goût des deux jeunes gens, et que le père d'Isabelle n'avait fait que combler les vœux de sa fille. Charmé du reste de voir se terminer aussi bien une affaire qui lui avait donné quelque inquiétude, et qui avait manqué de le brouiller avec son ancien camarade, il le félicita gravement de sa bonne fortune, et se retira.

— Oui, oui, dit sir Peter en lui-même, en se promenant dans sa chambre, Denbigh est bien mortifié, quoi qu'il en dise. Je lui ai fait voir comment il fallait agir. Ces gens-là ne connaissent pas la discipline. Ah ! s'ils avaient été sur mon bord !... C'est dommage pourtant que ce soit un prêtre... mais, bah ! après tout, un prêtre peut être un homme tout comme un autre... Oui, mais quelques talents qu'il ait, tout ce qu'il a de mieux à espérer c'est de devenir évêque, et voilà tout... Qu'importe ? je pourrai faire des marins de tous mes petits-enfants ; et qui sait si l'un d'eux ne deviendra pas amiral ?

Et il courut retrouver sa fille, voyant déjà en perspective une demi-douzaine de petits amiraux qui sautillaient autour de lui.

Sir Peter ne survécut que dix-huit mois au mariage de sa fille ; mais ce temps lui suffit pour concevoir un tendre attachement pour son gendre. M. Yves sut amener insensiblement l'amiral, pendant sa longue maladie, à envisager la religion sous un point de vue plus véritable qu'il n'avait été dans l'habitude de la regarder ; et le vieillard, après avoir béni ses enfants, rendit le dernier soupir entre leurs bras, prêt à paraître avec confiance devant son juge.

Quelque temps avant sa mort, Isabelle, dont la conscience lui avait toujours reproché d'avoir usé de quelque supercherie avec son père, et qui déplorait surtout que George restât si longtemps exilé de son pays et de la maison paternelle, s'était jetée aux pieds de sir Peter et lui avait avoué franchement sa faute.

L'amiral l'écouta avec surprise, mais sans colère; sa manière de voir était sensiblement changée, et il aimait trop son gendre pour se repentir de lui avoir donné sa fille. Mais il ne put s'empêcher de plaindre le pauvre George. Son noble dévouement le toucha, et il intercéda pour lui auprès de son père qui, soupirant après le retour de son fils, son unique espoir, était tout disposé à lui pardonner.

L'amiral légua au colonel Denbigh ses pistolets favoris, en souvenir de son amitié ; mais il ne vécut pas assez pour être témoin de sa réconciliation avec son fils.

George, transporté sur un théâtre tout nouveau pour lui, eut bientôt oublié une passion qui était sans espoir, et que la présence d'Isabelle n'entretenait plus. Après deux ans d'absence, il revint en Angleterre, brillant de santé, plus aimable, plus sémillant que jamais, enfin ayant su mettre à profit ses voyages, et ayant acquis de l'instruction et de l'expérience en parcourant le monde.

CHAPITRE XLV.

> Vous me trouvez coquette : c'est que vous êtes jaloux ; vous vous défiez de vous-même, et vous redoutez un rival. En effet, je suis à celui qui saura me plaire : je dis que je n'aime pas la flatterie ; mais je ne dis pas qu'un flatteur adroit me trouve insensible.
> RAMSAY.

PENDANT que ces événements se passaient autour de lui, Francis avait continué à habiter tristement la maison de son oncle. Le duc et son frère avaient trop d'indolence, trop de paresse d'esprit, pour percer le nuage que la mortification et l'amour-propre blessé avaient répandu autour du caractère véritable de leur neveu ; et s'ils le toléraient comme leur héritier, comme homme ils ne l'aimaient pas.

En perdant son frère, Francis perdit la seule personne qui sût l'entendre, et qui lui eût jamais témoigné quelque amitié. Il se renferma plus que jamais en lui-même, se livrant à d'amères réflexions sur son isolement, au milieu de l'opulence et des honneurs qui l'attendaient. Si l'on avait pour lui quelques égards, il le devait à son rang ; et il avait assez de pénétration pour s'en apercevoir. Ses visites à ses parents étaient des visites de cérémonie, et ceux-ci n'étaient pas moins pressés de le voir partir, que lui-même ne l'était de retourner dans sa solitude.

L'affection s'éteint à la longue, même dans le cœur d'un jeune homme, lorsqu'elle n'est jamais payée de retour ; et si depuis trois ans la tendresse de Francis pour ses parents n'était pas encore tout à fait anéantie, du moins il ne lui en restait plus qu'une bien faible étincelle.

Il est vrai de dire, quelque affligeante que soit cette vérité, que l'injustice et la dureté peuvent rompre les liens les plus sacrés de la nature ; et ce qu'il y a de plus déplorable, c'est qu'une fois ces liens détruits, lorsque nous avons brisé la chaîne que l'habitude et l'éducation avaient tendue autour de nous, il s'opère une réaction terrible dans nos sentiments, et il est rare que de l'amour nous ne passions pas à la haine. C'est un des devoirs les plus sacrés des parents que de se mettre en garde contre des conséquences aussi terribles ; et quel meilleur moyen de les prévenir que d'apprendre de bonne heure à ses enfants à aimer Dieu, et par suite à étendre cet amour sur toute la grande famille ?

Sir Frédéric et lady Margaret allaient régulièrement à l'église ; ils assistaient aux offices avec beaucoup de décence ; enfin ils avaient tous les dehors de la religion sans avoir au fond aucun sentiment de piété.

De pareilles semences ne pouvaient produire de bons fruits. Francis avait pourtant quelques principes religieux ; mais sa dévotion portait l'empreinte de son caractère : elle était sombre, lugubre et superstitieuse. La prière n'apportait aucun soulagement à ses maux ; s'il priait, c'était dans l'espoir de sortir plus tôt de cette vie de misère. S'il rendait grâce à son Créateur, c'était avec une amertume qui semblait insulter le trône devant lequel il se prosternait. Ce portrait est révoltant, je le sais ; pourquoi faut-il qu'il ait existé et qu'il existe des hommes à qui il convient? Est-il en effet quelque monstruosité dont la faiblesse humaine ne soit capable, lorsqu'elle n'est pas soutenue par le secours divin?

Vers l'époque où George devait revenir d'Amérique, Francis reçut une lettre d'un de ses oncles maternels qui l'invitait à venir passer quelque temps dans son château; le duc de Derwent parut désirer qu'il acceptât, et Francis partit aussitôt pour la terre de son oncle.

Il y trouva une compagnie nombreuse, et composée en grande partie de dames. Pour celles qui n'étaient pas mariées, l'arrivée du noble héritier de la famille de Derwent était un événement d'une haute importance. Mais quand elles eurent vu son air triste et maussade, son maintien gauche et embarrassé, elles laissèrent ce singulier personnage bouder seul dans un coin, et au bout de deux jours les plus intrépides même retournèrent à leurs premiers adorateurs, à l'exception pourtant de l'une d'entre elles; et certes ce n'était ni la moins jolie, ni la moins favorisée sous les rapports de la naissance et de la fortune.

Marianne Lumley était la fille unique du feu duc d'Annerdale, qui était mort sans laisser d'héritier de son nom. Mais le comté de Pendennyss, et les nombreuses baronnies qui en dépendaient étaient des fiefs qui étaient passés avec ses autres domaines à sa fille, comme unique héritière de la famille. Jouissant des prérogatives de la pairie, d'un revenu qu'avec la profusion la plus grande il eût été impossible de dépenser, la jolie comtesse de Pendennyss ne devait pas manquer d'adorateurs, et il y avait à peine à Londres un jeune seigneur qui ne se fût mis sur les rangs pour obtenir sa main.

Enivrée par l'encens de la flatterie, elle était devenue fière, hautaine et dédaigneuse; mais elle était jolie, et personne ne connaissait mieux l'art de plaire, ne savait employer plus à propos ces moyens de séduction que les femmes possèdent si bien, lorsqu'un caprice ou son intérêt la portait à s'en servir.

L'oncle de Francis était son tuteur, et, d'après ses conseils, elle avait rejeté jusqu'alors tous les partis qui s'étaient présentés. Elle aspirait à la couronne ducale; et malheureusement pour Francis Denbigh, il se trouvait alors le seul d'un âge convenable dans tout le royaume qui pût l'élever au rang qu'elle ambitionnait. C'était elle qui avait su engager indirectement son oncle à lui écrire, et elle l'attendait avec impatience.

Marianne resta stupéfaite, comme toutes ses compagnes, à la vue de la victime qu'elle voulait charger de fers ; et pendant un jour ou deux, elle l'abandonna ainsi que les autres à ses tristes rêveries.

Mais l'ambition était l'âme de son existence, et le seul rival de l'ambition, l'amour, était étranger à son cœur. Après un léger combat qu'elle eut à soutenir intérieurement, elle vainquit sa répugnance ; et la pensée qu'en réunissant leurs titres et leurs fortunes ils formeraient l'une des maisons les plus riches et les plus puissantes du royaume, fut bientôt la seule qui l'occupa.

On s'étonnera sans doute qu'une femme de son rang et de sa beauté pût se décider à faire aussi jeune le sacrifice de ses inclinations ; mais lorsque notre esprit n'a pas reçu une direction salutaire, et qu'une main prévoyante n'a pas eu soin d'y jeter des semences de vertu et de piété, le cœur, abandonné à lui-même, manque rarement de se créer une idole qu'il puisse adorer ; et dans la comtesse de Pendennyss, cette idole c'était l'orgueil.

Les autres dames, étonnées des manières de Francis, n'avaient pas d'abord daigné s'occuper de lui ; bientôt elles trouvèrent plus plaisant de s'en amuser, et, piquées de l'indifférence qu'il montrait pour elles, ce qu'elles attribuaient faussement à une suffisance incroyable, elles ne tardèrent pas à donner un libre cours à leur joyeuse humeur.

— Eh bien ! monsieur Denbigh, s'écria l'une d'elles qui se faisait le plus remarquer par son enjouement et par ses saillies, un jour que Francis, assis à l'écart et les yeux fixés à terre, semblait étranger à tout ce qui se passait autour de lui, quand vous proposez-vous de gratifier le monde de vos brillantes idées sous la forme d'un livre ?

— Oh ! bientôt sans doute, dit une autre ; et je m'attends que ce seront des homélies, ou peut-être un nouveau volume sur les *Devoirs de l'homme*.

— Ou plutôt encore, reprit une troisième avec une sanglante ironie, un nouveau chant ajouté à la *Boucle de cheveux enlevée*. Monsieur a des idées si brillantes, si remplies d'images !

— Et si ce recueillement, dit une quatrième de la voix la plus douce et la plus tendre que Francis eût jamais entendue, n'était que l'effet d'un sentiment de pitié ou de compassion pour ces esprits inférieurs qui ne peuvent comprendre les réflexions qu'un esprit juste et posé lui suggère, ni s'élever à la hauteur de ses idées ?

Peut-être était-ce encore de l'ironie, et Francis en eut un instant l'idée ; cependant ce son de voix était si doux, si enchanteur, que, tremblant d'émotion, il s'aventura à lever la tête, et il rencontra les regards de Marianne attachés sur lui avec une expression qui pénétra jusqu'au fond de son cœur.

Ces paroles retentissaient toujours à son oreille ; il y pensait, il les commentait à chaque instant ; sans le regard qui les avait accompagnées, il aurait cru, comme les autres, que c'était le trait le plus sanglant qu'on lui eût lancé. Mais ce regard..., ces yeux..., cette voix ; quelle interprétation délicieuse ne leur donnaient-ils pas !

Francis ne resta pas longtemps dans l'angoisse. Le lendemain matin on fit des projets de promenade dont tout le monde devait être, excepté lui. Il était trop réservé ou trop fier pour se mettre d'une partie à laquelle personne ne l'avait invité, sans même qu'on lui eût fait entendre que sa présence serait agréable.

Plusieurs jeunes seigneurs se disputaient l'honneur de conduire la comtesse dans son charmant phaéton. Tous prétendaient avoir des droits à cette faveur insigne, et ils les faisaient valoir avec une chaleur égale à l'importance qu'ils attachaient à obtenir une préférence aussi éclatante. L'un rappelait depuis quel temps il aspirait à cet honneur, l'autre se prévalait d'une ancienne promesse ; tous enfin avaient des titres qui leur semblaient incontestables. Marianne écouta les divers candidats avec l'air d'insouciance et de légèreté qui lui était naturel, et elle mit fin à la dispute en disant :

— Puisque j'ai fait tant de promesses, Messieurs, pour n'offenser personne, j'aurai recours à la complaisance de M. Denbigh qui a aussi des droits que la modestie seule l'empêche de faire valoir. C'est donc à vous, dit-elle à Francis en lui présentant le fouet qu'elle devait remettre au vainqueur, c'est donc à vous que j'adjuge le prix, si toutefois vous voulez bien l'accepter.

Ces paroles furent accompagnées de l'un de ses sourires les plus gracieux, et Francis prit le fouet avec une émotion qu'il lui fut difficile de maîtriser.

Ses rivaux furent charmés de voir se terminer ainsi le débat ; il leur semblait trop peu dangereux pour leur inspirer quelque crainte ; et les compagnes de Marianne eurent peine à ne pas rire aux éclats du choix singulier qu'elle avait fait.

Il y avait quelque chose de si séduisant dans les manières de lady Pendennyss ; elle écoutait avec tant d'attention le peu de mots qu'il lui adressait ; elle semblait si empressée d'avoir son opinion sur tous les points, que le pauvre Francis était plongé dans une sorte d'extase ; et le doux poison de la flatterie, qu'il savourait pour la première fois, se glissait insensiblement dans son cœur, et y produisait son effet ordinaire.

La glace une fois rompue, Marianne continua à lui montrer des égards, des prévenances ; Francis était enchanté. Il fallait si peu de chose pour faire impression sur une âme qui ne s'était jamais ouverte au sentiment du plaisir ! Marianne avait fait la conquête du jeune homme, presque aussitôt qu'elle avait songé à l'entreprendre.

Francis sentit commencer une nouvelle existence, et son esprit se développait de jour en jour presque à son insu. Il acquit de la confiance ; le cercle si étroit de ses jouissances s'agrandissait, et il lui semblait qu'il n'était plus étranger au milieu du monde depuis que Marianne daignait faire attention à lui.

Quelques incidents de peu d'importance, que la comtesse sut ménager avec beaucoup d'adresse, l'amenèrent à la conclusion hardie qu'il ne lui était pas indifférent ; et Francis répondit aux avances de Marianne avec une ardeur qui allait presque jusqu'à l'adoration. Les semaines s'écoulèrent, et il ne songeait pas à partir. Il lui était impossible de se séparer de celle qui lui avait fait aimer la vie, et il tremblait cependant de risquer un aveu qui pouvait détruire en un moment ses rêves de bonheur, et l'exposer au ridicule.

La comtesse devenait de jour en jour plus affable ; et elle avait su lui donner indirectement des espérances si positives, que Francis se croyait sûr du succès, lorsque George, de retour d'Amérique, après avoir été rendre ses devoirs à son père et sceller avec lui sa réconciliation, accourut pour presser contre son cœur un frère qu'il aimait tendrement.

Francis fut ravi de voir George, et George fut aussi charmé que surpris de l'heureux changement qui s'était opéré en lui.

Cependant Francis était bien loin de lui ressembler. Le colonel Denbigh, pétillant d'esprit, doué des manières les plus gracieuses, était alors l'un des hommes les plus séduisants de l'Angleterre.

Marianne le vit, et pour la première fois elle sentit naître dans son cœur un sentiment qu'elle n'avait jamais connu. Jusqu'alors elle avait badiné avec l'amour, elle s'était moquée des soupirs étouffés de ses adorateurs; mais la comtesse était forcée à son tour de reconnaître sa puissance, et elle se sentit subjuguée en dépit d'elle. L'amour et l'ambition se livraient un combat cruel dans son cœur. George ne tarda pas lui-même à brûler des mêmes feux, et les deux frères devinrent rivaux sans le savoir.

Si George avait soupçonné l'amour de son frère, trop généreux pour soutenir une lutte qui n'était pas égale, il aurait sans doute renoncé dès le principe à une rivalité trop facile. Si de son côté Francis eût su lire dans le cœur de George, il se fût éloigné à l'instant même; il était accoutumé depuis trop longtemps à le regarder comme au-dessus de lui sous tous les rapports pour chercher un seul instant à lui disputer un cœur qui seul cependant pouvait le réconcilier avec la vie.

Mais Marianne sut nourrir avec adresse les espérances des deux frères, de manière à se réserver la liberté du choix. Indécise elle-même, partagée entre des sentiments opposés, elle les eût peut-être laissés longtemps en suspens, si un événement imprévu n'eût tout à coup dissipé tous les doutes, et décidé le sort de tous les trois.

Le duc de Derwent et celui de ses frères qui n'était point encore marié, après une longue conférence qu'ils eurent ensemble sur le caractère de leur futur héritier, en vinrent à la conclusion qu'ils ne pouvaient faire rien de mieux que de se marier, et ils se mirent chacun à chercher une femme avec la même indifférence qu'ils apportaient aux affaires les plus simples de la vie. Ils jetèrent les yeux sur deux cousines dont l'une était jolie et l'autre riche; ils poussèrent la bizarrerie jusqu'à les tirer au sort: la jolie échut au duc, et la riche à son frère, ce qui établit entre eux l'équilibre de la fortune, et ils les épousèrent le même jour.

Ce double mariage dépouilla le pauvre Francis de tout son mérite, et lady Pendennyss ne consulta plus que son cœur; quelques égards plus marqués qu'elle montra pour George amenèrent la déclaration, et il fut accepté.

Francis, qui n'avait parlé à personne de son amour, et qui n'avait jamais laissé entrevoir qu'à Marianne l'état de son cœur, sans oser même s'expliquer ouvertement, fut frappé comme d'un coup de foudre. Il resta auprès d'eux jusqu'au jour de leur union, il fut même présent au mariage; il fut calme, silencieux; mais c'était le silence d'une montagne qui couve dans son sein un volcan dont l'éruption sera d'autant plus terrible qu'elle est précédée d'un calme effrayant.

Le même jour il disparut, et tous les efforts qu'on fit pour découvrir sa retraite furent inutiles; on ne put savoir ce qu'était devenu le fils ainé du général.

George, après son mariage, céda aux vives instances de sa jeune épouse, et donna sa démission pour aller mener avec elle une vie paisible et retirée, au milieu de toutes les jouissances de la fortune et de l'amour, dans l'une des résidences qui appartenaient à la comtesse. Marianne lui était tendrement attachée. N'ayant plus de raison pour se livrer à son goût pour la coquetterie, elle ne parut occupée que de faire son bonheur; et son caractère s'améliora graduellement à la vue des excellentes qualités de celui qu'elle avait choisi pour époux.

Parfois un soupçon vague et confus sur le véritable motif de la disparition soudaine de Francis se glissait dans l'esprit de Marianne, et lui causait quelque inquiétude; mais, parvenue au comble de ses désirs, aimant jusqu'à l'ivresse et payée du plus tendre retour, elle était trop heureuse pour sentir longtemps des remords de conscience. C'est dans les moments de peines et de privations qu'ils nous tourmentent, qu'ils nous poursuivent, qu'ils s'attachent à nous comme autant d'aiguillons acérés. La fortune nous berce-t-elle de ses faveurs, nous aimons à nous étourdir, à nous persuader que nous les méritons. Il faut des revers pour que l'illusion cesse, et c'est au sein de l'adversité que la voix de la vérité se fait entendre.

Le général Denbigh et lady Margaret moururent tous deux peu d'années après le mariage de leur enfant favori : mais ils vécurent pourtant assez pour embrasser leur petit-fils, qui fut appelé George, du nom de son père.

Le duc de Derwent et son fils, qui s'étaient mariés dans un moment de dépit, eurent chacun des enfants, et c'est dans ces descendants de diverses branches de la famille de Denbigh que se retrouvent les différents personnages de notre histoire. Lady Marianne, comtesse de Pendennyss, devint grosse une seconde fois; mais en donnant le jour à une fille, sa santé reçut une atteinte dont elle ne se remit jamais parfaitement. Ses nerfs devinrent très-sensibles; elle perdit presque toute son énergie, et la moindre commotion pouvait lui être funeste. Son mari était sa seule consolation; il était aux petits soins avec elle; et la vue des souffrances de Marianne semblait avoir encore augmenté la tendresse qu'il lui avait toujours témoignée.

Yves n'avait point oublié que c'était à la noble conduite de M. Denbigh qu'il devait son bonheur, et Isabelle se rappelait avec la plus vive reconnaissance le généreux dévouement qu'il avait montré en s'expatriant pour assurer le bonheur de celle qu'il aimait. Le Ciel l'avait récompensé de ce sacrifice héroïque, et Marianne s'était chargée d'acquitter la dette qu'Isabelle avait contractée avec lui.

La plus grande intimité s'était établie entre les deux ménages, et comme le jeune Yves était assez riche pour ne pas attendre après un bénéfice, il accepta volontiers l'offre que lui fit M. Denbigh de venir remplir les fonctions de chapelain dans son château, jusqu'à ce qu'il se présentât quelque cure avantageuse. Yves et Isabelle habitèrent pendant six ans Pendennyss-Castle. Le ministre de la paroisse était vieux et infirme, et il n'avait pas voulu qu'on lui donnât de vicaire; mais les services de M. Yves, qui le soulageait dans ses pénibles fonctions sans chercher à s'en faire aucun mérite, n'étaient pas moins agréables au pasteur qu'à ses paroissiens.

Occupé à chaque instant à remplir des devoirs qui regardaient de droit le titulaire, et qu'il fallait concilier avec ceux que lui imposait son titre de chapelain du château, notre jeune ministre menait une vie aussi active que s'il eût desservi la cure la plus étendue. Isabelle et lui passaient toute l'année dans le pays de Galles; ils ne formaient qu'une seule famille avec M. Denbigh et lady Pendennyss, qui ne les quittaient jamais que pour aller passer l'hiver à Londres, et qui alors laissaient leur fils avec eux. Ce fut à leurs tendres soins que le petit George dut les premières semences de vertu qui se développèrent ensuite dans son âme; et le jeune ministre, qui avait aussi le bonheur d'être père, se faisait un plaisir de lui donner les mêmes leçons qu'à Francis.

Cependant, depuis la naissance de la petite Marianne, la santé de la mère ne se rétablissait pas ; ce fut une première atteinte portée au bonheur de Denbigh, qui devait bientôt éprouver une nouvelle secousse. Ses amis parlèrent de le quitter.

M. Yves avait toujours eu l'intention de remplir dans toute leur étendue les fonctions de son ministère dès que l'occasion s'en présenterait. Il ne voulait pas qu'on pût dire qu'il n'était qu'une branche parasite et inutile, et sous ce rapport l'opinion des hommes parlait encore moins haut à son cœur que sa conscience. La cure de B*** devint vacante vers l'époque où sir Edward était venu prendre possession du domaine de ses ancêtres ; elle lui fut offerte, et il crut que son devoir était de l'accepter.

Denbigh eut recours aux instances les plus touchantes pour détourner le docteur de sa résolution. S'il n'eût fallu que de l'or, il l'aurait prodigué pour le retenir chez lui, et le revenu qu'il lui eût assuré aurait excédé de beaucoup celui de sa cure. Mais Denbigh connaissait trop bien le caractère du ministre pour lui faire une pareille proposition. Il essaya seulement de faire parler la voix de l'amitié ; mais ce fut inutilement. Le docteur reconnut les droits que Denbigh et sa famille avaient acquis à son affection, mais il ajouta :

— Qu'auriez-vous pensé, mon cher monsieur Denbigh, de l'un des premiers disciples de notre Sauveur, qui, pour des motifs de convenances, et par suite de considérations mondaines, aurait abandonné son saint ministère ? Si les temps sont changés, si les circonstances ont apporté quelques modifications à la manière de remplir nos devoirs, ces devoirs n'en subsistent pas moins, ils sont toujours les mêmes. Le ministre de notre sainte religion, une fois qu'il a obéi à l'appel de son divin maître, ne doit plus souffrir que rien le détourne du sentier qu'il a pris. S'il pouvait s'oublier à ce point, il aurait beau prétexter des affaires, des devoirs, des malheurs, il ne serait pas écouté. Ses obligations sont grandes et solennelles ; mais, quand il les a remplies fidèlement, oh ! que sa récompense doit être glorieuse !

Auprès d'un homme qui avait une si noble opinion de ses devoirs, toutes nouvelles instances auraient été inutiles ; M. Denbigh ne le pressa pas davantage, mais ses regrets n'en furent pas moins vifs lorsqu'il le vit partir. Les deux amis promirent de s'écrire exactement, et ils tinrent parole. Ils se réunissaient de

temps en temps au château de Lumley, résidence de la comtesse, qui n'était qu'à deux journées de distance de la paroisse du docteur; bientôt ces réunions devinrent impossibles; la santé de lady Pendennyss, de plus en plus languissante, ne lui permit plus de voyager. Le docteur ne pouvant se décider à vivre entièrement séparé de son ami, poussait de loin en loin ses excursions jusqu'au pays de Galles, et quoique ses visites n'eussent lieu qu'à de grands intervalles l'une de l'autre, elles produisaient les plus heureux effets.

M. Denbigh, qui voyait dépérir sa femme sous ses yeux, s'abandonnait souvent à une douleur qui tenait du désespoir. Le docteur Yves lui apprit à chercher des consolations où il pouvait seulement espérer d'en trouver, dans une piété fervente et solide. Son ami prêtait une oreille avide à ses conseils; la persuasion entrait doucement dans son âme, et si le chagrin qui le consumait devait le conduire prématurément au tombeau, il sentait du moins qu'il y descendrait avec l'espérance fondée d'une résurrection bienheureuse.

CHAPITRE XLVI.

> Ne croyez pas ce qu'on vous a dit de ma démence; ma tête est saine; mais, hélas! mon cœur ne pouvait braver la violence d'une semblable douleur.
>
> CRABBE. *Le Maniaque.*

A l'époque où la santé de lady Pendennyss avait éprouvé une altération si sensible, à la suite de ses couches, les médecins avaient prescrit le changement d'air comme le meilleur remède à son mal; et Denbigh revenait avec son épouse d'une excursion qu'il avait été faire dans le nord de l'Angleterre, dans le vain espoir de la distraire et de la guérir, lorsque, surpris par un orage, ils furent obligés de chercher un abri dans la première maison qui s'offrit. C'était une petite ferme dont les habitants firent tous leurs efforts pour recevoir de leur mieux leurs hôtes;

un feu fut allumé dans la meilleure chambre, et la bonne ménagère se mit sur-le-champ en devoir de leur préparer un modeste repas.

La comtesse et son mari étaient assis à côté l'un de l'autre, livrés à une sorte de mélancolie inquiète, qui depuis quelque mois ne les quittait plus, lorsque, dans un moment où l'orage grondait avec moins de violence, une voix qui semblait venir de la pièce voisine commença la ballade suivante. L'air était lent, monotone, mais d'une douceur toute particulière; et les paroles étaient prononcées si distinctement, que les nouveaux hôtes n'en perdirent pas une seule.

> Je vois se consumer ma vie
> Dans des tourments affreux, dans d'amères douleurs,
> Sans que de mes maux attendrie,
> La pitié sur mon sort répande quelques pleurs.
> Jamais je ne connus les soins si doux d'un père !
> Je ne suis né que pour souffrir.
> Vous m'avez repoussé, vous aussi, vous, ma mère;
> Consolez-vous... je vais mourir !
>
> Toi que j'aimais avec ivresse,
> Qui ne parus m'aimer que pour mieux me trahir,
> Marianne, vois ma faiblesse;
> Malgré ton abandon, je ne puis te haïr !
> Sans le savoir, hélas ! une main toujours chère
> Fut l'instrument de mon malheur;
> Puisses-tu ne jamais éprouver, ô mon frère !
> Les maux qui déchirent mon cœur !
>
> Mais paix ! un nouveau jour m'éclaire;
> Paix ! je crois entrevoir le terme de mes maux.
> Silence ! à ma longue misère
> Va succéder enfin un éternel repos....

Tout à coup la voix s'arrêta. Les femmes de la comtesse s'étaient approchées de la porte pour mieux entendre; le valet de Denbigh, occupé à préparer la table, était resté immobile et retenait son haleine. L'infortuné avait cessé de chanter que tous écoutaient encore, tant la triste mélancolie de ses accents les avait intéressés.

Denbigh lui-même s'était élancé de sa chaise dès que les premiers sons avaient frappé ses oreilles; et tant que la voix se fit entendre, il resta debout, l'œil fixe, les mains tremblantes, comme frappé d'une muette stupeur. Tout à coup il court à la porte, l'ouvre précipitamment, et là, sous une espèce de hangar qui l'abritait à peine contre la fureur de la tempête, il voit assis sur une pierre, couvert des plus misérables lambeaux, la démence peinte dans tous les traits, le frère qu'il a si longtemps pleuré, Francis.

Les paroles de la complainte étaient trop claires pour avoir besoin d'explication : l'affreuse vérité versait autour de George des torrents de lumière dont il ne pouvait supporter la violence... Il voyait tout... il sentait tout...; et, se précipitant aux pieds de son frère, il s'écria, saisi d'horreur, en serrant ses mains fortement entre les siennes :

— Francis ! mon cher frère ! ne me reconnaissez-vous pas ?

Le maniaque le regarda d'un air égaré. La voix, les traits de son frère semblaient avoir rallumé dans son âme quelques étincelles de raison. Il se leva, alla droit à lui, et écartant avec la main les cheveux de George, pour voir son front en entier, il le considéra quelques instants en silence ; puis, d'une voix que les faibles souvenirs qui se réveillaient dans son âme rendaient encore plus douce, il se remit à chanter.

> Voilà sa noble chevelure,
> Son front, ses traits si doux, son regard enchanteur !...
> Comblé des dons de la nature,
> De Marianne, hélas ! il m'a ravi le cœur.
> C'est lui !... Mais tout à coup la lumière affaiblie...
> Je ne vois plus rien... tout est noir...
> A peine ai-je entrevu le matin de la vie
> Infortuné ! déjà le soir !
>
> Le soir !... Eh bien ! quel vain délire...
> Profitons des instants... et vous qui m'écoutez,
> Pourquoi verser des pleurs ! insensés ! il faut rire...
> Allons, imitez-moi, chantez !

A ces mots, le maniaque laisse retomber la main de son frère ; ses traits se contractent, et il pousse un éclat de rire effroyable.

— Francis ! ô Francis ! mon frère ! s'écria George dans l'amertume de sa douleur. Tout à coup un cri perçant qui retentit jusqu'au fond de son âme lui fait tourner les yeux vers la porte qu'il vient de franchir, et sur le seuil il voit étendue sa femme sans connaissance. Le mari désespéré oublie tout pour ne s'occuper que de sa Marianne; il la soulève dans ses bras, il cherche à la réchauffer contre son cœur : — O Marianne ! s'écrie-t-il, ma chère Marianne, reviens à toi ! Ouvre les yeux, regarde-moi !

Francis l'a suivi; il est à ses côtés, et il examine attentivement le corps inanimé. Son œil est moins hagard, son air est moins sauvage; tranquille à l'extérieur, un volcan semble fermenter dans ses veines.

— Marianne ! s'écria-t-il d'une voix concentrée... c'est aussi ma Marianne !

La lutte est trop pénible pour ses forces épuisées; la nature ne peut résister plus longtemps au choc qu'il éprouve; il se fait une sorte d'ébranlement dans tout son être; un vaisseau s'est rompu dans sa poitrine; l'infortuné tombe aux pieds de son frère; on vole à son secours... il était mort !

Lady Pendennyss survécut dix-sept ans à cette horrible catastrophe; mais, de retour dans son château, elle vécut plus isolée que jamais; et, pendant ce long espace de temps, elle ne quitta jamais sa chambre.

Le docteur Yves et son épouse furent seuls instruits de la véritable cause de sa douleur. Cet événement fut toujours un mystère pour tous leurs autres amis.

Denbigh n'avait d'autre consolation que de s'occuper de l'éducation de ses deux enfants; et c'était du moins pour lui un plaisir bien doux que de voir se développer insensiblement leur jeune intelligence. George idolâtrait son père qui seul était son maître, et qui s'étonnait souvent lui-même des dispositions surprenantes de son jeune élève. Denbigh, tout entier à ses importantes fonctions, formait à la fois son cœur et son esprit, et son fils n'avait pas encore seize ans, que déjà il joignait à une instruction solide des principes qu'il est rare de trouver dans un âge aussi tendre.

George témoigna le désir d'entrer dans l'armée; son père y consentit, et il fit l'apprentissage de la guerre sous les ordres du général Wilson, qui se chargea de le diriger dans sa nouvelle carrière. Le général n'eut qu'à se louer de son jeune officier, qui faisait une heureuse exception parmi les militaires de son âge.

A la fin de la guerre d'Espagne, George revint dans ses foyers; et il arriva à temps pour recevoir les derniers soupirs de sa mère.

Quelques jours avant sa mort, la comtesse voulut que ses enfants connussent son histoire, et elle remit entre les mains de son fils une lettre qu'elle lui recommanda de n'ouvrir que lorsqu'elle ne serait plus. Cette lettre était adressée à ses deux enfants. Après avoir récapitulé les principaux événements de sa vie, elle ajoutait :

« Vous voyez, mes enfants, quelles ont été les conséquences de la légèreté, de l'imprudence de ma conduite. Votre oncle en a été le premier la victime ; votre père, trop généreux pour m'en faire des reproches, a vu troubler par des regrets amers le bonheur que lui faisaient éprouver vos caresses ; et moi-même, livrée à des remords tardifs, que dix-sept ans de larmes n'ont pu apaiser, je descends prématurément au tombeau. Puisse du moins mon funeste exemple n'être pas entièrement perdu pour vous ! J'étais jeune, sans expérience, douée de quelques attraits qui furent la première source de mes malheurs. Ils m'inspirèrent un amour-propre démesuré ; les flatteurs qui m'entouraient ont fait le reste. Accoutumée aux hommages, à l'adulation, je devins exigeante, impérieuse : j'allai plus loin ; je me fis bientôt un malin plaisir des souffrances que je causais ; j'aimais à me voir entourée d'un cercle brillant d'adorateurs qui se disputaient mes sourires. Bientôt mon orgueil ne connut plus de bornes, et si les lois de notre pays souffraient que nos princes se choisissent une épouse parmi leurs sujettes, je crois que, dans mon aveugle présomption, j'aurais porté mes vues jusque sur le trône. Hélas ! du moins alors, votre oncle n'eût pas été la victime de ma fatale coquetterie !

« Ah ! Marianne, ma chère enfant, ne vous abaissez jamais à ces vils artifices qui ont dégradé votre malheureuse mère. Croyez-en sa triste expérience ; elle lui a coûté assez cher ! Il n'est peut-être pas de défaut plus funeste pour notre sexe que la coquetterie. Elle rend dure, cruelle ; elle dessèche le cœur, elle détruit cette délicatesse de sentiment qui ajoute un nouveau charme à la beauté ; elle est incompatible avec la modestie qui fait son plus bel ornement.

« Et ne pensez pas, ma pauvre enfant, que la femme coquette dans son jeune âge puisse cesser aisément de l'être lorsqu'elle a des devoirs essentiels à remplir, et qu'épouse, mère de famille, elle voudrait s'occuper exclusivement du bonheur de son mari et de ses enfants. La coquetterie, lorsqu'on a le malheur de l'écouter, jette dans l'âme de trop profondes racines pour qu'il soit facile de les extirper. Il faut des efforts pénibles et réitérés ; encore seront-ils presque toujours infructueux, à moins que la religion ne vienne à notre aide et n'oppose à l'orgueil humain, qui se révolte et nous entraîne, son humilité divine. Autrement, celle qui, grâce aux charmes de la jeunesse et de la beauté, aura joué avec succès le rôle de coquette, arrivera à la vieillesse, changée il est vrai, mais non point corrigée, tenant toujours au monde qui alors la repoussera, et regrettant inutilement les illusions de sa jeunesse.

« Adieu, mes enfants, sachez quelque gré à votre mère de vous avoir ouvert son cœur avec autant de franchise. Croyez qu'il lui en a coûté pour déchirer le voile qui cachait ses malheurs à vos yeux. Le désir de vous éclairer, de vous être utile, même après sa mort, a pu seul l'y déterminer. Profitez de cette terrible leçon. Consolez votre estimable père; que votre tendresse le dédommage de tout ce qu'il a perdu; et lorsque vous aurez le malheur d'être orphelins, placez alors votre confiance dans le Père céleste, qui n'abandonne jamais ceux qui le cherchent dans la sincérité et dans l'effusion de leur cœur.

« Votre mère mourante,

« M. PENDENNYSS. »

Cette lettre, évidemment écrite sous l'inspiration du plus cuisant remords, fit une impression profonde sur ses enfants; lady Marianne ressentait à la fois la plus tendre pitié pour les chagrins de sa mère, et une espèce d'horreur pour le défaut qui les avait causés; et son frère, le comte de Pendennyss, joignait à ces sentiments une vive appréhension du sort qui l'attendait dans le mariage.

Lorsque son oncle avait été si cruellement trompé, il passait, il est vrai, pour l'héritier d'un titre plus élevé que le sien; mais lui-même maintenant ne portait-il pas un nom aussi honorable, et n'avait-il pas une fortune plus grande encore? Les grands biens de son aïeul maternel et ceux de son père ne seraient que trop tôt réunis en sa personne, et si une femme, aussi aimable et aussi accomplie que l'amour filial lui montrait sa mère, avait pu céder aux tentations de l'orgueil et de l'intérêt, combien ne devait-il pas craindre que les mêmes motifs ne décidassent une femme à lui donner sa main, lorsque son cœur se serait peut-être donné à un autre.

Pendennyss était modeste par nature et humble par principes : il n'était pas défiant ; mais la révolution que lui avait fait éprouver la découverte de la faute de sa mère, les tristes souvenirs de sa mort, et la santé de son père qu'il voyait décliner chaque jour, tout contribuait à le jeter souvent dans une foule de réflexions qu'il faisait de vains efforts pour repousser.

Peu de temps après la mort de la comtesse, M. Denbigh, sentant qu'il ne tarderait pas à la suivre, résolut de finir ses jours dans les bras de son ami le docteur Yves. Depuis plusieurs années, ils ne s'étaient point vus, leurs devoirs et leurs infirmités toujours croissantes ayant suspendu leurs visites.

Il quitta donc le pays de Galles accompagné de ses deux enfants, et prit à petites journées le chemin de Lumley-Castle, château qui lui appartenait, et où il arriva épuisé de fatigue. Après quelques jours de repos, il dit à sa fille un dernier et solennel adieu, ne voulant pas que son jeune cœur, à peine remis du choc que lui avait fait éprouver la mort de sa mère, eût encore à supporter la vue de ses derniers moments ; et, renvoyant son équipage et ses domestiques à une demi-journée du presbytère, il s'y rendit seul avec son fils et dans la voiture la plus simple.

Il avait écrit au docteur pour lui annoncer sa visite sans lui parler de sa mort prochaine. Il lui avait exprimé le désir de le trouver tout à fait en famille, et il avait fixé le jour de son arrivée une semaine plus tard que celle qui l'avait vu entrer au presbytère. Il avait été forcé de se hâter en voyant le flambeau de sa vie se consumer rapidement, et beaucoup plus près de s'éteindre qu'il ne l'avait d'abord pensé.

Le lecteur connaît déjà l'effet que produisit l'arrivée inattendue des deux voyageurs, la mort de Denbigh, et le départ de son fils, que Francis accompagna lorsqu'il alla déposer les restes de son père dans le tombeau de ses ancêtres, dans le Westmoreland.

Depuis qu'il connaissait l'histoire de sa famille, le comte désirait vivement dérober à tous les yeux la conduite de sa mère. Jusqu'à quel point était-elle connue dans le monde ? il l'ignorait ; mais son vœu le plus ardent était d'ensevelir ce funeste secret dans sa tombe.

Les circonstances frappantes de la mort de son père pouvaient réveiller l'attention, et inspirer le désir de connaître les causes réelles de sa maladie, qui jusques alors n'étaient connues que de la famille du docteur. Il était impossible d'empêcher que la mort d'un homme du rang de M. Denbigh fût annoncée dans les papiers publics ; et ce fut par les soins de Francis qu'une notice, sans commentaires, et ne renfermant que la simple vérité, y fut insérée. N'était-il pas naturel que le fils de M. Denbigh portât les mêmes noms que son père ?

Les amis de la famille du docteur ne se permirent jamais aucune allusion à un sujet qui l'eût affligé, et les paysans, ainsi que les voisins du presbytère, n'en sachant pas davantage, parlaient des deux voyageurs comme du vieux et du jeune M. Denbigh.

Le nom du comte de Pendennyss, illustré par sa valeur, était connu de toute l'Angleterre ; mais la longue solitude dans laquelle avaient vécu son père et sa mère les avait fait oublier d'un monde inconstant. Mrs Wilson elle-même, malgré les questions dont elle accablait tous ceux qui connaissaient son jeune héros, ignorait que personne de sa famille portât le nom de Denbigh. Pendennyss-Castle était depuis plusieurs siècles la résidence de cette famille, et le changement de nom de ses prédécesseurs avait été oublié avec les circonstances qui l'avaient amené. Lorsque Emilie rencontra le comte pour la seconde fois au presbytère, elle l'appela naturellement M. Denbigh.

Pendennyss était venu de Londres pour voir son parent, lord Bolton ; mais ne l'ayant point trouvé, il ne put résister au désir d'embrasser ses amis du presbytère ; en conséquence, il quitta sa voiture à un demi-mille de là, renvoya ses domestiques à Londres, et arriva à pied chez le docteur Yves.

Les mêmes motifs qui l'avaient dirigé auparavant, le désir de pouvoir se livrer à sa douleur sans en être distrait par des visites et des cérémonies inutiles, le décida à ne pas faire connaître son véritable nom.

Rien n'était plus aisé. Dès son enfance, le docteur et Mrs Yves l'avaient appelé George, et jamais ils ne lui donnaient le nom de Pendennyss, qui ne servait qu'à leur rappeler à tous de pénibles souvenirs.

Le comte avait souvent entendu parler d'Emilie par ses amis ; leurs lettres la lui peignaient partageant leurs plaisirs et leurs peines, et il lui sembla même qu'ils exprimaient plus d'affection encore pour elle que pour la femme de leur fils ; un soir, Mrs Yves, voulant écarter les tristes souvenirs qui accablaient son jeune ami, lui avait fait la description la plus animée de la beauté, des grâces d'Emilie, et surtout de son charmant caractère.

Un portrait aussi séduisant avait excité la curiosité du comte ; il s'attendait à le trouver un peu flatté, comme c'est l'ordinaire ; quelle fut sa surprise de voir que le peintre était encore resté au-dessous de la réalité ! Il ne lui suffit pas d'avoir vu une fois Emilie, il voulut avoir le temps de la juger, et il pria le docteur de l'aider à garder l'incognito.

Le docteur lui fit quelques remontrances : c'était un artifice qui répugnait à son caractère et plus encore à ses principes, et le comte se rendit d'abord ; mais la beauté d'Emilie, plus attrayante encore lorsqu'il la vit entourée du cortége de ses vertus, avait fait sur Pendennyss une impression profonde, et il revint bientôt à la charge.

Plus il sentait que l'amour faisait des progrès dans son cœur, plus son ancienne défiance se réveillait en même temps, et le souvenir de sa mère, qu'il se représentait à l'âge d'Emilie, parée des mêmes attraits, venait lui recommander de profiter de son exemple et de se tenir sur ses gardes. Il fit au docteur l'aveu du nouveau motif qui l'engageait à cacher son rang, sans pourtant lui en faire connaître la douloureuse origine. Le bon ministre, au fait de tous les secrets de la famille, lut aisément au fond de son cœur ; il eut pitié de lui, et il finit par lui promettre de garder le silence.

— Mais, ajouta-t-il, n'en exigez pas davantage ; c'est déjà bien assez mal à moi de m'exposer à passer pour votre complice ; n'espérez pas que je favorise ouvertement votre duplicité ; un silence absolu, voilà tout ce que je puis vous promettre. Je n'ai pas fort bonne idée de vos projets. Si Mrs Wilson et Emilie venaient à découvrir la fourberie, je crains que vous ne perdiez beaucoup dans leur esprit. Prenez-y garde, George. Après tout, ajouta le bon docteur en souriant, votre intention n'est sans doute pas d'épouser la jeune personne incognito et toujours sous le nom de M. Denbigh.

— Oh ! non, répondit le jeune comte sur le même ton ; il est encore trop tôt pour songer au mariage... Tout ce que je désire, c'est de voir un peu quel accueil on me fera dans le monde, lorsque je n'y paraîtrai que sous le simple nom de M. Denbigh, sans rang et sans fortune.

— Je crains, Milord, dit le docteur avec malice, que cet accueil ne soit bien peu favorable, en comparaison de vos mérites ; mais ce sera du moins une douce compensation pour vous d'entendre les éloges que Mrs Wilson ne manque jamais à faire du comte de Pendennyss.

— C'est l'effet d'une partialité bien flatteuse sans doute, reprit le comte avec tristesse, ses pensées se reportant sur l'ami généreux qu'il avait perdu ; mais je m'étonne que vous ne l'ayez jamais tirée d'erreur, et que vous ne lui ayez pas appris dès le principe...

— Mais elle ne m'en a jamais fourni l'occasion. On ne sait pas ici que j'ai été chapelain chez M. votre père ; on croit, du moins je le présume, que je desservais une petite cure dans le pays de Galles. Les relations que j'ai eues avec votre famille se rattachent aux plus doux moments de ma vie, ajouta M. Yves en regardant tendrement son épouse ; il y aurait eu une sorte d'orgueil à les rappeler, et quoique le souvenir m'en fût toujours cher, jamais je n'y ai fait allusion dans la société. Mrs Wilson n'a parlé de vous que deux fois en ma présence, et cela depuis qu'elle a su votre retour en Angleterre, et qu'elle a conçu l'espoir de faire votre connaissance. Votre nom lui a sans doute rappelé le souvenir de son mari.

— La mémoire du général me sera toujours chère. Que de droits n'a-t-il pas acquis à ma reconnaissance ! s'écria le comte avec chaleur. Mais, docteur, n'oubliez pas mon incognito ; appelez-moi seulement George, je ne vous en demande pas davantage.

Le plan de Pendennyss fut mis à exécution. Il ne devait d'abord rester que quelques jours dans le Northampton ; mais il se plaisait trop dans la famille de sir Edward pour pouvoir se décider à s'en éloigner.

L'embarras qu'il manifestait souvent provenait de la crainte d'être découvert. Peu s'en fallut que sir Herbert Nicholson ne fît échouer tous ses projets. Il avait surtout intérêt à ne voir ni Mrs Fitzgerald ni lord Henry Stapleton ; car, ayant été aussi loin, il était décidé à soutenir jusqu'au bout son personnage.

Il pensait qu'Egerton pouvait le connaître, et il n'aimait ni son ton ni ses manières.

Dans le moment où Chatterton s'était passionné pour Emilie, plein de franchise et de candeur, il s'était empressé d'instruire le comte de ses sentiments et de la position où il se trouvait. Pen-

PRECAUTION.

dennyss était trop généreux pour abuser de sa confiance. Chatterton semblait croire que son peu de fortune était le seul obstacle à son mariage; le comte voulut l'aplanir lui-même, et il écrivit au duc de Derwent, son cousin, pour le prier d'employer toute son influence pour faire nommer le jeune lord à la place qu'il sollicitait. Le résultat de cette nomination est connu; Chatterton n'en fut pas moins refusé, et Pendennyss ne craignit pas de le prendre à son tour pour confident. Il l'emmena à Londres, chargea Derwent du soin de le distraire, et revint ensuite s'occuper de ses propres affaires. Le billet qu'il envoya de Bolton-Castle était une ruse pour mieux cacher son nom ; il savait que la famille du baronnet allait partir, et que par conséquent il ne courait aucun danger d'être reconnu.

— Fort bien, Milord, lui dit un jour le docteur Yves; tout vous réussit à souhait; mais je crains bien, je vous l'avoue, lorsque votre amante découvrira la ruse, que votre rang et votre fortune ne produisent un effet tout différent de celui que vous paraissez en attendre.

CHAPITRE XLVII.

*J'en conviens, le comte a bien joué son rôle auprès
de vous : quel rôle jouera le mari?*
Dr PERCY. *Vieille ballade.*

MAIS le docteur Yves s'était trompé; s'il avait pu voir les yeux brillants et la vive rougeur d'Emilie, et le sourire de bonheur qui animait la physionomie ordinairement pensive de Mrs Wilson, tandis que le comte leur donnait la main jusqu'à leur voiture, le soir de l'heureuse découverte, le bon docteur aurait reconnu avec bien du plaisir que sa prédiction ne s'était pas réalisée. En effet, apprendre après tant de chagrins que Denbigh et Pendennyss étaient la même personne, c'était voir combler à la fois les vœux les plus chers de la nièce et de la tante.

Après avoir placé les deux dames dans la voiture, Pendennyss désirait et n'osait y monter avec elles, lorsque Mrs Wilson, voyant son embarras, lui dit : — J'espère, Milord, que vous soupez avec nous.

— Mille remerciements, chère Mrs Wilson, s'écria-t-il en s'élançant dans la voiture qui partit aussitôt.

— Après l'explication de ce matin, Milord, dit Mrs Wilson, voulant écarter tous les doutes qui auraient pu rester encore dans l'esprit d'Emilie, et charmée peut-être de satisfaire sa propre curiosité, il serait inutile de vous cacher notre désir de connaître quelques circonstances qui nous paraissent inexplicables. Comment votre portefeuille se trouva-t-il donc chez Mrs Fitzgerald ?

— Chez Mrs Fitzgerald ! s'écria le comte étonné ; je le perdis dans un des salons de Benfield-Loge ; votre air sévère et le cruel refus d'Emilie me firent supposer qu'il était tombé entre vos mains, et qu'il avait trahi mon véritable nom : me serais-je trompé ?

Mrs Wilson lui expliqua alors pour la première fois les véritables motifs qu'Emilie avait cru avoir pour refuser sa main, et elle lui raconta comment son portefeuille avait été trouvé par Mrs Fitzgerald.

Le comte ne pouvait revenir de sa surprise, et, après avoir réfléchi quelques instants, il s'écria : — Je me rappelle l'avoir tiré de ma poche pour montrer au colonel Egerton quelques plantes assez rares que j'avais recueillies ; je croyais l'avoir posé sur une table qui était près de nous, et quelques instants après, m'apercevant que je l'avais perdu, je retournai à l'endroit où je pensais l'avoir laissé, mais il n'y était plus : une case de ce portefeuille contenait quelques lettres que Marianne m'avait adressées sous mon véritable nom, et je dus croire que vous les aviez vues.

Mrs Wilson et Emilie furent frappées en même temps de l'idée qu'Egerton était le perfide qui leur avait causé, ainsi qu'à Mrs Fitzgerald, tant de chagrins et d'inquiétudes, et elles firent part au comte de leurs soupçons.

— Rien de plus probable ! s'écria-t-il, frappé du même trait de lumière ; de là sans doute l'inquiétude qui se peignit dans ses regards la première fois qu'il me vit, et la répugnance évidente qu'il éprouvait à se rencontrer avec moi. Quoique la voiture dans laquelle il se trouvait l'ait caché à mes yeux, il doit nécessairement m'avoir vu, lorsque j'eus le bonheur de délivrer sa victime.

Ces conjectures leur parurent les plus vraisemblables, et ils quittèrent ce pénible sujet pour en traiter de plus agréables, jusqu'à ce qu'ils fussent arrivés à la porte de l'hôtel de sir Edward.

— Mon maître !... écoutez... mon maître, s'écria Peter Johnson qui regardait par la fenêtre de la chambre de Benfield, en remuant, pour le refroidir, un potage au gruau, qu'il venait de préparer pour le souper du vieux gentilhomme. Il avançait la tête le plus possible, et il pouvait à peine en croire ses yeux de soixante-dix ans et la lueur vacillante des réverbères qui éclairaient la cour. — Non, je ne me trompe pas, c'est bien M. Denbigh qui donne la main à miss Emmy pour l'aider à descendre de voiture, et qui est accompagné de deux laquais dans la plus riche livrée.

La cuillère tomba des mains de M. Benfield; il se leva avec vivacité et prit le bras de l'intendant pour se rendre au salon. Pendant ce court trajet il cherchait à tromper son impatience et celle de Peter par quelques phrases que la rapidité de sa marche rendait à peine intelligibles.

— M. Denbigh !... quoi! de retour! Je croyais que cet étourdi de John ne parviendrait jamais à le rejoindre, et qu'il avait abandonné Emmy pour toujours. Ici M. Benfield se rappela le mariage de Denbigh, et ajouta en soupirant : — Mais à présent, Peter, que peut-il venir faire ici? Je me rappelle que lorsque mon ami le comte de Gosford... Mais il fut arrêté de nouveau par le souvenir de la table de jeu et de la vicomtesse, et il termina par ces mots : — Mais pressons-nous d'arriver, Peter, et nous verrons bientôt ce qui en est.

— Monsieur Denbigh! s'écria sir Edward étonné en le voyant entrer dans le salon avec Mrs Wilson et Emilie, soyez le bienvenu au milieu de vos anciens amis; votre départ précipité nous a fait bien de la peine, mais, depuis que nous connaissons lady Laura, nous ne pouvons nous étonner que vous nous ayez quittés pour elle.

Le bon sir Edward soupira en pressant la main de celui qu'il avait espéré nommer son fils.

— Ni lady Laura, ni toute autre dame que miss Emilie n'aurait pu me forcer à m'éloigner de vous, s'écria le comte avec gaieté; ses rigueurs seules m'ont contraint à la retraite, et j'espère qu'elle est prête non seulement à avouer ses torts, mais même à les réparer.

John, qu'il avait instruit du refus de sa sœur, et qui se rappelait encore avec humeur la manière dont Denbigh lui avait échappé, fut indigné de l'entendre s'exprimer avec une légèreté aussi inconvenante, qu'il ne se permettait sans doute qu'en qualité d'homme marié, et l'interrompit en disant :

— Votre serviteur, monsieur Denbigh; j'espère que lady Laura se porte bien.

Denbigh comprit la cause du sombre regard que John jetait sur lui, et il lui répondit très-gravement :

— Votre serviteur, monsieur John Moseley; lady Laura se porte bien, du moins je l'espère, car elle est en ce moment au bal avec son mari.

John jeta un regard perçant sur le comte, sur sa tante, puis sur Emilie; un sourire malin animait leurs physionomies. La rougeur d'Emilie, les yeux brillants et pleins de feu du jeune homme, l'air de satisfaction répandu sur les traits de sa tante, tout lui dit qu'il se passait quelque chose d'extraordinaire, et, cédant à son ancienne amitié pour Denbigh, il prit la main que lui présentait Pendennyss, en s'écriant :

— Denbigh! je vois... je sens qu'il y a entre nous quelque mystère incompréhensible...; nous sommes...

— Nous sommes frères! interrompit le comte avec feu. Sir Edward, chère lady Moseley, j'implore votre pardon ; je suis un fourbe, un imposteur : lorsque vous pensiez exercer l'hospitalité envers George Denbigh, celui que vous receviez avec tant de bonté était le comte de Pendennyss.

— Le comte de Pendennyss! s'écria lady Moseley enchantée, en voyant s'ouvrir devant Emilie une perspective de bonheur qu'embellissaient encore à ses yeux le rang et la fortune; est-il possible, ma chère Charlotte, que ce soit votre ami inconnu ?

— Lui-même, Anne, répondit la veuve en souriant, et il est coupable d'une petite trahison qui rapproche un peu la distance entre nous, puisqu'elle nous prouve qu'il est sujet aux faiblesses de l'humanité. Mais la supercherie est découverte, et j'espère que sir Edward et vous, vous ne le recevrez pas seulement comme un comte, mais comme le fils le plus tendre.

— Et ce sera avec bien plus de joie! s'écria le baronnet avec énergie : fût-il prince, pair ou mendiant, il est le sauveur des jours de mon enfant, et comme tel, il sera toujours le bienvenu!

En ce moment la porte s'ouvrit lentement, et Benfield parut.

Pendennyss n'avait pu oublier les bontés dont le vieux gentilhomme avait voulu le combler; il courut à lui, et lui exprima tout le plaisir qu'il éprouvait à le revoir.

— Je me rappellerai toujours avec une vive reconnaissance la lettre si touchante que l'honnête Peter vint m'apporter de votre part, dit le comte, et je regrette bien maintenant qu'un sentiment de honte m'ait porté à répondre si laconiquement à tant de bienveillance; mais, ajouta-t-il en se tournant vers Mrs Wilson, je ne savais comment écrire une lettre en forme; je craignais de signer mon véritable nom, et je n'osais plus me servir de celui auquel je croyais devoir ma disgrâce.

— Monsieur Denbigh, répondit M. Benfield, je suis charmé de vous voir. Il est vrai que dans des temps plus heureux je vous envoyai Peter; je l'avais chargé d'un message pour vous, mais tout est fini maintenant. Et le vieillard soupira. — Peter, bien heureusement, a échappé aux dangers que présente cette ville maudite, et si vous êtes heureux, je suis content. Je me rappelle que lorsque le comte de...

— Le comte de Pendennyss, dit celui-ci en l'interrompant doucement, s'est permis de profiter, sous un nom supposé, de l'hospitalité que lui avait offerte le plus respectable des hommes, pour chercher à connaître à fond le caractère d'une femme charmante, qu'il n'a trouvée que trop parfaite pour lui, et qui veut bien lui pardonner ses torts et le rendre non seulement le plus heureux des hommes, mais encore le neveu de M. Benfield.

Pendant ce discours, le vieil oncle avait manifesté la plus vive émotion; ses yeux erraient de l'un à l'autre, jusqu'à ce qu'il vît Mrs Wilson près de lui, qui souriait de sa surprise. Du doigt il lui désigna le comte, car il se sentait incapable de parler, et elle répondit à son appel en lui disant seulement :

— Oui, Monsieur, c'est lord Pendennyss.

— Ah! chère Emmy...; voulez-vous... voulez-vous l'épouser? dit M. Benfield cherchant à contenir son attendrissement et pouvant à peine parler.

Emilie, touchée de l'affection de son oncle, mit avec franchise, mais non sans rougir, sa main dans celle du comte, qui la pressa vivement contre ses lèvres à plusieurs reprises.

M. Benfield se laissa tomber dans un fauteuil, et, ne pouvant résister aux sentiments qui l'agitaient, il fondit en larmes. — Peter, dit-il enfin, je puis mourir en paix; je verrai ma chère Emmy heureuse, et elle aura soin de toi quand je ne serai plus.

Emilie, vivement affectée, se jeta dans les bras de ce bon oncle, et ses larmes se mêlèrent aux siennes.

Jane ne sentit pas le plus léger mouvement d'envie du bonheur de sa sœur; elle se réjouit au contraire avec toute la famille de l'heureux avenir qui s'ouvrait devant elle, et ils se mirent à table pour souper, formant le cercle le plus heureux que pût contenir la vaste enceinte de la capitale. Quelques mots suffirent pour expliquer la méprise à laquelle avait donné lieu le changement de nom du comte, jusqu'à ce qu'il eût le temps de leur expliquer les motifs qui pouvaient l'excuser.

— Lord Pendennyss, dit sir Edward en se versant un verre de vin et en faisant passer la bouteille à la ronde, je bois à votre santé, à votre bonheur et à celui de ma chère Emilie.

Le toast fut porté par toute la famille; le comte répondit par les plus vifs remerciements, et Emilie par sa rougeur et de douces larmes.

C'était une occasion que ne pouvait laisser échapper l'honnête intendant, à qui son attachement pour son maître et ses longs services donnaient le privilége, dont il n'abusait jamais, de se mêler quelquefois à la conversation. Il s'approcha du buffet, se versa un verre de vin d'un air délibéré, et, s'avançant près d'Emilie, après lui avoir fait un salut respectueux, il commença le discours suivant :

— Chère miss Emmy, permettez-moi de boire aussi à votre santé, et de souhaiter que vous viviez pour faire le bonheur de votre honorable père et de votre honorable mère, de mon cher et honorable maître, et de Mrs Wilson. Peter s'arrêta un moment pour s'éclaircir la voix, jeta un coup d'œil rapide autour de la table pour être sûr de n'oublier personne, et continua : — Pour faire celui de M. John Moseley, de la douce Mrs Moseley, et de la charmante miss Jane (Peter avait vécu trop longtemps dans le monde pour complimenter une jolie femme sans donner aussi un petit coup d'encensoir à celles qui se trouvaient présentes), et de lord Denbigh, comte de... comte de...; je ne puis me rappeler son nouveau nom, et... Peter s'arrêta un instant, puis, faisant un nouveau salut, il porta le verre à ses lèvres; mais avant d'avoir bu la moitié de ce qu'il contenait, il se recueillit un moment, et le remplissant de nouveau jusqu'au bord, en souriant de son oubli, il reprit : — Et du révérend docteur Yves.

Pour le coup il fut interrompu par un bruyant éclat de rire que John retenait depuis longtemps ; et, après s'être assuré qu'il ne lui restait personne à nommer, il vida son verre d'un seul trait. Soit qu'il fût content de son éloquence, ou qu'il se félicitât d'être sorti à son honneur d'un aussi long discours, l'intendant paraissait très-satisfait de lui-même, et il se retira derrière le fauteuil de son maître d'un air rayonnant.

Emilie se retourna pour le remercier, et elle remarqua, avec autant d'attendrissement que de reconnaissance, qu'une larme brillait dans les yeux du vieillard. Cette preuve d'affection aurait fait pardonner mille infractions à une étiquette puérile et minutieuse.

Pendennyss se leva, et, lui prenant la main, il le remercia aussi de ses bons souhaits.

— Je vous dois beaucoup, monsieur Johnson, pour les deux voyages que vous avez entrepris pour moi, et croyez que je n'oublierai jamais la manière dont vous vous êtes acquitté de votre dernière mission. J'espère que nous sommes amis pour la vie.

— Oh ! c'est trop de bonté.... Votre Honneur m'accable, dit Peter pouvant à peine articuler une parole. J'espère que vous vivrez longtemps, pour rendre la chère miss Emmy aussi heureuse... aussi heureuse qu'elle mérite de l'être.

— Mais réellement, Milord, dit John, remarquant que l'attachement du bon intendant touchait Emilie jusqu'aux larmes, et désirant faire diversion à une scène qui commençait à devenir trop attendrissante, n'est-il pas bien singulier qu'en descendant de diligence, les quatre voyageurs se soient rencontrés à votre hôtel ? Et il expliqua ce qu'il voulait dire au reste de la compagnie.

— Pas autant que vous pourriez le croire, répondit Pendennyss : vous et Johnson vous me cherchiez ; lord Henry Stappleton s'était engagé à me joindre le même soir à l'hôtel, pour me conduire à la noce de sa sœur ; tous nos arrangements étaient pris par lettres, et le général Maccarthy me cherchait aussi pour des affaires relatives à sa nièce, dona Julia. Il avait été à Annerdale-House, et mes domestiques lui avaient dit que j'étais à l'hôtel. Cette première visite ne fut pas tout à fait aussi amicale que celle qu'il me fit depuis dans le comté de Caernarvon. Pendant mon séjour en Espagne, j'avais vu le comte, mais jamais le général. La lettre qu'il me remit était de l'ambassadeur espagnol : Son Excellence m'annonçait qu'elle allait réclamer Mrs Fitzgerald auprès du gouvernement, et m'engageait à ne point chercher à entraver ses démarches.

— J'espère que vous l'avez refusé! s'écria Emilie.

— Non pas refusé, car cela n'était pas nécessaire, répondit le comte en souriant de sa vivacité, tandis qu'il admirait le zèle qu'elle mettait à servir son amie. Le ministère ne possède pas un pouvoir dont il pourrait faire un usage si dangereux; mais je fis entendre clairement au général que je m'opposerais à toutes mesures violentes qui auraient pour but de la ramener dans son pays et de la renfermer dans un couvent.

— Votre Honneur... Milord, dit Peter qui avait écouté avec une grande attention, oserais-je vous demander la permission de vous faire deux questions?

— Expliquez-vous, mon bon ami, dit Pendennyss avec un sourire d'encouragement.

— Je voudrais savoir, continua l'intendant après avoir toussé pour se donner le temps de rassembler ses idées, si vous restâtes dans la même rue après avoir quitté l'hôtel, car M. John Moseley et moi nous étions d'une opinion différente sur ce sujet.

Le comte sourit, et, voyant l'expression de malice qui se peignait sur les traits de John, il répondit : — Je vous dois une excuse, Moseley, pour vous avoir quitté aussi brusquement; mais que voulez-vous? rien ne rend lâche comme une conscience coupable. Je vis que vous ignoriez encore mon changement de nom, et je craignais autant de persister dans ma supercherie que d'être moi-même le premier à vous l'apprendre. Vraiment, continua-t-il en adressant un doux sourire à Emilie, je pensais que le jugement que votre sœur me paraissait avoir porté sur ma conduite devait être confirmé par tous ses amis. Je sortis de Londres au point du jour. Johnson, quelle est votre seconde question?

— Milord, dit Peter un peu désappointé en voyant qu'il s'était trompé sur la première, cette langue étrangère que parlait Votre Honneur...

— C'était de l'espagnol, dit le comte.

— Et non du grec, Peter, lui dit son maître gravement : je me doutais bien, d'après quelques mots que vous aviez essayé de me répéter, que vous aviez fait quelque erreur. Mais que cela ne vous chagrine pas, mon bon ami, car je connais plusieurs membres du parlement de ce royaume qui ne savent point parler le grec, du moins couramment. Ainsi un serviteur ne doit point rougir de ne pas l'entendre.

Un peu consolé de savoir qu'il était à peu près aussi avancé que les représentants de son pays, Peter retournait à son poste ordinaire, lorsque le fracas des voitures annonça que l'opéra était fini. Le comte prit congé de ses amis, et la famille se sépara.

Dès qu'Emilie se trouva seule, elle se mit à genoux, et l'encens d'un cœur innocent et pur s'élevait vers celui qui lui rendait le bonheur. Aucun nuage ne venait troubler sa félicité ; l'amour, l'estime et la reconnaissance, se réunissaient pour la rendre heureuse.

Le lendemain matin de bonne heure, le comte et lady Marianne arrivèrent chez sir Edward. Toute la famille les reçut avec autant de cordialité que de plaisir, et ils oublièrent, en se trouvant ensemble, l'étiquette inutile du grand monde.

Dès le premier moment, Emilie s'était sentie entraînée vers lady Marianne, et ce sentiment provenait sans doute de celui qu'elle avait pour son frère ; mais dès qu'elle put apprécier le caractère doux, aimant et sensible, de celle qui allait devenir sa sœur, elle l'aima pour elle-même et bien tendrement.

Les appartements où recevait lady Moseley se composaient de plusieurs salons magnifiques qui se communiquaient. Le désir d'en visiter le superbe ameublement, ou toute autre raison aussi importante, engagea le comte à entrer dans celui qui touchait au parloir, où la famille était rassemblée.

Nous ne doutons pas non plus que ce ne fût la crainte de se perdre dans une maison qu'il ne connaissait pas, qui força Pendennyss à demander tout bas à Emilie de vouloir bien l'y accompagner. Elle le conduisit en rougissant, et John dit à Grace avec un sourire malin : — Que Pendennyss va s'amuser à admirer les tentures et les ameublements choisis par notre mère !

A peine avait-on eu le temps de s'apercevoir de leur absence, que le comte reparut d'un air rayonnant, et pria lady Moseley et Mrs Wilson de le suivre. Un instant après sir Edward les joignit aussi, ensuite Jane, puis Grace et Marianne ; enfin John commença à croire qu'un tête-à-tête avec M. Benfield serait l'unique plaisir qu'il devait espérer de toute la matinée.

Bientôt Grace rentra, et la curiosité de John fut satisfaite. Il apprit avec la joie la plus vive que la noce d'Emilie était fixée à la semaine suivante.

Pendant l'entrevue qui venait d'avoir lieu, lady Marianne, témoin des transports que les deux amants faisaient éclater, assura à sir Edward que son frère lui paraissait si changé, qu'elle pouvait croire à peine que le jeune homme qu'elle voyait ivre d'amour et de bonheur fût celui qu'elle avait trouvé si triste et si taciturne pendant le temps qu'elle avait passé avec lui dans le pays de Galles.

Un exprès fut envoyé au docteur Yves et à leurs amis de B***, pour les engager à venir assister à la noce d'Emilie, et lady Moseley, au comble de la joie, commença tous les préparatifs nécessaires, heureuse de pouvoir enfin s'abandonner librement à son goût pour le luxe et la magnificence.

En pensant à la grande fortune de Pendennyss, M. Benfield était contrarié de ne pouvoir contribuer en aucune manière au bonheur d'Emilie.

Cependant, grâce aux combinaisons savantes de Peter et de son maître, un quinzième codicille fut ajouté au testament de ce dernier, portant qu'il désirait que le second fils qui naîtrait du mariage de Pendennyss et d'Emilie fût appelé Roderic Benfield Denbigh, et qu'il lui léguait vingt mille livres sterling en qualité de parrain.

— Et j'ose dire que ce sera un charmant enfant, dit Peter en remettant le testament dans la case où il reposait depuis bien des années. Je ne crois pas, Votre Honneur, avoir jamais vu un plus beau couple, excepté..... L'imagination de Peter lui représentait dans ce moment le contraste agréable que sa taille svelte et élancée eût pu faire avec la tournure rondelette de Patty Steele.

— Oui, ils sont aussi beaux qu'ils sont bons, répondit son maître. Je me rappelle que, lorsque le président du parlement épousa sa troisième femme, le monde disait : — C'est le plus beau couple de la cour. Mais mon Emmy et le comte sont encore bien mieux. Oh! Peter Johnson, ils sont jeunes, ils sont riches, ils s'aiment tendrement; mais après tout, à quoi cela leur servirait-il sans la bonté ?

—La bonté! s'écria l'intendant étonné; mais ils sont aussi bons que les anges.

La vue de lady Juliana, joueuse et acariâtre, avait porté un rude coup aux idées de M. Benfield sur la perfectibilité humaine, et il se contenta de répondre avec douceur: — Oui, oui, Peter, aussi bons que le comporte la faiblesse de notre nature.

CHAPITRE XLVIII.

> Tout est de rose avant le mariage, mais après?
> *La fleur de la Tweed*, ballade écossaise.

Le printemps venait de commencer, et sir Edward, qui depuis tant d'années passait une heure dans son parc tous les matins, ne voulut point rester enfermé à Londres dans un moment où le réveil de la nature et la végétation renaissante donnaient à la campagne un nouvel intérêt. Il loua une jolie maison dans les environs de la capitale; ce fut là que Pendennyss reçut à l'autel la main de sa bien-aimée, et le jeune couple passa quelques jours dans ce petit Elysée.

Le docteur Yves, sa femme, Francis et Clara, étaient arrivés avec un empressement égal à la joie qu'ils avaient ressentie en apprenant l'heureuse nouvelle, et le bon ministre eut le bonheur de donner à ses jeunes amis la bénédiction nuptiale.

Une seule personne n'était pas tout à fait aussi heureuse qu'elle l'avait espéré: c'était lady Moseley, qui regrettait que la solitude et la petitesse de sa maison de campagne l'eussent empêchée de mettre à exécution tous les beaux projets qu'elle avait formés pour cette occasion. Mais Pendennyss mit fin à ses observations en lui disant avec gaieté:

— La Providence a été si prodigue envers moi, en me donnant de la fortune, des palais et des châteaux, que vous devez me permettre, chère lady Moseley, de profiter de la seule occasion que j'aurai peut-être pendant toute ma vie de faire l'amour dans une chaumière.

Quelques jours après, la bonne mère oublia ce petit mouvement de regret en voyant sa fille installée dans Annerdale-House.

Le jour où sir Edward revint avec sa famille dans Saint-James-Square, Pendennyss s'empressa de venir les voir, et, après avoir salué Mrs Wilson, il lui dit en souriant : — Je viens aussi, chère tante, vous chercher pour vous conduire dans votre nouvelle demeure.

Mrs Wilson tressaillit, et, le cœur palpitant d'émotion, elle lui demanda ce qu'il voulait dire.

— Chère Mrs Wilson, répondit-il, ma tante ou plutôt ma mère, après avoir jusqu'à présent servi de guide à mon Émilie, vous ne pouvez vouloir l'abandonner lorsqu'elle a le plus besoin de vos conseils. Je fus l'élève de votre mari, ajouta-t-il en lui prenant les mains avec affection, ne sommes-nous pas vos enfants? et la même maison ne doit-elle pas réunir trois personnes qui n'ont qu'un même cœur?

Mrs Wilson désirait en secret et avait à peine espéré une invitation qui comblait tous ses désirs ; en entendant Pendennyss la lui faire d'une manière si touchante et si sincère, elle ne put retenir ses larmes, et pressa tendrement la main du comte. Sir Edward, qui n'était point préparé à perdre la société d'une sœur si chère, désirant ne point abandonner l'espoir de la posséder encore quelquefois, la pressa vivement de partager au moins son temps entre les deux familles.

— Pendennys a raison, mon cher frère, répondit-elle en essuyant de douces larmes ; Émilie est l'enfant de mes soins et de mon amour, et les deux êtres que j'aime le plus au monde sont maintenant unis; mais, ajouta-t-elle en pressant lady Moseley contre son sein, je ne vous en chéris pas moins tendrement, et ma reconnaissance pour vos tendres soins et votre amitié ne finira qu'avec ma vie. Nous ne sommes qu'une seule famille, et quoique nos devoirs puissent quelquefois nous séparer, nous serons toujours unis par la confiance et l'amitié. J'espère mes chers amis, que vous ne m'en voudrez point si je vous quitte pour aller demeurer avec George et Émilie.

— J'espère que vous habiterez quelquefois votre maison du comté de Northampton, dit lady Moseley à son gendre.

— Je n'ai aucune maison dans ce pays, ma bonne mère, répondit-il. Lorsque pour la première fois je conçus l'espoir d'obtenir ma chère Émilie, j'écrivis à mon homme d'affaires d'aller à Bath, où résidait alors sir William Harris, et de tâcher de l'engager à me vendre le Doyenné. Lors de ma mésaventure, ajouta-t-il en souriant, j'oubliai de révoquer mes ordres, et la nouvelle que je reçus quelque temps après que le Doyenné m'appartenait ne fit que me rappeler de cruels souvenirs. Mais j'ai maintenant disposé de cette maison d'après mes premières vues ; elle appartient à la comtesse de Pendennyss, et je ne doute pas que le désir de se rapprocher de vous ne lui fasse préférer le Doyenné à tous les autres séjours.

La certitude de n'être point séparés d'Émilie causa la joie la plus vive à tous ses amis, et Jane sentit son cœur pénétré d'un bonheur auquel elle était depuis longtemps étrangère.

S'il existe ici-bas une félicité qui puisse nous donner une idée de celle qui est le partage des bienheureux dans le ciel, c'est celle dont jouissent deux époux unis par les liens de l'amour, de la confiance et de l'amitié : l'innocence et la piété resserrent tous les jours leurs nœuds ; plaisirs et peines, tout leur est commun ; leurs plaisirs sont plus vifs puisqu'ils les partagent avec l'objet aimé ; la peine est plus légère supportée par deux cœurs fidèles et bien unis. Ce bonheur innocent et pur était le partage des nouveaux époux.

Mais le bonheur parfait ne nous est jamais donné dans ce monde, et quelques chagrins viennent bientôt rappeler au chrétien qu'il est appelé à une meilleure vie. Le courage d'Émilie devait être mis à une rude épreuve par le retour inattendu de Buonaparte, événement qui bouleversa l'Europe jusqu'à ses extrémités les plus reculées.

Dès que Pendennys apprit cette fatale nouvelle, il ne douta pas qu'il ne fût appelé à prendre une part active dans la guerre qui allait commencer ; son régiment était la gloire de l'armée.

Émilie cherchait à rassembler ses forces pour supporter le coup qui allait la frapper, et quelques jours après le comte reçut l'ordre de se disposer à l'embarquement.

Le son des trompettes vint troubler le calme d'une belle matinée, dans le petit village où était située la maison de campagne occupée momentanément par sir Edward. Sur le péristyle, la comtesse de Pendennyss et lady Marianne, presque entièrement cachées par les arbrisseaux qui entouraient la maison, attendaient avec impatience le passage des troupes qu'annonçait le bruit qu'elles venaient d'entendre.

Leur voiture les attendait à quelque distance, et la pâleur et la résignation qui étaient empreintes sur les traits de la comtesse et de sa sœur ne prouvaient que trop le combat que se livraient dans leurs cœurs des devoirs opposés.

Des bataillons nombreux, des canons, des drapeaux, de superbes coursiers, se succédaient à la file, dans toute la pompe de la splendeur militaire, et le regard inquiet des deux sœurs avait en vain cherché l'objet de leur sollicitude. Il parut enfin ; il les aperçut, et bientôt Émilie se trouva dans les bras de son mari.

— C'est le sort d'un militaire, dit le comte en essuyant une larme à la dérobée ; j'espérais que nous allions jouir d'une longue paix, et voilà que les sanglantes folies d'un ambitieux nous forcent à reprendre les armes ; mais prenez courage, ma chère amie, espérons que cette campagne se terminera heureusement ; votre confiance ne se repose pas seulement sur les secours terrestres, et votre bonheur est indépendant du pouvoir de l'homme.

— Ah! Pendennyss!... mon cher ami, dit Emilie en sanglotant et en appuyant sa tête contre la poitrine de son mari, mon amour, mes prières vous suivront : que ne puis-je m'attacher à vos pas et partager vos dangers!... Je ne vous dirai pas d'avoir soin de vos jours... je ne connais que trop les cruels devoirs d'un militaire ; mais pensez quelquefois à votre amie, qui ne saurait vivre sans vous, et puisse le ciel que j'invoque vous rendre bientôt à mon amour!

Voulant abréger des adieux trop pénibles, le comte pressa encore une fois son Emilie contre son cœur, embrassa tendrement Marianne, et s'élançant sur son cheval, il fut bientôt hors de vue.

Quelques jours après le départ de Pendennyss, Chatterton fut surpris de voir arriver inopinément la douairière et Catherine. Il les reçut avec le respect qu'il avait toujours témoigné à sa mère, et sa femme tâcha, par amour pour l'époux qu'elle adorait, de faire un accueil agréable à des parentes qu'elle ne pouvait estimer. Ce qui leur était arrivé ne fut pas long à raconter : lord et lady Herriefield s'étaient séparés, et la douairière, connaissant tous les dangers qui entourent une jeune femme dans la situation de Catherine, surtout lorsque des principes solides ne forment point la base de sa conduite, l'avait ramenée en Angleterre afin de pouvoir veiller sur elle.

Catherine n'avait réalisé aucune des espérances qui avaient décidé lord Herriefield à se marier. Elle était encore belle, mais un mari est bientôt indifférent à ce frivole avantage. Aussitôt qu'elle eut atteint son but, l'air de modestie et de simplicité qu'elle avait pris pour lui plaire fit place aux manières décidées d'une femme du monde et vouée à toutes les extravagances de la mode.

Le vicomte avait trouvé tout simple qu'une jeune et innocente fille se fût éprise de sa figure jaune et ridée; mais du moment où le changement de manières de Catherine lui découvrit le piége où il avait été pris, il aperçut l'artifice dont elle s'était servie pour le tromper, et dès ce moment il cessa de l'aimer.

Les hommes sont flattés un moment d'être remarqués par une femme sans avoir cherché à attirer son attention; mais bientôt ces avances, désavouées par la modestie, leur déplaisent et leur inspirent une sorte de dégoût.

Lorsque l'ambition ou l'intérêt ont uni deux êtres qui n'ont ni les mêmes principes ni les mêmes opinions, et que le mari et la femme, également égoïstes, ne veulent céder ni l'un ni l'autre, une prompte séparation est le seul remède à des nœuds mal assortis, ou la vie de ces époux ne sera qu'une suite de disputes continuelles.

Catherine avait quitté son mari avec plaisir, et il avait eu plus de plaisir encore à se voir débarrassé d'elle.

Avant que la séparation ne fût décidée, la douairière avait un rôle très-difficile à jouer; témoin à chaque instant de nouvelles querelles, elle faisait de la morale au vicomte et des sermons à sa fille.

Le vicomte l'écoutait avec l'attention d'un enfant à qui un père ivre dit qu'il ne faut pas aimer le vin, et ses discours faisaient à peu près autant d'impression sur lui, tandis que Catherine, sûre de jouir, à tout événement, de deux milles livres sterling de rente, faisait aussi peu d'attention aux menaces qu'aux sourires de sa mère, et les recevait avec une égale indifférence.

Peu de jours après que la douairière et Catherine eurent quitté

Lisbonne, lord Herriefield partit pour l'Italie avec la femme d'un officier de marine anglaise, dont on venait de prononcer le divorce; et si Catherine ne se conduisit point mal, elle le dut plus à la vigilance de sa mère, que l'expérience avait rendue prudente, qu'à sa propre sagesse.

La présence de Mrs Wilson était une véritable consolation pour Emilie, et comme elle avait refusé d'être présentée à la cour pendant l'absence de son mari, toute la famille se décida à retourner dans le Northampton.

Le Doyenné avait été meublé au moment du mariage de Pendennyss, et la comtesse prit possession de sa nouvelle demeure. Les occupations et la distraction qu'apporte toujours un voyage, l'ordre à mettre dans sa maison et les améliorations à y faire, les devoirs nombreux de son nouvel état, tout se réunissait pour étourdir Emilie, et l'empêcher de s'abandonner en liberté à ses inquiétudes.

Elle mit d'abord au nombre de ses pensionnaires le vieux paysan dont son mari avait si généreusement réparé la perte, lors de son premier voyage à B***, après la mort de son père.

Ses bontés pour ce vieillard ne paraissaient pas guidées par ce même discernement qu'elle apportait à tous ses actes d'humanité; mais le souvenir de ce brave homme se trouvait associé à l'image chérie de Pendennyss, et le sentiment qui portait Emilie à le combler de bienfaits n'étonnait point Mrs Wilson. Marianne seule était surprise de voir sa sœur visiter deux ou trois fois par semaine et accabler de soins un homme qui ne paraissait manquer de rien.

Dès que sir Edward se retrouva à Moseley-Hall, il eut bientôt le plaisir de voir sa table hospitalière entourée de tous ceux qu'il aimait; le bon M. Haughton était toujours le bienvenu au château, et quelques jours après l'arrivée de ses amis, il fut invité à venir dîner avec eux.

— Lady Pendennyss, dit M. Haughton après le dîner, j'ai à vous donner des nouvelles du comte, qui vous feront certainement un grand plaisir.

Les yeux d'Emilie rayonnèrent de plaisir en entendant parler de son mari, quoiqu'elle fût bien sûre que M. Haughton ne pourrait rien lui apprendre dont les fréquentes lettres de Pendennyss ne l'eussent informée.

— Faites-moi le plaisir de me faire part de ces bonnes nouvelles, Monsieur, dit la comtesse.

— Il est arrivé sain et sauf près de Bruxelles avec son régiment ; je l'ai appris d'un fils de mes voisins qui l'a vu entrer dans la maison qu'occupe dans cette ville le duc de Wellington, tandis qu'il s'était glissé dans la foule pour tâcher d'apercevoir le noble duc.

— Emilie sait cela depuis dix jours, dit Mrs Wilson en riant ; mais votre ami ne vous dit-il rien de Buonaparte? nous nous intéressons beaucoup à ses mouvements.

M. Haughton, un peu mortifié de voir qu'il n'avait débité qu'une vieille nouvelle, ne savait trop s'il devait continuer ; mais il aimait par-dessus tout à jouer le rôle d'une gazette, et il reprit :

— Je n'en sais rien de plus que ce qu'en disent les papiers ; mais je suppose que vous n'ignorez pas ce qui est arrivé au capitaine Jarvis?

— Pardonnez-moi, dit Emilie en souriant ; les faits et gestes du capitaine ne sont pas tout à fait aussi intéressants pour moi que ceux de lord Pendennys. Le duc de Wellington l'a-t-il nommé son aide-de-camp?

— Non, non, répondit l'autre enchanté d'avoir au moins une nouvelle à leur apprendre ; aussitôt qu'il entendit parler du retour de Buonaparte, il trouva prudent de donner sa démission et de se marier.

— De se marier ! s'écria John ; ce n'est sûrement pas avec miss Harris?

— Non, non, il a épousé une sotte fille qu'il a trouvée dans le comté de Cornouailles, et qui a été assez folle pour s'amouracher de ses épaulettes. Le lendemain de son mariage, il a annoncé à sa femme inconsolable et à sa mère, qu'un tel discours a atterrées, que l'honneur des Jarvis pouvait dormir jusqu'à ce que ses descendants fussent assez nombreux pour ne pas craindre de voir s'éteindre une si noble race, en exposant leur vie sur un champ de bataille.

— Et comment Mrs Jarvis et lady Timo reçurent-elles cette nouvelle foudroyante? demanda John, espérant entendre le récit de quelque scène ridicule.

— La première se mit à pleurer, dit M. Haughton ; elle se plaignit d'avoir été trompée, puisqu'elle ne l'avait épousé que pour sa bravoure et son uniforme, et lady Timo déplora la perte de la splendeur en herbe de sa noblesse naissante.

— Et comment tout cela s'est-il terminé? demanda Mrs Wilson.

— Tandis que le digne trio se querellait, le ministère de la guerre coupa court à toutes les tentatives des deux dames pour engager le capitaine à renoncer à son projet en acceptant la démission qu'il avait offerte. Je crois que son général avait entendu parler de la bassesse de son caractère; mais, avant de vérifier les rapports qui lui étaient faits à ce sujet, il fit appeler le capitaine, et lui demanda une sincère déclaration de ses principes.

— Et quels peuvent être les principes de ce pauvre garçon? demanda sir Edward, d'un air de pitié.

— Des principes républicains, répondit M. Haughton.

— Républicains! s'écria-t-on de toutes parts.

— Oui, il prétendit que *liberté et égalité* était sa devise, et que son cœur lui défendait de se battre contre Buonaparte.

— La conclusion est singulière, dit M. Benfield. Je me rappelle que, pendant que je siégeais au parlement, il y avait dans la chambre un parti qui ne jurait que par ces deux grands mots; mais lorsque ceux qui le composaient eurent le pouvoir en main, le peuple ne me parut pas jouir de plus de liberté qu'auparavant. Je présume que, se voyant parvenus à des postes importants, et qui laissaient peser sur eux une grande responsabilité, ils n'osèrent point mettre leurs théories en pratique, de peur de l'exemple.

— Beaucoup de gens aiment la liberté tant qu'ils sont esclaves, et la détestent dès qu'ils sont devenus maîtres, dit John en riant.

— Le capitaine Jarvis, à ce qu'il me semble, dit M. Haughton, s'en est servi comme d'un préservatif contre le danger d'exposer sa précieuse vie. Pour éviter les quolibets qui pleuvaient sur lui de toutes parts, il a consenti à céder au désir de son père; il est retourné à Londres, et il est maintenant marchand dans la Cité.

— Puisse-t-il y rester! s'écria John, qui, depuis la scène du berceau, pouvait à peine souffrir d'entendre prononcer son nom.

— *Amen!* dit Emilie d'une voix si basse qu'elle ne fut entendue que de son frère.

— Et sir Timo; demanda John, qu'est devenu ce bon, cet honnête marchand?

— Il a abandonné son titre; il ne veut plus être appelé que M. Jarvis, et il s'est fixé dans le comté de Cornouailles. Son noble gendre est parti pour la Flandre avec son régiment; et lady Egerton, n'ayant pas assez de fortune pour vivre sans le secours de son père, est obligée de cacher sa dignité dans la petite province qu'habite M. Jarvis.

Lady Moseley témoigna que ce sujet lui était désagréable, et l'on s'empressa d'en changer.

Le triste résultat de ces conversations, qu'il était impossible d'éviter, était toujours de rendre Jane plus mécontente et plus réservée que jamais.

Les lettres du continent n'étaient remplies que des détails des préparatifs effrayants qui se faisaient de toutes parts pour la bataille décisive qui allait se donner, et de l'issue de laquelle dépendait le sort de tant de milliers d'hommes, celui de plusieurs monarques et de puissants empires. Au milieu de cette confusion d'intérêts et de ce conflit de passions opposées, d'innocentes prières s'élevaient vers le ciel pour la conservation de Pendennyss, aussi ardentes et aussi pures que l'amour qui les inspirait.

CHAPITRE XLIX.

Waterloo, tombeau d'un empire!
BYRON.

BUONAPARTE avait déjà commencé ces mouvements rapides et audacieux qui pour un moment mirent la paix du monde en danger, et tinrent en suspens le sort de l'Europe.

Un régiment de dragons traversait à toute bride un champ de bataille déjà inondé de sang, lorsque son colonel vit sur les hauteurs des Quatre-Bras un bataillon anglais succombant sous la charge pesante d'un parti de cuirassiers ennemis.

A l'instant l'ordre fut donné de voler à son secours; les dragons redoublèrent de vitesse, et le son retentissant du cor anglais se fit entendre au-dessus du bruit du canon et des cris des combattants. Comme un éclair, ou plutôt comme la foudre qu'il précède, le colonel, à la tête de ses braves, tomba sur les Français qui déjà se croyaient vainqueurs.

— De grâce, épargnez ma vie, s'écriait un officier grièvement blessé en cherchant à éviter le sabre menaçant d'un Français furieux. Le colonel de dragons vit le danger qu'il courait, et d'un seul coup abattit le bras du cuirassier.

— Dieu soit loué! murmura l'officier qui venait de tomber sous les pieds de son cheval.

Son libérateur se précipita du sien pour le secourir, et en le relevant pour examiner ses blessures, il reconnut Egerton. Lorsque le baronnet rouvrit les yeux, il poussa un long gémissement en voyant que celui qui l'avait sauvé était le comte de Pendennyss. Mais ce n'était pas le moment d'une explication.

Sir Henry fut transporté à l'arrière-garde, et le comte remonta à cheval. Les troupes éparses se rallièrent au son de la trompette; et, guidées par leur intrépide colonel, elles se précipitèrent au fort de la mêlée et se couvrirent de gloire.

L'intervalle qui sépara la bataille des Quatre-Bras de celle de Waterloo fut un moment d'épreuve pour la discipline et pour le courage de l'armée anglaise. Les Prussiens, attaqués sur les flancs avec une ardeur incroyable, avaient été forcés de plier; leur déroute était complète, et en face se trouvait un ennemi brave, adroit et victorieux, conduit par le grand capitaine du siècle. Le général anglais se replia prudemment sur la plaine de Waterloo, ce grand théâtre où allait se décider la lutte terrible qui depuis un quart de siècle avait ébranlé presque tout le globe civilisé.

C'était sur ces hauteurs, qui allaient être le tombeau de milliers de braves, que le combat le plus sanglant, le plus opiniâtre, en même temps le plus décisif, devait s'engager.

Pendant cette pause solennelle, Pendennyss, libre un moment de se livrer à ses réflexions, se transporta en idée auprès de son Emilie; il revit cette figure angélique, rayonnante de grâces et d'innocence, ce sourire enchanteur où se peignait l'affection la plus vive; et à cette vue son sang se glaça. Quel serait le sort de cette épouse infortunée s'il venait à succomber? Pour chasser des idées aussi pénibles, et qui affaiblissaient son courage, il tourna ses pensées vers ces sentiments religieux qui seuls pouvaient lui offrir les consolations dont son âme ulcérée avait besoin. Dans ses autres campagnes, le comte voyant, par le spectacle qu'il avait sans cesse sous les yeux, combien est subit et imprévu le passage de la vie à la mort, y était toujours préparé, et la mort l'eût trouvé à tous les instants ferme dans sa foi et ardent dans ses espérances. Mais alors il ne tenait pas au monde par les liens les plus chers et les plus sacrés; il était isolé et comme perdu dans ce vaste univers. Maintenant l'existence d'Emilie se rattachait à la sienne; il ne vivait plus pour lui seul; comment aurait-il pu affronter la mort si la religion ne fût encore venue à son secours, et, cachant d'une main leur séparation momentanée sur la terre, ne lui eût montré de l'autre leur réunion éternelle dans le ciel?

L'ennemi était trop près pour qu'il ne fût pas nécessaire de redoubler de vigilance sur tous les points des lignes anglaises, et pendant la nuit terrible du 17 juin, le comte et George Denbigh, son lieutenant-colonel, n'eurent d'autre lit qu'un manteau, d'autre abri que le ciel.

Dès que le bruit du canon annonça l'approche du combat, Pendennyss s'élança à cheval, donna un dernier soupir à son épouse absente, et faisant un violent effort pour l'arracher en quelque sorte de son cœur, il fut dès ce moment tout entier à son devoir et à son pays.

Qui ne connaît les détails de cette journée funeste, pendant laquelle les destinées de l'Europe furent un moment en balance? D'un côté, l'attaque conduite avec le sang-froid du désespoir, dirigée par une expérience consommée; de l'autre, la défense soutenue avec une persévérance incroyable et un courage sans exemple.

Dans la soirée du 18, Pendennyss, qui était à cheval depuis le lever de l'aurore, mit pied à terre, après avoir reçu l'ordre d'abandonner la poursuite aux troupes prussiennes qui n'avaient pas encore donné. Il éprouvait cet accablement qui succède d'ordinaire à une agitation trop vive, et son premier mouvement fut de remercier le Ciel que cette lutte sanglante fût enfin terminée. L'image d'Emilie vint planer alors au-dessus de ces scènes de carnage qu'il avait toujours sous les yeux; il respira plus librement, et il put songer au bonheur qui l'attendait à son retour.

— Je suis envoyé vers le colonel du régiment de dragons, dit un courrier en mauvais anglais à un soldat occupé à étriller le superbe coursier du comte; est-ce bien ici que son régiment est campé, mon ami?

— Oui, oui, répondit le soldat sans interrompre son travail, et il était facile de nous trouver; vous n'aviez qu'à suivre la trace des cadavres de nos ennemis. Mais vous demandez après Milord, n'est-ce pas, mon garçon? Devons-nous encore changer de position cette nuit?

— Non pas que je sache, répondit le courrier; je suis porteur d'un message pour votre colonel, de la part d'un officier qui est mourant; voulez-vous bien m'indiquer où je pourrai le trouver?

Le soldat le conduisit près de Pendennyss, qui était couché sur la terre, enveloppé dans son manteau. Dès que le courrier se fut acquitté de sa mission, le comte se leva et demanda son cheval. Précédé par le messager et suivi d'Harmer, il repassa sur le sol arrosé de sang, où quelques heures auparavant tant de malheureux avaient trouvé la mort.

Quelle impression différente fait sur notre âme la vue d'un champ de bataille pendant ou après le combat! L'ardeur, le feu qui nous anime, les cris de guerre, les succès contestés, le tumulte, la confusion inséparable entre deux armées qui en viennent aux mains, le bruit de la mousqueterie, le son du tambour et des instruments guerriers, tout nous empêche de remarquer la scène d'horreur et de carnage qui se déploie autour de nous, et soit que nous exécutions une charge brillante ou une savante retraite, notre imagination, éblouie par l'espérance de la gloire, oublie qu'elle sera trop achetée par le sang de nos semblables.

Après l'action, cette terre jonchée de cadavres, qui ne présente de toutes parts que la dévastation et la mort, ce silence effrayant de la tombe qui a succédé aux cris de victoire, de rage ou de douleur, tout nous parle des malheurs de la guerre, dépouillée de ses faux prestiges.

A la vue de ce lugubre spectacle, Pendennyss tressaillit comme s'il frappait pour la première fois ses regards. Et comment voir sans émotion ces masses confuses de morts et de mourants entassés de toutes parts, et à travers lesquels on avait peine à se frayer un passage? Comment surtout retenir son attendrissement en jetant les yeux sur ces hauteurs où les monceaux de cadavres, accumulés sur le même point, indiquaient l'endroit où avaient combattu ces braves bataillons qui avaient résisté si longtemps aux efforts de la cavalerie et de l'artillerie, et qui s'étaient laissé hacher à leur place plutôt que de quitter le poste que leur avait confié leur général ? Harmer, le dur Harmer lui-même, qui avait assisté à plus de vingt combats, sentit se mouiller sa paupière, et le sourire de triomphe qui l'instant d'auparavant respirait sur ses lèvres fit place à un morne abattement.

Des épreuves plus pénibles encore les attendaient à leur passage. A mesure qu'ils avançaient sur le champ de carnage, des mourants rassemblaient un reste de force pour implorer leur secours, des blessés les suppliaient de panser leurs plaies. Cet appel était irrésistible, et le comte s'arrêtait à chaque pas pour secourir l'infortune. Le messager fut obligé de lui rappeler qu'ils arriveraient trop tard au but de leur voyage, et qu'ils n'avaient pas un instant à perdre ; et Pendennys, mettant la main sur ses yeux pour échapper à cet horrible spectacle, se laissa conduire par son guide.

Il était dix heures avant qu'ils arrivassent à la ferme où était étendu, au milieu d'une foule de blessés, le premier amant de Jane, et nous donnerons un court précis de sa vie et des aveux que la crainte de la mort et la reconnaissance l'engagèrent à faire au comte.

Henry Egerton, comme beaucoup d'autres de ses compatriotes, était entré de bonne heure dans le monde, sans avoir de principes qui pussent contre-balancer la légèreté ordinaire à la jeunesse, et les dangers qu'offre la société à celui qui ose s'y lancer sans expérience et sans guide. Son père, qui avait une place du gouvernement, s'adonnait tout entier aux spéculations artificieuses de la diplomatie. Sa mère était une femme à la mode qui ne respirait que pour le monde et ses plaisirs. Tant qu'il resta dans la maison paternelle, Egerton ne reçut, d'une part, que des exemples d'égoïsme et de dissimulation, et de l'autre, que ceux de la folie et des extravagances que peut inspirer à une femme le goût effréné de la dissipation.

Très-jeune encore, il choisit la carrière des armes ; le désir de la gloire séduisait, flattait son imagination, et, par orgueil autant que par tempérament, il ne craignait pas le danger. Cependant il aimait Londres et ses plaisirs plus encore que la gloire ; et l'argent de son oncle, sir Edgar, dont il devait être l'héritier, l'avait élevé au rang de lieutenant-colonel, avant qu'il se fût trouvé sur un champ de bataille.

Egerton avait de l'esprit et la plus vive imagination; mais une indulgence funeste et de mauvais exemples l'empêchèrent d'en profiter pour acquérir des connaissances utiles ou des talents agréables, et de si heureuses dispositions ne lui servirent qu'à savoir plaire et tromper plus sûrement. La vivacité de son caractère, toujours avide de nouveautés et de mouvement, après l'avoir précipité dans d'autres excès, le conduisit à une table de jeu. Une imagination brûlante est un don bien dangereux pour un homme désœuvré et abandonné à ses passions; s'il ne parvient pas à la maîtriser et à la diriger vers le bien, elle le conduira par une pente rapide hors des sentiers de la vertu.

Les vices se tiennent comme par la main, et ils semblent ne former qu'une longue chaîne dont tous les anneaux sont indissolubles. Une sorte d'influence électrique entraîne de l'un à l'autre, jusqu'à ce que nous ayons parcouru le cercle tout entier. On dirait aussi qu'il y a dans le vice une sorte de modestie qui le fait rougir de se trouver en bonne compagnie. S'il nous est impossible de concilier un de nos penchants avec nos principes, nous secouons aussitôt ce joug incommode, et une fois ce frein brisé, quelle digue s'opposera au déchaînement de toutes nos passions? Egerton, comme mille autres, n'abandonna toutes les vertus, pour ainsi dire, qu'une à une, à mesure qu'elles gênaient ses vues ou qu'elles étaient un obstacle à ses plaisirs, et, libre de toute entrave, il se livra tout entier à ses penchants, évitant seulement de blesser les convenances sociales, c'est-à-dire de jeter le masque, car il ne voyait de crime que dans le scandale; tout ce qui restait caché lui semblait innocent.

Lorsque son service l'appela pour la première fois sur le théâtre de la guerre en Espagne, et que le hasard lui montra Julia pleurant sur le corps de son mari, un sentiment de générosité et de compassion le fit voler à son secours; mais ce sentiment, vif et rapide comme l'éclair, n'en eut que la courte durée. Voyant en son pouvoir une jeune femme belle et sans défense, il n'écouta bientôt que la voix de ses passions, et médita sa ruine.

D'autant plus dangereux qu'il était aimable, Egerton avait tout ce qu'il fallait pour séduire; son ton, sa tournure, ses manières, étaient attrayants; mais sa victime sut lui résister, et ce fut alors qu'il médita l'infâme projet que l'arrivée seule de Pendennyss l'avait empêché de mettre à exécution. Tel était l'aveuglement de l'insensé (et c'est où nous conduit la fatale influence de nos passions), qu'il ne croyait pas commettre un crime, et qu'il regardait son attentat comme une de ces fautes légères que tout gentilhomme peut se permettre impunément.

Malheureux ! ignorais-tu que dans une autre contrée, dans un pays où les lois auraient eu leur puissance, ton infâme tentative aurait pu te coûter la vie?

Pendennyss ne s'était pas trompé. Egerton, caché dans la voiture, avait vu la figure de celui qui s'était interposé entre lui et celle qu'il voulait rendre sa victime. Il ne voulut pas le tuer, à moins de nécessité absolue ; mais il voulait pouvoir s'échapper, et s'échapper avant d'être reconnu. Heureusement il réussit du premier coup à démonter le comte, qui sans cela eût été probablement sacrifié à la sûreté et à la réputation d'un homme dont l'honneur était établi sur des bases si solides, quoique personne ne fît moins de cas cependant de l'estime des gens de bien que le colonel Egerton.

Tandis que Julia était dans la cabane des paysans espagnols, et qu'Egerton méditait sa perfidie, il s'était bien gardé de laisser connaître à qui que ce fût qu'il eût une femme sous sa protection.

Avant d'entreprendre un voyage pendant lequel il espérait exécuter ses coupables projets, il attendit que le corps d'armée qui occupait cette partie de l'Espagne se fût éloigné, et lui eût laissé le champ libre.

Lorsque l'arrivée inattendue de Pendennyss vint s'opposer à ses odieuses tentatives, et qu'il l'eut mis hors d'état de le poursuivre, il pensa que la fuite était le seul parti qui lui restât; et craignant que sa voiture ne le fît reconnaître, il l'abandonna bientôt et se jeta dans les bois. De peur d'être découvert, il jugea prudent de changer de route ; prétextant le vif désir qu'il éprouvait de se trouver à la bataille qu'on allait livrer, il rejoignit secrètement son corps d'armée, et la valeur du colonel Egerton occupait plusieurs lignes du bulletin du lendemain.

Sir Herbert Nicholson commandait le poste avancé auquel arrivèrent le comte et dona Julia, et comme tout homme d'honneur l'eût été à sa place, il fut indigné de la conduite de l'officier fugitif. La confusion de ces temps de troubles et les crimes qui se commettaient tous les jours sur le théâtre de la guerre empêchèrent qu'on pût découvrir ses traces. Egerton avait été si heureux et si adroit qu'il s'était entouré d'un mystère impénétrable, que la rencontre de Julia eût pu seule dévoiler.

Egerton connaissait beaucoup sir Herbert, qui, pendant une conversation qu'ils eurent ensemble à la caserne de F***, lui raconta sa propre histoire ; mais le hasard fit qu'il ne nomma point le libérateur de la belle en détresse. Egerton se garda bien de laisser paraître l'intérêt qu'il prenait à ce récit ; mais, craignant de se trahir, il chercha à faire prendre un autre tour à la conversation, et il n'apprit ni le nom de celui qui avait arraché Julia de ses mains, ni ce qu'était devenue cette dernière ; mais, comme il jugeait les autres d'après lui, il supposait qu'elle n'avait point gagné au change en se mettant sous la garde d'un militaire inconnu.

Il avait eu plusieurs motifs pour venir dans le Northampton : d'abord il désirait se soustraire pendant quelque temps aux poursuites de ses créanciers ; ensuite Jarvis avait pris tout à coup une violente passion pour le jeu ; il jouait mal, quelle bonne connaissance pour le colonel ! Enfin, dans l'état précaire de ses affaires, la fortune de miss Jarvis ne lui paraissait pas à dédaigner.

Mais dès qu'il vit les filles de sir Edward, les beautés de la Cité perdirent tout leur attrait à ses yeux ; bientôt il prit une sorte de goût pour Jane ; elle était bien plus aimable et au moins aussi riche que les miss Jarvis, et puisque ses parents imprudents se contentaient de voir qu'il avait l'extérieur et les manières d'un gentilhomme, il se détermina à en faire sa femme.

Lorsqu'il vit Denbigh pour la première fois, il ne put le méconnaître, et il lui fut impossible de cacher l'impression que lui causait sa vue. Il n'était pas sûr de n'en avoir pas été aperçu à son tour, et dans cette supposition, sa réputation et sa fortune étaient au pouvoir du libérateur de Julia, qu'il apprenait enfin se nommer Denbigh.

A la manière dont celui-ci l'aborda, il espérait lui être inconnu ; mais lorsqu'un jour sir Herbert lui reparla des malheurs de Mrs Fitzgerald, il se sentit mal à l'aise, sans trop savoir pourquoi, et, remarquant que Denbigh évitait soigneusement sir Herbert, il résolut de profiter de cette circonstance, et il dit à ce dernier, sous le sceau du secret, qu'il s'était procuré des renseignements certains sur l'aventure de dona Julia, et que son persécuteur se nommait Denbigh.

Jugeant toujours les autres d'après son cœur corrompu, il ne doutait pas que la crainte que Denbigh laissait percer malgré lui de rencontrer sir Herbert ne vînt de ce qu'il avait abusé à son tour de la position critique où se trouvait sa belle protégée; sans doute il craignait que les questions de sir Herbert ne jetassent sur cette histoire un jour qui n'eût pas été avantageux pour lui.

Egerton espérait que si Denbigh n'était pas aussi coupable que lui, il l'était du moins assez pour désirer que cette affaire ne fût jamais connue d'Emilie. Le départ subit de sir Herbert le délivra de la crainte qu'une rencontre imprévue entre les deux officiers ne trahît un secret qu'il lui était si important de cacher, et, croyant enfin qu'il allait devenir beau-frère de Denbigh, et que leurs intérêts seraient communs, il se rassura un peu.

Comme Pendennyss avait cru se le rappeler, il avait mis son portefeuille sur une table, après en avoir tiré les plantes curieuses qu'il voulait montrer à Egerton. Tandis qu'ils les examinaient ensemble, Emilie passa sous les fenêtres du parloir. Le comte sortit pour la rejoindre, et le colonel, ne le voyant pas revenir, mit le portefeuille dans sa poche pour le lui rendre dès qu'il le trouverait.

Les Moseley, se conformant aux désirs de Mrs Fitzgerald, ne s'entretenaient jamais qu'en famille de sa situation et de ses malheurs. Mais Jane, qui ne pouvait avoir de secret pour son amant, lui avait parlé de celle qui habitait l'ermitage. Egerton fut sur-le-champ frappé de l'idée que Denbigh l'avait placée là pour ne se séparer ni de sa maîtresse ni de celle dont il voulait faire son épouse, et, quoiqu'il fût surpris d'une pareille audace, il résolut d'en profiter.

Tandis que Pendennyss trouvait un prétexte pour ne pas se rendre à la fête, où son ami Henry Stapleton n'eût pas tardé à trahir son incognito, Egerton méditait de consommer la ruine de Julia, et il dit à Jane qu'il ne pourrait arriver que pour le bal.

Les affaires qu'il avait prétextées l'empêchèrent de voir Denbigh pour lui rendre son portefeuille avant sa visite à l'ermitage. Les grandes phrases qu'il débita à Mrs Fitzgerald sur l'amour et la confiance, l'offre de renoncer à la femme qu'il allait épouser, la présomption qui le porta à parler des termes où il en était avec miss Moseley, tout cela n'était que des moyens préparés pour en venir à ses fins, et il croyait réussir plus sûrement auprès de Julia, en attaquant son cœur et son amour-propre. Pendant l'espèce de lutte qui s'établit entre eux, tandis qu'il tâchait de l'empêcher de tirer le cordon de la sonnette, le portefeuille de Denbigh tomba de sa poche, et il fut forcé de s'enfuir si précipitamment qu'il ne s'en aperçut pas.

Mrs Fitzgerald était trop alarmée pour le remarquer dans le premier moment, et Egerton se rendit au bal avec l'indifférence d'un criminel endurci. Les propos de M. Holt, sa conversation avec sir Edward, le convainquirent que bientôt il allait être démasqué. Sa passion pour le jeu n'était déjà plus un mystère; il lui serait impossible de fournir au baronnet les éclaircissements qu'il lui avait promis; il ne lui restait qu'un parti à prendre pour sortir de cette position difficile : c'était de tenter un coup de main. Miss Jarvis s'était prise d'une belle passion pour lui; elle avait une tête ardente et romanesque, il ne lui serait pas difficile de la faire entrer dans ses projets. Il n'avait pas un instant à perdre; il fallait brusquer la déclaration, tenter un enlèvement, sauf ensuite à apaiser le courroux des parents.... Nos lecteurs ont déjà vu que tout ne lui réussit que trop bien.

La blessure d'Egerton était mortelle. Peu de jours après l'entretien qu'il avait désiré avoir avec le comte de Pendennyss, pour lui ouvrir toute son âme, il expira dans la même cabane où le comte l'avait trouvé; heureux si son repentir tardif a pu expier ses fautes et lui mériter le pardon de celui qu'il avait offensé tant de fois pendant sa vie!

CHAPITRE L.

Le dénouement doit être un mariage.
THOMAS BROWN.

LES riantes et fertiles vallées de Pendennyss étaient couvertes des plus belles moissons, et le laboureur content, après avoir contemplé les richesses que lui prodiguait la nature, jetait un regard satisfait sur le château qui avait été si longtemps inhabité, et qui était redevenu l'asile du bonheur et de la joie. Toutes les croisées étaient ouvertes pour recevoir les rayons du soleil; et les vassaux du comte, heureux et surpris, ouvraient de grands yeux en voyant les nombreux domestiques en riches livrées qui allaient et venaient dans les vastes appartements, les chevaux magnifiques que promenaient les palefreniers, et les voitures portant différentes armoiries qui remplissaient les cours.

Pendennyss avait voulu montrer à Emilie la résidence de ses ancêtres, et il avait facilement décidé toute la famille et leurs meilleurs amis à les accompagner.

Dans une longue file de riches et vastes appartements, les maîtres et les hôtes de cette magnifique demeure étaient occupés à admirer toutes les beautés antiques qu'elle renfermait, et à arranger les parties de plaisir qui devaient employer leur journée.

John Moseley examinait avec soin quelques pierres à fusil que venait de lui apporter son domestique, tandis que Grace, assise près de lui, tâchait en plaisantant de les lui prendre l'une après l'autre, en lui disant du ton d'un tendre reproche :

— Vous ne devriez pas vous occuper si exclusivement de la chasse, Moseley; il est cruel de tuer tant de pauvres oiseaux pour votre seul plaisir.

— Demandez au cuisinier d'Emilie et à l'appétit de M. Haughton, dit John en étendant la main pour reprendre les pierres qu'elle lui avait escamotées, si je ne chasse que pour mon seul plaisir. Je vous l'ai déjà dit, Grace, il est bien rare que je manque mon coup.

— Jolie excuse, en vérité! dit Grace en riant et en s'efforçant de garder sa prise; savez-vous, John, que c'est fort mal? Le massacre que vous faites tous les jours est vraiment affreux.

— Je vois, dit John, que votre cœur sensible aimerait mieux un chasseur comme le ci-devant ex-capitaine Jarvis, qui tirait un mois entier sans même toucher la plume d'un oiseau. Puis, jetant un regard malin sur Jane, qui, étendue sur un sofa, parcourait un volume de poésies nouvelles, il ajouta : — Jane pouvait être bien tranquille avec lui; la douce fauvette, le tendre rossignol, cette voix de l'amour qui, pendant la nuit sombre, charme les échos de la vallée, tous ces chanteurs emplumés n'avaient rien à craindre de lui.

— Moseley, dit Grace en lui laissant reprendre les pierres, mais en retenant doucement sa main, Pendennyss et Chatterton, comme de bons maris, conduisent leurs femmes voir la belle chute d'eau qu'on trouve dans les montagnes, à quelques milles d'ici. Que deviendrai-je seule pendant cette longue et ennuyeuse matinée?

John jeta sur sa femme un regard pénétrant pour voir si elle avait un grand désir d'accompagner ses amies, et, remettant dans sa poche avec regret une excellente pierre qu'il venait de choisir, il lui dit :

— Mais vous n'aimez pas beaucoup la promenade, Mrs Moseley?

— Je préférerais ce plaisir à tous les autres, dit Grace vivement, si...

— Eh bien ! si...?

— Si nous nous promenions ensemble, dit-elle en rougissant.

— Eh bien ! dit John en la regardant avec tendresse, je veux bien être de la partie projetée, mais à une condition.

— Dites-la bien vite, Moseley, s'écria Grace les yeux brillants de plaisir au seul espoir de faire une longue promenade avec son mari.

— A condition que vous n'exposerez plus votre santé en allant à l'église le dimanche lorsqu'il pleuvra.

— Notre voiture est si bien fermée, Moseley, répondit Grace en baissant tristement les yeux sur le tapis ; il n'y a pas le moindre danger, je vous assure; vous voyez que Pendennyss, Emilie et ma tante Wilson, ne manquent jamais au service divin, à moins qu'il ne leur soit impossible d'y assister.

— Le comte accompagne sa femme ; mais que voulez-vous que je devienne pendant vos longues absences? dit John en lui pressant tendrement la main. J'aime à entendre un bon sermon, mais non lorsqu'il faut braver un mauvais temps pour l'aller chercher. Vous devez consentir à me faire ce plaisir, Grace ; vous savez que je ne suis heureux qu'auprès de vous.

Grace fit un léger sourire, et John, la voyant ébranlée, ajouta :

— Eh bien ! que dites-vous de ma condition?

— Il faut bien l'accepter puisque vous le désirez, répondit Grace d'un air mélancolique, je n'irai plus lorsqu'il pleuvra.

John demanda son phaéton, et Grace se rendit dans sa chambre pour s'habiller, en regrettant d'avoir si peu de caractère et de ne pouvoir rien refuser à son mari.

Dans l'embrasure d'une fenêtre sur laquelle étaient posés de grands vases renfermant des plantes exotiques, lady Marianne jouait avec une rose à peine éclose, et son cousin le duc de Derwent était devant elle, se demandant laquelle était la plus fraîche et la plus jolie.

— Vous avez entendu, lui dit-il, le projet que l'on a fait pendant le déjeuner d'aller voir la chute d'eau des montagnes. Mais je suppose que vous l'avez vue trop souvent pour être du nombre des curieux.

— Pardonnez-moi, répondit Marianne en souriant, j'ai toujours aimé beaucoup cette cascade, et je me fais un vrai plaisir d'être témoin de l'effet qu'elle produira sur Emilie; je comptais même lui demander une place dans son phaéton.

— Que je serais heureux, s'écria le duc avec vivacité, si lady Marianne voulait en accepter une dans mon tilbury, et me permettre d'être son chevalier !

Marianne consentit à cet arrangement avec un plaisir qu'elle ne chercha point à cacher, et Derwent continua :

— Mais si vous voulez bien me prendre pour chevalier, il est juste que je porte vos couleurs, et sa main se dirigeait vers le bouton de rose. Marianne hésita un moment, jeta les yeux sur le beau point de vue dont on jouissait de la fenêtre, regarda autour de la chambre en demandant où pouvait être son frère; mais pendant qu'elle cherchait ainsi à dissimuler son trouble, elle rencontra les yeux du duc fixés sur elle avec ardeur; sa main suppliante était encore étendue vers elle, et elle lui abandonna la rose, dont ses joues éclipsaient en ce moment les plus riches couleurs. Ils se séparèrent pour se préparer à la promenade, et en revenant de cette petite excursion, le duc paraissait plus gai et plus heureux que jamais; il ne dit rien qui pût en faire deviner la cause, mais ses yeux brillants de joie tournaient toujours vers sa cousine.

— En vérité, ma chère lady Moseley, dit la douairière en s'asseyant auprès d'elle, après avoir jeté les yeux sur les magnifiques domaines qu'on apercevait de la croisée, et sur le superbe salon où elles se trouvaient, Emilie est vraiment très-bien établie, mais très-bien, mieux même que ma Grace.

— Grace a un bon mari, qui l'aime tendrement et qui la rendra heureuse, je l'espère, répondit lady Moseley d'un air sérieux.

— Oh! pour heureuse, je n'en doute pas, se hâta de dire la douairière; mais j'ai entendu dire qu'Emilie a une pension de douze mille livres sterling. A propos, ajouta-t-elle en baissant la voix, quoique personne ne fût à portée de les entendre, dites-moi donc pourquoi le comte ne lui a pas assigné en douaire Lumley-Castle au lieu du Doyenné.

— Les douaires rappellent toujours des idées de veuvage : ne nous occupons pas d'un si triste sujet, dit lady Moseley; puis elle ajouta d'un air plus gai :—Mais vous avez été à Annerdale-House; n'est-il pas vrai que c'est une maison magnifique?

— Magnifique, en vérité, répondit la douairière en soupirant. Le comte n'a-t-il pas dessein d'augmenter le fermage des domaines de Pendennyss? On m'a dit que les baux étaient près d'expirer et qu'ils avaient été passés à très-bas prix.

— Je ne le crois pas, répondit lady Moseley; le comte a assez de fortune pour ne pas désirer de l'augmenter, et il veut par-dessus tout le bonheur et la prospérité de ses vassaux. Mais voici Clara et son petit garçon; n'est-ce pas un charmant enfant? s'écria la grand'maman en le regardant avec admiration et en le prenant dans les bras.

— Oh! oui, il est charmant, dit la douairière en promenant autour du salon ses regards distraits; mais, voyant que Catherine changeait de place pour se rapprocher de sir Henry Stapleton, elle se hâta de l'appeler :—Lady Herriefield, venez ici, ma chère, je désire vous voir près de moi.

Catherine obéit en faisant la moue : elle entra avec sa mère dans une longue discussion sur la couleur et la forme d'un chapeau; mais ses yeux, errant dans tous les coins du salon, prouvaient qu'elle n'apportait pas toute l'attention nécessaire à un sujet si important.

La douairière avait à combattre les maximes frivoles qu'elle avait données à sa fille, et elle avait plus de peine maintenant à la retenir dans les bornes de la réserve et de la prudence, qu'elle n'en avait eu jadis à lui inspirer le goût de la coquetterie.

— Cher oncle Benfield, dit Emilie en s'approchant de lui un verre à la main, voici le negus[1] que vous désiriez; je l'ai

[1]. Vin chaud.

apprêté moi-même, et j'espère que vous le trouverez bon.

— O chère lady Pendennyss! dit le vieux gentilhomme en se levant avec l'ancienne courtoisie pour prendre le verre qu'elle lui offrait, vous vous donnez trop de peine pour un vieux garçon comme moi, beaucoup trop, en vérité, beaucoup trop.

— Les vieux garçons sont quelquefois plus recherchés que les jeunes, s'écria gaîment Pendennyss qui l'avait entendu. Voilà mon ami, M. Peter Johnson; qui sait si nous ne danserons pas bientôt à ses noces?

— Milord, milady et mon honorable maître, dit Peter gravement et avec un salut respectueux, sans bouger de la place où il attendait, un plateau à la main, que M. Benfield eût fini de boire, pour emporter son verre, j'ai passé l'âge de penser aux femmes; j'aurai soixante-treize ans, vienne le 1er du mois d'août.

— Que pouvez-vous mieux faire de vos trois cents livres de rente, dit Emilie en souriant, que de les partager avec une bonne femme, qui embellisse le soir de vos jours?

— Milady... hem... milady, dit l'intendant en rougissant, si votre bonté daignait y consentir, j'ai formé, pour en disposer, un petit plan qui me tient fort à cœur, car je n'ai dans le monde ni enfants ni parents pour recueillir ma succession.

— Je serais charmée de connaitre ce plan, dit Emilie voyant que Peter brûlait de s'expliquer.

— Si milord, milady et mon honorable maître, l'avaient pour agréable, j'ajouterais un dernier codicille au testament de mon maître, pour disposer des dons qu'il m'a faits.

— Au testament de votre maître! dit le comte en riant; et pourquoi pas au vôtre, mon bon Peter?

— Honorable lord, dit l'intendant avec une grande humilité, ce n'est pas à un pauvre serviteur comme moi qu'il appartient de faire un testament.

—Vous vous trompez, Peter, dit le comte avec bonté: d'ailleurs un testament n'est valable qu'après la mort du testateur, et deux personnes ne peuvent en faire en commun, puisqu'il est probable qu'elles ne mourront pas le même jour.

— Nos testaments seront cependant ouverts le même jour, dit Peter avec émotion. M. Benfield le regarda d'un air attendri, et le comte et Emilie furent si touchés de son attachement pour son maître, qu'il leur fut impossible de prononcer un mot.

Comme Peter l'avait dit, il avait son plan trop à cœur pour abandonner ce sujet au moment où il venait de rompre la glace. Il désirait vivement que la comtesse agréât son projet, car il n'eût point voulu lui désobéir, même après sa mort.

— Milady, se hâta de dire Peter, mon plan est, si mon honorable maître veut bien me le permettre, d'ajouter un codicille à mon testament, et de léguer ma petite fortune à une petite... lady Emilie Denbigh.

— O Peter! vous et mon oncle Benfield, vous êtes cent fois trop bons, dit Emilie en riant et en rougissant à la fois, tandis qu'elle se tournait vers sa mère et Clara.

— Je vous remercie, je vous remercie, s'écria le comte touché en suivant des yeux sa chère Emilie, et en pressant cordialement la main de Peter. Puissiez-vous jouir longtemps de la petite fortune que vous destinez à notre petite! et le comte alla rejoindre ses hôtes.

— Peter, lui dit son maître à voix basse, on ne doit jamais parler prématurément de ces choses-là ; ne voyez-vous pas comme elle rougit? — Ah! chère Emmy, s'écria-t-il en prenant une des belles pêches qu'elle lui présentait, que vous êtes bonne de penser à votre vieil oncle!

— Milord, dit M. Haughton au comte, Mrs Francis Yves et moi nous avons eu une petite querelle au sujet du bonheur domestique. Elle prétend qu'elle est aussi heureuse au presbytère de Bolton que dans ce superbe château.

— J'espère, dit Francis, que vous n'employez pas votre éloquence à la faire changer d'opinion. Ce ne serait pas lui rendre un grand service.

— Laissez-le faire, mon ami, dit Clara en riant, il aura beau s'évertuer à me convaincre, je connais trop bien mes véritables intérêts pour qu'il puisse jamais y réussir.

— Vous avez raison, dit Pendennyss. Notre bonheur dépend-il donc de la place que nous occupons dans la société? Lorsque je suis ici, entouré de mes vassaux, il est, je l'avoue, des moments de faiblesse dans lesquels la perte de mon rang et de ma fortune pourrait m'être sensible; il est si doux de pouvoir faire le bien et d'avoir sous les yeux l'image du bonheur! Et pourtant, quand je suis à l'armée, soumis à de grandes privations, forcé d'obéir à des hommes qui ont un grade supérieur au mien, entravé dans mes moindres actions, dirigé dans tous mes mouvements, il me semble qu'au fond mes jouissances sont encore les mêmes.

— C'est, dit Francis, que Votre Seigneurie a toujours été habituée à chercher hors des limites de ce monde ses consolations et ses espérances.

— Croyez-vous qu'il soit impossible d'en trouver même ici-bas? reprit le comte en regardant tendrement Emilie; chacun peut rencontrer le bonheur dans sa condition; bien fou qui désire en changer!

— Et croyez-vous que j'aie cette folie? s'écria M. Haughton; savez-vous bien que moi qui parle, je ne voudrais pas changer même avec vous... à moins, pourtant, ajouta-t-il en saluant respectueusement la comtesse, que le désir d'avoir une aussi jolie femme...

— Vous êtes bien aimable, dit Emilie en riant; mais je ne voudrais pas priver Mrs Haughton d'un mari dont elle se trouve si bien depuis vingt ans.

— Depuis trente, Milady, s'il vous plaît.

— Et qui fera son bonheur pendant plus de trente ans encore, je l'espère, dit Emilie au moment où un domestique annonçait que les voitures étaient prêtes. Les jeunes gens se disposèrent à partir pour la promenade projetée. Pendennyss, John et Chatterton conduisirent chacun leur femme dans leur phaéton; le duc et Marianne partirent les derniers, et eurent soin de rester toujours à quelque distance du reste du cortége.

Comme ils sortaient des cours du château, la comtesse leva les yeux, et vit à une croisée du salon sa tante et le docteur Yves; elle leur envoya un baiser, et tourna vers eux, aussi longtemps qu'elle put les apercevoir, des yeux où brillaient à la fois l'innocence, la joie et l'amour.

Avant de quitter le parc, la petite caravane rencontra sir Edward, qui se promenait avec sa femme et sa fille. Le baronnet suivit des yeux les voitures, après avoir échangé des regards d'affection avec ses enfants; et si celui qu'il jeta ensuite sur Jane était moins joyeux, il n'en exprimait que plus de sollicitude et d'amour paternel.

— Vous devez bien vous applaudir de l'heureux fruit de vos soins, dit le docteur Yves à Mrs Wilson. Autant que la prudence humaine peut en juger, Emilie est dans la situation la plus heureuse qu'une femme puisse désirer. Epouse d'un mari pieux, aimé de tous, et méritant de l'être.

— Oui, répondit Mrs Wilson; ils sont aussi heureux qu'il est possible de l'être dans ce monde, et de plus ils sont préparés à supporter avec courage les revers qui pourraient leur arriver, et à s'acquitter chrétiennement des devoirs que leur nouvel état leur impose. Je ne crois pas, ajouta-t-elle d'un air pensif, que Pendennyss puisse jamais douter des affections d'une femme telle qu'Emilie.

— Et moi, dit le docteur en souriant, je ne conçois pas ce qui peut vous inspirer une pensée si injurieuse au caractère connu de George.

— La seule chose qui m'ait jamais déplu en lui, c'est la défiance qui l'a porté à adopter un faux nom pour s'introduire dans notre famille.

— Il ne l'a pas adopté, Madame; le hasard et les circonstances accidentelles l'y ont entraîné, et en réfléchissant à l'impression profonde qu'avait faite sur son esprit la conduite de sa mère, à sa grande richesse et à son rang élevé, vous ne vous étonnerez plus qu'il ait cédé à la tentation de se servir d'une supercherie plus innocente qu'injurieuse.

— Docteur Yves, dit Mrs Wilson, je ne m'attendais pas à vous entendre défendre l'imposture.

— Je ne la défends pas, Madame, répondit le docteur Yves en souriant; j'avoue la faute de George; ma femme, mon fils et moi nous nous sommes réunis pour lui faire dans le temps des remontrances à ce sujet. Je dis que la réussite même ne justifierait pas les moyens illégitimes qu'on avait employés pour y arriver, et qu'il était toujours dangereux de se départir des règles ordinaires.

— Et vous n'avez pu convaincre votre auditoire, dit Mrs Wilson avec gaieté; c'était donc la première fois, mon cher docteur?

— De la flatterie, Mrs Wilson? Est-ce donc pour me prouver qu'il n'y a personne sans défaut? Je le convainquis de la vérité du principe; mais le comte prétendit que le cas où il se trouvait faisait une exception innocente: il avait, je crois, la vanité de penser qu'en cachant son véritable nom il se faisait plus de tort qu'à aucun autre; enfin il m'exposa tant de raisons différentes, que j'en fus presque étourdi, et il fallut bien capituler. Au reste, il a été assez puni de sa ruse; il a souffert plus qu'il n'ose en convenir lui-même, et rien de tout cela ne serait arrivé s'il se fût présenté sous son véritable nom.

— S'ils étudient l'histoire de dona Julia et la leur, dit la bonne veuve, ils auront toujours sous les yeux des exemples salutaires qui leur rappelleront l'importance de deux vertus cardinales, l'obéissance et la véracité.

— Julia a beaucoup souffert, reprit le docteur, et, quoiqu'elle soit retournée auprès de son père, les suites de son imprudence subsisteront encore longtemps. Lorsqu'une fois les liens de la confiance et de l'estime ont été brisés, il est bien difficile qu'ils se rétablissent jamais avec la même force. Mais, pour en venir à un sujet qui vous intéresse plus particulièrement, combien ne devez-vous pas vous applaudir de l'heureux succès de vos soins pour l'éducation d'Emilie! Son bonheur est votre ouvrage.

— Il est certainement bien doux de penser que nous avons rempli notre devoir, dit Mrs Wilson; et ce devoir est moins difficile à accomplir que nous ne sommes portés à le supposer. Il suffit de poser des bases qui soient capables de soutenir l'édifice. Dans l'âge où l'âme est encore flexible, je me suis appliquée à former celle d'Emilie, et à lui donner des principes qui pussent lui servir de guide dans toute sa vie. Ces principes se sont développés avec les années; j'en observais les progrès avec une constante sollicitude, prête à lui tendre la main pour la soutenir dès que j'apercevrais la moindre faiblesse. Le ciel a béni mes efforts, et il m'en a bien récompensée en la guidant dans le choix d'un mari.

FIN DE PRÉCAUTION.

www.ingramcontent.com/pod-product-compliance
Lightning Source LLC
Chambersburg PA
CBHW060556170426
43201CB00009B/795